Heike Kleffner, Matthias Meisner (Hg.)

Fehlender Mindestabstand

HEIKE KLEFFNER, MATTHIAS MEISNER (HG.)

Fehlender Mindestabstand

Die Coronakrise und die Netzwerke der Demokratiefeinde

HERDER

FREIBURG · BASEL · WIEN

Mit freundlicher Unterstützung des Zentrums Liberale Moderne, Berlin

MIX
Papier aus verantwor-
tungsvollen Quellen
FSC® C083411

Umschlaggestaltung: Verlag Herder
Umschlagmotiv: © Aleksandr Golubev/iStock/Getty Images
Satz: Daniel Förster
Herstellung: CPI books GmbH, Leck

Printed in Germany

ISBN Print 978-3-451-39037-1
ISBN E-Book 978-3-451-82334-3

Inhalt

Für einen gesellschaftlichen Klimawandel

Geleitwort

Von Josef Schuster
Präsident des Zentralrats der Juden in Deutschland

Wäre ich ein zynischer Mensch, dann hätte ich Ende 2020 allen Teilnehmern der Coronaleugner- und »Hygienedemonstrationen« in Deutschland den sofortigen Umzug nach North Dakota (USA) empfohlen. Der dortige Gouverneur lehnte »im Namen der Freiheit« jegliche Auflagen wie Abstandsregeln oder das Tragen von Mund-Nasen-Schutz für die Bevölkerung ab. North Dakota hatte Ende 2020 die höchste Corona-Infektionsrate in den USA.

Doch ich bin kein Zyniker. Im Gegenteil: Als Mediziner wünsche ich niemandem, sich mit dem Covid-19-Virus zu infizieren. Ebenso sehr wünsche ich mir allerdings auch, die Infizierung mit dem gesellschaftlichen Coronaleugner-Virus würde zurückgehen. Denn was wir 2020 auf den Straßen und im Netz erlebt haben – und, so ist zu fürchten, auch 2021 noch erleben werden –, ist zutiefst besorgniserregend.

Bei den Demonstrationen gegen die Corona-Auflagen kommt eine Mischung zusammen, wie man sie in dieser Form noch nicht kannte: Rechtsextremisten neben linken Impfgegnern, Esoteriker neben christlichen Gruppen, Ökolatschen neben Springerstiefeln. Sie alle eint die angebliche Überzeugung, dass die Grundrechte zu Unrecht eingeschränkt würden. Unter dieser Oberfläche wurde allerdings – auch dank kritischer Beobachter und Journalisten – schnell sichtbar, dass Rechtsradikale diese Bühne nutzen, um den aus ihrer Sicht notwendigen Sturz »des Systems«, also des demokratischen und liberalen Rechtsstaats, herbeizuführen.

Geeint wurden die Demonstranten noch durch eine weitere gemeinsame Überzeugung: den Glauben, dass eine geheime Elite das Virus in die Welt gesetzt habe, dass die Bürger zu Marionetten würden etc. Das alte antisemitische Narrativ der jüdischen Weltverschwörung wurde der aktuellen Situation angepasst.

Zugleich entstand die paradoxe Situation, dass die Coronaleugner einerseits Juden als Täter identifizierten und andererseits sich selbst mit Holocaustopfern verglichen. Von Anfang an waren bei den Demonstrationen gelbe »Judensterne« in Anlehnung an die NS-Zeit zu sehen. Der Appell der Regierenden, möglichst zu Hause zu bleiben, wurde mit der Situation in den 1940er Jahren gleichgesetzt, in der Juden sich verstecken mussten, um ihr Leben zu retten. Einen traurigen Höhepunkt erfuhr diese Entwicklung, als sich bei einer »Querdenken«-Demo in Stuttgart eine Elfjährige mit Anne Frank verglich. Nicht das Mädchen ist zu verurteilen, sondern die Erwachsenen, die sie dazu gebracht haben.

Angesichts dieser Entgleisungen kam mir der Gedanke, ob sich diese Menschen ein einziges Mal gefragt haben, wie ihre Aktionen auf Überlebende der Schoa wirken. Ich kenne einige alte Menschen, die diesen Stern damals tragen mussten. Ich kenne auch Menschen, die Jahre im Versteck ausharren mussten. Menschen, die als Einzige ihrer Familie überlebt haben. Es sind übrigens Menschen, die die Coronaauflagen tapfer hinnehmen und keinen Grund sehen, sich darüber zu beschweren. Ich wäre froh, wenn sie diese widerliche Instrumentalisierung ihrer Schicksale auf den Demonstrationen gar nicht mitbekommen würden!

Festzuhalten bleibt: Die unterschiedlichen Gruppen, die sich in ihrer Gegnerschaft zur Coronapolitik zusammengefunden haben, haben auf alte antisemitische Stereotype zurückgegriffen. Die Frankfurter Sozialwissenschaftlerin Julia Bernstein spricht im Zusammenhang mit ihrer Forschung über Antisemitismus in Schulen von Antisemitismus, der sich als »kollektiver Wissensbestand« tradiert.[1] Das lässt sich auf die Coronaleugner übertragen.

Besonders gefährlich wird diese gesellschaftliche Entwicklung, weil sie nicht nur die Menschen erreicht, die vor Ort bei den Demos mitmarschieren und weil sie nicht an den Grenzen Deutschlands endet. Über die sozialen Netzwerke finden die Verschwörungsmythen und falschen Behauptungen eine immense Verbreitung. Selbst in den Sicherheitsbehörden sind Beamte zu finden, die ihnen anhängen. Eine

Für einen gesellschaftlichen Klimawandel

sehr bedenkliche Entwicklung. Das Internet erleichtert zudem die internationale Vernetzung von Extremisten, wie jüngst Studien von jugendschutz.net und vom Auswärtigen Amt gezeigt haben.

Rechtsextremisten suchen sich immer wieder neue Einfallstore, um ihr Gedankengut möglichst weit zu verbreiten. Die Coronapandemie hat ihnen ungeahnte Möglichkeiten eröffnet. Sehr schnell und leider gekonnt aufgesprungen auf diesen Zug ist die AfD. Sie geriert sich als parlamentarischer Arm der Coronaleugner. Nach der Flüchtlingskrise 2015/2016 hat die AfD hier wieder ein neues Thema gefunden. Spätestens nachdem AfD-Abgeordnete im November 2020 einschlägige Besucher in den Bundestag eingeladen haben, kann die AfD ihre Strategie, die Anti-Corona-Bewegung für ihre Zwecke zu nutzen, nicht mehr leugnen.

Im Jahr der Bundestagswahl ist diese politische Gemengelage höchst beunruhigend. Alle Ebenen – seien es die Politik, die Zivilgesellschaft, Wirtschaft, Wissenschaft, Justiz, Polizei, Schulen, der Sport und die Religionsgemeinschaften – sind jetzt gefordert, diesen antidemokratischen Tendenzen entgegenzuwirken.

Wir alle haben seit dem Frühjahr 2020 zum Schutz des Lebens, der übrigens im Judentum über allem steht, herbe Einschränkungen unserer Grundrechte akzeptiert und mitgetragen. Sie waren und sind zeitlich befristet. Es war wichtig, dass dies in der Novelle des Infektionsschutzgesetzes präzisiert wurde. Und es war und ist auch wichtig, dass Gerichte die Maßnahmen rechtlich überprüft haben. Auch wenn sie sie in Einzelfällen gekippt haben, so zeichnet dies unseren Rechtsstaat aus.

Ein Ende der Auflagen dürfte 2021 Realität werden. Nach den Einschnitten in unsere Freiheit sollten wir dann – um mit Willy Brandt zu sprechen – wieder mehr Demokratie wagen. Denn so erschütternd die Bilder der Demonstranten auch waren, die auf den Stufen des Bundestags Reichsflaggen schwenkten – darüber dürfen wir nicht vergessen: Die Coronaleugner und Rechtsextremisten sind eine Minderheit. All jene Menschen hingegen, die verantwortungsvoll die Maßnahmen gegen die Pandemie mittragen, die für einen respektvollen Umgang miteinander eintreten, die unsere politische Kultur pflegen, all diese Menschen bilden die Mehrheit, und zwar die überwältigende Mehrheit.

Dennoch gilt es, wachsam zu bleiben. Die Feinde der Demokratie finden immer neue und perfide Wege, um ihre Ideologie zu verbreiten. Mal sind es Konzerte, mal Computerspiele, mal Demonstrationen. Um das zu durchschauen, braucht es viel Aufklärung. Die Netzwerke der Rechten müssen sichtbar, ihre Methoden aufgedeckt werden. Gerade jungen Menschen müssen dafür sensibilisiert werden. Denn sonst laufen sie ahnungslos in die Fallen der rechten Rattenfänger.

Mein Dank gilt daher den Herausgebern und Autoren dieses Buches, die einen wichtigen Beitrag zur Aufklärung leisten. Ebenso danke ich all jenen Bürgern, die Zivilcourage zeigen und sich an die Seite der Angegriffenen stellen.

Ich bin zuversichtlich, dass wir mit dem Ende der Hygienemaßnahmen wieder viele echte Demokraten auf der Straße sehen werden. Die Demos von Fridays for Future werden ebenso wieder losgehen wie Demos gegen Rassismus und Antisemitismus und für die Demokratie. Das ist auch notwendig. Denn neben dem ökologischen Klimawandel brauchen wir auch einen gesellschaftlichen Klimawandel. Dafür sollten wir uns engagieren – mit maximalem Abstand nach rechts.

Anmerkung

[1] Julia Bernstein, Antisemitismus an Schulen in Deutschland. Befunde – Analysen – Handlungsoptionen. Weinheim 2020, S. 487

Virus 2.0

Wie die Pandemie den gesellschaftlichen Zusammenhalt bedroht

Von Heike Kleffner und Matthias Meisner

Vor unseren Augen verändert das Coronavirus die Welt, unseren Alltag, unser Leben. Die Begleiterscheinungen der Pandemie, Ohnmacht, Tage und Nächte voller Sorgen, Hilfslosigkeit – und auch Wut – sind zu universellen Erfahrungen geworden. Dennoch trifft das Virus keineswegs alle gleich: Vielmehr hat gerade die Pandemie die sozialen und ökonomischen Spaltungslinien vertieft, Privilegien und Ungleichheit in der Gesellschaft hier und international verstärkt und noch sichtbarer gemacht.

Auch die Reaktionen auf die Pandemie offenbaren gesellschaftliche und politische Spaltungen: Während die überwiegende Mehrheit mit Solidarität und Rücksichtnahme auf besonders Gefährdete im Alltag, in der Nachbarschaft, in der Kommune oder in sozialen Netzwerken achtet, hat sich seit Beginn der Pandemie eine lautstarke Minderheit zu einer Protestbewegung entwickelt, die tägliche Regelbrüche, unsolidarisches Verhalten gegenüber Risikogruppen und überbordenden Hass auf den Staat zum Prinzip erklärt hat.

Um die Gefahren, die von dieser Bewegung der Coronaleugnerinnen und Pandemieverharmloser für das Zusammenleben im demokratischen Rechtsstaat ausgehen, um ihre Netzwerke, ihre Ideologien und ihre Motive geht es in diesem Sammelband. Denn so sehr, wie die Pandemie auf absehbare Zeit unseren Alltag verändern wird, so groß ist die Gefahr, dass die zunehmende Radikalität der Leugnerbewegung und die Normalisierung von Verschwörungsnarrativen, Wissenschaftsfeindlichkeit, Antisemitismus und Rassismus die Koordinaten politischen Handelns und gesellschaftlichen Zusammenlebens verschieben werden.

Im Fokus des Buches stehen aber auch die Angegriffenen, die Zielscheibe von Morddrohungen, Beleidigungen und Hetzkampagnen sind. Menschen, die wegen ihrer realen oder vermeintlichen Herkunft aus einem asiatischen Land von Nachbarn mit Desinfektionsmitteln besprüht, beim Einkaufen von Unbekannten beleidigt und bedroht werden. Journalistinnen, die vor den Fenstern ihrer Redaktionen mit einem Galgen konfrontiert sind, den Unbekannte errichtet haben, und die täglich Drohmails erhalten. Wissenschaftler, deren Forschung und Studien zur Pandemie diffamiert, diskreditiert und die auf Demonstrationen der Leugnerbewegung zur Fahndung ausgeschrieben werden. Politikerinnen, die die Fenster ihrer Wahlkreisbüros mit bruchsicherem Glas ausstatten und ständig mit Bedrohungen und gewalttätigen Angriffen rechnen müssen.

»Wer mit Rechtsradikalen, Neonazis, Faschisten, Antisemiten mitläuft, der hat keine Ausrede mehr«, sagt die Fernsehmoderatorin Dunja Hayali im Interview für dieses Buch.

Wir, Herausgeberin und Herausgeber dieses Buches, der Verlag und die rund 40 Autorinnen und Autoren, sind kein Bill-Gates-Fanclub, und kritische Berichterstattung über jedwedes Regierungshandeln gehört zu unserem Arbeitsalltag. Wir sind auch keineswegs einer Meinung über die richtigen Schritte zur Bekämpfung des Virus. Was uns eint, sind die Sorge um die Bedrohung der Demokratie auf der Straße und im Netz, die Verzweiflung über um sich greifenden Hass, die Sorge um die Auswirkungen der Hetze gegen Medienschaffende und Politikerinnen und Politiker, das Entsetzen über Brandanschläge etwa auf das Robert-Koch-Institut oder die Drohungen gegen Wissenschaftler wie Christian Drosten. Wir fürchten, die permanenten Grenzüberschreitungen beschädigen einen demokratischen Diskurs, normalisieren Menschenverachtung und Hass und werden durchlässig in Richtung eines neuen Terrorismus.

Dieses Buch soll nicht die vielen wichtigen und auch kritischen Stimmen ergänzen, die sich mit den politischen Maßnahmen und deren teilweise gravierenden sozialen, psychologischen, ökonomischen und kulturellen Folgen auseinandersetzen, die zur Bekämpfung der Pandemie getroffen wurden. Vielmehr wollen wir mit diesem Sammelband dafür sorgen, dass diese notwendige Auseinandersetzung den kritischen Mindestabstand wahrt – zu offenen Lügen, Desinformationen und Antisemitismus. Verschwörungserzählungen dürfen nicht länger als lediglich »umstritten« oder »kontrovers« normalisiert werden. Politischer Streit sollte auf zumutbaren »Fakten und Respekt« aufbauen, wie es auch die Publizistin und Friedenspreisträgerin des Deutschen Buchhandels Carolin Emcke im Februar 2021 angemahnt hat.

Christina Zacharias, eine Krankenpflegerin und Gewerkschafterin aus Karlsruhe, hat uns geschrieben: »Corona ist eine beängstigende Realität. Aber der Erkrankung kann man mit Logik beikommen.« Sie fragt: »Wie aber erreichen wir Menschen, die die Realität leugnen und sich querstellen, die mit ihrem Verhalten sich und andere gefährden? Diese Frage lässt mich hilflos zurück.«

Mit »Fehlender Mindestabstand« unternehmen wir den Versuch, diese Frage zu beantworten. Wir sehen in vielen der Protestierenden tatsächlich Coronaleugnerinnen und -leugner, weil es Menschen sind, die die Gefahren der Pandemie auf gefährliche Weise herunterspielen. »Querdenken« & Co. mag diese Zuschreibung nicht passen. Wir aber halten den Anspruch für vermessen, dort würden Menschen für Freiheitsrechte demonstrieren, bloß weil sie das Grundgesetz unterm Arm tragen. Wir sehen die Netzwerke der organisierten Maskenverweigerer und Impfgegnerinnen als bedrohlich und als eine potenzielle Gefahr für die gesamte Gesellschaft. Spätestens nach dem Neonazimord an dem Kasseler Regierungspräsidenten Walter Lübcke (CDU) im Juni 2019, dem eine jahrelange extrem rechte Hetzkampagne in den sozialen Medien vorausgegangen war, müssen die Hass- und Drohkampagnen aus der Coronaleugner- und -verharmloserbewegung bitterernst genommen werden. Wenn in Telegram-Gruppen mit 20 000 Beteiligten dazu aufgerufen wird, »für die spätere Aburteilung schwarze Listen« all derer anzulegen, die für »den ganzen Coronablödsinn verantwortlich« seien, oder mit Bezug auf den SPD-Gesundheitspolitiker Karl Lauterbach unter dem Bild einer Maschinenpistole davon fantasiert wird, »Kann man diesen Menschen nicht entsorgen?«, werden potenzielle Ziele für Attentate und Angriffe markiert. Denn die Themen der Bewegung und ihrer öffentlichen und nichtöffentlichen

Kanäle haben sich innerhalb weniger Monate verändert: Längst dominieren Tag-X-Szenarien vom gewaltsamen Umsturz und der »Bestrafung« der Verantwortlichen für eine vermeintliche »Coronadiktatur« oder den herbeifantasierten »Impfzwang« aus Politik, Wissenschaft und Medien. In einem diffusen »Wir« gegen »Die da oben« und der Vorstellung, dass die Pandemie von »oben« gesteuert würde, finden sich auch diejenigen ein, die von sich selbst behaupten, nicht rechts zu sein: Der Schulterschluss von Esoterikerinnen aus dem grün-bürgerlichen Milieu mit Reichsbürgern und militanten Neonazis gelingt über das Feindbild »Regierung« oder »Staat« und im Kern antisemitische Verschwörungsnarrative.

Die Manuskripte für dieses Buch sind rund um den Jahreswechsel 2020/2021 verfasst und zusammengetragen worden. Aus der Zeit dieses zweiten Lockdowns stammen folgende Momentaufnahmen:

Am 23. Dezember 2020 demonstrieren in Stuttgart Hunderte »Querdenker« gegen eine angeblich drohende »Zwangsimpfung« und eine »Coronadiktatur«. In Anlehnung an einen Slogan der Klimaaktivistinnen von Fridays for Future skandierten die Demonstrierenden: »Wir sind hier, wir sind laut, weil man uns das Fest versaut.«

Am 5. Januar 2021 meldete das Robert-Koch-Institut, dass die Zahl der Menschen, die an Covid-19 gestorben waren, innerhalb eines Tages um 944 auf insgesamt 35 518 Tote seit Januar 2020 angestiegen waren. Die Zahl der offiziell bestätigten Infektionen kletterte um 11 897 auf 1 787 410, und in manchen Landkreisen in Sachsen, Thüringen und Bayern lag der Inzidenzwert zwischen 300 und knapp 500. Auf den am Rande ihrer Kapazitäten arbeitenden Intensivstationen der Krankenhäuser kämpften an diesem Tag über 5800 Menschen um ihr Leben. Kurzum: In Deutschland starben in den Wintermonaten 2020/2021 so viele Menschen an und mit Covid-19 wie nie zuvor.

Am 5. Januar 2021 berichtet der Journalist Robert Andreasch, der zum Autorenkreis dieses Buches gehört, dass im Mobilisierungskanal zu einer Coronaleugner-Demonstration in Nürnberg zu Aktionen am Wohnort von Bayerns Ministerpräsident Markus Söder (CSU) aufgerufen werde. Gleich zweimal sei daraufhin dessen private Anschrift veröffentlicht worden. Unter anderem hieß es: »Dieses A**** – heute zum Geburtstag hätten wir ihm die Hölle heiß machen sollen.« Und: »Isser denn morng daham? Dann auf!!!«

Am 6. Januar 2021 wird auf dem offiziellen Kanal der »Querdenken«-Bewegung Leipzig zu einem »Trumpmarsch« zum Leipziger US-Konsulat für denselben Nachmittag aufgerufen. Verantwortlich zeichnet ein »Donald-Trump-Fan-Club Leipzig«. Die »Querdenker« fordern: »Lasst alles stehen und liegen. (...) Wir sind auf dem Weg.« Am Abend desselben Tages findet der gewaltsame Angriff von Trump-Anhängern auf das Kapitol in Washington D.C. statt, um die formale Bestätigung des Ergebnisses der US-Präsidentschaftswahl zu verhindern – vier Monate, nachdem Teilnehmer der Leugnerproteste in Berlin die Treppe des Reichstagsgebäudes gestürmt hatten. Am Sturm auf das Kapitol waren auch zahlreiche Anhänger des Verschwörungskults von QAnon beteiligt. Die Anhängerinnen und Anhänger von QAnon haben sich längst auch in Deutschland breitgemacht, bei den Protesten gegen die Coronamaßnahmen sind ihre Plakate weithin sichtbar.

Am 10. Januar 2021 »besucht« eine Gruppe von etwa 30 Personen Sachsens Ministerpräsidenten Michael Kretschmer (CDU) an seinem Privatgrundstück im Zittauer Gebirge. Die Gruppe hat sich über einen der zahlreichen Telegram-Kanäle der Leugnerbewegung verabredet und gezielt um Informationen zur Anwesenheit des Ministerpräsidenten an seinem Zweitwohnsitz nachgefragt. Sie fangen ihn beim Schneeschippen ab und erzwingen einen »Dialog«. Einer der Demonstranten trägt ein Schild, auf dem er die Maßnahmen zur Bekämpfung der Coronapandemie als »Völkermord« bezeichnet. An die Adresse von Kretschmer gerichtet heißt es: »Wer Völkermord betreibt, hat das eigene Lebensrecht verwirkt! Rücktritt und Verhaftung sofort!« Nach etwa 20 Minuten bricht der CDU-Politiker die Unterhaltung ab, als eine Frau demonstrativ ein Halstuch in den Farben der Reichskriegsflagge über das Gesicht gezogen hat und sagt: »Mit einer Reichsbürger-Maske rennen Sie hier durch die Gegend und finden das gut?«

Am 11. Januar 2021 kritisiert die frühere DDR-Bürgerrechtlerin Vera Lengsfeld, die von 1990 bis 2005 zunächst für Bündnis 90/Die Grünen und später für die CDU als Abgeordnete im Bundestag war, die von den Ministerpräsident Markus Söder (CSU) und Bodo Ramelow (Linke) geplanten Verschärfungen der Coronamaßnahmen in Bayern und Thüringen in ihrem Blog. Sie schreibt:»Wer sich je gefragt hat, wie Totalitarismus entstehen kann, der muss nur genau hinsehen, was sich vor unseren Augen abspielt.« Das ganze Land habe mittlerweile Hausarrest, dessen Ende nicht abzusehen sei.»Diese Maßnahme ist, mit Ausnahme von Nordkorea, beispiellos.« Die Gleichsetzung von parlamentarischen Demokratien mit kommunistischen Staaten, allen voran die DDR, um jede egoistische Maskenverweigerung zum»Widerstand« gegen ein totalitäres Regime zu adeln, ist eine beliebte Figur von rechtsaußen und wird für den Sammelband von der Soziologin Katharina Warda kritisch eingeordnet.

Am 14. und 15. Januar 2021 versammeln sich in der Bar Scotch und Sofa in Berlin-Prenzlauer Berg an zwei Abenden in Folge mehrere Dutzend Coronaverharmloserinnen und -verharmloser zu einer Parteigründung unter dem Motto»Team Freiheit«. Der *Tagesspiegel*-Journalist Sebastian Leber berichtet über den ersten Abend:»Anwesend waren auch ein szenebekannter Ufo-Forscher sowie eine Aktivistin, die unter Coronaleugner:innen als Rechtsanwältin Viviane Fischer, in der Berliner Öffentlichkeit jedoch als Hutmacherin Rike Feurstein bekannt ist.« Die Initiatoren und Initiatorinnen wie Viviane Fischer hatten im Juli 2020 einen sogenannten»Corona-Ausschuss« mit dem selbsterklärten Ziel einer»Beweisaufnahme zur Coronakrise« gegründet und behaupten unter anderem, eine Überlastung des Gesundheitssystems sei»nicht auch nur annähernd eingetreten«. Die Polizei löste beide Versammlungen auf. Sie ermittelte gegen die Teilnehmerinnen und Teilnehmer unter anderem wegen Verstoßes gegen die Infektionsschutzverordnung und gegen das Versammlungsgesetz.

Am 16. Januar 2021 beginnt in Wien eine Serie neuer Massendemonstrationen von Coronaleugnerinnen und -leugnern. Dort heizt unter anderem der bayerische AfD-Bundestagsabgeordnete Hansjörg Müller die Szene an: mit einer Mischung aus extrem rechten Weltuntergangsfantasien, Hetze gegen eine vermeintliche»Krake aus 10 000 Entscheidern weltweit, die dunkle Seite der Macht« und einer Aufforderung zur»Vernetzung von Parlament und Straße«. An dem Protest gegen die Schutzmaßnahmen der österreichischen Regierung beteiligen sich insgesamt mehr als 10 000 Menschen. Unter den Demonstranten befinden sich auch der zurückgetretene Ex-Vizekanzler und frühere FPÖ-Obmann Heinz-Christian Strache sowie bekannte Aktivisten aus der österreichischen und deutschen Neonaziszene. Am Rande werden Journalisten gezielt angegriffen und bedroht.

Am 17. Januar 2021 wird bekannt, dass das Nobel-Rondell im Göttinger Stadtfriedhof erneut geschändet wurde. Die Gedenktafeln für die acht auf dem Friedhof bestatteten Nobelpreisträger wie etwa dem Physiker Max Planck werden beschmiert und die Aufschrift »Alles Lüge – Q« angebracht – ein expliziter Hinweis auf die rechte Verschwörungsbewegung QAnon. Der Historiker Jens-Christian Wagner, Leiter der Gedenkstätten Buchenwald und Mittelbau-Dora, schreibt dazu auf Twitter: »Eine militante Wissenschaftsfeindlichkeit, die fast immer auch antisemitisch aufgeladen ist, ist der rote Faden, der sich von der Holocaustleugnung über die Leugnung des Klimawandels bis zu den Coronaleugner*innen zieht. Und #QAnon ist #Antisemitismus pur.«

Am 18. Januar 2021 berichtet die *Sächsische Zeitung*, dass der Vorsitzende des Kreiselternrates Bautzen, Marcus Fuchs, sein Amt lediglich ruhen lassen muss und von den anderen Elternvertretern nicht zum Rücktritt gezwungen wird. Fuchs, Organisator und Redner bei »Querdenken-351«-Protesten in Dresden, hatte auf seiner Facebook-Seite »Corona-Faschismus« und eine »Panik-Pandemie« behauptet und falsche Informationen über die Todesursache einer 13-Jährigen verbreitet, die im September 2020 in einem Schulbus zusammengebrochen und in einem Karlsruher Krankenhaus gestorben war. Unter anderem die Berliner AfD-Bundestagsabgeordnete Birgit Malsack-Winkemann hatte ein Foto eines Kindes mit der Behauptung »Erstes Todesopfer durch Maske?« auf Facebook gepostet. Die Staatsanwaltschaft Landau gab angesichts der rasanten Verbreitung der Behauptung, der Tod der Schülerin stehe in Verbindung mit dem Tragen eines Mund-Nasen-Schutzes, schließlich eine rechtsmedizinische Untersuchung in Auftrag, die den Vorwurf als haltlos entkräftete. Dennoch hatte der Bautzener Elternvertreter in einem offenen Brief an die sächsische Staatsregierung im Herbst 2020 ein Maskenverbot für Schülerinnen und Schüler gefordert.

Diese Aufzählung ist bei weitem nicht vollständig. Die Wut der »besorgten Bürger« ist auch ein Jahr nach Beginn der Coronakrise nicht abgeebbt, im Gegenteil. Verschwörungsideologien grassieren, Zweifel an den Corona-Todeszahlen werden in rechten Blogs und anderswo gesät. Ein Virus 2.0 frisst sich in unsere Gesellschaft und breitet sich immer weiter aus – obwohl die Inzidenzwerte täglich transparent und für alle nachvollziehbar veröffentlicht werden, obwohl Angehörige von Verstorbenen und Menschen, die unter den Nebenwirkungen einer Coronaerkrankung, die längst als Long-Covid-Symptome Medizinerinnen und Patienten gleichermaßen beunruhigen, ihre leidvollen Erfahrungen in den sozialen Netzwerken teilen, und obwohl ein Blick über den Tellerand klug machen müsste. Der frühere CDU-Generalsekretär Ruprecht Polenz sagt angesichts der Faktenresistenz der Leugnerbewegung: »Wer nach dem Motto ›Die Erde ist eine Scheibe‹ über Corona spricht, will berechtigte Fragen zur Pandemie in grundsätzliches Misstrauen gegen unsere Demokratie ummünzen. Kein Wunder, dass die ›Querdenker*innen‹ inzwischen wie Marionetten an den Drähten der Rechtsextremisten hängen.«

Besonders beunruhigend ist es, wenn der Eindruck entsteht, Polizei und Justiz würden Demonstrationen und Aufmärschen selbsternannter »Coronarebellen« hilflos oder sogar mit Sympathie begegnen. Wie weit einzelne Hüterinnen des demokratischen Rechtsstaats offenbar gehen, wenn sie der »Querdenken«-Bewegung nahestehen, zeigt das Beispiel einer Berliner Staatsanwältin, die nach Recherchen des *Tagesspiegels* im Justizbetrieb für die Verfolgung jugendlicher Straftäter zuständig ist und an Demonstrationen der Leugnerbewegung teilnahm. Fotoaufnahmen zeigen die Strafverfolgerin beim Aufmarsch am 29. August 2020 in Berlin, als mehrere Personen aus dem rechten Spektrum versuchen, eine Polizeikette zu durchbrechen. Mit dabei ist auch jene Staatsanwältin, die in sozialen Netzwerken Posts geteilt hatte, in denen die schwarz-weiß-rote Reichsflagge als »Symbol für einen Friedensvertrag« bezeichnet wurde. Für diesen Sammelband beschreiben Aiko Kempen und Robert Andreasch, wie einzelne Polizeibeamte in der Leugnerbewegung prominent geworden sind – ohne Mindestabstand zur extremen Rechten.

Alle die oben skizzierten Entwicklungen zeichneten sich längst ab, als wir im Sommer 2020 mit den Recherchen für den Sammelband begannen. Eigentlich sogar schon bald nachdem die Nachrichtenagentur *dpa* am 3l. Dezember 2019 meldete:»Mysteriöse Lungenkrankheit in Zentralchina ausgebrochen«. Innerhalb weniger Wochen erfuhr antiasiatischer Rassismus, der sich in tödlichen rechtsterroristischen Anschlägen gegen vietnamesische Boat People in den 1980er Jahren und in den Wende- und Baseballschlägerjahren in Pogromen gegen ehemalige Vertragsarbeiter der DDR gezeigt hat, eine schreckliche Aktualisierung: Viele Menschen mit asiatischen Wurzeln wurden zu Sündenböcken für die Ausbreitung des Virus in Europa erklärt und erlebten damit, wie die Leipziger Journalistin Nhi Le in einem Interview für dieses Buch dokumentiert, mehr Rassismus und Gewalt als je zuvor. Kurze Zeit darauf nahm der Coronarassismus auch Geflüchtete ins Visier, die als potenzielle Verbreiter der Seuche verdächtigt wurden: seien es jene in den Flüchtlingsheimen in der thüringischen Provinz oder jene, die in den Elendslagern auf den griechischen Inseln auf eine Evakuierung hoffen. Mit rassistischen Zuschreibungen gegen Muslime von Berlin-Neukölln bis Offenbach und antiziganistischen Ressentiments gegen Sinti und Roma in vielen mittel- und osteuropäischen Ländern ebenso wie in Deutschland und Österreich wurden Minderheiten gezielt stigmatisiert und zur Gefahr für eine Mehrheitsgesellschaft erklärt. Markus N. Beeko, Generalsekretär der deutschen Sektion von Amnesty International, sagt:»In der Coronakrise haben die über Jahrhunderte bei Seuchen gepflegten Rassismusrituale nun wieder Konjunktur.«

Dass die vermeintlich Schuldigen für Infektionskrankheiten und Pandemien in bestimmten Bevölkerungsgruppen gesucht werden, hat eine lange, mörderische Kontinuität. Eine besonders bedrohliche Facette ist der mit der Pandemie einhergehende offene Antisemitismus. Der Medizinhistoriker Heiner Fangerau, der sich in einem Interview für dieses Buch mit der Rolle der Wissenschaft auseinandersetzt, sagt: »Schon immer ist nach dem Ursprung einer Seuche gesucht und dabei der Blick auf ›die Anderen‹ gerichtet worden – auf jene, die von außen kommen. Prominentestes Beispiel sind Judenpogrome während der Großen Pest im 14. Jahrhundert, die mit der Begründung verübt wurden, Juden hätten Brunnen verseucht.« Der mittelalterliche Aberglaube unterscheidet sich von der neuzeitlichen Suche nach Brunnenvergiftern lediglich durch die Instrumente und Verbreitungswege. Im November 2020 sagte Felix Klein, der Antisemitismusbeauftragte der Bundesregierung, er sehe Judenhass als zentrales Bindeglied der Coronaproteste. Klein empörte sich darüber, dass sich vermeintliche Opfer von Coronamaßnahmen der Regierung mit Anne Frank oder Sophie Scholl vergleichen. Mit solchen Verharmlosungen des Nationalsozialismus würden die tatsächlichen Opfer verhöhnt, erklärte Klein. Wir sind dankbar, dass Josef Schuster, der Präsident des Zentralrats der Juden in Deutschland, das Geleitwort für dieses Buch geschrieben und diese Warnungen unterstrichen hat. Schuster beobachtet, dass das alte antisemitische Narrativ der jüdischen Weltverschwörung heute von »Coronarebellen« der aktuellen Situation angepasst wird.

Wie sehr die Zuspitzung von Antisemitismus und Rassismus unter der Pandemie den Alltag vieler Menschen beeinflusst, zeigt sich längst auch in der Polizeilichen Kriminalstatistik. Neun Menschen mit migrantischen Wurzeln ermordete ein Anhänger von Verschwörungsnarrativen in Hanau am 19. Februar 2020 zu Beginn der ersten Welle der Pandemie aus mörderischem Rassismus; mehr als 23 000 rechte Straftaten registrierte das Bundeskriminalamt (BKA) in einer vorläufigen Bilanz auf Anfrage der Bundestagsvizepräsidentin Petra Pau (Linke) für das Jahr 2020, darunter waren auch täglich sechs antisemitische Straftaten – so viele wie zuletzt zur Jahrtausendwende. Dass diese vorläufigen Zahlen lediglich einen Ausschnitt der Realität von Hasskriminalität widerspiegeln, belegen unter anderem die Forschungen des Kriminalistischen Instituts des BKA und die unabhängigen Statistiken der Opferberatungsstellen. Und die Gefahr wächst für diejenigen, die tagaus, tagein in den Kanälen der Leugnerbewegung als vermeintlich »Schuldige« markiert werden. Längst warnen unabhängige Expertinnen ebenso wie das BKA davor, dass die Zunahme von Verschwörungsnarrativen und damit einhergehenden emotionalisierten Feindbildern die Bereitschaft erhöhen kann, dass Gewalt gegen Vertreterinnen des verhassten »Systems« oder Angehörige gesellschaftlicher Minderheiten verübt wird.

Sichtbar geworden ist der zuweilen wahnsinnige Fanatismus unter Protestierenden, die doch angeblich nur »Coronaskeptiker« sein möchten, auch für alle diejenigen, die einen weiten Bogen um die Kanäle der

Leugner und Verharmloserinnen auf YouTube, Telegram, Facebook und in anderen sozialen Netzwerken machen, bei den zahlreichen Aufmärschen von »Querdenken« & Co. ab dem Frühsommer 2020. Die Risiken und Nebenwirkungen dieser Demonstrationen und Kundgebungen, bei denen bis zu mehrere zehntausend Menschen ohne Abstand und Masken auf engen Raum in Klein- und Großstädten unterwegs waren, betreffen keineswegs nur den politischen Raum, sondern offenbar auch unmittelbar das Infektionsgeschehen. Forscherinnen des Leibniz-Zentrums für Europäische Wirtschaftsforschung (ZEW) Mannheim und der Humboldt-Universität zu Berlin haben in einer Studie errechnet, dass durch eine konsequente Absage der Großdemonstrationen am 7. November in Leipzig und am 18. November 2020 in Berlin bis Weihnachten 2020 zwischen 16 000 und 21 000 Infektionen mit dem Coronavirus hätten verhindert werden können. Für ihre Studie hatten die Wissenschaftler drei Faktoren berücksichtigt: Der Anteil der AfD-Wählerschaft in einer Region, wo die Partei die Gefahr der Pandemie bagatellisiert, wurde verglichen mit der Masern-Impfquote auf Kreisebene und mit den Bushaltestellen des Honk for Hope-Netzwerks aus der Leugnerbewegung. Mit den Bussen des Netzwerks des selbsternannten Coronakritikers Thomas Kaden fuhren viele Teilnehmer der »Querdenken«-Veranstaltungen, um zu Kundgebungen und Demonstrationen in ganz Deutschland zu kommen. Das Netzwerk hat Haltestellen u. a. in vielen kleineren Städten mit einem regionalen Schwerpunkt im Süden von Sachsen, im Norden Bayerns und im Osten Thüringens. Das Ergebnis: Die Sieben-Tages-Inzidenz ist zehn bis zwölf Tage nach den beiden Demonstrationen in Leipzig und Berlin im November 2020 deutlich stärker in Landkreisen gestiegen, in denen sich die Städte mit Haltestellen des Honk for Hope-Netzwerks befinden. Im Vergleich zu Landkreisen ohne Haltestellen lag sie dort bis Weihnachten 2020 im Schnitt etwa um 40 höher. Bei den Demonstrationen habe es sich um »Superspreader-Events« gehandelt, lautet die Schlussfolgerung der im Februar 2021 veröffentlichten Studie mit dem Titel »Spreading the Disease: Protest in Times of Pandemics«.

Die Bedeutung der Demonstrationen und Aufmärsche für den Einfluss und die Präsenz der extremen Rechten in der Leugnerbewegung beschreiben die Politikwissenschaftler Fabian Virchow und

Alexander Häusler von der Hochschule Düsseldorf, nachdem sie die Kundgebungen in mindestens 77 Städten in Nordrhein-Westfalen seit Beginn der Pandemie im Frühjahr 2020 sowie eine Reihe von Telegram-Kanälen aus dem Spektrum der Protestbewegung untersucht hatten. Sie kommen zu dem Schluss, dass aus einer Vielzahl zunächst dezentral auftretender Proteste »eine soziale Bewegung entstanden« sei, die wie alle sozialen Bewegungen auch »eine gewisse Heterogenität« aufweise. An den Protesten beteiligten sich ab dem Frühjahr 2020 eine Vielzahl an Gruppen und Menschen, die hinsichtlich der Organisation des Alltags, der Einschränkung von Grundrechten und negativer ökonomischer Auswirkungen besorgt waren. Daraus sei eine »Bewegung hervorgegangen, die Angehörige verschiedener sozialer Milieus zusammengeführt« habe. Unter den Tausenden von Protestaktionen und Versammlungen, die es seit März 2020 gegen die staatlichen Maßnahmen zur Eindämmung der Pandemie gab, wurde lediglich eine geringe Zahl von der AfD sowie von klassischen Akteuren der extremen Rechten wie der NPD, den Neonazi-Kleinstparteien Der III. Weg und Die Rechte organisiert. Diese nutzten »aber die ihnen gebotenen Möglichkeiten, in schriftlicher oder mündlicher Form Werbung in eigener Sache zu machen, und prägten so die Proteste aktiv mit«. Die Forscher warnen, dass sich im Jahr 2020 Veränderungen im Straßenprotest und in sozialen Netzwerken bei rechtsaffinen Protestmilieus abzeichneten, »die als neue Formen von milieuübergreifender Radikalisierung interpretiert werden müssen«. Diese Proteste zeichneten sich durch eine heterogene Zusammensetzung aus, bei der unterschiedliche und in ihrem sonstigen Lebensalltag eher getrennt voneinander agierende soziale und kulturelle Milieus weit über den organisierten rechtsextremen Rand hinaus aktionsorientiert zusammengefunden haben. Ein erheblicher Teil von ihnen beanspruche, sich der Zuordnung in einem politischen Koordinatensystem von rechts und links entziehen zu wollen. Vereint seien sie jedoch unter anderem in einem vergleichsweise geringen Vertrauen in gesellschaftliche und staatliche Institutionen. Und sie eint ein merkwürdiges Verständnis von »Liberalität«, das ein hohes Maß an Toleranz für extreme Rechte, ihre Slogans, ihre Symbolik und ihre Ideologie einschließt. Die Sozialwissenschaftler der Hochschule

Düsseldorf verweisen dafür unter anderem auf eine bewegungsinterne Umfrage zum Mitführen von schwarz-weiß-roten Reichsfahnen bei Demonstrationen und Kundgebungen. In einer Abstimmung der Telegram-Gruppe »Corona-Rebellen Düsseldorf« antworteten auf die Frage »Wie stehe ich zu der schwarz-weiß-roten Fahne auf unseren Demos?« 26 Prozent mit der Aussage »Es stört mich«, 14 Prozent mit »Die stört mich nicht/Ist mir egal/Hab da keine Ahnung« sowie 60 Prozent mit der Aussage: »Ich möchte, dass jeder die Freiheit hat, selber zu entscheiden«.

Ungleich drastischer brachte auf einer Kundgebung im November 2020 in Kempten ein Redner diese Haltung zum Ausdruck: »Ich habe keine Ahnung, ob ihr jetzt gleich nach Hause fahrt und eure Frauen oder Männer verprügelt, ob ihr gewalttätig seid, ob ihr euch kinderpornografisches Material anschaut oder ob ihr Hitlerkreuze an die Wände malt. Das ist mir auch völlig schnuppe. Ihr seid hier, weil wir gemeinsam für eine Sache stehen. Und das ist für unsere Freiheit und für unsere Zukunft.«

Bei den ersten »Hygienedemos« im Frühjahr 2020 vermischten »Querfront«-Aktivisten, ähnlich wie bei der Mahnwachenbewegung Jahre zuvor, rechte und linke Positionen, bis schließlich vielerorts die extreme Rechte doch die Regie übernahm. Der thüringische FDP-Vorsitzende Thomas Kemmerich, kurzzeitig Ministerpräsident von AfD-Gnaden, trat im Mai 2020 bei einem Coronaprotest in Gera auf, bei dem im Hintergrund Reichsbürger mitmischten. Im November 2020 deklarierten »Querdenker« ihren Protest auf der Münchener Theresienwiese zum Gottesdienst und versuchten so die Auflagen der Behörden auszuhebeln. Bei der »Querdenken«-Großdemonstration im selben Monat in Leipzig überwanden Protestierende, unter ihnen viele Neonazis, die Polizeisperren und marschierten über den Ring. Sie skandierten, wie bei den Montagsdemonstrationen 1989: »Wir sind das Volk«.

Und vielleicht ist auch das fehlender Mindestabstand: Im Juni 2020 traf Sachsens Ministerpräsident Kretschmer Pandemierelativierer wie den von der *Süddeutschen Zeitung* als »Prof. Dr. Verschwörung« bezeichneten niedersächsischen Finanzwissenschaftler Stefan Homburg und den emeritierten Mikrobiologen und Infektionsepidemiologe

Sucharit Bhakdi zum Gespräch – die nutzten die Begegnung mit dem Regierungschef anschließend für ihre Propaganda. Eine besondere Nähe zu selbsternannten »Coronarebellen« sucht die AfD. Sie betrachtet sich quasi als parlamentarischer Arm der Bewegung. Der Bautzener Bundestagsabgeordnete Karsten Hilse trat im November 2020 gar mit »Querdenken«-Shirt im Parlament auf, kurz danach luden Abgeordnete der Partei rechte YouTube-Aktivistinnen ins Parlament ein, die dort demokratische Parlamentarier bedrängten. Schon im April 2020 stellte sich im sächsischen Pirna ein Polizist, zugleich AfD-Kommunalpolitiker, als Versammlungsleiter bei einem Coronaprotest zur Verfügung. Er wurde vom Dienst suspendiert, bei den Wahlen 2021 will er für die AfD in den Bundestag einziehen.

Umfragen zufolge ist die Impfbereitschaft unter AfD-Anhängerinnen und -Anhängern deutlich geringer als im Durchschnitt der Gesamtbevölkerung. Ob die Rolle als Anwalt der Coronaleugner der AfD letztlich jedoch an den Wahlurnen nutzt, ist noch offen. Ein Test werden die Landtagswahlen 2021, unter anderem in den AfD-Hochburgen Sachsen-Anhalt und Thüringen sowie die Bundestagswahl sein. Der Politikberater Johannes Hillje sagte im Januar 2021 in einem *MDR*-Interview:»Corona eignet sich für die AfD nur bedingt als starkes Mobilisierungsthema. Die AfD wird es sicher nutzen, um gegen die Regierung zu schießen. Aber ihre Anhängerschaft ist bei Fragen wie ›Wie gefährlich ist dieser Virus?‹, ›Sollen Maßnahmen ergriffen werden oder nicht?‹ viel gespaltener, als sich die Partei das wünscht.«

Was aber nach einem Jahr, in dem trotz einer kurzen Unterbrechung durch die Black-Lives-Matter-Bewegung im Sommer 2020 nach dem gewaltsamen Tod von George Floyd in den USA überwiegend rechtsoffene Proteste das Straßenbild geprägt haben, eindeutig ist: Teile der rechtsradikalen Szene von der NPD bis zu neonazistischen Kleinparteien haben durch die Coronaproteste eine Aufwertung erfahren, weil die bürgerliche Mitte den notwendigen Mindestabstand nicht einhielt – ob nun auf dem Augustusplatz in Leipzig, am Brandenburger Tor in Berlin, auf der Theresienwiese in München oder dem Cannstatter Wasen in Stuttgart. Diese Netzwerke werden unter anderem beschrieben von Julius Geiler, Konrad Litschko, Karolin Schwarz, Andreas Speit, Tilman Steffen und Volker

Weiß. Die Expertinnen Pia Lamberty und Katharina Nocun erläutern, wie das Pandemiejahr 2020 Verschwörungsgläubigen weiteren Auftrieb gegeben hat.

Verschwörungsnarrative seien »eine Art Einstiegsdroge für ein antimodernes Weltbild«, sagen die Autoren der Leipziger Autoritarismusstudie, Oliver Decker und Elmar Brähler, die seit vielen Jahren mit ihren Befragungen den Wasserstand antidemokratischen Denkens und manifester rechtsextremer Einstellungen in Deutschland messen.

»Wie weit verbreitet die antidemokratische Orientierung in der Gesellschaft ist, auch wenn die Menschen keiner rechtsextremen Partei oder Organisation angehören«, zeige sich unter anderem bei den sogenannten Hygienedemos gegen die staatlichen Maßnahmen zur Pandemiebekämpfung. Der Unterschied zwischen Ost- und Westdeutschland ist dabei offensichtlich: Die Forscher sehen bei der Hälfte der Ostdeutschen (51 Prozent) eine »Verschwörungsmentalität«, im Westen sind es allerdings auch mit 35 Prozent mehr als ein Drittel der Befragten. Knapp die Hälfte der über 2500 Studienteilnehmerinnen in Ost- und Westdeutschland glaubt, dass eine namenlose, aber auf jeden Fall profitorientierte Elite die Gefahren der Pandemie aufgebauscht hat – zum eigenen Vorteil. Fast zwei Drittel gehen davon aus, dass die »Wahrheit über Corona« nie aufgeklärt wird.

Im Detail stimmten der Aussage »Die Coronakrise wurde so großgeredet, damit einige wenige davon profitieren können«, 33 Prozent (»stark ausgeprägt«) sowie 15 Prozent (»ausgeprägt«) der Befragten zu. Noch mehr Zustimmung, von 48 Prozent der Befragten, erhielt die Aussage »Die Hintergründe der Coronapandemie werden nie ans Licht der Öffentlichkeit kommen« (»stark ausgeprägt« sowie knapp 15 Prozent »ausgeprägt«).

Dabei geht es keineswegs darum, Fragen und Kritik zur Verhältnismäßigkeit von staatlichen Maßnahmen oder den Gefahren einer Instrumentalisierung der Pandemie abzuwerten oder zu delegitimieren. Die Gefahr entsteht, so die Forscher aus Leipzig, wenn immer mehr Menschen glauben, es seien »verschiedenste geheime Organisationen am Werk, die aus dem Hintergrund das Geschehen lenken würden« (…) »Während die einen eine ›Weltregierung‹ imaginieren, die einen ›Bevölkerungsaustausch‹ vorbereitet, sind für andere die ›Pharmalobby‹

oder gleich ganz offen die ›jüdischen Milliardäre‹ verantwortlich für die Pandemie.«

Dass fehlender Mindestabstand auch international Protestbewegungen prägt, beschreiben für diesen Sammelband eine Reihe von Expertinnen und Journalisten, die schon lange auch die globalen Netzwerke der extremen Rechten und »White Supremacy«-Bewegung untersuchen, wie beispielsweise Heidi Beirich, die 20 Jahre lang das Rechercheteam des renommierten Southern Poverty Law Center (SPLC) in den USA leitete. Sie nimmt die Verschwörungsideologen von QAnon und deren Allianz mit dem Trump-Regime auseinander, der französische Journalist Nicolas Hénin erklärt die Allianz von Gelbwesten und Coronaleugnern, der Schriftsteller Jaroslav Rudiš beschreibt den Alltag der Tschechinnen und Tschechen unter der Pandemie. Und Markus Sulzbacher von der österreichischen Tageszeitung *Der Standard* berichtet über die stark von Rechtsradikalen dominierte Szene in Österreich.

Dass nur eine internationale Perspektive und Solidarität mit den Staaten des globalen Südens eine erfolgreiche Pandemiebekämpfung möglich machen, daran erinnert schließlich Andreas Wulf von medico international, deren Partner in aller Welt vor Ort mit den gesundheitlichen Auswirkungen der Pandemie, den sozialen Folgen der Gegenmaßnahmen und dem ungleichen Zugang zu Impfstoffen konfrontiert sind. Vor dem Hintergrund der fatalen Wirkung von Impfnationalismus und der Verweigerung der Patentfreigabe für die Impfstoffe fordert er eine kritische Auseinandersetzung mit der staatlichen Gesundheitspolitik und den Gesundheitsmaßnahmen. Sein Beitrag – und die Proteste der Black-Lives-Matter-Bewegung ebenso wie die Fridays-for-Future-Bewegung – erinnern uns daran, dass auch in im Wortsinn verrückten Zeiten Kritik und Protest mit Mindestabstand zu Ideologien der extremen Rechten selbstverständlich und für jede Demokratie notwendig sind – ebenso wie Solidarität und Menschenrechte für alle.

Wir danken allen Autorinnen und Autoren, unserem Verlag, unserem Lektor Patrick Oelze und seiner Kollegin Miriam Eisleb sowie Isabelle Püttmann, die bei Herder die Bereiche Presse und Veranstaltungen verantwortet. Wir bedanken uns bei den Rechtsanwälten Björn Elberling und Alexander Hoffmann für die sorgfältige juristische Prüfung der Beiträge, bei Lilian-Astrid Geese, Sigrid Irimia und Dora Meisner für die Übersetzung von Texten aus dem Französischen und Englischen und beim Zentrum Liberale Moderne für die Unterstützung des Projekts. Danke auch an unsere Familien, Freundinnen und Freunde, Kolleginnen und Kollegen für die wichtigen Hinweise ebenso wie für kontroverse Diskussionen, ohne die dieses Buch nicht möglich gewesen wäre. Ganz besonders danken wollen wir all denjenigen aus der Zivilgesellschaft, die, trotz oftmals massiver Anfeindungen mit ihrem wachsamen Blick und wichtigen Beobachtungen täglich aufs Neue die demokratischen Grundwerte verteidigen. Wir wünschen eine anregende Lektüre und freuen uns über – auch kritische – Reaktionen. Liebe Lesende, bleiben Sie gesund!

Berlin, im Februar 2021

I.
SCHLAGLICHTER: VON STUTTGART BIS WASHINGTON, D.C.

Wir können alles außer impfen

Warum »Querdenken« eine Stuttgarter Vorwahl hat

Von Dietrich Krauss

Als im Frühjahr ausgerechnet im Coronahotspot Baden-Württemberg der Pandemieprotest erblühte und sich in Stuttgart Zigtausende zu »Querdenken«-Demos versammelten, war die Ratlosigkeit zunächst groß. Dass man sich gerade in der Heimat des Sauberkeitsfimmels an Hygienemaßnahmen stört, ist aber kein Zufall: Schließlich schreckt die Protestierer weniger das Virus als die Aussicht, eines Tages davor geschützt zu werden, und diese Impfskepsis fällt im Südwesten auch deshalb auf so fruchtbaren Boden, weil sie hier seit langem biologisch-dynamisch gedüngt wird – von einer überaus einflussreichen anthroposophischen Bewegung.

Die Panik vor dem Pieks ist dabei so alt wie die Geschichte des Impfens selbst. Die Parallelen zu den Protesten gegen den Pockenschutz vor 150 Jahren sind frappierend: Die schrillen Impftiraden Ken Jebsens beispielsweise, der bei einem der »Querdenken«-Aufmärsche in Stuttgart als Stargast sprach, gleichen bis in die Wortwahl dem Ahnherrn der deutschen Impfkritik, Hugo Wegener. Der Herausgeber der Zeitschrift *Die Impffrage* warnte vor mehr als 100 Jahren davor, Kindern gegen den Willen der Eltern »Gift in die Blutbahn« zu jagen. In seinen populären Büchern sammelte er Berichte über angebliche Pocken-Impfopfer mit dem erklärten Ziel, Mütter in Angst und Schrecken zu versetzen. Der Frankfurter Ingenieur war Teil einer breiten, vor allem von Laien getragenen Bewegung, die in Verbänden mit Hunderttausenden Mitgliederinnen organisiert war.[1]

1798 war es dem britischen Arzt Bruce Jenner erstmals gelungen, Kinder durch die Injektion von Kuhpocken vor der gefährlichen Infektionskrankheit zu schützen. Die medizinische Revolution stieß trotz ihres Erfolges auf große Skepsis. Obwohl im 19. Jahrhundert noch bis zu einem Fünftel der Kinder an Pocken starben und die Epidemie in Deutschland zu Beginn des Kaiserreiches über 180 000 Menschenleben forderte, gab es anhaltenden Widerstand gegen die Impfpflicht, mit der Reichskanzler Bismarck dem Virus 1874 zu Leibe rückte. Ähnlich wie in England, wo Hunderttausende gegen Impfschutz demonstrierten, versuchte man mit Petitionen Druck auf das Parlament auszuüben und mit internationalen Kongressen die öffentliche Meinung zu beeinflussen.

An diese Tradition wird in Stuttgart bereits seit längerer Zeit wieder angeknüpft. Bereits zwölfmal traf sich hier die Crème de la Crème der Impfkritik zum Stuttgarter Impfsymposium. Die medizinische Subkultur tagt weitgehend ohne kritische Begleitung der Medien, scheint aber unter dem Radar ihre Wirkung zu entfalten. Nirgendwo in Deutschland ist die Impfquote niedriger als in Baden-Württemberg. Besonders bei der Masernimpfung liegt das Land mit 89,7 Prozent deutlich unter der von der WHO empfohlenen Rate von 95 Prozent.

Das impfkritische Bündnis der Kaiserzeit ist der von Stuttgart aus geführten »sozialliberal-nationalen« Allianz der Coronaproteste zum Verwechseln ähnlich: Wie der als »Coronarebell« gefeierte Wolfgang Wodarg lehnten auch damals einzelne sozialdemokratische Gesundheitspolitiker Impfungen als Symptombekämpfung ab. Stattdessen müsse man die eigentlichen Ursachen der Krankheit wie die Armut und die ungesunden Lebensverhältnisse der Stadtbevölkerung in den Blick nehmen. Diese Sozialpolitiker waren schon damals im Bund mit liberalen Impfkritikern, die in der Impfpflicht einen Angriff auf die Freiheit der Bürger sahen. Heute ist der liberale Wirtschaftsprofessor Stefan Homburg einer der lautesten Kritiker des Lockdowns. Schon im 19. Jahrhundert bekamen die Impfkritiker Unterstützung von ganz rechts. Der berüchtigte Antisemit und Vordenker der nationalsozialistischen Rassenlehre Eugen Dühring behauptete, das Impfen sei ein Aberglaube, der von jüdischen Ärzten geschürt werde, um sich zu bereichern. Heute unterstellt man dies Bill Gates.

Die weitaus stärkste Fraktion der Impfgegner bildete die Lebensreformbewegung, die unter dem Motto »Zurück zur Natur« einen radikalen Bruch mit der Lebensweise der autoritären wilhelminischen Industriegesellschaft propagierte. Die an Verstädterung, Armutsmigration und Massenkultur »erkrankte« Gesellschaft sollte an und mit der Natur geheilt werden. Mit Freikörperkult und Vegetarismus, Gartenstädten und alternativer Medizin. Die modernen Arzneien heißen Luft, Sonne, Wasser und giftfreie Diät, schrieb Heinrich Molenaar, der Generalsekretär des Impfgegnerbundes, unter Rückgriff auf die Rezepte der Lebensreformer. Im Impfen verdichteten sich für die Lebensreformer alle Probleme moderner ungesunder Lebensweise. Ein gesunder Körper werde mit Erregern vergiftet, was eine natürliche Immunisierung verhindere und Hygiene beziehungsweise gesunde Lebensweise überflüssig mache.

Doch die Natur taugt nur dann als Richtschnur für ein gesundes und richtiges Leben, wenn sie radikal romantisiert wird. Dass sie in Wahrheit ihre menschlichen Mitbewohnerinnen seit jeher mitleidlos mit tödlichen Krankheiten überzieht, mussten die zivilisationsmüden Lebensreformer konsequent ausblenden. Nüchtern betrachtet, würde die Orientierung an natürlichen Lebensweisen zu einem brutalen Überlebenskampf führen. Statt Streichelzoo Survival of the fittest.

Nicht umsonst inspirierten die medizinischen Ideen der Lebensreformerinnen nicht nur alternativ-grüne Strömungen, sondern erfreuten sich auch bei den Nationalsozialisten großer Beliebtheit. Ihre Naturverherrlichung bot hervorragende Anknüpfungspunkte für die NS-Rassentheorie und ihrer These von natürlicher Auslese. Kneippianer, Homöopathen und Anthroposophen wurden so zeitweilig in der Arbeitsgemeinschaft Neue deutsche Heilkunde zusammengeführt mit dem Ziel einer neuen Synthese zwischen Schulmedizin und Naturheilkunde.

Heute sind die Grünen die natürliche Heimat aller Anhänger alternativer Heilmethoden, was politischen Gegnern immer wieder Anlass für Sticheleien gibt, vor allem angesichts der niedrigen Impfquote im grün regierten Südwesten. Doch selten gerät dabei der »Elephant in the room« in den Fokus: die einflussreiche Anthroposophie. Die okkulte Lehre Rudolf Steiners ist direkt aus der Bewegung der Lebensreformer hervorgegangen und verspricht bis heute ihrer Kundschaft eine andere, irgendwie natürlichere Lebensweise.

Seit vor 100 Jahren dort die erste anthroposophische Waldorfschule gegründet wurde, gilt Stuttgart als so etwas wie die Hauptstadt der eurythmischen Bewegung. Hier ging das Bürgertum eine anhaltende Liaison mit Steiners Esoterik ein. Die »Waldis« sind hier vor allem in den akademischen grünen Milieus bestens verankert und prägen ein spezifisches Stuttgarter Klima alternativer Spießbürgerlichkeit. Dieses harmlose Image verstellt allerdings den Blick auf die Abgründe von Steiners Okkultismus, der neben Schule und Landwirtschaft in der Medizin ein zentrales Anwendungsgebiet hat und seinen Gutteil dazu beiträgt, dass in Baden-Württemberg die Impfskepsis so hoch ist.

Dabei grenzen sich die anthroposophischen Oberärzte in den offiziellen Stellungnahmen klar von ordinären Impfgegnern ab. Die Segnungen des modernen Infektionsschutzes werden gewürdigt, selbst die lange bekämpfte gesetzliche Pflicht, Kinder vor Besuch von Kita und Schule gegen Masern zu impfen, wird akzeptiert. Doch das ist nur die eine Hälfte der Wahrheit: Gleichzeitig unterstützt der stark anthroposophisch geprägte Verein Ärzte für individuelle Impfentscheidung aktuell die Verfassungsklage gegen die Masernimpfpflicht.

»Wir sind freie Bürger, die frei entscheiden, ob sie sich impfen lassen oder nicht«, sagte auch der anthroposophische Vordenker Christoph Hueck auf der Stuttgarter »Querdenken«-Demo im Mai. Einer von vielen aus der Waldorfszene, die dort das Wort ergreifen.[2] »Wir haben die Gehirnwäsche und das diktatorische Regierungshandeln satt«, polterte der Mitbegründer der Akanthos-Akademie, die anthroposophische Meditation »erforscht«. Er erklärte, einem guten Immunsystem könne das Coronavirus nichts anhaben. Man werde jedenfalls kein Versuchskaninchen für neue Impfstoffe abgeben.

Hueck bildet Lehrer für die Waldorfschule aus. Die hat auch Co-»Querdenker« Ken Jebsen besucht. Immer wieder war er dort in den letzten Jahren auch als Vortragsredner zu Gast. Und immer wieder tauchen auch die Masern an Waldorfschulen auf, zuletzt in Berlin, Freiburg oder Köln. Laut dem Landesgesundheitsamt Baden-Württembergs waren zuletzt an Waldorfschulen 30 Prozent der Kinder nicht geimpft. An staatlichen Schulen sind es gerade mal 5 Prozent. Dass dahinter auch die angeblich ergebnisoffene, neutrale und individuelle Beratung durch anthroposophische Ärzte steckt, liegt auf der Hand. Anthroposophische Medizin verursache Masernausbrüche, konstatierte kurz und bündig schon vor zehn Jahren in der *Medizinischen Wochenschrift* Professor Edzard Ernst, der erste Lehrstuhlinhaber für Alternativmedizin.

Warum die Steiner-Gemeinde so verbissen um die Ansteckungsfreiheit und gegen Impfzwang kämpft, kann nur verstehen, wer sich genauer mit dem Steiner'schen Okkultismus befasst. Den hält man der Öffentlichkeit nicht allzu offensiv unter die Nase, schließlich hängen auch die

Waldorfschulen am staatlichen Tropf. Allzu obskure Inhalte könnten die Steuerzahler verunsichern. Deshalb hat man sich eine Art anthroposophischen Doppelsprech angewöhnt. In den offiziellen Stellungnahmen für die Öffentlichkeit gibt man sich gern einen seriösen Anstrich und verwässert die Steiner-Esoterik zu harmlosen Allerweltsweisheiten. Im Fall der Masern heißt es offiziell, wer Kinderkrankheiten durchstehe, statt sie zu unterdrücken, stärke sein Immunsystem und fördere die kindliche Entwicklung. Dahinter verbirgt sich jedoch eine viel abgründigere These: Nach Steiner inkarniert sich das Ich des Menschen im Lauf der Zeit immer wieder in neue Leiber. Deshalb müsse man es dem Kind in den ersten Lebensjahren ermöglichen, sich durch fieberhafte Masernerkrankung quasi in seinem Leib einzurichten und diesen zu individualisieren. Dass das auch genau so gemeint ist, erklärt im Februar 2020 in der waldorfpädagogischen Zeitschrift *Erziehungskunst* die anthroposophische Ärztin Daphné von Boch: Ein Neugeborenes bestehe nämlich noch ganz aus mütterlichem Eiweiß. Dieses müsse durch das Masernfieber zerstört werden, um Platz zu machen für das eigene Eiweiß, das dem individuellen geistigen Wesen entspreche. Von fremdem Eiweiß drohe es »überwältigt« und »fremdgesteuert« zu werden.

Zur Erinnerung: Diese anthroposophische Medizin ist eine gesetzlich anerkannte Therapierichtung, zu der sich normale Mediziner weiterbilden lassen können, wenn sie ein von anthroposophischen Institutionen zertifiziertes Kursprogramm belegen. Aktuell kann man dort die »sieben Chakren und die Ätherprozesse« studieren und Organeinreibekurse auf Elba belegen.

Hin- und hergerissen zwischen Gesetzestreue und Steiner-Gehorsam zeigen sich führende anthroposophische Mediziner durchaus flexibel: Es müssten ja nicht unbedingt die Masern sein, die man dem Kind zukommen lassen müsse. Eine Lungenentzündung tue es auch. Hauptsache, das Kind fiebert. Und dabei geht es nicht nur um das Immunsystem. Krankheiten haben im ewigen Kreislauf von Geburt und Wiedergeburt für die anthroposophische Medizin einen erzieherischen Sinn. Sie sind karmischer Ausgleich für Fehlverhalten im letzten Leben: Zu starkes Selbstgefühl kann nach der Wiedergeburt zu Cholera führen, sinnliche Ausschweifung zur Lungenentzündung. Wer im vorherigen Leben zu selten musiziert hat, leidet jetzt unter Asthma, wer zu wenig Interesse an den Sternen gezeigt hat, wird mit Bindegewebsschwäche gestraft. Keine Comedy, sondern Anthroposophie.

Das Lachen vergeht einem allerdings, wenn man nachliest, mit welch okkult-rassistischem Irrsinn der selbsternannte Hellseher den Ursprung von Infektionskrankheiten »erklärt«. Wie alle Organismen, die sich in Wirtsorganismen ansiedeln, sind Bazillen und Viren teuflischer Natur – oder »genauer gesagt« geistige Dämonen und Verwesungsprodukte untergegangener minderwertiger Völker wie zum Beispiel der »Mongolenrasse«. Die trug die Bazillen in ihrem von Fäulnis gezeichneten Astralleib und infizierte bei den großen Völkerwanderungen u. a. die fortgeschrittenen Rassen von Germanen, so Steiners Theorie.[3]

Dieser Seuchen-Irrsinn wird von Anthroposophen anlässlich der Coronakrise neu aufgelegt, als Inspiration für den Umgang mit der Pandemie: Da wird das Virus als spiritueller Angriff des Teufels auf die Menschheit gedeutet, der aktuell seine Inkarnation vorbereite. Mit Geld und Macht, Furcht und Lüge mache er die Menschen erst empfänglich für das Virus, mit dem ein starkes Immunsystem fertigwerde.

Bazillen breiteten sich nur aus, wenn man materialistische Vorstellungen und eine egoistische Furcht pflege und mit in den Schlaf nehme. Dann könnten teuflische ahrimanische Kräfte in die Organe hineinstrahlen, die die Bazillen mästen: Stattdessen solle man sich mit spirituellen Vorstellungen schlafen legen, sich dem Sonnenlicht aussetzen und überhaupt viele hoffnungsvolle eurythmische Bewegungen vollziehen. Auch die Planetenkonstellation sei wie schon bei der Spanischen Grippe als geistige Ursache der Pandemie zu beachten.

Impfung dagegen könne laut Steiner taub machen für die karmischen Botschaften. Wer sich auf diese Weise vor Krankheiten schütze, der erfreut sich vielleicht seiner Gesundheit, aber ihm droht nach Steiner der Reinkarnationsstillstand. Deshalb suchten den durchgeimpften Menschen zwar nicht die Pocken, aber seelische Verödung heim. Diesen Impfschaden könne man nur durch den Besuch einer Waldorfschule ausgleichen

Man muss Krankheiten übrigens gar nicht unbedingt besiegen, um von ihnen zu profitieren. Sollte man beispielsweise früh dahingerafft werden, entfaltet die Krankheitserfahrung ihre segensreiche Wirkung eben im Dasein nach dem Tod und befördert uns im nächsten Leben auf die Überholspur.

Es dürfe bei Corona nicht nur darum gehen, Leiden aus der Welt zu schaffen. Denn zu wertvoll seien die geistigen Impulse, die man daraus schöpfen könnte, im Jenseits. So raunt es auf einer Coronatagung im Stuttgarter Rudolf Steiner Haus im Juni 2020, wo der anthroposophische Vordenker Christoph Hueck postuliert: Wer das Leiden verhindern wolle, der verhindere geistige Entwicklung.

Der Biologe malte sich sogar aus, wie schön es werde, wenn man gestorben sei und sich weiterentwickeln könne, nach dem Tod. Heute damit konfrontiert, rudert der Waldorfpädagoge zurück.[4] Er würde das heute nicht mehr wiederholen. Zwar seien die Anthroposophen vom Weiterleben des menschlichen Geistes nach dem Tod überzeugt, trotzdem sei es auch für sie selbstverständlich Leben zu schützen. Und doch bleibt die Frage, wenn Krankheit einen höheren Sinn hat, welchen Sinn hat es dann sie zu bekämpfen? Bislang verschließt man im Südwesten vor den ethischen Abgründen der Steiner'schen Esoterik fest die Augen. Solange man offenen Antisemitismus und Rassismus vermeidet, sind die Anthroposophen wohlgelitten. Die grüne Landesspitze machte zum 100. Geburtstag der Waldorfschule brav ihre Aufwartung. Schließlich handelt es sich um einen schwäbischen Exportschlager.

Dabei führt manchmal ein ziemlich direkter Weg von den harmlosen Pastellfarben der Waldorfschule zur finsteren Impfparanoia der »Coronaskeptiker«. Christoph Hueck ist ihn gegangen: Der anthroposophische Vordenker kandidierte für die »Querdenker«-Partei »WIR 2020« bei der Landtagswahl in Baden-Württemberg.

Anmerkungen

1 Malte Thiessen, Immunisierte Gesellschaft. Impfen in Deutschland im 19. und 20. Jahrhundert, Göttingen, 2017, S. 31 ff.

2 Eine aktuelle Übersicht über die Beteiligung von Anthroposophen an der Bewegung der Kritiker der Coronamaßnahmen findet sich auf der Seite von Oliver Rautenberg: https://anthroposophie.blog, zuletzt abgerufen am 15.11.2020

3 Insgesamt siebenmal kommt Steiner in seinem Werk auf diesen von ihm »beobachteten« Zusammenhang zurück. Die Passagen finden sich in seinen Vorträgen vor der Anthroposophischen Gesellschaft. Gesamtausgabe (GA) GA 93a, S. 232 ff.; GA 94, S. 156; GA 95, S. 69 f.; GA 97, S. 253 f.; GA 99, S. 59, GA 100, S. 88; GA 155, S. 92 ff.

4 Im Rückblick hält Hueck seine Äußerungen für viel zu »einseitig formuliert«. Er halte sie nicht mehr aufrecht, was auch der Grund dafür sei, dass das Video des Vortrags vom 24.6.2020 inzwischen gesperrt ist. Noch online dagegen ist sein zweiter Vortrag auf demselben Kongress: Auch dort wiederholt Hueck, dass das Leiden ein notwendiger Faktor sei in der Entwicklung der Welt. Die Leiden und die Krankheit seien Freunde des Menschen. Wer sie durchmache, komme den höchsten Idealen der Menschheit Freiheit und Liebe näher. (https://www.youtube.com/watch?v=lpJO5Yje-9o, zuletzt abgerufen am 1.3.2021)

Der Urknall der Coronaproteste

Die »Hygienedemonstrationen« vor der Berliner Volksbühne

Von Julius Betschka

Anselm Lenz trägt einen Zollstock und verteilt Dutzende Exemplare des Grundgesetzes. Er wolle auf Artikel 20 Grundgesetz aufmerksam machen, wird er später sagen. Alle Staatsgewalt geht vom Volke aus, steht in Absatz 2. Am letzten Samstag im März 2020 versammelt sich die Gruppe um den Verein »Kommunikationsstelle Demokratischer Widerstand« erstmals vor der Volksbühne am Berliner Rosa-Luxemburg-Platz. Das Theater ist verriegelt, Versammlungen mit mehr als 20 Personen sind verboten. Zum ersten Mal in der Pandemie hatten Bundeskanzlerin Angela Merkel und die Ministerpräsidentinnen und Ministerpräsidenten strenge Kontaktbeschränkungen beschlossen. An diesem 28. März 2020 findet die erste »Hygienedemonstration« überhaupt statt – eine Art Urknall der Coronaproteste. Das Motto: »Grundrechte verteidigen – Sag Nein zur Diktatur!« 40 Menschen stehen zusammen an jenem Platz im Zentrum Berlins, der nach der marxistischen Arbeiterführerin Rosa Luxemburg benannt ist.

Die Initiatoren des Protests sind die Publizisten Anselm Lenz, Hendrik Sodenkamp und Batseba N'Diaye. Alle drei sind im linken und kapitalismuskritischen Kunstspektrum Berlins sozialisiert. Der Begriff »Querdenker« existiert zum damaligen Zeitpunkt kaum in seiner heutigen Konnotation. Lenz und Sodenkamp sind in Berlin keine Unbekannten: Sie gehörten zu jenen Aktivisten und Aktivistinnen, die 2017 die Volksbühne besetzt hatten, um den neuen Intendanten Chris Dercon zu vertreiben und ein Kollektiv als Intendanz einzusetzen. Alle drei kennen sich aus der 2015 gegründeten Künstlergruppe »Haus Bartleby«. Sie veröffentlichten zusammen Bücher, veranstalteten ein »Tribunal gegen den Kapitalismus«. Lenz schrieb ab und an für die *taz*.

Die Volksbühne haben sie nicht zufällig als Protestort ausgesucht. Sie steht als Berliner Theater wie kaum ein anderer Ort in Deutschland für Unangepasstheit und Regelbruch. Der linke Anspruch manifestiert sich schon in der Gründung: Die »Freie Volksbühne« wurde 1890 als erste kulturpolitische Massenorganisation der deutschen Arbeiterbewegung gegründet – alle gesellschaftlichen Schichten sollten hier Zugang zu Kultur bekommen. Der avantgardistische, linke Theatermacher Erwin Piscator setzte hier in der Weimarer Republik die Idee des »politischen Theaters« auf einer großen Bühne um. Langzeitintendant Frank Castorf schuf an der Volksbühne ab Anfang der 1990er Jahre für eine Zeit lang den wichtigsten Think-Tank für modernes Theater in Deutschland, und ab der Jahrtausendwende inszenierte Christoph Schlingensief natürlich an der Volksbühne Ungehöriges. Zuletzt putschten Mitarbeiter und Umfeld der Bühne den aus London geholten Intendanten Dercon weg, den sie als »Vorreiter von Neoliberalismus und Gentrifizierung« (*taz*) betrachteten. Das war 2017, Anselm Lenz und Hendrik Sodenkamp halfen dabei mit. Mehr linke Widerstandserzählung als an diesem Ort geht kaum.

Die Leitung der Volksbühne hängt inzwischen ein Banner auf: »Wir sind nicht Eure Kulisse« steht darauf. Auch einige bekanntere linke Köpfe distanzieren sich rasch vom Protest. Ende April 2020 schreibt der Publizist Peter Nowak nach einer Demonstration in einem Text für den *Freitag*: »Die wenigen Teilnehmer*innen, die klar eine Distanzierung von den Rechten gefordert hätten, wurden beschimpft.« So sei klar, dass sich andere linke Gruppen nicht danebenstellen würden. »Es wäre nur möglich gewesen, diese Linken zu gewinnen, wenn die Positionierung gegen rechts in die Praxis umgesetzt worden wäre.« In Nowaks Beitrag offenbart sich trotz alledem ein starkes Unbehagen gegen die staatlichen Eingriffe. Es werde, schreibt Nowak, »ein nationaler Konsens heraufbeschworen«. Und weiter: »Wir sitzen nicht im gleichen Boot mit den Herren SAP, Würth oder Siemens. Wir sitzen nicht im Boot mit den Superreichen, die aus ihrer Villa mit Garten uns ein ›Bleibt zu Hause-Selfie‹ schicken.« Sein Text bietet einen Einblick in eine der vielen Strömungen einer heterogenen Widerstandsszene, kurz bevor diese endgültig von Bildern johlender Nazis, esoterischer

Sektierer und gewalttätiger Hooligans überlagert wird. Auch der eingangs erwähnte Volksbühnenintendant Frank Castorf äußerte im Frühjahr 2020 übrigens ein gewisses Unbehagen gegen die Coronamaßnahmen: »Ich möchte mir von Frau Merkel nicht sagen lassen, dass ich mir die Hände waschen muss«, sagte er dem *Spiegel* und rief zum »republikanischen Widerstand« auf. Später erklärte er sich doch bereit, sich an die Maßnahmen zu halten.

Zu diesem Zeitpunkt, Mitte April, dreht längst ein Kamerateam des Verschwörungsideologen Ken Jebsen bei den Protesten vor der Volksbühne, genau wie der Aktivist Martin Lejeune, der im Laufe der Monate zu einem der Sprachrohre der »Querdenker«-Bewegung werden wird. Der Rechtsextremist Nikolai Nerling inszeniert sich vor der Volksbühne, NPD-Männer und Reichsbürger bilden einen sichtbaren Teil der Demonstranten. Am 18. April zählt die Polizei 1000 Teilnehmer, mehr als 250 Beamte müssen den Protest auflösen. »Wir sind das Volk«-Rufe erfüllen den Rosa-Luxemburg-Platz. Erst zu diesem Zeitpunkt startet auch Michael Ballweg in Stuttgart seine Demonstrationen. Das Motto wird jetzt: »Querdenken«. Was hier vor der Volksbühne begonnen hat, breitet sich mittlerweile wie ein Virus in Deutschland aus.

Im Mai 2020 erreicht deshalb der Begriff »Querfront« Hochkonjunktur – noch nie wurde der Begriff so häufig in die Suchmaschine Google eingegeben wie zu dieser Zeit. Die Demonstranten übernehmen ihn gern. Programmatisch ist der Satz des Chefredakteurs des rechtsextremistischen *Compact*-Magazins Jürgen Elsässer: »… und meine Zielgruppe ist das Volk«[1]. Journalisten und Politikern mangelt es an anderen Worten, um die bislang unbekannte Mischung an Menschen auf den Protesten zu beschreiben. Rechte nutzen die linke Volksbühne als Protestort. Friedensbewegte Familien stehen neben stiernackigen Neonazis.

Auch wenn sich vom Sommer 2020 an sogar der Verfassungsschutz mit den »Querdenkern« beschäftigt, hält die Sprachlosigkeit über ihre Zusammensetzung an. Der Soziologe Oliver Nachtwey von der Universität Basel fand etwa im Dezember 2020 in einer (nichtrepräsentativen) Umfrage in Telegram-Gruppen der »Querdenker« heraus, dass bei den letzten Bundestagswahlen in 2017 21 Prozent der Befragten die

Grünen und 17 Prozent die Linke gewählt hatten. Der AfD gaben 14 Prozent ihre Stimme. Von den mehr als 1000 Befragten wollten allerdings 30 Prozent bei der nächsten Bundestagwahl AfD wählen. »Es ist eine Bewegung, die mehr von links kommt, aber stärker nach rechts geht, sie ist jedoch enorm widersprüchlich«, schlussfolgert Nachtwey in der FAZ.[2]

Risse in dieser – qua Begriff rechtslastigen – »Querfront« führen bislang nicht zum Bruch. Im Mai 2020 schreit einer der Initiatoren, Hendrik Sodenkamp, bei einer »Hygiene«-Demonstration auf dem Alexanderplatz »Nazis raus!«. Aus einer aufgebrachten Menge heraus wird er angebrüllt. »Du provozierst, du spaltest!«, muss Sodenkamp sich anhören und: »Verpiss dich!« Der gemeinsame Protest setzt sich dennoch fort, ob vor dem Reichstag oder dem Brandenburger Tor. Im Dezember 2020 verteilen Lenz, Sodenkamp und N'Diaye inzwischen die 31. Ausgabe ihrer Zeitung, kurz vor Weihnachten demonstrierten sie wieder vor der Volksbühne, dort, wo alles begann. »Dieses Schwarz-Weiß-Rot sind auch nur Farben«, sagt Anselm Lenz inzwischen über die Farben der Reichsflagge, die häufig auf den Demos weht. »Und es sind historische Farben, an denen auch nicht alles schlecht ist.«

Anmerkungen

1   Wolfgang Storz, »Querfront« – Karriere eines politisch-publizistischen Netzwerks, Frankfurt am Main 2015, S. 4
2   Rüdiger Soldt, Studie zu Coronaprotesten: Wen die »Querdenker« wählen – und wer sie sind, FAZ, 04.12.2020, https://www.faz.net/aktuell/politik/inland/studie-zu-corona-protesten-wen-die-querdenker-waehlen-17085343.html, zuletzt abgerufen am 11.01.2021

Hygiene-Inspektion

Wenn Demonstrationen nach geschlossenem Volkskörper klingen

Von Annett Gröschner

Die Blaumeisen fallen tot vom Himmel, der Staub von Brandenburg ist nicht mehr nur Metapher. Ein April ohne Regen. Berlin ist trockener als die Sahara. Bald wird die Kiefer, das preußische Nutzholz, Geschichte sein. Werden wir dann noch Kleist aufführen oder wird er endgültig aus der Mode kommen? Der Ostwind treibt den Rauch aus den Wäldern um Tschernobyl nach Westen. Die, die als Kind nicht auf den Spielplatz durften wegen der radioaktiven Wolke, deren Kinder dürfen heute wieder nicht auf den Spielplatz, wegen eines Virus. Eigentlich haben wir noch ganz andere Probleme als dieses unter dem Mikroskop ästhetisch anspruchsvolle Wesen auf der Suche nach einem Wirt. Mit ihm ist es wie mit der Radioaktivität, es ist mit bloßem Auge nicht sichtbar und einige stampfen deshalb mit dem Fuß auf oder stemmen die Hände in die Hüften, je nach Machtbewusstsein, und rufen: Sehe ick det nich, jibts det ooch nich.

Das war bei Tschernobyl vor 34 Jahren nicht anders als heute. Das Paradox ist, je besser eine Eindämmung durch die Kontaktsperre gelingt, desto weniger Tote und Erkrankte gibt es in näherer Umgebung. Ein Dorado für Verschwörungstheoretikerinnen, die das Virus als Erfindung der Eliten zum Zwecke der Totalherrschaft behaupten. Oder als nicht schlimmer als eine Grippe. Wir wissen inzwischen alle: Ein Lockdown, auch der gelockerte, zerrt an den Nerven. Die einen arbeiten zu viel und die anderen sind von 100 auf knapp über null abgebremst in ewigen Videokonferenzen gefangen, man hockt entweder zu eng beieinander oder vereinsamt, nicht jede Regelung ist auch angemessen, Theater ist unwichtiger als ein Baumarkt, und bei vielen gibt es die Angst, ein Teil der Verbote könnte auch in coronafreien Zeiten die Grundrechte beschränken. Ich persönlich gehe mit Carolin Emcke mit[1], die in ihrem

Coronajournal geschrieben hat, dass die Pandemie mit ihren notwendigen temporären Einschränkungen »uns nicht aus der Pflicht entlässt, jede Anordnung, die uns Rechte und Freiheiten nimmt, die uns unserer ökonomischen oder sozialen Existenz beraubt, zu prüfen und zu widersprechen, wo es geboten ist«.

Ich bin also eigentlich prädestiniert, einer Demonstration zur Verteidigung der Grundrechte unter Einhaltung des Abstands von 1,5 Metern beizuwohnen.

Allerdings würde ich aus freien Stücken nie zu einer Demonstration gehen, die Hygiene heißt, auch wenn sie behauptet, eine Versammlung für die demokratischen Grundrechte zu sein. Hygiene, wenn sie die Sanitärräume verlässt und in die Gefilde der Politik wandert, klingt für mich immer nach Diktatur. Das klingt nach geschlossenem Volkskörper und also nach rechten Projektionen von Reinheit. Das klingt nach Säuberung durch Aussonderung. Da ist der Schritt zu Rassismus, Fremdenfeindlichkeit und Hass auf Schwächere und Andersdenkende nicht weit.

Aber weil ich sowieso einen Spaziergang machen wollte und die Chronistinnenpflicht[2] mich trieb, wanderte ich zum Rosa-Luxemburg-Platz, um mir das Schauspiel mit eigenen Augen anzusehen. Schließlich gibt ja die Veranstalterin die Volksbühne als Adresse an. Nur hatte ich weder ein Büro der »Kommunikationsstelle Demokratischer Widerstand e. V. i. G.« (KDW) im Haus noch wenigstens einen Briefkasten am Haus entdecken können, verstand aber als Geschichtsmaschinistin sofort, dass jeder selbsternannte Volkstribun alter patriarchaler Schule eine Volksbühne braucht. Kommunikationsstelle Demokratischer Widerstand waren für mich bis dato die, die bei Facebook mit Vorliebe ihre Sätze mit drei Ausrufezeichen beenden, damit man auch sofort begreift, dass sie recht haben. Sätze wie: »Wer in der Neoliberalen Epoche schläft wacht im Corona-Faschismus auf!!!« Nicht zu vergessen ihre Vorliebe für selbstverliebte Adjektive. »Einzig seriös« als Attribut für ihre Zeitung klingt ja immer wie schlechte Internetwerbung, die glatte Haut verspricht, und am Ende hat man ein Ekzem im Gesicht.

Als ich den Platz betrat, war die Versammlung untersagt worden, eine Demonstration war laut Polizei »wegen fehlender Ausnahmegenehmigung des Bezirksamtes Mitte nicht zulässig« und die Beamten gerade dabei, Absperrgitter zu den Seitenstraßen zu errichten, um weitere Demonstrierende neben denen, die schon auf dem Platz saßen oder auf der Straße herumstanden, fernzuhalten.

Die Volksbühne hatte ihren Namen an der Fassade und das Räuberrad auf dem Platz schwarz zugehängt, um nicht länger als Kulisse zu dienen, Anwohnerinnen hatten Protestplakate aus ihren Fenstern gehängt und linksalternative Gruppen sich in einem Aufruf gegen die Querfront zusammengeschlossen, darunter auch ehemalige Mitstreiter der Veranstalter. Groß im Netz angekündigte Rednerinnen und Redner, wichtige Prominente linker Couleur allesamt, hatten öffentlich dementiert, Teil der Hygienebewegung zu sein. Dafür hatte die NPD ein Grußwort geschickt, stadtbekannte Rechtsextreme liefen auf und ab wie Models auf einem Laufsteg.[3] Einer trug ein T-Shirt mit der Aufschrift »Gib Nazis keine Chance«, und ich dachte, wenigstens ein aufrechter antifaschistischer Demonstrant auf dem Rosa-Luxemburg-Platz, aber bei genauerem Hinsehen stand da nicht »Nazis« sondern »Gates«. Gib Toren keine Chance? Nein, natürlich war der neue Lieblingsfeind der Querfrontler, Bill Gates, gemeint. Ken Jebsen saß im Schneidersitz auf dem Dach eines Campers und spielte Buddha, wie auch an die 50 Leute auf und außerhalb des Platzes, auf dem es mehr Presse als Demonstrierende gab und jede Menge Abstand, im Gegensatz zu den Seitenstraßen, wo Menschen sich ohne jeden Abstand drängten. Von dort kamen die bei Populisten allseits beliebten »Wir sind das Volk«-Sprechchöre. Man sah förmlich, wie die Schreienden ihre Aerosole verteilten, als wollten sie sich mit Absicht gegenseitig anstecken, um morgen die »überalterten Eliten« anzuhusten. Man kann nur hoffen, dass sie nächste Woche ihre geliebte alte Mutter nicht treffen, für die Covid-19 vielleicht keine so harmlose Grippe ist. So kann man ein Volk auch aussterben lassen, dachte ich, und mir fiel die Mauer in der Dunckerstraße ein, an der 1990 stand: »Wir sind ein blödes Volk.«

Der Rest war Esoterik.

Die Linienstraße entlang saßen nebeneinander aufgereiht wie Einfamilienhäuser mit Garten vorwiegend Frauen auf Yogamatten und Decken und meditierten. Nicht wenige für das Recht darauf, nicht geimpft zu werden. Was die Autonomen auf ihrer genehmigten Gegenkundgebung Linien-/Ecke Weydingerstraße zum Anlass nahmen, ihnen zuzurufen: »Wir haben uns das Virus ausgedacht, um euch zu impfen.«

Am besten gefiel mir ein Paar, schon etwas älter, das einen zwei Meter langen und zwei Meter breiten Kreidestrich als Abgrenzung auf den Gehweg malte, ehe es sich auf die Pflastersteine setzte und gleich eine Diskussion mit den neuen Nachbarinnen anfing. Einen Moment wünschte ich mir, dass alle diese Monaden auf ihren Gesundheitsteppichen transzendierten und leise davonschwebten. Aber das klappte nicht, sie waren viel zu angestrengt auf Wirkung bedacht. Eine fröhliche Angelegenheit war diese Zusammenkunft nicht. Eher eine Ansammlung von Menschen, die ihr Recht auf Egoismus verteidigten und viel dafür taten, öffentlichkeitswirksam von Polizisten in Kampfmonitur weggetragen zu werden, um ihr Gesicht dabei schmerzverzerrt in die Kamera eines angeblich gleichgeschalteten Mediums zu halten.

Ich wartete die Auflösung der Versammlung nicht ab, ich hatte genug gesehen. Stattdessen schlenderte ich weiter auf den Friedhof an der Mollstraße, ans Grab von Fritz Mierau, und unterhielt mich mit ihm über den Widerstandsbegriff von Franz Jung und den Aspekt der Solidarität darin. Es war ganz still, die Vögel sangen und die Autos waren nicht deshalb nicht zu hören, weil der Lockdown den Verkehr zum Erliegen gebracht hatte, sondern weil die Polizei die Torstraße wegen der Demonstration mit zwei ihrer Motorräder versperrte. Willkommen zurück im Berliner Alltag.

Nachtrag, Dezember 2020: Als ich am 25. April 2020 über die »Hygienedemonstration« am und um den Rosa-Luxemburg-Platz schrieb, gab es diese wöchentliche Veranstaltung seit vier Wochen. Sie war von Leuten ins Leben gerufen worden, die bis dato nicht im rechten Spektrum, sondern im heimatsuchenden kapitalismuskritischen Theatermilieu zu verorten waren. Sie hatte sich dann aber bis Ende April immer mehr zur Querfrontveranstaltung entwickelt. Verschwörungsgläubige, neurechte Esoterikerinnen und Teile der völkischen und AfD-nahen Szene waren am 25. April schon in der Mehrzahl, wenn auch wegen der Untersagung der Demonstration durch die Polizei in kleineren, versprengten, oft meditierenden Gruppen rund um die Volksbühne und in geringem Abstand zur genehmigten Gegendemonstration unterwegs. Gleichzeitig war der 25. April der Tag, an dem zum ersten Mal ein weitverzweigtes Bündnis aus der Nachbarschaft zwischen Volksbühne, Karl-Liebknecht-Haus,

Galerien und Babylon und anderen umliegenden Straßen zusammen-kam, um unter den Hashtags #rosaluxantwortet und #wirsindnichteure-kulisse bild- und lautstark gegen die Vereinnahmung des Platzes durch Coronaleugnende und Rechtsextreme aufzutreten.

Im Laufe des Mai eroberten sich die linken Initiativen, u. a. der Anwohnerinnen und Anwohner, den Platz zurück. Der KDW verlor seine Kulisse und seine Bedeutung. Zwischenzeitlich hatte sich neben den in Stuttgart gegründeten und nach Berlin expandierten »Querdenkern« um Michael Ballweg und ihren Berliner Ableger (die vom KDW als Verbündete angesehen werden) der Koch Attila Hildmann zum Führer der Coronaleugner ernannt. Der hatte größere Ziele als eine Volksbühne. Am 9. Mai rief er zu einer »Freiheitsdemo für das deutsche Volk« vor dem Reichstagsgebäude auf. Die Kundgebungen verlagerten sich in Richtung Regierungsviertel und sorgten dort im Sommer für Aufmerksamkeit und Gegenbewegung.

Schaut man sich heute im Netz das Impressum des Verlautbarungsorgans *Demokratischer Widerstand* des KDW vom 24. April 2020 (Nr. 2) an, steht da nicht mehr die Volksbühne als Sitz der Bewegung, wie im April bei Erscheinen. In der Nr. 30 vom 12. Dezember 2020 zum Beispiel steht im Impressum »V.i.S.d.P. Anselm Lenz & Hendrik Sodenkamp, Vorstand K.D.W. e.V., [...]. Gegründet am 25. und 28. März 2020 im Foyer der Volksbühne am Rosa-Luxemburg-Platz, Berlin.« Im Grunde kann ja jeder in die Volksbühne gehen, sich ins Foyer stellen und etwas gründen, einen Sudokoverein genauso wie eine Shakespeare Company, einen Castorf-Fanclub oder einen Verein der entschlossenen Verwirrten. Man braucht dafür noch nicht einmal ein Ticket für ein Stück zu erwerben.

Anmerkungen

1   Carolin Emcke, Corona-Journal, Politisch-persönliche Notizen zur Corona-Krise, https://projekte.sueddeutsche.de/artikel/politik/corona-krise-journal-in-zeiten-der-pandemie-e584987/, zuletzt abgerufen am 28.12.2020
2   Dieser Text ist zuerst erschienen als Geschichtsmaschinistin #18 auf volksbuehne.de: https://www.volksbuehne.berlin/de/news/10614/, zuletzt abgerufen am 28.12.2020
3   berlin-gegen-rechts.de, Dokumentation Abstand halten gegen rechts – Positionierungen und Proteste: https://berlin-gegen-nazis.de/dokumentation-abstand-halten-gegen-rechts-positionierungen-und-proteste-2020-teil-1/, zuletzt abgerufen am 28.12.2020

Die Wutbürger von der B 96

Bautzen als Hotspot

Von Sebastian Leber

Rico Maleskat findet es unverschämt, dass dieser Protest jetzt als »rechts« verleumdet werde. Direkt neben ihm steht eine Handvoll Neonazis, zur anderen Seite ein Mann mit Reichskriegsflagge mit Eisernem Kreuz drauf, dahinter sieht man umgedrehte Deutschlandflaggen, das AfD-Emblem, Reichsbürgersymbole. Maleskat sagt: »Ganz ehrlich. Das wüsste ich doch, wenn hier Rechtsradikale wären.«

Rico Maleskat, 49, Frührentner, ist von Beginn an dabei. Er steht nun, an einem Sonntag im Juli, bereits in der elften Woche auf dem Bürgersteig neben der B 96, immer hier in Weigsdorf-Köblitz, acht Kilometer südlich von Bautzen, immer sonntags zwischen zehn und elf Uhr, immer zwischen Bushaltestelle und Einfahrt zum Netto-Markt. Auf seiner Fahne steht »Meine Gedanken sind frei«, und genau darum gehe es ihm, sagt Maleskat.

Die Bundesregierung habe in der Coronazeit acht Artikel des Grundgesetzes abgeschafft oder ausgesetzt, unter anderem den, der die Meinungsfreiheit garantiert, das müsse sofort rückgängig gemacht werden. Bei diesen Protesten gehe es aber schon lange nicht mehr nur um die Coronamaßnahmen von Angela Merkel: »Es geht um das Ganze.«

Die Melange aus Wutbürgern, Rechtsextremen, Virusleugnern und Reichsbürgern, die sich in Weigsdorf-Köblitz eingefunden hat, gilt laut Polizei als »Hotspot« der sogenannten B-96-Proteste. Die Bundesstraße ist 520 Kilometer lang, reicht vom südöstlichsten Zipfel Sachsens bis nach Sassnitz auf Rügen, führt durch vier Bundesländer, auch quer durch Berlin.

Auch an anderen Teilstrecken der B 96 formierte sich seit Anfang Mai der sonntägliche Protest. In Mecklenburg-Vorpommern standen wöchentlich einzelne Versprengte am Bundesstraßenrand, nördlich von Berlin war es ähnlich. Aber nirgendwo zeigte sich die Wut so heftig wie hier im südöstlichen Sachsen. Auf den 50 Kilometern zwischen Bautzen und der Grenze zu Polen und Tschechien demonstrierten jede Woche Hunderte.

Die verhängten Sicherheitsmaßnahmen seien schon deshalb unsinnig, hieß es damals im Sommer 2020, weil es in dieser Region überhaupt keine Coronafälle gebe. Keiner, der hier an der Straße stand, kannte angeblich einen, der je Corona hatte. Fünf Monate später wird die Sieben-Tage-Inzidenz im Landkreis Bautzen bei 543 liegen, das ist um 371 höher als der Bundesdurchschnitt. Unter den deutschlandweit 15 Landkreisen mit den höchsten Werten werden acht in Sachsen liegen.

An diesem Sonntag im Juli sagt Rico Maleskat, es sei kein Zufall, dass die Proteste gegen die Coronamaßnahmen im quasi coronafreien Ostsachsen mit wöchentlich nur drei Neuinfektionen im Landkreis so energisch ausfallen:»Wir haben viel Heimatliebe und Nationalstolz.« Und dann legt er los: Es herrsche Empörung über die »zahllosen Ausländer«, die ins Land gelassen würden. Über Greta Thunberg und »ihre Hirngespinste«, über die »Hetze gegen Dieselfahrzeuge«, auch über »den ganzen Rassismus«. Dann erklärt Rico Maleskat, dass er eigentlich nicht den Rassismus an sich, sondern die Demonstrationen gegen Rassismus meint, die es aus den USA inzwischen bis nach Berlin geschafft und dort zu nichts als Brandschatzungen und Gewalt geführt hätten:»Das brauchen wir hier nicht.«

Dass die Proteste ausgerechnet in ihrer Region so heftig ausfallen, hält auch Annalena Schmidt nicht für Zufall. Sie ist Stadträtin für die Grünen in Bautzen. Rechtes Gedankengut sei in der Stadt über Jahre normalisiert worden. Auch verharmlost. An einem Samstagnachmittag im Sommer 2020 berichtet sie in einem Café, wie stark sämtliche Strömungen, die sich nun in den Coronaprotesten vereinen, in Bautzen seit Jahren sind: die Rechtsextremen, die Reichsbürger, rechte Esoteriker, Impfgegner, Identitäre. Bei der letzten Bundestagswahl wählten knapp 33 Prozent die AfD. Selbst innerhalb Sachsens gilt Bautzen als rechter Fleck, Spitzname »brown under«.

Annalena Schmidt kam 2015 aus Hessen wegen eines Jobs nach Sachsen. Am Tag ihres Vorstellungsgesprächs habe sie in der Innenstadt erlebt, wie zwei Männer einen Dunkelhäutigen auf offener Straße als »Kanaken« beschimpften. Danach habe sie nicht recht gewusst, ob sie sich freuen sollte, als sie die Stelle bekam.

Schmidt ist bei vielen Bautzenern unbeliebt. Sie gilt als Nestbeschmutzerin. Als eine, die den Namen der Stadt in Verruf bringt, weil sie regelmäßig auf Twitter und in ihrem Blog über Rassismus berichtet. Und das als Zugezogene. »Sie glauben, ich schade dem Image Bautzens. Ich denke, es ist umgekehrt. Ich bin gut für das Image der Stadt. Weil ich der Beweis dafür bin, dass es hier auch andere Menschen gibt.«

Leider sei diese Stadt äußerst geübt darin, Rassismus schnell wegzudiskutieren. Einmal fand im Bautzener Theater eine »Demokratiekonferenz« statt. Eine dunkelhäutige Freundin von ihr traute sich zu berichten, wie Fremde ihr in Bautzen auf offener Straße »Run, nigger, run!« hinterherriefen. Der Moderator der Runde erwiderte, so einen Spruch könne man doch auch als Kompliment auffassen. Weit mehr Anteilnahme bekam anschließend der AfD-Mann, der beklagte, seine Wahlplakate seien abgerissen worden.

Schon 2016 geriet Bautzen bundesweit in die Schlagzeilen, als Unbekannte nachts eine geplante Flüchtlingsunterkunft niederbrannten. Bis heute ist nicht geklärt, ob es sich um einen politischen Anschlag handelte. Unstrittig ist allerdings, dass Bautzener neben dem brennenden Gebäude standen, applaudierten und die Löscharbeiten behinderten. Und dass später der Mitarbeiter einer Baufirma die Schäden mit den Worten »Sieg Heil! Gute Arbeit« kommentierte.

Im Herbst desselben Jahres kam es in der Innenstadt zu einer Hetzjagd auf junge Geflüchtete. Für den örtlichen Revierleiter der Polizei handelte es sich bei den Tätern nicht um Rechtsextreme, sondern um »eventorientierte Jugendliche«, die vielleicht ein bisschen zu viel Bier getrunken hätten. Das Jugendamt reagierte – und verhängte eine Ausgangssperre für die Geflüchteten.

Alltag in Bautzen ist, wenn die Leiterin einer Oberschule mit einem AfD-Funktionär verheiratet ist und die Tochter bei der rechtsextremen Identitären Bewegung aktiv ist.

Bautzen ist auch, wenn der große Spielwarenhändler im Zentrum Publikationen von Ivo Sasek anbietet, einem Rechtsesoteriker und

Sektenführer, der sich auf die antisemitische Hetzschrift »Die Proto-
kolle der Weisen von Zion« bezieht.

Bautzen ist, wenn ein örtliches Fuhrunternehmen in altdeutscher
Schrift den Slogan »White Power« auf der Frontscheibe seines Lkw
anbringen lässt, dazu zwei Eiserne Kreuze. Dem *Tagesspiegel* erklärt
das Unternehmen, der Spruch sei gar nicht rassistisch gemeint, er
beziehe sich selbstverständlich bloß auf die Lackfarbe des Wagens.
Was es dann mit den Eisernen Kreuzen auf sich hat, sagt die Firma
nicht.

Bautzen ist, wenn SPD, CDU, Linke und Grüne im Stadtrat keine
Mehrheit haben, weil die AfD und das lokale Bürgerbündnis, in dem
sich auch Verschwörungsideologen engagieren, so stark sind. »Bautzen ist komplett im Arsch«, schrieb Annalena Schmidt dazu auf Twitter. Und erntete wieder Beschimpfungen.

Die Protestierer entlang der B 96 organisieren sich über Facebook-
Gruppen. Dort teilen Aktivisten extrem rechte Blogs, bejubeln Pegida. Gruppenmitglieder verbreiten rassistische Sprüche und NS-Pa-
rolen, teilen Mordfantasien gegen Flüchtlinge, rufen zum Umsturz
auf. Auch hier wird sich beschwert, dass der »Mainstream« versuche, den Protest der B 96 in die rechte Ecke zu stellen.

In Weigsdorf-Köblitz stehen an diesem Sonntag im Juli 2020 auch
mehrere Neonazis an der B 96, die gezielt Pressevertreter einschüchtern. Ein großgewachsener Mann mit Reichskriegsflagge kommt an,
will den Namen des Journalisten wissen und sagt: »Wir haben dich
im Auge.« Ein anderer sagt: »Schreib lieber nichts Falsches, das
könnte sonst Folgen haben.«

Freundlicher sind die drei Frauen etwas weiter den Hügel herun-
ter. Sie sagen, sie hätten es einfach satt, angelogen zu werden, sie
seien für die Wahrheit und sonst nichts. Deutschland drifte gerade in
die Diktatur ab. Das »Ermächtigungsgesetz«, das Angela Merkel erlassen habe und das besage, dass sie aktuell alles allein entscheiden
könne, müsse unbedingt zurückgenommen werden. Auch das Immu-
nitätsgesetz, weswegen jetzt jeder Deutsche einen Ausweis bei sich
tragen müsse, der angibt, ob man Covid-19 schon hatte oder nicht,
müsse abgeschafft werden.

»Ich glaube, das Gesetz gibt es noch gar nicht, das wurde nur ange-dacht«, wendet eine Frau ein. »Ja gut, aber es kommt bestimmt bald.« Sie erzählen dann noch, dass die deutsche Presse leider nie über die Homosexuellen berichte, die gegen Pfarrer hetzten. Und darüber, dass Männer, die sich für Frauen hielten, nach einer Straftat ins Frauen-gefängnis kämen und dort Frauen vergewaltigten. Und darüber, dass sich in Deutschland schon eine ganze Woche lang niemand mehr mit Corona infiziert habe. Sehr oft fällt in diesem Gespräch der Satz: »Das steht im Internet.«

Ein paar Meter weiter erklärt ein älterer Herr, warum er eine umge-drehte Deutschlandfahne in die Höhe hält. Er sei kein Reichsbürger, sagt er. Er habe das einfach so gemacht, und die Fahne bleibe jetzt auf dem Kopf, bis sich in diesem Staat grundsätzlich etwas ändere. Bis Deutschland wieder den Deutschen gehöre. Rico Maleskat, der Mann, der es unfair findet, dass die Demo in die rechte Ecke gestellt wird, sagt: »Wenn wir diese Fahnen nicht halten würden, würden wir in Ber-lin nicht wahrgenommen werden.«

Es gibt in Bautzen zwei Männer mit großem Einfluss. Der eine ist der Unternehmer Jörg Drews, Geschäftsführer der Hentschke Bau GmbH, die Firma ist der größte Steuerzahler der Stadt und einer der wich-tigsten Arbeitgeber. Drews gibt viel Geld aus für das Sponsoring von Sportvereinen und Kulturveranstaltungen, aber auch für Platt-formen, die im Internet Verschwörungsmythen verbreiten. Dazu or-ganisiert er sogenannte Bürgerforen mit, bei denen Referenten wie Christoph Hörstel sprechen dürfen. Hörstel ist regelmäßiger Redner auf dem antisemitischen Al-Quds-Marsch in Berlin. Er glaubt, An-gela Merkel sei jüdisch. Und er behauptet, Hitler sei nur durch die geheime Hilfe von Zionisten an die Macht gekommen. Ein anderer von Drews eingeladener Referent ist für seine Aussage bekannt, der Weg in den Ersten Weltkrieg sei »gekennzeichnet gewesen durch jüdische Interessen«.

Jörg Drews selbst sagt, in einer multikulturellen Gesellschaft gin-gen Werte verloren. Dagegen engagiere er sich. Auf einer asylkriti-schen Demonstration in Bautzen erklärte er, es könne nicht der rich-tige Weg sein, »unser Volk einfach zu überschwemmen«.

Der zweite einflussreiche Mann ist Alexander Ahrens, der Oberbürgermeister Bautzens von der SPD. Er ist über die Region hinaus bekannt dafür, dass er Rechtsextreme nicht ausgrenzen will. Nach der Hetzjagd von 2016 lud er gar Vertreter rechtsradikaler Truppen wie der Nationalen Front Bautzen ins Rathaus.

Im Sommer 2020 hat er sich auch zu den Protesten an der B 96 geäußert: Es sei sicher »ein spezifisch sächsisches Phänomen, dass man bei einer Unzufriedenheit schnell auf die Straße geht«. Es sei aber auch »typisch für den Rest des Landes, diese Leute dann schnell in die rechte Ecke abzuschieben«. Ahrens warnt davor, die Demonstranten »als Extremisten abzutun«.

»Die Strategie des Oberbürgermeisters, mit den Rechten zu reden, ist total gescheitert«, sagt Annalena Schmidt, die Stadträtin der Grünen. Statt entschiedenen Widerspruchs und klarer Abgrenzung habe er den Rechten Räume geboten, die diese sich dann auch genommen hätten. Sie seien mutiger geworden, verbreiteten ihre Hetze immer offener.

Annalena Schmidt hat viele Drohungen erhalten. Im März 2019 bekam sie einen anonymen Anruf, die Stimme sagte: »Wir werden dich vergiften, du wirst langsam und qualvoll sterben.« Schmidt erstattete Anzeige, erfolglos, die Polizei konnte die Spur lediglich bis zu einer Bautzener Telefonzelle zurückverfolgen.

Schon damals in Hessen, in Marburg und später in Gießen, hat sich Schmidt gegen Rechtsextremismus engagiert. Das sei etwas völlig anderes gewesen als heute. So wahnsinnig leicht im Vergleich. »Wir gingen auf Demos, haben uns dabei gut gefühlt, danach sind wir ein Glas Wein trinken gegangen.« Hier in Bautzen fühle sie sich anschließend meistens schlecht, weil sich wieder so wenige Demokraten auf die Straße getraut hätten.

Als Rechte einmal in Gießen versuchten, einen Pegida-Ableger in der Stadt zu etablieren, seien die acht Teilnehmer schon am Bahnhof von 1500 Gegendemonstranten gestoppt worden. In Bautzen können AfDler und Verschwörungstheoretiker seit Wochen in der Innenstadt aufmarschieren, ohne dass ihnen überhaupt irgendwo Gegenprotest droht.

Es gibt auch viele in Bautzen, die sich gern offen gegen die Rechtsextremen positionieren würden, sagt Birgit Kieschnick von der Bautzener

Fraueninitiative. »Aber es herrscht Angst.« Manche fürchteten Anfeindungen, manche Konsequenzen von ihrem Arbeitgeber. Kieschnick beobachtet seit Jahren die Szene der Reichsbürger und der sogenannten Neuen Rechten. Sie sagt: »Ein zäher völkischer und rechtsesoterischer Brei überzieht die Stadt und vergiftet das Klima.« Kieschnick berichtet von einem lokalen CDU-Politiker, der über die Rechten und ihre Veranstaltungen sagte: »Die kriegen den Saal voll, die müssen ja etwas richtig machen.« Sie erzählt auch von Polizisten, die sich von der AfD einschüchtern lassen. »Sie sagen mir ehrlich, sie müssen da aufpassen. Man wisse ja nicht, wer bald in Sachsen regiert und dann ihr Dienstherr ist.«

Eine, die sich in der Öffentlichkeit kritisch über die B-96-Proteste äußert, ist Anja Hennersdorf, die Vorsitzende des SPD-Ortsverbands Bischofswerda. Seit Wochen fährt sie jeden Sonntagvormittag denselben Abschnitt der B 96 entlang, dokumentiert, wie sich die Proteste radikalisieren, die Zahl der Reichskriegs- und Reichsbürgerflaggen zunimmt, die moderaten Demonstranten weniger werden.

An diesem Sonntag im Sommer 2020 wird sie Zeuge, wie Männer im Dorf Oppach die Fahrbahn blockieren. Als sie in Weigsdorf-Köblitz auf einem Parkplatz anhält, stellen sich Männer vor und hinter ihr Auto, hindern Hennersdorf am Weiterfahren und filmen sie. Besorgt sei sie auch über die »anscheinende Akzeptanz der Bevölkerung und die Bereitschaft, rechtsextreme Symbolik zu verharmlosen und als normale Meinungsäußerung zu legitimieren«. Das mache sie derzeit »rat- und sprachlos«.

Annalena Schmidt, die Stadträtin der Grünen, sagt ebenfalls, Bautzen und seine Bewohner hätten auch viele gute Seiten. Zum Beispiel habe sie noch nie so schnell Freundschaften geschlossen wie hier nach ihrem Herzug. Allerdings hätten einige enge Freunde die Stadt mittlerweile verlassen. Schmidt sagt: »Die haben die Zustände nicht mehr ausgehalten.«

Fünf Monate später, als gegen Jahresende die Infektionszahlen im sächsischen Teil der Lausitz so rasant steigen wie nirgendwo sonst in Deutschland, gerät Bautzen ein weiteres Mal in den Fokus der bundesdeutschen Öffentlichkeit. Ein Team des *ARD*-Magazins »Monitor« berichtet über die Stadt als doppelten Hotspot: den der Coronainfektionen und den der Verschwörungsideologen.[1]

Alexander Ahrens, der Oberbürgermeister von der SPD, bleibt bei seiner bewährten Strategie: Er gibt den Medien die Schuld. Die würden, mal wieder, verzerrt berichten.

Annalena Schmidt hat Bautzen zu diesem Zeitpunkt bereits verlassen. Sie lebt jetzt in Dresden. Sie sagt, der Umzug sei eine gute Entscheidung gewesen.

Anmerkung

[1] Julia Regis und Aiko Kempen, Corona-Hotspot Bautzen, Hochburg der Verschwörungsmythen, https://www.tagesschau.de/investigativ/monitor/corona-verschwoerungsmythen-sachsen-101.html, zuletzt abgerufen am 16.12.2020

»Die Geschichte wiederholt sich«

Bayerische »Coronarebellen« im Sophie-Scholl-Widerstand

Von Robert Andreasch

Freitag, 4. September 2020, Ludwig-Maximilians-Universität in München: Mit zwei Begleitern geht Alexandra Motschmann zum Hauptgebäude, im Aufgang zum Lichthof stellt sie sich auf die Treppe und erinnert an Sophie Scholl, die 1943 hier – wie Motschmann in die Kamera sagt – Flugblätter »herunterflattern hat lassen«. Dann sagt die 55-Jährige: Momentan habe man nun »die gleiche Situation, oder fast die gleiche Situation« wie damals. Dass Kinder Masken tragen müssten zum Beispiel. Vor dem Haupteingang am Geschwister-Scholl-Platz zückt ihr Mitstreiter erneut die Kamera und filmt. Alexandra Motschmann klettert auf ein hohes Gitter, wirft Flyer in die Luft und ruft: »Für die Selbstbestimmung! Für die Freiheit! Für Frieden!« Kurz danach erscheint auf einem YouTube-Account, der Motschmanns Spitznamen »Motschi« trägt, ein Video der Aktion – versehen mit dem Zusatz »Die Geschichte wiederholt sich«.

Alexandra Motschmann gehört seit dem Frühjahr 2020 zu den sichtbarsten Figuren der radikalen »Coronarebellen« und »Coronarebellinnen« in Süddeutschland. Regelmäßig meldet die 55-jährige Projektmanagerin aus dem oberbayerischen Gmund Kundgebungen an, auf vielen Großveranstaltungen moderiert und redet sie. Im Herbst 2020 fuhr sie mit der »Frauenbustour« tagelang durch zahlreiche Städte der Bundesrepublik.

Sei es durch Inge Scholls bekanntes Buch »Die Weiße Rose« oder Michael Verhoevens gleichnamigen Film von 1982: Flugblätter, die von der Galerie in den Lichthof der Universität München in die Luft geworfen werden und dann langsam zu Boden segeln – das hat sich als eine der bekanntesten Szenen des Widerstands gegen den Nationalsozialismus in das deutsche Kollektivgedächtnis eingegraben. Motschmanns

Flugblattaktion ist aber nur einer von vielen Verweisen der »Coronarebellen«-Szene auf die historische Widerstandsgruppe um die Geschwister Sophie und Hans Scholl. Eine Woche vor Motschmanns Aktion etwa trat der pensionierte Münchner Polizeibeamte Karl Hilz auf der Bühne der großen verschwörungsideologischen Kundgebung der Szene in Berlin auf. Bei seiner Rede hatte auch er eine große weiße Rose dabei. Bundesweit werden bei den Aufmärschen der Coronaleugner und -leugnerinnen Porträts von Hans und Sophie Scholl getragen, mit T-Shirts und Kapuzenpullis inszeniert man sich als »Weiße Rose 2.0« oder als »Sophie Scholl Widerstand«. Am 22. August 2020 veranstaltete »Querdenken-713 – Heilbronn« gar eine Kundgebung in der kleinen nordostwürttembergischen Stadt Forchtenberg, dem Geburtsort von Sophie Scholl. Zuvor hatten einer Recherche des Fachjournalisten Timo Büchner zufolge die lokalen »Querdenken«-Ableger auch in Crailsheim – dem Geburtsort von Hans Scholl – sowie in Ulm – dem Wohnort der Familie Scholl im nationalsozialistischen Deutschland – ihr verschwörungsideologisches Tamtam mit dem Widerstand gegen das NS-Regime gleichgesetzt. Die Szene, die sich seit ihren Anfängen im Frühjahr 2020 ja selbst gerne als »Widerstand« bezeichnet, flutet ihre Telegram-Kanäle zudem mit aus dem historischen Zusammenhang gerissenen, manchmal auch frei erfundenen Zitaten von Hans und Sophie Scholl. Das Ergebnis ist zumeist eine Verharmlosung des Nationalsozialismus. Der von den Coronaleugnerinnen häufig gepostete und dabei Sophie Scholl zugeschriebene Satz »Der größte Schaden entsteht durch die schweigende Mehrheit, die nur überleben will, sich fügt und alles mitmacht« ist so eine Fälschung. Historisch verbürgte Zitate, wie die von Hans Scholl direkt vor seiner Hinrichtung ausgerufene Parole »Es lebe die Freiheit« oder die vor dem Hintergrund des Kampfes gegen den Nationalsozialismus so eindrückliche Aufforderung »Zerreißt den Mantel der Gleichgültigkeit« aus dem fünften Flugblatt der Weißen Rose, werden durch die Verwendung durch die Coronaleugner, die genau diese historischen Kontexte ausblenden, zu oberflächlichen Kalendersprüchen herabgewürdigt.

Dennoch dauerte es bis zum Winter 2020, dass sich Öffentlichkeit und Medien mit der Instrumentalisierung der Weißen Rose durch die »Querdenker«-Szene beschäftigten. Auslöser war schließlich ein kurzes Video, das sich ab dem 21. November 2020 in den sozialen Netzwerken viral verbreitete. Die Rednerin »Jana aus Kassel« stellte sich darin bei einer »Querdenken«-Demonstration in Hannover höchstpersönlich in die Nachfolge von Sophie Scholl: »Ich fühle mich wie Sophie Scholl, da ich seit Monaten aktiv im Widerstand bin, Reden halte, auf Demos gehe, Flyer verteile und auch seit gestern Versammlungen anmelde.« Ein Gegendemonstrant, der es als vermeintlicher Ordner bis an die Bühne geschafft hatte, kritisierte dies lautstark. Jana, die offensichtlich schwer gekränkt war, warf daraufhin wütend ihr Mikrofon auf die Bühne. Die Bezugnahme auf die Weiße Rose durch die »Coronarebellinnen« und »Coronarebellen« hat das folgende mediale Gewitter jedoch nicht gebremst.

Die Hybris der Coronaleugnerinnen und -leugner scheint grenzenlos. Mit der Bezugnahme auf die Weiße Rose inszenieren sie sich als Menschen, die in der Tradition des Widerstands gegen den Nationalsozialismus stehen und diese Werte weitertragen. Die moralische Aufladung erhöht nicht nur das Selbstwertgefühl, sie soll auch unangreifbar machen und gegen Kritik immunisieren. Gleichzeitig werden so die eigenen Regelverstöße gegen Coronaverordnungen als »Widerstand« gegen ein vermeintliches Unrechtsregime legitimiert und inszeniert. Eine derartige Selbstüberhöhung ist typisch für Anhängerinnen und Anhänger von Verschwörungstheorien: »Man will ein positives Bild von sich selbst und der Eigengruppe aufrechterhalten«, schreibt Steven Taylor in seinem Buch »Die Pandemie als psychologische Herausforderung«. Der klinische Psychologe zitiert eine Reihe von Studien, nach denen die Neigung, an Verschwörungstheorien zu glauben, verknüpft ist mit »Narzissmus [...] und dem Bedürfnis, sich einzigartig zu fühlen«. Indem sich die Coronaleugner und -leugnerinnen selbst als Nachahmer und Nachfolgerinnen der Weißen Rose definieren, werden ihre Feindbilder – die Bundesregierung, die Virologinnen, die Journalisten und alle, die die Coronaleugner-Szene kritisieren – automatisch zu den »Nationalsozialisten« von heute. Die Bundesregierung beschimpft man pausenlos als »Regime«, »Diktatur« und »Corona-Faschismus«.

Die Relativierung des Nationalsozialismus und der Schoa gehört zum Standardrepertoire der »Coronarebellinnen« und »Coronarebellen«. Regelmäßig kommt es in den Telegram-Gruppen von »Querdenken-089«

»Die Geschichte wiederholt sich«

und Co. dazu. Bei »Querdenken-089« wurden beispielsweise mehrfach Fotos der Eingangstore der Konzentrationslager Dachau und Auschwitz geteilt, bei denen der historische »Arbeit macht frei«-Schriftzug in »Impfung macht frei« bzw. »Impfen macht frei« retuschiert wurde.

Felix Klein, der Antisemitismusbeauftragte der Bundesregierung, kritisierte im November 2020 die »Coronarebellen« in der *Frankfurter Rundschau*: »Das Selbstbild als verfolgtes Opfer ist und war immer ein zentrales Element antisemitischer Einstellungen.«[1]

Für den 1. November 2020 haben Münchner »Coronarebellen« im Vorfeld eines Aufzuges am Nachmittag zu einer Versammlung am Friedhof am Perlacher Forst mobilisiert, auf dem Sophie Scholl, Hans Scholl, Christoph Probst, Alexander Schmorell und Hans Leipelt begraben sind. Die Kundgebung »Gedenken an alle ermordeten ›Weiße Rose‹-Widerstandskämpfer« findet nur wenige Meter neben den hohen Mauern der Justizvollzugsanstalt Stadelheim statt, wo die Mitglieder der Weißen Rose im Februar bzw. im Juli 1943 hingerichtet wurden. Das Vorzelt und die Außentreppe eines großen Wohnmobils bilden heute die Bühne. Als Redner tritt Julian Aicher auf. Der 63-Jährige ist der Sohn von Inge Scholl und Otl Aicher und damit Neffe von Hans und Sophie Scholl. Seit einigen Monaten tingelt er von einer »Querdenken«-Kundgebung zur nächsten. Immer wird er bewusst als »Neffe von Hans und Sophie Scholl« angekündigt. Auch bei der »Querdenken«-Kundgebung in Forchtenberg ist Julian Aicher aufgetreten. Die anderen Neffen von Hans und Sophie Scholl, Thomas, Jörg und Martin Hartnagel sowie Florian Aicher, wandten sich damals mit einer Presseerklärung gegen »diese[n] Umgang mit dem Erbe der ›Weißen Rose‹«. Auch am Friedhof am Perlacher Forst protestieren einige Münchner Antifaschistinnen gegen diese Instrumentalisierung, am Zugangsweg zu den Gräbern legen sie Blumengestecke ab. Polizeibeamte drängen die Protestierenden ab und nehmen mehrere Menschen in Gewahrsam.

Am 2. November 2020 veröffentlichte der Kanal »Widerstand2020 München« Fotos einer Aktion, bei der im öffentlichen Raum große Porträtfotos von Hans und Sophie Scholl zusammen mit Grabkerzen aufgestellt wurden. Die Bilder enthielten die rote Aufschrift »In Gedenken an Sophie und Hans Scholl, an Mario Ohoven und Thomas

Oppermann«. In verschwörungsideologischen Kreisen ist man sich sicher, dass der 2020 tödlich verunglückte Präsident des Bundesverbandes mittelständischer Wirtschaft Ohoven und der ebenfalls 2020 verstorbene SPD-Politiker Oppermann wegen ihrer Kritik an den Coronamaßnahmen der Bundesregierung ermordet worden seien.[2]

Am 20. November 2020, einem Freitagabend, machen sich in München Karl Hilz und Frank Winkler auf den Weg zur Ludwig-Maximilians-Universität. Hilz ist ein pensionierter Polizeibeamter, der in ganz Deutschland auf den Demos der Szene spricht. Winkler ist (Noch-)Mitglied bei den Münchner Grünen und wirkt immer wieder als Versammlungsleiter für die Kundgebungen von »Querdenken« und Co. Im Hauptgebäude gehen sie ins oberste Stockwerk des Lichthofs. Auf den obersten Balustraden stehen sie sich gegenüber. Beide breiten jeweils eine PACE-Fahne über das Brüstungsgeländer und beginnen, mehrere tausend Flugblätter in den Innenhof zu werfen. Die Flyer mobilisieren zu einer von den Behörden untersagten Demonstration, die am nächsten Tage stattfinden soll. Anschließend setzen Hilz und Winkler ihre Aktion auf dem Geschwister-Scholl-Platz vor der Universität fort. Sie verteilen zunächst am Bodendenkmal für die Weiße Rose weiter Flugblätter. Hilz beginnt dann, auf dem fast menschenleeren Platz in sein Megafon zu schreien. Die Hausmeisterinnen und Securitys der Universität haben mittlerweile die Polizei verständigt. Eine Streife kommt, doch es passiert nicht viel. Man ist per Du mit dem ehemaligen Kollegen vom Polizeipräsidium:»Mei, der Karl, ja Servus!«

Dass die »Coronarebellinnen und -rebellen« sich derart mit dem Widerstand gegen den Nationalsozialismus gleichsetzen, verweist auch auf die massiven Defizite der deutschen Erinnerungskultur. Es ist kein Zufall, dass die Szene sich aus den insgesamt vielleicht 7000 Widerstandskämpferinnen und -kämpfern im nationalsozialistischen Deutschland ausgerechnet die Geschwister Scholl ausgesucht hat. Da ist zum einen die vergleichsweise frühe Prominenz von Sophie und Hans Scholl. Sowohl die westlichen Alliierten als auch die Rote Armee erkannten schon 1943 deren potenzielle Vorbildfunktion. Sie vervielfältigten die Widerstandsaktionen der Weißen Rose durch Zeitungs- und

Rundfunkberichte, warfen die nachgedruckten Flugblätter mit Flugzeugen über deutschen Städten ab oder verbreiteten sie an Wehrmachtssoldaten an der Ostfront. Da ist zum anderen das 1952 von Inge Scholl veröffentlichte Buch, das eine persönliche Erinnerungsgeschichte und keine wissenschaftlich-quellenkritische Arbeit war. Über die Jahrzehnte ist daraus ein fast ausschließlich auf Hans und Sophie Scholl verengter Blick auf das Netzwerk der Weißen Rose geworden und ein überhöhtes, idealisiertes Bild der Studierenden und Jugendlichen entstanden. Schon bald ergriff die Bundesrepublik die Chance, mit der Weißen Rose ein identitätsstiftendes, positives Geschichtsnarrativ zu begründen, ohne auf eine dezidiert linke oder jüdische Traditionslinie des Widerstands zurückgreifen zu müssen. An keine andere Gruppe aus dem jüdischen, kommunistischen, sozialdemokratischen, anarchistischen, christlichen Widerstand gegen den Nationalsozialismus wird im wiedervereinigten Deutschland so intensiv erinnert wie an die Geschwister Scholl. Damit einher ging eine Romantisierung und erhebliche Entpolitisierung der an der Weißen Rose beteiligten Akteurinnen und Akteure, das heißt eine öffentliche Auseinandersetzung mit den von ihnen vertretenen Inhalten gab es eher selten.

Die antidemokratischen Coronaleugnerinnen und -leugner wählen – so wie viele rechtspopulistische Bewegungen – gerne historische Vorbilder aus der jüngeren Demokratiegeschichte. Dazu gehören auch Rückgriffe auf Narrative der DDR-Bürgerrechtsbewegung. Oder man bemüht direkt Vergleiche zu den Bürgerrechtsbewegungen des 19. Jahrhunderts – etwa mit Verweis auf die Märzrevolution 1848: Nachdem es in der Öffentlichkeit Kritik an der antisemitischen Bildersprache der Flyer für die »Querdenken«-Demonstration am 12. Dezember 2020 in Frankfurt am Main gab, rückte man mit einer grafischen Korrektur des umstrittenen Flugblatts die Paulskirche – und damit eine Referenz an die erste Nationalversammlung – prominent vor die Hochhaustürme der Banken.

Die extreme Rechte versucht ohnehin seit Jahrzehnten, die Weiße Rose für sich zu vereinnahmen, und dieser Trend hält unvermindert an. So warb der AfD-Kreisverband Nürnberg-Süd beispielsweise im Jahr 2017 online mit dem Porträt Sophie Scholls und dem Slogan »Sophie

Scholl würde AfD wählen«. Und die Identitäre Bewegung Hamburg veröffentlichte im Februar 2018 einen kurzen Text »Hans und Sophie – Vorbild, Mahnung, Ansporn«. So etwas entspricht den zentralen Strategien im Auftreten der extremen Rechten gleichermaßen: »Provokation« und »Selbstverharmlosung«. Seit 1945 versuchen viele ihrer Protagonisten und Protagonistinnen schließlich, sich als eine Bewegung zu inszenieren, die mit der Ideologie des Nationalsozialismus nichts gemein habe und die auch sonst nicht vom Nationalsozialismus kontaminiert sei. In diesem Sinne graste man auch die Flugblätter der Weißen Rose ab, um in den manchmal nationalistisch und christlich gefärbten sowie selbstviktimisierenden Passagen der Texte ideologische Parallelen zu finden. Die extreme Rechte schlachtete schließlich den Aspekt weidlich aus, dass sie in den Nachkriegsjahrzehnten auf einzelne personelle Kontinuitäten verweisen konnte. Von 1993 bis 2001 engagierte sich Hans Hirzel, Mitglied der Ulmer Abiturientengruppe im Umfeld der Weißen Rose, für die extrem rechte Partei Die Republikaner (REP). Er wurde stellvertretender Bundesvorsitzender und 1994 Kandidat der REPs bei der Bundespräsidentenwahl.

Im Juli 2012 unternahmen extrem rechte Aktivisten und Aktivistinnen um den antimuslimischen Agitator Michael Stürzenberger, den Berliner Rechtspopulisten Marc Doll und den Blogger Karl-Michael Merkle (»Michael Mannheimer«) den bisher geschmacklosesten Versuch einer Vereinnahmung. Auf dem extrem rechten Portal *PI News* behaupteten sie, zusammen mit der fast 91-jährigen Susanne Zeller-Hirzel die Weiße Rose wiedergegründet bzw. »reaktiviert« zu haben und nun gegen »den neuen Faschismus« kämpfen zu wollen. Zitat: »Denn unter dem Deckmantel des Antifaschismus kommen heute die Denkstrukturen und Verhaltensweisen wieder offen zutage. Was früher die braune SA war, ist heute der schwarze Block.« Michael Merkle ist heute übrigens nicht nur ein aggressiver und antisemitischer deutschsprachiger Blogger, sondern auch ein heftiger Verschwörungsideologe in Sachen Corona.

»[Kollektive] Erinnerung«, so der Historiker Michael Sturm, ist »eine Konstruktion, die sich nicht an einer tatsächlichen, vermeintlich objektiven Bedeutung des erinnerten historischen Geschehens festmacht, sondern an den ›Kriterien der Gegenwart‹ orientiert ist. Mit

»Die Geschichte wiederholt sich«

Geschichte und Erinnerung wird im wörtlichen Sinne Politik gemacht.« Und so überrascht es auch nicht, dass die »Coronarebellinnen« und »Coronarebellen« trotz aller Kritik an ihrer Vereinnahmung der Weißen Rose festhalten.

In München untersagen die Behörden am 21. November 2020 den »Coronarebellen« um Frank Winkler einen »Friedensmarsch«. Nach einem kleinen Katz-und-Maus-Spiel mit der Polizei versammeln sich Teile der Szene zu einer unangemeldeten, als Gottesdienst getarnten Kundgebung im Englischen Garten. Der Liedermacher Jens Eloas Lachenmayr singt dort sein Lied »Die Weiße Rose«: »Vielen Dank, Hans und Sophie«, heißt es darin, »wir müssen schrei'n, dass das Volk erwacht, wir müssen auf die Straße gehen! Lasst uns schreiten zur Tat, lasst uns handeln, ehe es zu spät!«

Anmerkungen

1   Vgl. den Beitrag von Annette Seidel-Arpacı, Nikolai Schreiter und Felix Balandat, S. 102
2   Vgl. den Beitrag von Katharina Nocun und Pia Lamberty, S. 117

Infodemie in Frankreich

Medien, Ärzte, Gelbwesten und das Virus der Verschwörung

Von Nicolas Hénin
Übersetzung aus dem Französischen: Sigrid Irimia

Protestbewegungen mit verschwörungsideologischen Bezügen gibt es in Frankreich nicht erst seit gestern. Wie sehr die Anschläge vom 11. September 2001 zu einer Triebfeder wurden, die die Verhältnisse änderte und Verschwörungsgläubigen eine Plattform gab, hat die Historikerin Marie Peltier beschrieben. Vor allem waren es schon vor knapp 20 Jahren – mehr als sonst – Persönlichkeiten aus dem »Mainstream«, die diese Diskurse führten, den Verschwörungswahn befeuerten.

So trug beispielsweise die äußerst beliebte Unterhaltungssendung »Tout le monde en parle« (»Alle reden darüber«), die Thierry Ardisson für den öffentlich-rechtlichen Fernsehsender *France 2* moderierte, dazu bei, fragwürdigen Leute eine öffentliche Bühne zu geben: In seine erste Sendung nach den Attentaten vom 11. September 2001, während über den Trümmern der Twin Towers in New York City noch der Rauch schwebte, lud Ardisson den Schriftsteller Marc-Édouard Nabe ein. Dieser nutzte die Gelegenheit, um eine Verteidigung des terroristischen Islamismus zu starten, und erklärte in Bezug auf Osama bin Laden: »Genauso sehe ich Christus!« Später sang er ein Loblied auf den »Islamischen Staat«. Am 16. März 2002 lud dieselbe Sendung als eine der ersten den Holocaustleugner Thierry Meyssan ein, der zu einem der wichtigsten Revisionisten des 11. September 2001 werden sollte. Seine Behauptung: Gegen das World Trade Center in New York seien keine Flugzeuge geprallt, hier handele es sich auf jeden Fall um eine Verschwörung. Als er später aus vielen Medien verbannt wurde, beantragte Meyssan in Syrien unter Baschar al-Assad Asyl und wanderte in das Land aus. Einen Monat später, am 13. April 2002, ließ Thierry Ardisson den Rechtsextremisten Alain Soral in der Sendung auftreten, der gerade dabei war, zum Oberguru der französischen Antisemiten aufzusteigen. Dessen Leugnung des Holocausts, mit der er den Moderator begeisterte, brachte ihm in der Folge etliche Strafverfahren ein. Am 23. Oktober 2004 bat Ardisson Éric Laurent in seine Sendung, Autor des stark umstrittenen Buchs »La face cachée du 11. septembre« (»Das verborgene Antlitz des 11. September«). Auch den Komiker Dieudonné lud er mehrfach ein, der später so gut wie alle seine Shows in Bühnen für Antisemitismus und Holocaustleugnung verwandelte. Dennoch war Ardisson bis vor kurzem einer der beliebtesten Moderatoren im französischen Fernsehen. Und die Absetzung seiner Sendungen ist mehr dem Kostenstreit geschuldet als eine Konsequenz der zahlreichen Entgleisungen.

Kommt in der Welt der französischen Verschwörungsideologien dem 11. September 2001 eine grundlegende Funktion zu, so haben die »Zweifler« und Leugnerinnen in der Folge weitere Themen für sich reklamiert, die sie nicht einem vernünftigen wissenschaftlichen, sondern einem fragwürdigen irrationalen Zweifel unterziehen. Offensichtlich wird dabei die Fixierung auf außenpolitische Themen und internationale Beziehungen. Die großen militärischen Konflikte und Maßnahmen, besonders jene, an denen sich die Nato beteiligt, bieten Raum für vielfältige Spekulationen. Dasselbe gilt für Revolutionen und gesellschaftliche Umbrüche: Allein der Syrienkonflikt hat ein verwickeltes Gebilde von Verschwörungsnarrativen hervorgebracht, das das gesamte politische Spektrum umfasst.

Weitere Lieblingsthemen von französischen Verschwörungsideologen sind Europa, die Europäische Union und die europäische Zusammenarbeit. Mehrere bedeutende Vertreter der sogenannten antisystemischen Szene in Frankreich präsentieren sich als selbsternannte Experten für Wirtschafts- oder Währungsfragen und fordern als solche den Ausstieg Frankreichs aus dem Euro sowie den »Frexit«. Dies zieht weitere krude Theorien nach sich – etwa das antisemitische Narrativ, dass es die Bankiersfamilie Rothschild und der Investor George Soros sowie Finanzmanager und andere Vertreter einer globalisierten Finanzwelt seien, die gegen die »souveränen Völker« Front machen.

Die Hetze richtet sich für gewöhnlich gegen Institutionen. Gegen die politischen Institutionen, generell gegen den Staat, gegen die gesamte Verwaltung, angefangen mit dem Gesundheitswesen, gegen Schulen, Medien etc. So behauptet beispielsweise der Blogger Étienne Chouard, Frankreich habe keine gültige Verfassung, da sie nicht vom Volk abgesegnet sei – eine Argumentation ähnlich der der Reichsbürger in Deutschland. Indem Chouard auf der Idee herumritt, Frankreich sei eine Diktatur, und die Forderung erhob, jede politische Entscheidung einem Referendum zu unterwerfen, wurde er zur Ikone der Gelbwesten.

»Wenn diese Diskurse verfangen, dann, weil sie auf etwas gründen, das es bereits gab«, stellt Sebastian Dieguez fest, Neurowissenschaftler an der Universität Fribourg. Das Jahr der Gelbwesten sei dabei genauso bedeutend wie der weltweite Aufstieg des Populismus. Beide Phänomene würden von einer globaleren Bewegung von »denen da unten gegen die da oben« begünstigt. Die demonstrative Verweigerung des Tragens von Masken in der Coronakrise hat also eine Vorgeschichte. Sie muss im Zusammenhang mit vorhandenen Debatten gegen »das System« sowie international verbreiteten Verschwörungsideologien gesehen werden. Sie ist laut Dieguez wenig mehr als »ein Opportunismus von Menschen, die darin ein Mittel sehen, Ressentiments zu schüren und anderen politisch oder völkisch motivierten Zweifeln Gestalt zu verleihen«.

Hier erweisen sich die Transparenzfunktionen auf Facebook als nützlich, denn sie zeigen eine gewisse Abwanderung der Gelbwesten-Facebook-Seiten und -Gruppen zu solchen, die im Coronajahr 2020 die gesundheitspolitischen Maßnahmen kritisieren: Einige der vielen hundert Websites und Facebook-Gruppen, die während der Gelbwestenbewegung entstanden, widmen sich nun kontroversen Themen rings um die Gesundheitskrise, etwa um staatliche Maßnahmen wie den Lockdown oder die Maskenpflicht anzuprangern. Oder auch um den umstrittenen Einsatz der Hydroxychloroquin-Malaria-Therapie bei Covid-19-Patienten und die Unterstützung ihres umstrittenen Verfechters, des Virologen Didier Raoult – entgegen den Warnungen der Europäischen Arzneimittelagentur, die bei dieser Therapie ein erhebliches Risiko schwerwiegender Nebenwirkungen sieht. Einige dieser früheren Gelbwesten-Seiten haben sogar ihren Namen geändert. Die »Truthers« etwa lehnen nicht nur die staatlichen Maßnahmen zur Bekämpfung der Pandemie ab, sondern sind darüber hinaus der Ansicht, dass sich hinter der Pandemie eine Weltverschwörung verberge, die von der Regierung sowie von weltweit agierenden obskuren, geheimen Kräften genutzt werde, um durch »Instrumentalisierung der Angst« die Bevölkerung zu unterwerfen.

Mit ähnlicher Zielsetzung entstanden während der Pandemie Dutzende von umgestalteten oder umbenannten Facebook-Seiten, die Didier Raoult unterstützten, den viele in Frankreich für einen Scharlatan, wenn nicht gar für einen gefährlichen Populisten halten. Die führende Website haben mehr als 300 000 Menschen abonniert. Insgesamt kommen die Unterstützerseiten von Raoult auf mehr als eine Million Abonnenten und Abonnentinnen, wobei mancher allerdings mehrere Seiten parallel gelikt hat. Auch wenn sie nach Recherchen von *Le Monde* aus unterschiedlichsten Milieus kommen, sind die Anhängerinnen und Anhänger der Gelbwesten sowie die Wählerinnen und Wähler der rechtsextremen Sammlungsbewegung Rassemblement National dabei überproportional oft vertreten. Die Inhalte, die auf diesen Facebook-Seiten ins Netz gestellt werden, zeichnen sich durch eine radikale Kritik an den Institutionen sowie durch »Verschwörungstheorien light« aus. So heißt es in vielen Posts: »Ich bin zwar kein Verschwörungstheoretiker, aber ich finde das dennoch ziemlich eigenartig ...« Es sollte erwähnt werden, dass die Gelbwesten selbst nicht die Desinformation verbreitet haben. Sie haben jedoch, insbesondere über ihre Facebook-Gruppen, sehr große Resonanzräume dafür geschaffen.

Der Grenobler Politikwissenschaftler Antoine Bristielle, der an einer umfangreichen Studie über einige Dutzend Facebook-Seiten arbeitet, bezeichnet die Szene als »in totaler Verweigerungshaltung«. 800 Mitglieder dieser Gruppierungen haben ihm ihre Antworten auf einem soziologischen Fragebogen zukommen lassen. Was sie auszeichnet/antreibt: 42 Prozent von ihnen scheinen sehr unzufrieden mit dem vorhandenen politischen Angebot zu sein; deutlich wird dies daran, dass sie dem ersten Durchgang der Präsidentenwahlen 2017 fernblieben. (In Frankreich wählt man beim ersten Urnengang zwischen einem guten Dutzend Kandidaten. Der zweite Wahlgang zwei

Wochen später dient dazu, in einer Stichwahl zwischen den beiden Spitzenplatzierten zu entscheiden.) 27 Prozent der Wählerinnen und Wähler entschieden sich 2017 im ersten Wahlgang für die rechtsextreme Kandidatin Marine Le Pen, 19 Prozent für den Kandidaten der linken Sammlungsbewegung La France insoumise (Unbeugsames Frankreich), Jean-Luc Mélenchon.

Die Narrative dieser Gruppen sind äußerst aufschlussreich: 52 Prozent der von Antoine Bristielle Befragten glauben an die Existenz des Geheimbunds der Illuminaten – von der französischen Gesamtbevölkerung sind es hingegen »nur« 27 Prozent. 56 Prozent vertreten die Theorie des »großen Bevölkerungsaustauschs«, eine extrem rechte und rassistische Verschwörungstheorie, die davon ausgeht, dass die Einwanderung von Eliten organisiert werde, um die einheimische Bevölkerung zu ersetzen und besser zu kontrollieren – im französischen Durchschnitt glaubt immerhin noch ein Viertel der Gesamtbevölkerung an den »Großen Austausch«. Weitere 52 Prozent glauben an eine »zionistische Weltverschwörung«, gegenüber 22 Prozent der Gesamtbevölkerung.

Die interessanteste Erkenntnis dieser Studie liefern mit Sicherheit die sozialen Kategorien: 36 Prozent der Mitglieder dieser Gruppierungen sind Führungskräfte oder gehören den akademisch höheren Bildungsschichten an und sind somit doppelt so stark vertreten wie in der französischen Gesamtbevölkerung. Der Politikwissenschaftler schließt daraus, dass »diejenigen, die sich zu diesen Gruppen bekennen, jene sind, die eine gefestigte politische Ideologie voranbringen möchten, im Unterschied zur Gesamtbevölkerung, in der es jedoch auch schon einen beachtlichen Grundtenor des Misstrauens gibt«. Mit anderen Worten: Während die Arbeiterklasse von Skepsis durchdrungen ist, sind es die eher Wohlhabenden, die am aktivsten Hetze betreiben und eine Rhetorik des Zweifels schüren und erzeugen.

Adrien Sénécat, Journalist bei *Le Monde*, hat ein aufschlussreiches Bild der Hauptakteure aus der Bewegung gegen die staatlichen Maßnahmen zur Bekämpfung der Pandemie gezeichnet, die vor allem auf ihrem Facebook-Seiten, YouTube-Kanälen oder bei Twitter aktiv sind. Dabei stößt man zum Beispiel auf den Pariser Rechtsanwalt Carlo Alberto Brusa, der, bevor er den Verein Réaction 19 gründete, einige der bekanntesten französischen Fußballspieler juristisch vertreten hatte. Nun verteidigt Brusa Menschen, gegen die wegen Missachtung von Coronaregeln, die der Anwalt als »Gesundheitsdiktatur« bezeichnet, Ordnungsstrafen verhängt werden.

Ema Krusi, Schuhverkäuferin aus Genf, hat schon zu Beginn der Pandemie einen YouTube-Kanal erstellt, auf dem sie dazu aufruft, Masken und Tests abzulehnen – in ihren Videos hat sie von Anfang an Anspielungen auf QAnon gemacht. In dieser Szene stößt man auch auf den YouTuber Frédéric Chaumont, dessen Karriere als Demonstrant in der Gelbwesten-Krise 2018 begann – inzwischen ist er lautstarker Kritiker der Anti-Covid-Maßnahmen. Schließlich ist Johann Fakra zu erwähnen, ein kleiner Webunternehmer, der, wie eine andere journalistische Recherche herausfand, von den Einkünften von etwa 30 Seiten im Internet lebt, die hauptsächlich medizinische Desinformation verbreiten. Zu den einflussreichsten Wortführern der Szene gehört darüber hinaus Silvano Trotta, Gründer einer kleinen Firma für Computertechnik, der zur Belustigung von Internetnutzern in einem seiner ersten Videos zur Epidemie mit großer Selbstgewissheit behauptete, der Mond sei hohl und somit künstlich. Und nicht zuletzt hat der Unternehmer Xavier Azalbert die Internetseite und Marke der ehemals auflagenstärksten im Jahr 2011 eingestellten französischen Tageszeitung France Soir übernommen, um sie zu einer Seite umzugestalten, die »anders informieren will«. Dabei bedeutet »anders«, dass hier so gut wie alle falschen Informationen wiedergegeben werden, die seit Beginn der Gesundheitskrise im Umlauf sind. Obwohl zahlreiche Artikel aufklären, auf welche Weise France Soir zu einem Knotenpunkt der Desinformation über Covid-19 wurde, nutzt die Leserschaft, offenbar beruhigt durch die Bekanntheit der Marke, die Seite weiterhin so, als sei sie ein ganz gewöhnliches Medium.

Zu denjenigen, die zum Erfolg der Verschwörungsmythen beitragen, zählen auch einige Parlamentarier wie Martine Wonner, eine elsässische Abgeordnete der Partei Emmanuel Macrons – aus der sie wegen ihrer Rolle als Verschwörungstheoretikerin ausgeschlossen wurde. Wonner, eine Ärztin, unterstützt eine Gruppe, die sich für das ärztliche Recht einsetzt, Behandlungen, auch jenseits der Gesundheitsverordnungen, nach eigenem Gutdünken zu verschreiben.

Die Allgemeinärztin Ève Engerer hat medizinische Bescheinigungen ins Internet gestellt, die den Nutzern erlauben, sich »aus medizinischen Gründen« vom Tragen der Maske zu befreien. Maskenverweigerer waren begeistert: Sie erhöhten die Verbreitung dieser Fake-Atteste, auf denen nur noch der Name des Patienten einzutragen war, indem sie sie in ihren Facebook-Gruppen posteten. Die Ärztekammer des zuständigen Departements leitete ein Verfahren ein, um das Löschen der Atteste zu erreichen, während das regionale Gesundheitsamt angibt, »Mitte August 2020 die Staatsanwaltschaft mit der juristischen Verfolgung beauftragt zu haben«. Zwischenzeitlich äußert sich die noch immer als Ärztin tätige Engerer in Videos auf Facebook zu dem, was sie in Zusammenhang mit Covid-19 als »Lüge« bezeichnet. Sie verbreitet zahlreiche Verschwörungstheorien über angeblich DNA-verändernde Impfungen oder vermeintliche pädokriminelle staatliche Organisationen, die unter dem Vorwand der Pandemie Kinder aus ihren Familien entführen würden, das Ganze gespickt mit Hinweisen auf eine angeblich weltweite »zionistische Verschwörung«.

Dieser Diskurs hallt auf der Straße und in öffentlichen Debatten wider. In Frankreich haben nur einige Demonstrationen gegen die Maskenpflicht stattgefunden, umso heftiger wird Stimmung im Netz gemacht: »Die Maske symbolisiert einen Maulkorb. Sie wird genutzt, um den Gehorsam des Volks zu testen. Die Politiker nutzen die Krise schon seit Monaten aus, um freiheitsraubende Gesetze zu erlassen«, erklärte eine Demonstrantin bei einer Kundgebung in Paris am 29. August 2020.

Was kann man gegen das Virus der Desinformation tun? Wissenschaftlerinnen beschwören die Vorteile des Faktenchecks. Und dennoch bekommen die im Text erwähnten Personen weiter Aufmerksamkeit. Dabei sind die fragwürdigen Aussagen dokumentiert: Beispielsweise sind die meisten der in diesem Beitrag erwähnten Personen einschließlich ihrer Polemiken Gegenstand einer Wikipedia-Seite. Auch einige Internet-Seiten wie *Conspiracy Watch* leisten einen wichtigen Dienst. Was überprüft und archiviert ist, kann auch beobachtet und moderiert werden. Doch selbst wenn manche Posts aus einem offenen sozialen Netzwerk entfernt oder korrigiert werden können, so gilt das nicht fürs Dark Social, jenen der Öffentlichkeit unzugänglichen Teil der sozialen Netzwerke mit nicht verfolgbaren Quellen wie etwa internen WhatsApp-Gruppen. Auch wenn Verschwörungstheoretikerinnen oder Verschwörungstheoretiker ihren Account in einem sozialen Netzwerk oder auf YouTube verloren haben, werden andere weiterhin betrieben, bisweilen sind sie sogar von den sozialen Netzwerken mit einem blauen Haken zertifiziert worden.

So wie der Milliardär Donald Trump als US-Präsident sehr erfolgreich seine Anhänger dazu aufforderte, der Regierung in Washington zu misstrauen, so erfolgreich war auch Didier Raoult mit seiner Empfehlung an die Bevölkerung, sich vor den medizinischen Institutionen in Acht zu nehmen. Der antisystemische Diskurs ist dann am wirksamsten, wenn er aus dem Herzen des Systems kommt. Sobald sich Mainstreamakteure seiner bemächtigen, gewinnt die Verschwörung.

»Sterben gehört nun mal zum Leben dazu«

Wie Corona Rechtsextremisten und Impfgegnerinnen in Österreich vereint

Von Markus Sulzbacher

Schon kurz nach dem Ausbruch der Coronapandemie im Frühjahr des Jahres 2020 machten sich viele der in Österreich lebenden Menschen auf die Suche nach den vermeintlich Schuldigen für die Ausbreitung der Erkrankung. Seither feiern Verschwörungsmythen Hochkonjunktur und abstruse Erzählungen sind sowohl an Stammtischen als auch bei vielen größeren Familienzusammenkünften zu hören. Gern wird dann über eine angebliche Impfpflicht mit heimlicher Einpflanzung eines Überwachungsmikrochips geredet oder gezweifelt, ob das Virus nun wirklich schlimmer als eine Grippe sei und die Maßnahmen der Regierung nicht doch überzogen und ein Disziplinierungsinstrument »der Mächtigen« seien.

Begleitet wird diese Gemütslage von zahlreichen Kundgebungen und Demonstrationen. Beinahe wöchentlich versammeln sich Menschen in größeren Städten, um gegen die Regierung, Impfungen, »die Eliten« und einen »neuen Faschismus« zu demonstrieren. Die bis dahin größte dieser Kundgebungen fand am 16. Januar 2021 statt. Über 10 000 Menschen zogen durch Wien, darunter auffällig viele Rechtsextremisten, Anhängerinnen von Verschwörungserzählungen und Vertreter von rechten Parteien. Als Redner trat etwa der AfD-Politiker Hansjörg Müller auf. Er heizte die Stimmung mit Weltuntergangsfantasien an.

Zur allgemeinen Stimmungslage in Österreich passt auch eine im August 2020 veröffentlichte Umfrage der Linzer Meinungsforscher des Market-Instituts. Demnach sind 32 Prozent der Österreicher und Österreicherinnen offen für Verschwörungserzählungen im Zusammenhang mit der Coronakrise. Dieses Drittel findet, dass an den »Meinungen, dass es bei den Maßnahmen gegen die Coronakrise um etwas ganz anderes geht als das, was Politik und Medien sagen«, etwas dran sei. Für 41 Prozent ist dieser Verdacht unbegründet, 27 Prozent der Befragten waren unentschieden. 14 Prozent glauben gar, dass »Geheimgesellschaften die Krise nutzen, um eine autoritäre Weltordnung zu errichten«.[1] Online-Kanäle sind die Ausgangspunkte für derartige Erzählungen. Viele Menschen sind im Netz großen Verschwörungen auf der Spur. Fündig werden sie laut eigenen Angaben in der Befragung des Market-Instituts hauptsächlich auf Facebook (58 Prozent) und YouTube (47 Prozent). Aber auch so manche Aussage aus dem Freundes- und Bekanntenkreis hat schon einmal die Skepsis der Befragten geweckt (46 Prozent).

Da passt es, dass auflagenstarke Zeitungen und Fernsehsender in Österreich verschiedenen Mythen zeitweise beachtlich viel Platz einräumen und weit rechtsstehende Parteien »Coronaskeptikerinnen« und Impfgegner umgarnen und ihnen eine politische Heimat bieten.

Während sich die Sozialdemokraten der SPÖ und die liberalen Neos größtenteils hinter die gesundheitspolitischen Maßnahmen der konservativ-progressiven Regierungskoalition aus ÖVP und Grünen stellten, scherte die rechtsextreme FPÖ schon kurz nach dem Ausbruch der Pandemie aus. Ihre Vertreter und Vertreterinnen treten im Parlament bewusst ohne Gesichtsschutz auf, sprechen sich vehement gegen (nicht geplante) »Zwangsimpfungen« aus, treten bei Coronademos auf, und bei Parteiveranstaltungen wird nur selten der gebotene Sicherheitsabstand eingehalten. Dazu kamen relativierende Aussagen, etwa »Sterben gehört nun mal zum Leben dazu«, wie der niederösterreichische FPÖ-Chef Udo Landbauer in einem Zeitungsinterview[2] im Zusammenhang mit der Ausbreitung von Corona in Altenheimen erklärte.

Die FPÖ macht auch gegen die Nutzung der Contact-Tracing-App »Stopp Corona«, die in Österreich durch das Rote Kreuz betrieben wird, mobil. Die Smartphone-App wurde ohne Beweise und trotz Einhaltung höchster Datenschutzstandards bei der Programmierung als eine Art »Spionage- und Überwachungswerkzeug« bezeichnet. Befeuert wurde dies durch den Vorschlag hoher Repräsentanten und

Repräsentantinnen aus den Reihen der konservativen ÖVP, eine verpflichtende Nutzung der App einzuführen.

Der Kurs und der Aktionismus der FPÖ wurden allerdings bislang durch die Wählerinnen und Wähler nicht belohnt. Bei den Regionalwahlen in Wien im Oktober 2020 kam die Partei lediglich auf 7,1 Prozent und fuhr damit ein Minus von 23,7 Prozentpunkten gegenüber der Stimmabgabe im Jahr 2015 ein. Diese verheerende Niederlage war allerdings hauptsächlich ein Resultat diverser Skandale, vor allem der Ibiza-Affäre[3], die im Rauswurf des langjährigen Parteichefs Heinz-Christian Strache gipfelte. Dieser trat schließlich mit einer eigenen Liste, dem Team Strache, bei den Wahlen in der Bundeshauptstadt an, scheiterte aber am Einzug in den Gemeinderat.

Im Zuge des Wien-Wahlkampfes wurde jedoch sichtbar, dass sich Impfgegner und Verschwörungserzählerinnen rund um den ehemaligen FPÖ-Chef Strache sammelten. Strache selbst stellt in Interviews in Abrede, dass es überhaupt eine Coronapandemie gibt.

Eine seiner Mitstreiterinnen konnte in der auflagenstärksten Zeitung des Landes, der *Kronen Zeitung*, und im Fernsehsender *oe24.tv* ausführlich darlegen, warum sie bei einer Demonstration gegen die Regierungsmaßnahmen zur Eindämmung der Coronapandemie »Soros muss weg«, »Rothschild muss weg« oder »Rockefeller muss weg« skandierte. Die Journalisten und Journalistinnen gaben sich mit der Antwort zufrieden, es habe sich dabei einzig um Kritik an »neoliberalen und großkapitalistischen Interessen« gehandelt. Ihr Arbeitgeber, die Lufthansa-Tochter Austrian, sah dies jedoch anders. Kurz nachdem das Video auf Twitter für Empörung gesorgt hatte, wurde die Flugbegleiterin entlassen. Die Airline sah in den Parolen antisemitische Codes. Die Frau nahm die Kündigung nicht einfach hin, ein Arbeitsgerichtsverfahren stand bis zum Redaktionsschluss des Buches noch aus.

Die Neospolitikerin steht mit solchen Ansichten nicht allein da. Die Namen Soros, Rothschild oder Rockefeller werden immer wieder von rechten Ideologen hervorgeholt, um das antisemitische Verschwörungsnarrativ, hinter dem Großkapitalismus steckten »die Juden«, zu zementieren. Eine Strategie, auf die schon die Nationalsozialisten und ihre Vorläufer setzten – und bei der es offenkundig keine Rolle spielt, dass der 1937 verstorbene New Yorker Milliardär John Davison Rockefeller nicht jüdisch war. Auch die Nationalsozialisten hatten die Bankiersfamilie Rothschild schon früh als Feindbild auserkoren. Ihre Hetze erreichte mit dem 1940 veröffentlichten antisemitischen Propagandafilm »Die Rothschilds« einen Höhepunkt. Die öffentliche Aufführung des Films ist in Deutschland aus guten Gründen weiterhin verboten. Der 1930 in Ungarn geborene Schoa-Überlebende George Soros ist durch seinen Einsatz für Menschenrechte und seine als »links« oder »liberal« gebrandmarkten Gesellschaftsideen weltweit zum Feindbild geworden. Der Philanthrop und Investor gilt Antisemiten vieler Schattierungen als politischer Gegner.

Antisemitische Aussagen waren bereits auf der ersten Coronademonstration in Österreich[4] zu hören. Angespornt durch erste Proteste in Deutschland, versammelten sich am 24. April 2020 rund 200 Personen in Wien, um gegen die Corona-Eindämmungsmaßnahmen der Bundesregierung zu demonstrieren. Die Teilnehmer bestanden aus einer Mischung aus Esoterikerinnen, Staatsverweigerern, Impfgegnerinnen, Verschwörungserzählern, einigen Personen aus dem linken Umfeld und Rechtsextremisten. Darunter auch Martin Sellner, der Anführer der rechtsextremen Identitären Bewegung Österreich und deren Nachfolgeorganisation Die Österreicher – DO5, der ständig auf der Suche nach medialer Aufmerksamkeit ist.

Im Gegensatz zu den wenigen linken Aktivisten tauchte Sellner auch später regelmäßig bei derartigen Kundgebungen auf – auch in Deutschland. Er nutzte die Demonstrationen, um wieder verstärkt in Erscheinung zu treten. Zuvor war bereits mehr als offensichtlich, dass sich die Identitären in einer Krise befinden. Ihre hauptsächlich auf mediale Resonanz ausgelegten Kampagnen floppten, Aufmärsche und Veranstaltungen wurden spärlich besucht. Dazu kam eine Distanzierungswelle, nachdem ein Rechtsextremist im neuseeländischen Christchurch 51 Menschen ermordet hatte, als diese eine Moschee besuchten. Nach dem Anschlag im März 2019 präsentierte der Attentäter ein krudes Manifest, dessen Titel »Der große Austausch« Bezug auf eine identitäre Verschwörungstheorie zu einem angeblichen

»Bevölkerungsaustausch« nahm. Kurz nach dem verheerenden Terroranschlag wurde bekannt, dass der Attentäter Sellner rund 1500 Euro gespendet hatte. Auf Druck der ÖVP wandte sich daraufhin der damalige Koalitionspartner FPÖ von den Identitären ab. Auch manchen der Aktivisten wurde es zu heiß, mit Rechtsterrorismus in Verbindung zu kommen.

Andere Demobesucherinnen hatten auch schon bei der ersten Coronademonstration am 24. April 2020 gar keine Probleme damit, dass sich einer der bekanntesten Rechtsextremisten des Landes zu ihnen gesellt. Wurden sie damals zu den Gründen ihres Erscheinens gefragt, bekam man alles zu hören, was das Internet gerade an Corona-Verschwörungsmythen hergibt. Das Virus werde etwa über den neuen Mobilfunkstandard 5G übertragen, Microsoft-Mitbegründer Bill Gates stecke hinter der Pandemie, oder die konservativ-progressive Regierung wolle eine »linke Diktatur« errichten. Dazwischen tönte es Parolen wie »Wir sind das Volk« oder »Wir lassen uns nicht impfen«. Dabei traten Impfgegner und -gegnerinnen besonders lautstark auf und behaupteten, dass es Viren grundsätzlich nicht gebe und diese eine Erfindung der Pharmaindustrie seien.

Auch wenn zwischen den Antisemiten und Verschwörungstheoretikerinnen Menschen zu finden waren, die die Wiederherstellung von Grundrechten wie Versammlungsfreiheit forderten, überwogen sekundärer und offener Antisemitismus bei einigen Teilnehmenden: Eine Demonstrantin etwa bezeichnete sich und andere als »die Juden, weil wir wieder im Faschismus angelangt seien«. Damals ging »man auf die los«, nun seien Bürger wie sie an der Reihe: eine Verharmlosung des NS-Terrors. Eine andere Dame wiederum vermutete die »Israeliten« hinter dem Virus, die so angeblich Geld machen wollten.

Aktivisten und Aktivistinnen der ersten Stunde tauchten in den kommenden Monaten immer wieder auf, beinahe wöchentlich kommt es in Wien und anderen Städten zu Kundgebungen. Dabei sind Identitäre und andere Rechtsextremisten, wie Gottfried Küssel, der als einer der bekanntesten Neonazis im deutschen Sprachraum gilt, mit von der Partie. Die Demonstrationen werden mittlerweile auch vom österreichischen Verfassungsschutz beobachtet. »Versuche von Vertretern der rechtsextremen Szene, in der Szene der ›Corona-Verschwörungstheoretiker‹

Fuß zu fassen, können bestätigt werden. Eine antisemitische Ausprägung wird auch in Teilen von ›Corona-Verschwörungstheoretikern‹ bzw. der Anti-Corona-Protestbewegung immer offensichtlicher«, heißt es in der Antwort von Bundesinnenminister Karl Nehammer auf eine parlamentarische Anfrage.[5]

Dabei fällt der große Einfluss von Coronaverharmloserinnen aus Deutschland auf. So wird bei den Protesten die Einhaltung eines »Grundgesetzes« gefordert, das es in Österreich nicht gibt, oder es werden Zeitschriften und Flugblätter der deutschen »Querdenken«-Bewegung verteilt. Auch pflegen österreichische und deutsche Aktivisten nicht nur via Internet Kontakte in das jeweilige Nachbarland. So marschierten Reichsbürger aus Deutschland bei einer Coronademonstration in Wien mit rot-weiß-schwarzen Reichsfahnen auf, obwohl deren Gedankenwelt überhaupt nicht mit der österreichischen Geschichte kompatibel ist.

Demonstrativ stellt sich die FPÖ immer wieder an die Seite der AfD. Dabei nimmt sie die Rolle des großen Bruders ein. Etwa als im November 2020 Abgeordnete im Deutschen Bundestag durch AfD-Besucher belästigt, gefilmt und teils beleidigt wurden, als das deutsche Parlament die Coronamaßnahmen mit dem neuen Infektionsschutzgesetz auf eine neue rechtliche Grundlage stellte. Diese Pöbeleien lösten in Deutschland eine kurzzeitige Diskussion über ein Verbotsverfahren gegen die AfD aus. Darauf sicherte der ehemalige FPÖ-Innenminister und heutige Klubobmann Herbert Kickl der AfD die »vollste Unterstützung« seiner Partei zu. Schließlich zähle sie auch zu den Kritikern, die »Freiheitsrechte hochhalten und gegen die Unterdrückung der Freiheit unter dem Vorwand des Gesundheitsschutzes aufstehen«.

Mit der Zeit wurde das Angebot an Verschwörungsmythen bei Kundgebungen in Österreich erweitert. So wurden bei einer Demonstration Homosexuelle als »Kinderschänder« diffamiert und öffentlich eine Regenbogenfahne zerrissen. Eine Aktivistin, die schon bei der ersten Coronademonstration dabei war, rief unmittelbar danach ins Mikrofon: »Ihr seid kein Teil unserer Gesellschaft. Wir müssen unsere Kinder gegen Kinderschänder schützen. Wir alle sind dafür verantwortlich.« Homosexuelle zählen zum gängigen Feindbild rechtsextremer

Gruppierungen (die erwähnte Rednerin war in einer rechtsextremen Kleinstpartei aktiv) – in diesem Milieu ist es auch durchaus üblich, homosexuelle Menschen als »Pädophile« zu bezeichnen.

In den vergangenen Monaten hat sich der Hass auf Schwule und Lesben verstärkt, seit die völlig bizarre Verschwörungserzählung von QAnon umgeht, die – nicht nur – auf Coronademos zu finden ist. Ein Mythos, der Menschen aktiviert und radikalisiert. Demnach würden Politikerinnen und Hollywoodstars Kinder in unterirdischen Anlagen foltern und missbrauchen, um ein »Verjüngungselixier« namens »Adrenochrom« zu gewinnen. Adrenochrom gibt es als Stoffwechselprodukt wirklich, einen Mythenstatus erlangte es als Droge in dem Buch »Fear and Loathing in Las Vegas«. Allerdings kann die Verbindung im Labor hergestellt werden, und sie verfügt weder über eine halluzinogene Wirkung, noch bewirkt sie eine Verjüngung. Nebenbei sollen Eliten auch das Blut der Kinder trinken – ein seit Jahrhunderten verbreitetes antisemitisches Motiv.

Unter Anhängern der QAnon-Bewegung, die sich hauptsächlich im Internet organisiert, zählt diese blödsinnige Erzählung zum Standardrepertoire. QAnon-Anhänger werden von einer Geschichte angezogen, die zahlreiche Verschwörungsmythen verknüpft. Haltlose und unbelegbare Vermutungen über einen »tiefen Staat«, in dem in der Öffentlichkeit stehende Personen, Linke und Superreiche die Geschicke der Welt steuern, sind Kern der QAnon-Erzählung. Dabei wird immer wieder die Rolle von Jüdinnen und Juden besonders betont. Als Messias gilt hingegen der ehemalige US-Präsident Donald Trump, der angetreten sei, um diese weltumspannende Verschwörung zu beenden, die Verschwörer zur Verantwortung zu ziehen und ihre Opfer zu befreien. Diese Geschichte war Facebook und anderen Internetplattformen zu viel. Sie sperrten massenhaft QAnon-Seiten, darunter auch einige, die von in Österreich lebenden Menschen betrieben wurden.

Einen mächtigen Gegner hat scheinbar auch Ferdinand Wegscheider, umstrittener Chef des Fernsehsenders *Servus TV*, der zum wirtschaftlichen Imperium des milliardenschweren Redbull-Produzenten Dietrich Mateschitz zählt, ausgemacht. Regelmäßig arbeitet sich der Chef des von der *Süddeutschen Zeitung* als »Heimatsender des österreichischen Rechtspopulismus« bezeichneten Fernsehsenders am ehemaligen Microsoft-Chef und Philanthropen Bill Gates und der Bill & Melinda Gates Foundation ab. Auf Basis älterer Artikel, denen man anmerkt, dass sie zusammengegoogelt sind, reiht sich der Journalist in die Kohorten der Impfgegner ein, die sich daran stoßen, dass die Gates-Stiftung weltweit Gesundheitsprojekte finanziert, darunter auch Impfprogramme. Ergänzt werden seine Kommentare mit der Talk-Sendung »Corona-Quartett«, deren Ausrichtung als – so die Selbstbezeichnung – »Format mit Polarisierung und Polemik« von Kritikerinnen als »unseriös und populistisch« bezeichnet wird. Der Sender ist einfach, auch via Videostream, zu empfangen. Anfang 2020 hielt er in Österreich einen Marktanteil von 3,5 Prozent. Servus TV hat sich schon in der Vergangenheit positioniert. So wurden Rechtsextremisten wie Martin Sellner und der neurechte Chefideologe Götz Kubitschek zu Talkrunden geladen.

Die konservativ-progressive Regierung in Wien verhält sich gegenüber den Verschwörungserzählungen nur selten. Zwar verurteilen Minister und Ministerinnen antisemitische Ausfälle auf Demonstrationen, etwa wenn Impfgegner und Impfgegnerinnen mit auf Masken genähten Judensternen auftraten. Stattdessen wurde kurz nach dem Ausbruch der Coronapandemie die Gefährlichkeit des Virus besonders stark betont. Die Regierung setzte dabei auch auf Angstnarrative, um die Menschen dazu zu bewegen, strenge und weitreichende Ausgangsbeschränkungen einzuhalten, und um Schulen, Kauf- und Kaffeehäuser ohne großen Widerspruch schließen zu können. Das funktionierte auch bis in den Herbst 2020 hinein, mit der kalten Jahreszeit stiegen dann aber die Todesfälle und Erkrankungen signifikant an.

Die politischen Warnungen der Anfangsphase – so erklärte der konservative Bundeskanzler Sebastian Kurz in einem Interview am 30. März 2020: »Bald wird jeder von uns jemanden kennen, der an Corona gestorben ist« – und die strengen Maßnahmen zur Bekämpfung der Pandemie haben bei vielen Menschen für Verunsicherung gesorgt. Auch dass der Verfassungsgerichtshof einige Verordnungen für ungesetzlich erklärte, befeuert dieses diffuse Gefühl. So wurden unter anderem das Verbot von Veranstaltungen mit mehr als zehn Personen oder die Schließung von Gaststätten für gesetzeswidrig erklärt. Auch spätere Verordnungen der Regierung in Wien sind nicht immer nachvollziehbar. So gab es rund um Weihnachten 2020 weitreichende Ausgangs- und Besuchsbeschränkungen, es war jedoch erlaubt, Ski zu fahren.

Das macht es für Verschwörungserzähler, Rechtsextremisten und Impfgegnerinnen nicht besonders schwer, als Empörte, Gekränkte, Verratene und Gerechte aufzutreten und zeitweise Teile des öffentlichen Diskurses zu bestimmen.

Anmerkungen

1 Market Institut, Covid-19 zieht Verschwörungstheorien an, https://www.market.at/market-aktuell/details/covid-19-zieht-verschwoerungstheorienan.html, zuletzt abgerufen am 13.12.2020

2 Sebastian Fellner und Udo Landbauer über Corona: »Sterben gehört nun mal zum Leben dazu«, Der Standard, 25.11.2020, https://www.derstandard.at/story/2000121971156/niederoesterreichs-fpoe-chef-landbauer-ueber-corona-sterben-gehoert-nunmal-zum, zuletzt abgerufen am 28.12.2020

3 Die sogenannte Ibiza-Affäre führte im Mai 2019 zum Bruch der damaligen Regierungskoalition aus ÖVP und FPÖ. Auslöser war ein von der *Süddeutschen Zeitung* und dem *Spiegel* zuvor veröffentlichtes Video, das im Jahr 2017 in einer Villa auf der spanischen Ferieninsel Ibiza heimlich aufgenommen wurde. Darin hat der spätere österreichische Vizekanzler Heinz-Christian Strache (FPÖ) mit einer angeblichen russischen Oligarchin unter anderem über Parteispenden und staatliche Großaufträge gesprochen. Strache hat diese Vorwürfe stets bestritten.

4 Markus Sulzbacher, Mit Aluhut gegen Corona und die Regierung, Der Standard, 26.4.2020, https://www.derstandard.de/story/2000117120131/mit-aluhut-gegen-corona-und-die-regierung, zuletzt abgerufen am 28.12.2020

5 Parlament Republik Österreich (2020), Demonstrationen von Verschwörungstheoretikern im September 2020, https://www.parlament.gv.at/PAKT/VHG/XXVII/AB/AB_03666/index.shtml, zuletzt abgerufen am 28.12.2020

»Sterben gehört nun mal zum Leben dazu«

Mit Bier und Sauna gegen Corona

Ein Telefongespräch nach Tschechien

Von Jaroslav Rudiš

Wir waren verabredet für diesen Abend. Mein alter Freund Milan und ich. Ich wollte aus Berlin nach Böhmen fahren, denn wir haben uns länger nicht gesehen. Eigentlich wären wir heute zusammen in unserer Sauna im Böhmischen Paradies gewesen, wie die Gegend heißt, wo ich herkomme. Die Sauna ist jetzt, kurz vor Weihnachten 2020, wieder offen. Eine Art Pause zwischen den vielen Coronawellen. Doch man kann nicht so einfach reisen. Und so bin ich in Berlin geblieben. Und mein Freund Milan ist in Jicín. Wir telefonieren.

»Wie geht's dir, Milan? Lange nichts gehört.«

»Gut. Ich war in der Sauna.«

»Echt?«

»Ja, unsere Sauna hat wieder auf. Gott sei Dank. Man muss es genießen. Es dürfen nur sechs Leute gleichzeitig drin sein, mehr sind nicht erlaubt. Und sie ist gemischt, das ist auch neu, Männer und Frauen zusammen. Und Freitag ist es leider auch schon wieder vorbei mit dem Schwitzen. Alles wird wieder dichtgemacht, die Zahlen sind zu hoch. Ich gehe deswegen jetzt jeden Tag in die Sauna, will die Wärme und gute Laune in mir speichern, der Winter wird noch lang und ungemütlich.«

»Und alle gesund?«

»Bis jetzt ja.«

»Ich würde gern glauben, Sauna hilft gegen Corona, oder Bier, doch da bin ich mir nicht so sicher.«

»Du, aber ein Leben ohne Sauna, das geht nicht, das ist sinnlos.«

»Ja, ich weiß.«

»Gut, dass unsere Sauna wieder auf ist. Einen Moment hätte ich nicht gedacht, dass ich das noch erlebe. Wenn jemand wie ich seit 40 Jahren jeden Tag in die Sauna geht, ist er ohne Sauna erledigt. Die

Sauna ist wie eine Droge. Ich war so fertig, dass ich vor einem Monat den Ofen in der Küche auf 250 Grad eingestellt hatte, die Ofentür offengelassen und mich nackt davorgesetzt hatte. Meine Frau sagte zu mir, du bist doch verrückt. Und sie hatte recht. Ich bin verrückt. Aber die ganze Situation ist auch verrückt. Die Menschen drehen durch ... Gut, dass die Sauna wieder auf hat, wenn auch nur kurz, ansonsten wäre ich in der Psychiatrie gelandet. Ich würde sicher neben so einem Covidioten liegen, neben so einem, der an das Virus nicht glaubt. Neulich sprach mich einer an, vor dem Supermarkt, ein alter Bekannter, das war schlimm. Ob ich wisse, dass uns die Amerikaner durch die Impfung fernsteuern werden. Alter ... Ich sag's dir, nicht leicht. Da fragte ich mich, okay, ich bin von den Amerikanern gesteuert. Aber von wem wird mein alter Bekannter gesteuert? Von den Russen? Er hatte ein Flasche Wodka in seinem Einkaufswagen.«

»Du und deine Geschichten.«

»Ist mir wirklich passiert ... Und bei dir? Alles gut?«

»Mein Vater hat es bekommen, meine Mutter auch.«

»Scheiße.«

»Ich war hier in Deutschland fast zwei Wochen in der Quarantäne, da ich mit denen Mittag gegessen habe, bevor ich zurück aus Lomnice nach Berlin gefahren bin. Doch alle Tests waren bei mir negativ.«

»Glück gehabt.«

»Ja. Mein Bruder hat sich dann auch kurz danach angesteckt, seine Frau und die beiden Kids auch, mein Cousin, mein Onkel ... Schon schräg. Aber alle sind wieder wohlauf. Mein Vater ist ja Lungenpatient, das war nicht leicht ... Im Krankenhaus war er zwar nicht. Doch er hatte Fieber, das ihn fast abgeschaltet hatte, er konnte sich kaum bewegen und blieb tagelang im Bett. Erst als mir meine Mutter nach zehn Tagen sagte, er sei wieder aufgestanden und hätte sich rasiert, da wusste ich, er ist über den Berg.«

»Wenn ich krank bin, kann ich mich auch nicht rasieren.«

»Eben.«

»Ich habe zu ihm gesagt, da hattest du aber wieder Schwein gehabt. Und mein Vater sagte, stimmt, da hatte ich wirklich mal wieder Schwein gehabt. Und weißt du, wo er es sich geholt hat? Ziemlich sicher in seiner Stammkneipe, wo er seit Ewigkeiten hingeht. Niemand hätte gedacht, dass das Virus in dieser kleinen Kneipe ankommen und wüten kann.«

»Ja, die Kneipe ist doch ein heiliger Ort. So wie die Kirche. Ich habe hier in der Zeitung von einer Sekte gelesen, die Leute da haben auch geglaubt, dass das Virus nicht zu ihnen kommt, weil sie so viel beten. Und viele Tschechen haben geglaubt, dass es nicht kommen kann, weil wir so viel Bier trinken.«

»Bier ist ja auch gesund, das sagt doch immer unser Freund, der Frauenarzt, in der Sauna.«

»Das stimmt auch. Die ganze Welt ist ein weniger schrecklicher Ort, wenn du Bier trinkst.

Du bist zwar schwerer, doch alles ist viel leichter.«

»Ja.«

»Unser alter Freund, der Frauenarzt, hat es dann aber auch bekommen. Doch fast ohne Symptome.«

»Es ist schon in Rente, da muss er aufpassen.«

»Das müssen wir alle.«

»Das stimmt.«

»Martin war heute auch in der Sauna, du weißt schon, der Bulle, unser Republikmeister im Judo. Ihn hat es richtig böse erwischt. Und er ist Sportler, vollkommen gesund und durchtrainiert. Er sagt, der Weg vom Bett ins Bad war, als wenn du zu Fuß von uns nach Prag gehen würdest. Ein Kollege von ihm, auch ein Bulle, war fünf Wochen an einer Beatmungsmaschine angeschlossen, vorgestern ist er gestorben. Martin sagte, wenn ihm noch jemand sagt, Corona sei eine Grippe, schüttet er ihm das Bier über den Kopf und zeigt ihm sein Grab.«

»Und was hast du heute sonst so gemacht?«

»Nach der Sauna war ich in der Kneipe.«

»An deinem Platz unter dem alten Gemälde?«

»Natürlich, wo denn sonst. Ich habe meinen Platz in der Sauna ...«

»... Ich weiß doch, gegenüber vom Ofen ...«

»... Genau. Und in der Kneipe habe ich auch meinen Platz. Hat dein Vater in der Kneipe nicht seinen Platz?«

»Hat er, gleich an der Tür und an der Theke. Ich war Ende September mit ihm dort.«

»Was habt ihr getrunken?«

»Svijany, so wie immer.«

»Das kann ich nicht trinken.«

»Mein Vater trinkt nichts anderes. Seit er 15 ist. Jetzt ist er 76 geworden.«

»Jeder hat sein Lieblingsbier.«

»Und seine Kneipe.«

»So ist es.«

»Und seine Sauna.«

»Genau.«

»Als ich da war, war das Lokal rappelvoll, viele Rentner, die Luft ganz dicht, nur ein kleines Fenster war angekippt, sonst nichts. Viele haben über Corona geredet, aber niemand hatte Angst. Sie haben alle gedacht, so was kann man nur in Prag oder in Berlin oder überhaupt in den großen Städten kassieren, nicht bei uns im Böhmischen Paradies.«

»Ganz ehrlich, Jaroslav, ich hab's auch nicht geglaubt, dass es zu uns kommt. Lomnice, Jicín ... Wir sind am Arsch der Welt. Unser schönes Böhmisches Paradies.«

»Ja, Lomnice, diese Kleinstadt, die niemand kennt. Lomnice hat ja nur 5000 Einwohner. Und plötzlich war die Seuche da. Nur ein paar Tage später lag mein Vater mit Fieber im Bett. Er dachte zuerst, es ist vielleicht nur eine Erkältung, dass er sich im Garten beim Umgraben verkühlt hat ... Wer es in die Kneipe mitgebracht hat, weiß keiner genau.«

»Ist auch egal.«

»Ja.«

»Wer einen Schuldigen sucht, soll zum Güterbahnhof gehen und sich dort bei den Weichen beschweren und weinen und schreien, wie mein Vater sagte.«

»Da hat er recht ... Ich dachte kurz, ich war's, ich hab's von meinen Reisen mitgebracht, ich war vorher in Wien und in Prag, doch mein Test war negativ.«

»Da warst du aber erleichtert, oder? Dass du es nicht warst ...«

»Das schon. Sehr.«

»Ich habe auch so immer etwas Angst jemanden anzustecken. Wenn ich es bekomme, dann ist es okay, entweder schaffe ich es oder ich schaffe es nicht ...«

Mit Bier und Sauna gegen Corona

»Natürlich schaffst du es.«

»Na ja, ich bin über 65, Rentner, Raucher … Aber vor allem habe ich Angst jemanden anzustecken.«

»Dann musst du zu Hause dein Bierchen trinken …«

»Zu Hause zu trinken macht keinen Spaß. Ich bin doch kein Alkoholiker!«

»Ich vermisse die Kneipe auch sehr.«

»Dann komm her, aber schnell. Am Freitag wird wieder alles geschlossen. Mindestens bis Januar bleibt es so.«

»Als das Stammlokal von meinem Vater wieder geöffnet hat, ist er sofort hingegangen, gleich am ersten Abend. Er hat mit den anderen, die sich auch angesteckt hatten, darauf angestoßen, dass sie die Seuche überlebt haben.«

»Ich war auch gleich in der Kneipe. Und habe so wie immer meine drei Bier getrunken. Wie die geschmeckt haben! Weißt du, wie ich die Kneipe vermisst habe? Und die Sauna? Die Gespräche, die ganzen Menschen. Auch die vielen Trottel, die Blödsinn reden, aber ich habe mich auf die unsinnigsten Gespräche so gefreut.«

»Aber trotzdem. Ich habe mich gewundert, dass sie überhaupt aufgemacht haben.«

»Du, ich mich schon auch ein bisschen. Ich konnte das für einen Moment gar nicht glauben … Aber der Durst war einfach zu groß … Und der Frust auch. Die Wirte sind echt am Boden. Und die Menschen auch. Viele haben nicht an Corona geglaubt, und jetzt ist es hier.«

»Es war im Böhmischen Paradies auch alles abstrakt, ganz, ganz weit weg, im Fernsehen, in der Zeitung, wie so viele andere Krisen auch … Im Frühjahr gab es in Lomnice noch keinen einzigen Fall. Im Sommer dachten alle, die Seuche wäre vorbei. Das haben die Politiker auch gesagt. Allen voran Babiš, unser Ministerpräsident.«

»Ja, ich weiß. Es kommt keine zweite Welle, wir haben gewonnen, wir sind die besten, we are the best in covid, sagte er, die ganze Welt bewunderte uns Tschechen, wir müssen keine Masken mehr tragen …«

»Sagten manche Politiker auch in Deutschland.«

»Ich weiß.«

»Viele von Vaters Freunden haben es bekommen. Aber alle hatten Glück. Doch meine Mutter kennt zwei Frauen, die in Lomnice an Covid verstorben sind. Ganz schnell. Eine war erst 51, meine Mutter hatte als Kindergärtnerin ihre Kinder betreut.«

»Scheiße.«

»Ja. In einer Kleinstadt wie Lomnice kennen sich alle. Nur zur Beerdigung kann man jetzt nicht gehen. Das ist schrecklich.«

»Ja.«

»Was liest du jetzt?«

»Meinen Lieblingsschriftsteller.«

»Bohumil Hrabal.«

»Du hast doch schon alles von ihm gelesen.«

»Ich weiß. Doch ich kann alles immer wieder lesen.«

»Ich auch.«

»Hrabal beruhigt mich. Es ist traurig, es ist lustig ... Es beruhigt mich. In den letzten zwei Monaten habe ich insgesamt 15 Bücher gelesen. Nicht nur Hrabal.«

»Ich weiß, du bist der Rekordhalter, unser Republikmeister im Lesen.«

»Das Lesen, das macht mir echt Spaß, das rettet mich. Jo Nesbø lese ich gerade viel, ihn habe ich erst jetzt entdeckt. Düster, aber toll geschrieben.«

»Ja.«

»Und du, was liest du?«

»Viel Zeitung. Viel Eisenbahnliteratur, ich schreibe ja gerade an diesem Eisenbahnbuch.«

»Aber du kannst nicht reisen.«

»Ja, das ist wirklich etwas blöd, das vermisse ich, einfach im Zug zu sitzen und irgendwo hinfahren. Auch ohne Ziel.«

»Und was liest du sonst?«

»Gerade ein Buch über Lenka Reinerová ...«

»Das Traumcafé einer Pragerin. Das habe ich gelesen.«

»Genau. Dieses Buch heißt schlicht nur Lenka. Sie war die letzte Prager Autorin, die auf Deutsch geschrieben hat. Die ganze Familie wurde von den Nazis umgebracht ... Das Buch hat ihre Tochter geschrieben, Anna Fodorová. Wenn ich das lese, da denke ich oft, wie gut es uns geht, trotz allem.«

»Ja, das stimmt. Wenn ich die selbstverliebten Idioten sehe, die gegen Coronamaßnahmen protestieren ...

»… Von einem Coronatotalitarismus sprechen …«

»… Besoffen am Wenzelsplatz unter dem heiligen Wenzel die Fahnen schwenken und sich als Freiheitskämpfer in Pose bringen.«

»Traurig, traurig.«

»Die menschliche Dummheit ist leider endlos.«

»Da hilft kein Bier. Keine Sauna.«

»Und Bücher lesen die meisten auch gar nicht mehr. Da kann man nur noch lachen.«

»Das sind nicht nur die Trottel, leider, es gibt auch ziemlich kluge Menschen, die jetzt durchdrehen und Unsinn quatschen.«

»Normal sind sie nicht. Die haben alle eine Störung.«

»Auch wenn du ihnen die Gräber von den Coronatoten zeigen würdest, würden sie es nicht glauben.«

»Es ist manchmal schon alles ziemlich bedrückend. Was mir vor allem Sorgen macht, ist diese Spaltung, dieser Riss zwischen uns, dieser Abgrund, der zwischen uns klafft. Die einen glauben an Corona, die anderen nicht. Nicht nur in Tschechien, überall, in Amerika, in Deutschland, ich höre ja dauernd Radio … Das macht mir echt Angst. Die große Spaltung, der Graben zwischen uns … Jeder hat seine Wahrheit. Ich halte die für Trottel, die Corona leugnen. Und sie halten mich für einen Trottel. Sie glauben, dass sie die Klugen sind und ich der Idiot, der nicht sieht, dass es nur eine leichte Grippe sein kann, die sich Bill Gates ausgedacht hat, der im Keller seiner Villa kleine Kinder foltert und deren Blut trinkt. Wenn man an so was glaubt … Einfach traurig. Ich bin echt gespannt, wie es wird, wenn wir uns darüber in einem Jahr unterhalten. Ich fürchte, diese Trottel werden leider nicht verschwinden.«

»Zum Glück sind es nicht so viele, die pöbeln.«

»Das stimmt. Sie sind nur zu laut.«

»Was wir so machen in einem Jahr … Wir gehen in die Sauna und danach in die Kneipe und erzählen uns alles und werden über die die Trottel lachen. Wie immer.«

»Glaubst du, Jaroslav?«

»Ja, klar.«

»Das freut mich. Denn trotz allem bin ich Optimist. Also manchmal.«

»Ja.«

»Und schreibst du?«

»Tja.«

»Die Bademeisterin in der Sauna hat auch gefragt ...«

»Na, ja ...«

»Es geht nicht so einfach, oder?«

»Irgendwie nicht. Ich dachte, ich werde so viel Zeit haben, ich werde nur noch schreiben. Doch ich kann irgendwie nicht so leicht schreiben wie früher. Zum ersten Mal eine Art Schreibblockade.«

»Na ja, an einem Eisenbahnbuch zu schreiben, wenn du nicht mit dem Zug reisen kannst, das ist schon ein wenig irre.«

»Ich weiß.«

»Schreib über was anderes. Was machst du so?«

»Ich gehe spazieren. Auf die Friedhöfe.«

»Schreib was über Berliner Friedhöfe.«

»Vielleicht hast du recht. Neulich habe ich hier in Berlin tschechische Gräber aus dem Ersten Weltkrieg entdeckt, die kennt niemand. Da dachte ich mir, die sind hier vielleicht an der Spanischen Grippe verstorben.«

»Auch eine Seuche. So wie jetzt. Damals gab es auch Leute, die daran nicht geglaubt haben ... Schreib darüber.«

»Vielleicht.«

»Und ich freue mich, wenn wir bald wieder in der Sauna sind, so wie früher. Und danach in der Kneipe. Das würde mir reichen. Drei Runden in der Sauna. Drei Bier danach. Und quatschen. Mehr brauche ich nicht.«

Abstrus, aber brandgefährlich

QAnon und die amerikanische Demokratie

Von Heidi Beirich
Übersetzung aus dem Englischen: Lilian-Astrid Geese
und Dora Meisner

Sie waren nicht zu übersehen: Die zahlreichen Banner der QAnon-Anhänger beim Sturm auf das Kapitol am 6. Januar 2021. Überall ragten die Schilder mit dem »Q« aus der wütenden Menge, viele trugen Jacken mit dem Emblem oder schwangen Fahnen mit QAnon-Slogans. Prominent und vorneweg: der selbsternannte QAnon-Schamane »Jake Angeli«, in Fell gewandet und mit Hörnern auf dem Kopf im Senatssaal. In den Tagen nach den Unruhen wurde er, wie auch andere Vertreter des Verschwörungskults, verhaftet. Geschätzt waren Hunderte von ihnen an den Ausschreitungen beteiligt.

Überraschen sollte das niemanden. Die QAnon-Anhänger bilden eine relevante Gruppe derer, die meinen, Donald Trump sei der Wahlsieg gestohlen worden. In großer Zahl erschienen sie bei den »Stop the Steal«-Protesten gegen die vorgebliche Manipulation der Präsidentschaftswahlen. Bereits 2020 hatte die Bundespolizei FBI vor der Gewaltbereitschaft der QAnon-Anhänger gewarnt. Der 6. Januar 2021 lieferte dafür den endgültigen Beweis.

QAnon ist eine haltlose, abstruse Verschwörungstheorie und hausgemacht, was nicht verwundert, da die USA schon lange ein Hort lebendiger Verschwörungskultur sind: Der Historiker Richard Hofstadter beschrieb das Phänomen 1964 treffend als den »paranoiden Stil« der US-amerikanischen Politik. Seit Jahrzehnten kursieren bizarre Verschwörungsnarrative – zur Mondlandung, der Ermordung John F. Kennedys, zu angeblichen Ufo-Sichtungen oder vermeintlichen Regierungsplänen zur Internierung waffenbesitzender Amerikaner in Konzentrationslagern. Die meisten Verschwörungstheorien entstehen, wie

QAnon, in rechten Kreisen. Doch die Rechte hat auf sie kein Monopol. Um die Terroranschläge vom 11. September 2001 rankten sich diverse Legenden, denen in der 9/11-Truther-Bewegung vor allem Linke anhingen. QAnon unterscheidet sich jedoch von den Verschwörungsmythen der Vergangenheit. Denn hier wird einem offiziell gewählten Präsidenten gehuldigt, der als vermeintlicher Retter der US-amerikanischen Gesellschaft vor den bösen pädophilen und satanischen liberalen Kräften konstruiert wird. Die Bewegung verehrt Donald Trump und richtet sich dezidiert gegen die Demokratische Partei, deren führenden Vertreterinnen massive Verfehlungen vorgeworfen werden. QAnon ist eng verzahnt mit konservativer Politik. QAnon-Anhängerinnen tummeln sich heute ungehemmt in der Republikanischen Partei. Sie folgten Trump in seinem Misstrauen gegenüber dem US-Wahlsystem und in seinen Versuchen, dieses zu unterminieren. Als Konsequenz führte die Niederlage ihres Idols zu ihrer Entfremdung von der amerikanischen Demokratie. Unter den Konservativen wirkt QAnon als nachweislich demokratiefeindlicher Faktor.

Nicht nur deshalb ist QAnon weit mehr als exzentrischer Unsinn. Drei Aspekte zeichnen den Kult und seine Anhänger als beachtenswert, relevant und gefährlich aus. Zum einen ist QAnon ein Produkt der sozialen Medien, das den Sprung von marginalen Nachrichtenboards auf die Plattformen des Mainstreams schaffte. Das Internet setzte Millionen Menschen den Ideen von QAnon aus, indoktrinierte sie, sorgte für Öffentlichkeit und führte zur massiven Infiltration der digitalen wie der analogen Welt. Zweitens wurde QAnon von konservativen Politikern und Prominenten wie Trump bewusst und im eigenen Interesse publik gemacht und damit zugleich legitimiert. QAnon-Ideen kursieren nicht nur unter den Sympathisantinnen, sondern auch unter den Mandatsträgern der Partei. Drittens ist QAnon – nach Einschätzung des FBI – ein Ausgangspunkt für inländischen Terrorismus, und die Anhänger der Bewegung sind verantwortlich für ein beträchtliches Maß an Gewalt.

Ihren Ursprung nahm QAnon im Oktober 2016 in einer anderen Lügengeschichte, dem sogenannten Pizzagate. Damals meldete ein weißer Rassist auf seinem – vermutlich von einem New Yorker Anwalt betriebenen – Twitter-Account, dass die New York City Police einen aus Mitgliedern der Demokratischen Partei bestehenden Pädophilenring ausgehoben habe. Diese Information fände sich, so wurde kolportiert, auf einem von der Polizei beschlagnahmten Computer des ehemaligen demokratischen Kongressabgeordneten Anthony Weiner aus New York. Überdies hatte WikiLeaks E-Mails eines Politikberaters der Demokraten namens John Podesta veröffentlicht, die angeblich Codewörter für Pädophilie und Menschenhandel enthielten. Die Pizzagate-Apologeten behaupteten außerdem, dass sich Mitglieder der Demokratischen Partei in der Pizzeria Comet Ping Pong in Washington, D. C. zu satanischen Ritualen und Kindesmissbrauch verabredeten.

Auf Fake-News-Seiten wie *Your News Wire*, die wiederum einen Post auf dem in den Nischen des World Wide Web operierenden Imageboard *4chan* als Beleg für ihren Wahrheitsgehalt zitierte, bahnten sich diese abenteuerlichen Spekulationen ihren Weg in die Szene. Pro-Trump-Websites wie *SubjectPolitics.com* griffen sie auf, und die *Conservative Daily Post* titelte fälschlicherweise, das FBI habe die Story bestätigt und in der Folge eine Hausdurchsuchung bei Hillary Clinton angeordnet. Weiße Rassisten, konservative Journalisten und Gegner der bekannten Politikerin pushten Verschwörungstheorie in den sozialen Medien und auf Imageboards wie *4chan* und *8chan*, das mittlerweile in *8kun* umbenannt wurde, ebenso wie auf Twitter. Sie provozierten damit mehrfach Gewalt: Die Angestellten des Familienbetriebs Comet Ping Pong erhielten Morddrohungen, ein Mann gab mit seiner Waffe mehrere Schüsse in der Pizzeria ab. Der Schütze glaubte, die Demokraten betrieben im Keller des Lokals Sexhandel mit Kindern.

Die Satanismus- und Pädophilievorwürfe gegen die Demokraten wurden zum Herzstück in den QAnon-Verschwörungstheorien. Diese besagten nun, eine Gruppe von satanistischen Pädophilen habe einen globalen Kinderhändlerring organisiert und sich gegen Trump verschworen, da er ihre schrecklichen Machenschaften bekämpfe. Geplant hätten das Komplott liberale Hollywoodstars, Kunstmäzene und Kultursponsoren, hochrangige Regierungsbeamte des sogenannten *Deep State* sowie andere Gegnerinnen des Präsidenten und seiner Unterstützer. QAnon immanent ist ein ausgeprägter Antisemitismus: Schuld seien »die Rothschilds« und andere bekannte jüdische Investoren, darunter George Soros.

Hinter »Q« verbirgt sich angeblich ein nach eigenen Angaben hochrangiger Vertreter der Trump-Administration, der Zugang zu Geheiminformationen über die Gegner Trumps hat. Das Q steht dabei für eine besondere Ermächtigung zu als geheim eingestuften Informationen. Als »Q Clearance Patriot« trat er am 28. Oktober 2017 erstmals auf *4chan* in Erscheinung.

Ohne das Imageboard *8chan*, das 2013 an den Start ging und sich selbst als »dunkelste Ecke« des Internets bezeichnete, ist die Verbreitung der Verschwörungstheorie nicht denkbar. *8chan* erlaubte nahezu alle Inhalte, unabhängig davon, wie hasserfüllt oder gefährlich sie sind, und verbreitete White-Supremacy-Bekennervideos und -Manifeste, darunter das des Walmart-Attentäters von El Paso, der in Texas 2019 aus rassistischen Motiven 23 Menschen tötete, und des rechtsterroristischen Attentäters von Christchurch (Neuseeland).

Zahlreiche Indizien sprechen dafür, dass der Betreiber von *8chan*, das jetzt als *8kun* firmiert, James »Jim« Watkins und sein Sohn Ron entweder selbst Q sind – oder aber mit Blick auf ihre privilegierte Rolle bei der Veröffentlichung von Q-Posts einen direkten Zugang zu ihm haben. Beide leugnen das. Allerdings trug James Watkins bei seiner nichtöffentlichen Anhörung im Ausschuss für innere Sicherheit des Repräsentantenhauses eine Q-Nadel am Revers. Der Parlamentsausschuss befasste sich u. a. wegen der Veröffentlichung des Manifests des Walmart-Attentäters von El Paso mit *8chan*. Watkins handelt mit Q-Merchandisingprodukten, macht Werbung für die Bücher, Videos sowie anderes Material prominenter QAnon-Anhängerinnen und verbreitet durch seine »Interpretationen« der Q-Posts weiteres Material für die Bewegung. Im März 2020 meldete Watkins ein politisches Aktionskomitee in Mississippi an und nannte es »Entwaffne den Deep State« – nach dem populären QAnon-Topos »Disarm the Deep State« – »Entwaffnet den tiefen Staat«. Watkins junior machte im November 2020 Schlagzeilen, als er öffentlich von Wahlmanipulation sprach.

Schon seit 2018, als der *Fox TV*-Moderator Sean Hannity, der Schauspieler James Woods und die Komikerin Roseanne Barr zu den ersten Prominenten gehörten, die Q-Inhalte an ihre Followerinnen und Follower in den sozialen Medien verbreiteten, wurde QAnon von Persönlichkeiten des rechten Spektrums beworben. Der zur extremen Rechten zählende Radiomoderator Alex Jones gehört mit seiner Website *InfoWars* zu den umtriebigen und reichweitenstärksten Verschwörungsbotschaftern, die Q-Material verbreiteten. Ab Mitte 2018 traten dann bei öffentlichen Auftritten Trumps Anhänger und Anhängerinnen von QAnon auf, und die Trump-Regierung begann, die Bewegung zu hofieren.

Trump, seine Kinder, Anwälte und Mitarbeiterinnen des Weißen Hauses retweeteten immer wieder Inhalte mit QAnon-Bezug an ihre millionenstarke Anhängerschaft. Im Oktober 2020 schätzten die Faktenfinder von Media Matters, dass der Präsident durch mehrmaliges, tägliches Retweeten oder Zitieren von 150 mit QAnon verbundenen Twitter-Accounts die Reichweite von QAnon-Botschaften mindestens um das 258-Fache steigerte. Auch sein Wahlkampf diente als Verstärker der (Des-)Informationsbotschaften. Eine Untersuchung von 380 000 Tweets im Zeitraum von April bis Ende Mai 2020 sowie die Analyse der häufigsten Begriffe bei 1000 Userinnen belegen die Schlüsselrolle des QAnon-Netzwerks in Trumps Wahlkampfpropaganda. Die *Washington Post* berichtete im August 2020, dass in Trumps Wahlanzeigen Bilder seiner Anhänger mit prominent hervorgehobenen QAnon-Logos und -Slogans zu sehen waren.

Im August 2020 lobte Trump öffentlich QAnon-Anhänger und Anhängerinnen und dankte ihnen indirekt für ihre Unterstützung seiner Kandidatur. Auf einer Pressekonferenz im Weißen Hauses sagte er:»Ich weiß, dass diese Leute unser Land lieben.« Bei einem Townhall-Meeting des Fernsehsenders *NBC* im Oktober 2020 wies der Präsident jede Kritik an QAnon zurück und ergänzte:»Ich weiß, dass sie gegen Pädophilie sind, und das finde ich richtig. Ich finde das richtig. Ich finde das sehr richtig.« Nach seiner Wahlniederlage Anfang Dezember 2020 wurde bekannt, dass der Präsident – zum Leidwesen seines eigenen Teams – bei einer Strategiesitzung mit führenden Kongressabgeordneten, darunter der republikanische Fraktionschef im Senat Mitch McConnell, QAnon erneut in höchsten Tönen lobte.

Dank der Unterstützung durch konservative Kräfte konnten sich QAnon-Verschwörungsnarrative erfolgreich verbreiten. Zwischen 2017 und Ende 2020 geschah dies zumeist relativ unkontrolliert, bis sie schließlich zu einem weit verbreiteten, plattformübergreifenden Phänomen in den sozialen Medien angewachsen waren. Zuletzt war QAnon auf allen Social-Media-Plattformen massiv präsent. Als Twitter im Juli 2020 beschloss, Konten mit QAnon-Bezug aufgrund der Gewaltaffinität der Bewegung zu verbieten, sperrte das Unternehmen mehr als 7000 individuelle Useraccounts. Einen Monat später identifizierte Facebook im Rahmen einer internen Prüfung Tausende von Gruppen und Seiten mit Millionen Mitgliedern und Followern, die QAnon über die Plattform unterstützten. Allein die zehn größten von ihnen hatten mehr als eine Million Mitglieder. Zusammen mit weiteren populären Seiten zählte Facebook über drei Millionen Mitglieder und Followerinnen. Ebenfalls im August 2020 erfasste der britische *Guardian* auf Facebook und Instagram weltweit insgesamt mehr als vier Millionen QAnon-Follower, einige von ihnen allerdings mit mehreren Konten. Facebook entdeckte allein zwischen Juni und August 2020 in den wichtigsten Wahlkampfmonaten 185 Anzeigen, die QAnon »bewarben, unterstützten oder repräsentierten« und die vier Millionen Impressionen pro Monat erzielten. YouTube spielte als QAnon-Propagandaschleuder ebenso eine Rolle und hostete etwa ein QAnon-Video im Stil eines Dokumentarfilms, das allein bis zum Oktober 2020 mehr als 15 Millionen Views generierte. Auf YouTube erzielen QAnon-Inhalte, die Prominente, Politikerinnen und Unternehmen der Pädophilie beschuldigen, eine so große Reichweite, dass sie bei den obersten Suchergebnissen landen und damit offizielle Informationsquellen und selbst Filmtrailer und Fernsehclips von betroffenen Prominenten aus den Suchergebnissen verdrängen.

Je mehr QAnon an Dynamik im Internet zulegte, desto sichtbarer wurden die Folgen in der realen Welt. Bei einer im September 2020 durchgeführten Befragung durch das Meinungsforschungsinstitut Pew erklärten von den 47 Prozent Interviewten, die angaben, sie hätten von QAnon gehört, 41 Prozent der befragten Republikaner oder ihnen politisch Nahestehenden, QAnon sei gut für das Land – verglichen mit nur 7 Prozent bei den Demokraten beziehungsweise deren Sympathisantinnen. Im selben Monat ergab eine Umfrage von Daily Kos/

Civiqs, dass 56 Prozent der Republikaner glauben, QAnon verbreite zumindest teilweise die Wahrheit, ein Drittel hält deren Botschaften für überwiegend wahr. Laut einer Yahoo-YouGov-Umfrage im Oktober 2020 glaubt die Hälfte der Unterstützerinnen und Unterstützer Trumps an QAnon. Selbst wenn sie noch nie von QAnon gehört hatten, glaubten eine Mehrheit der Republikaner sowie mehr als 80 Prozent der Trump-Anhänger und Anhängerinnen, dass führende Demokraten in Sexhandelsnetzwerke verstrickt seien, und mehr als die Hälfte, dass Trump sich dafür einsetzte, diese zu zerschlagen. Die Pew-Studie kam zu dem Ergebnis, dass 57 Prozent der US-Amerikaner QAnon als nachteilig für ihr Land ansehen und es sich bei QAnon um ein Problem der Republikaner handelt.

Seit sich Twitter im Juli 2020 aus dem Hosting von QAnon-Botschaften zurückzog, wurden Tausende von Accounts von der Plattform gelöscht und zahlreiche weitere beschränkt. Anfang Oktober 2020 erklärte Facebook, man wolle alle sich mit QAnon identifizierenden Gruppen, Seiten und Instagram-Konten entfernen. Mitte Oktober verschärfte auch YouTube seine Politik gegenüber QAnon, wenngleich man hier nur Kommunikationen sperrte, die Einzelne oder Gruppen unmittelbar ins Visier nahmen. Dennoch blieb einiges an Material auf der Plattform, wo es weiter Wirkung entfalten konnte. Schließlich hatte QAnon, bis die Social-Media-Riesen endlich reagierten, bereits Millionen Menschen indoktriniert: Längst sind auch die ersten Selbsthilfegruppen von Menschen entstanden, deren Angehörige den Verschwörungstheorien verfallen sind.

Mit der Radikalisierung von Millionen durch QAnon-Verschwörungstheorien nahm die Gewaltbereitschaft der Bewegung zu. Seit der Schießerei in der Pizzeria in Washington, D. C. 2016 ist die Zahl der Gewalttaten im Zusammenhang mit QAnon kontinuierlich gestiegen. Im August 2019 erklärte das FBI die Bewegung zu einer »nationalen terroristischen Bedrohung« aufgrund ihres Potenzials, »extremistische Gewalt zu provozieren«. In einem 15-seitigen Memorandum bezeichnet die Bundespolizei »von Verschwörungstheorien motivierte inländische Extremisten« und insbesondere QAnon als wachsende Gefahr. Es ist das erste Mal, dass das FBI Verschwörungstheorien als Quelle für inländischen Extremismus aufführt. Das Memorandum listet eine Reihe von Verhaftungen im Zusammenhang mit Gewalttaten auf, die durch radikale Splittergruppen wie QAnon motiviert waren.

Zu den spektakuläreren Vorfällen im Zusammenhang mit QAnon zählten der im Juni 2018 unternommene Versuch, eine Brücke in der Nähe des Hoover-Damms zu blockieren, sowie der von einem 24-Jährigen aus Staten Island im Bundesstaat New York verübte Mord an einem Mitglied des kriminellen Gambino-Clans. Im April 2020 wurde ein QAnon-Anhänger unter dem Verdacht verhaftet, einen Güterzug in der Nähe des Marinehospitalschiffs Mercy in Los Angeles zum Entgleisen gebracht zu haben. Darüber hinaus verübten QAnon-Anhängerinnen und Anhänger Entführungen, planten Bombenanschläge und waren für Drohungen gegen Joe Biden und Hillary Clinton verantwortlich. In Kanada scheiterte ein QAnon-Anhänger, ein Reservist der Canadian Rangers, nur knapp mit einem Anschlag auf das Anwesen des kanadischen Premierministers in Ottawa, als er mit einem LKW dessen Tore durchbrach.

Diese Gewalttaten hörten auch nach den Präsidentschaftswahlen 2020 nicht auf. Anfang Dezember wurden zwei mutmaßliche QAnon-Anhänger verhaftet, nachdem in der Nähe eines Wahlzentrums in Philadelphia ein Fahrzeug mit zahlreichen Gewehren und Pistolen entdeckt wurde. Mitte Dezember 2020 führte eine QAnon-Hetzkampagne gegen ein Unternehmen, das Wahlmaschinen herstellt und wartet, zu zahlreichen Morddrohungen gegen dessen Beschäftigte.

Republikanische Politiker waren Wegbereiter für die Verbreitung von QAnon und nutzten die Verschwörungsnarrative für ihre Zwecke. Einige traten offen als Anhänger und Anhängerinnen, andere als Förderer und Fördererinnen der Bewegung auf. Zwei von ihnen wurden ins Bundesparlament gewählt: Die Republikanerin Marjorie Taylor Greene gewann für den Wahlbezirk North Georgia einen Sitz im Repräsentantenhaus, ihre Parteigenossin Lauren Boebert aus Colorado errang ebenfalls ein Abgeordnetenmandat. Insgesamt erklärten 59 republikanische Kandidaten für den Kongress und Dutzende von Bewerbern um bundesstaatliche Mandate im Wahljahr 2020 ihre Unterstützung für die Bewegung. Trump gratulierte Greene zu ihrem Sieg bei den Vorwahlen im August und nannte sie den »zukünftigen Star der Republikaner«, eine Frau, die »in jeder Hinsicht stark ist«. Auf die Frage nach der Q-Theorie antwortete Lauren Boebert, die von sich behauptet, sie gehöre nicht zu Q, und die QAnon dennoch mit Auftritten bei Veranstaltungen unterstützt: »Ich hoffe, dass es wahr ist. Es heißt ja nur, dass Amerika stärker und besser wird, dass die Menschen zu konservativen Werten zurückkehren. Und dafür bin ich.«

An der Parteibasis wollen einige weniger prominente Republikaner mit QAnon nichts zu tun haben, doch der republikanische Oppositionsführer im Repräsentantenhaus, Kevin McCarthy aus Kalifornien, nahm Lauren Boebert gern in sein Fundraising- und Trainingsprogramm für »vielversprechende junge Abgeordnete« auf. Zwar hatte McCarthy im Juni 2020 Greenes rassistische, antisemitische und antimuslimische Kommentare verurteilt, bei ihrer innerparteilichen Kandidatur hatte er sich aber neutral verhalten und erklärte später, man habe ein »gutes und produktives« Verhältnis.

Der Einfluss QAnons auf die Republikanische Partei ist mittlerweile enorm. Im Oktober 2020 weigerten sich 17 republikanische Abgeordnete im Repräsentantenhaus, eine mit Verweis auf die Gewaltbilanz des Verschwörungskults vorgelegte Resolution gegen die Bewegung zu unterzeichnen. Wenig überraschend distanzierte sich auch Trump weder in den Wochen vor der Wahl noch danach vor der Presse von QAnon und den Anhängern der Bewegung. Nach dem 4. November 2020 setzten Akteure im Umfeld seiner Wahlkampagne ihre Publicity für QAnon fort. An vorderster Front waren dabei diejenigen, die mit dem Präsidenten für eine Revision des Wahlergebnisses kämpften. Zu diesen Trump-Verbündeten gehörte etwa der pensionierte General Michael Flynn, den Trump im November 2020 begnadigt hatte, nachdem er der Falschaussage gegenüber dem FBI für schuldig befunden worden war. Flynn erschien in einem Video, in dem er haltlose QAnon-Slogans verbreitete. Auch Trumps ehemalige persönliche Anwältin Sidney Powell, die seinen juristischen Feldzug gegen angeblichen Wahlbetrug führte, bis er sie Ende November feuerte, stützte sich offen auf QAnon. Die Anwältin gab eine eidesstattliche Versicherung zum angeblichen Wahlbetrug im Bundesstaat Georgia ab und zitierte zum Beweis darin Ron Watkins, den prominenten QAnon-Vertreter und Administrator von 8kun.

Nach der Präsidentschaftswahl im November 2020 stiftete Q zunächst erhebliche Verwirrung unter seinen Anhängerinnen und Anhängern: Tagelang hatte er nichts gepostet. Seine Unterstützer waren von einem Wahlsieg Trumps überzeugt gewesen und im Schockzustand angesichts eines designierten Präsidenten Joe Biden. Erst am 12. November meldete Q sich wieder: Er postete eine amerikanische Flagge mit dem Spruch »Nothing can stop what is coming. Nothing!« – »Nichts kann aufhalten, was kommen wird. Nichts!« Und auf die Frage »Wie ›sicherst‹ du die US-Wahlen nach POTUS?« schrieb er in einer weiteren Nachricht: »Es musste so sein. Manchmal musst du durch die Dunkelheit gehen, bevor du das Licht sehen kannst.« Überzeugte QAnon-Anhängerinnen verstanden das als Aufforderung, Geduld zu haben und an »den Plan« zu glauben.

Man hätte annehmen können, dass die Ereignisse vom 6. Januar 2020 und die Wahlniederlage Trumps die QAnon-freundliche Stimmung in der Republikanischen Partei kippen lassen würden, dem ist jedoch nicht so. Im Gegenteil. Kurz nachdem weitere groteske Äußerungen von Marjorie Taylor Greene bekannt wurden, wie etwa ihre Überzeugung, dass die Anschläge von 9/11 eine »Ente« seien und Juden mit weltraumgestützten Laserwaffen die Waldbrände in Kalifornien verursacht hätten, hielt dies die Republikaner im Abgeordnetenhaus keineswegs davon ab, ihr Ausschussmandate zu übertragen. Aus seiner postpräsidialen Residenz in Florida signalisierte Trump nachdrückliche Unterstützung.

In den Wochen nach dem Sturm auf das Kapitol begannen einige QAnon-Anhänger dennoch, ihren Glauben infrage zu stellen. Auf Gab, Telegram und anderen Plattformen argwöhnten sie, man habe sie womöglich benutzt. Manche erklärten, die Amtseinführung von Präsident Joe Biden sei der traurigste Tag ihres Lebens gewesen. Ein ehemaliger Anhänger der Bewegung entschuldigte sich auf CNN beim Moderator Anderson Cooper dafür, dass er geglaubt habe, der Talkshowhost esse Babys.

Doch viele halten nach wie vor »am Plan« fest. Verschwörungstheorien zeichnen sich dadurch aus, dass neue falsche Fakten schlicht ins Narrativ eingebunden werden, um dieses an eine veränderte Situation anzupassen. Mehrere QAnon-Anhängerinnen und Anhänger

Abstrus, aber brandgefährlich

bekräftigten gegenüber der *Washington Post*, ihr Glaube sei ungebrochen. Der Zeitung liegen Beweise vor, dass andere extremistische Bewegungen nun versuchen, Q-Anhänger zu rekrutieren. Die anhaltende Online-Präsenz von QAnon in den Wochen nach der Amtseinführung des neuen Präsidenten und Monate, nachdem die Verschwörung aus den Mainstream-Plattformen verbannt wurde, spricht für ihre Resilienz. Zwar lehnen die meisten Amerikaner und Amerikanerinnen die Ansichten der Aufrührer am Kapitol ab. Aber Millionen sahen sich selbst in den »Rebellen«. Knapp 18 Prozent der Republikaner hielten die Ausschreitungen für richtig.

QAnon ist längst fest verankert – nicht nur in den Reihen der nationalen Republikanischen Partei, sondern auch in den Bundesstaaten. Auf ihrem lokalen Twitter-Account in Hawaii bot die Partei den QAnon-Anhängern Rückhalt, indem sie erklärte, es handele sich bei ihnen vielleicht um fehlgeleitete Patrioten, doch ihr Antrieb sei »die wahre und große Liebe zu Amerika«. In Texas postete die Partei auf ihrer Homepage sogar den QAnon-Slogan »We are the storm« – »Wir sind der Sturm«. Die Parteiverbände der Republikaner in Arizona und Oregon erklärten offen ihre Sympathie mit den Angreifern aufs Kapitol. QAnon wird in naher Zukunft nicht verschwinden. Die Bewegung sitzt längst im Kongress und in den Bundesstaaten, in der Republikanischen Partei und ist vor allem unter den Trump-Anhängern und online weiter quicklebendig.

II. IDEOLOGIEN: VON RASSISMUS BIS VERSCHWÖRUNGS-GLAUBE

Die Suche nach den »Schuldigen«

Antisemitismus als zentrales Ideologieelement bei den Coronaprotesten

Von Felix Balandat, Nikolai Schreiter und Annette Seidel-Arpacı

Antisemitismus und Verschwörungserzählungen sind bei den sogenannten Coronarebellen weit verbreitet. Allein im ersten Halbjahr 2020 registrierte die Recherche- und Informationsstelle Antisemitismus Bayern (RIAS Bayern) 116 antisemitische Vorfälle – knapp die Hälfte der Vorfälle hatte einen direkten Bezug zur Coronapandemie. Insbesondere Kundgebungen und Demonstrationen von Coronaleugnern und -leugnerinnen bildeten dabei Ausgangspunkte für öffentlich und weithin sichtbare antisemitische Äußerungen. Dem Bundesverband RIAS wurden beispielsweise in nur drei Monaten vom 17. März bis zum 17. Juni 2020 knapp 125 Kundgebungen und Demonstrationen mit Bezug zur Pandemie bekannt, bei denen es zu antisemitischen Äußerungen kam.

Dabei handelt es sich nicht um Einzelfälle: Antisemitismus ist der Kitt, der unterschiedlichste Akteure und Akteurinnen zusammenbringt. Sowohl auf der Straße als gerade auch online vernetzen sich Reichsbürger, Impfgegnerinnen, organisierte extreme Rechte, Esoteriker und Anhängerinnen von »alternativen Heilmethoden«, aber auch »ganz normale Bürger«, die sich vor der Coronakrise kaum politisch betätigten.

Sie alle sehen die Pandemie mit all den realen Unsicherheiten und Problemen nicht als Zumutung, die zufällig entstand, an der aber niemand unmittelbar Schuld hat. Für sie ist die Pandemie – deren Existenz viele von ihnen ohnehin leugnen oder zumindest bezweifeln – vielmehr ein Werkzeug in einem größeren Plan, das von einer bösen Elite eingesetzt werde, um deren finstere Ziele durchzusetzen.

Diese Weltanschauung ist geprägt von einer Unfähigkeit und Unwilligkeit zum abstrakten Denken, die sich in der Vorstellung einer übermächtigen bösartigen Elite konkretisiert. Während man sich selbst als

Retter der Menschheit imaginiert, mangelt es an konkreter Empathie, etwa wenn durch aktive Verstöße gegen die Infektionsschutzmaßnahmen Menschen gefährdet werden.

In öffentlichen Reaktionen auf antisemitische Beleidigungen gegen Schülerinnen wie in Berlin, Angriffe auf Synagogenbesucher wie in Hamburg oder antisemitische Schändungen von jüdischen Friedhöfen ist man meist entsetzt und überrascht und fragt sich, wie es nur sein kann, dass Antisemitismus »wieder« so offen zu Tage tritt. Dabei ist gerade der Antisemitismus das prägende gesellschaftliche Denk- und Handlungsmuster, das sich seit Jahrhunderten durch die Geschichte zieht. »Die Juden« sind als diejenigen markiert, derer man sich entledigen müsse, um imaginierte oder reale Probleme abzuwehren.

Verschwörungsdenken und damit die Selbstinszenierung als Opfer verschwörerischer Machenschaften ist ein notwendiger Bestandteil des Antisemitismus. Der moderne Antisemitismus ist eine große Verschwörungserzählung, in der »den Juden« die Rolle einer vermeintlichen kleinen, einflussreichen, elitären Gruppe zugeschrieben wird. Sie steuere die Weltgeschicke, schade damit »dem Volk« und suche ihren eigenen Vorteil. Dabei wird »den Juden« seit dem Vorwurf des Gottesmordes in der Spätantike eine ungemeine Macht zugeschrieben, was sich in unterschiedlichen Formen und Codes bis heute gehalten hat.

Insbesondere in offen zutage tretenden gesellschaftlichen wie auch persönlichen Krisen steht die Welt wie wir sie kennen und damit der eigene Anteil daran infrage. Eine Krise ist die aufgezwungene Erkenntnis, dass die Gesellschaft, mit der man sich identifiziert, zu der man also eine starke emotionale, affektive Bindung hat, scheitert, es eben »nicht läuft«.

Würde man sich das aber eingestehen, hieße das, sich auch den eigenen Anteil an diesem Scheitern einzugestehen. Es hieße zu realisieren, dass man beständig an einem Unterfangen beteiligt ist, das den Menschen Zwänge auferlegt – und diese sind in der Krise besonders zu spüren. Damit stünde auch das eigene Tun, das als sinnvoll angesehen werden muss, infrage.

Diese Erkenntnis ist schmerzhaft und schwer auszuhalten. Sie wird deshalb von vielen Menschen abgewehrt. Eine Möglichkeit dieser

Abwehr sind Schuldzuweisungen. Wenn die gesellschaftliche Krise auf böse Machenschaften anderer zurückgeführt wird, steht man selbst gleichzeitig auf der guten Seite. Noch besser kann das Gefühl werden, zu den Guten zu gehören, wenn man die vermeintliche Verschwörung aufgedeckt hat und sie bekämpft. Daraus folgt für viele, dass man diejenigen bekämpfen muss, die das Unheil in die Welt gebracht hätten und »uns alle« unterdrücken wollten. Sie werden zu Feindbildern, auf die alles projiziert wird, was in der Welt und der eigenen Existenz darin nicht sein darf, aber nicht einfach zu beenden ist, weil es unumstößlich mit ihr verbunden ist.

Dieser Kampf kann mit unterschiedlichen Mitteln geführt werden – etwa mit Worten, denn die vermeintliche Wahrheit über die Verschwörung muss den Menschen, die sie noch nicht erkannt haben, dringend mitgeteilt werden. Es steht schließlich in dieser Weltsicht nichts weniger als das Schicksal der Menschheit auf dem Spiel. Dies ist der Grund für das häufig dringende Mitteilungsbedürfnis, das Anhängerinnen von Verschwörungserzählungen haben, was sich in langen, emotionalisierten Reden und einer Flut von Propagandamaterial auf allen verfügbaren Kanälen spiegelt.

Der Kampf gegen die vermeintlichen Verschwörer kann aber auch physisch geführt werden, bis zum Massenmord: So glaubte etwa der Attentäter, der in Halle (Saale) am Yom Kippur 2019 die Synagoge angriff, »die Juden« stünden hinter allem, was er als Problem in der Welt identifiziert hatte: Feminismus, sinkende Geburtenraten, Migration. Auch die Nationalsozialisten waren überzeugt, die Vernichtung des Judentums sei ein Abwehrkampf gegen die »jüdische Weltverschwörung«.

Weil »die Juden« als Feindbild des Antisemitismus eben nicht nur als unterlegen, sondern auch und vor allem als überlegen, aber heimlich agierend imaginiert werden, bestehe die vermeintliche Bedrohung – anders als etwa im rassistischen Weltbild – durch sie immer und überall. Unabhängig vom Aufenthaltsort und ihrer gesellschaftlichen Stellung gehe von ihrer reinen Existenz eine existenzielle Gefahr aus – so funktioniert das antisemitische Denken.

Deshalb werden »die Juden« nicht als Minorität betrachtet, die man »in Schach halten« könne, sondern als Personifizierung der »Gegenrasse, des negativen Prinzips als solches«.[1] Der Antisemitismus hat dabei keinen Bezug zu realen Eigenschaften oder Handlungen von Juden und Jüdinnen, sondern speist sich aus Zuschreibungen und zeugt von der Gedankenwelt der Antisemitinnen und Antisemiten. Vermeintlich jüdische Eigenschaften werden im Antisemitismus der Figur des »Juden an sich« zugeschrieben, die dann mit realen Juden und Jüdinnen identifiziert wird.

Weil die vermeintliche Bedrohung, die im antisemitischen Weltbild von »den Juden« ausgeht, in der schieren jüdischen Existenz begründet ist, hat der Antisemitismus in letzter Konsequenz immer nur eine »Endlösung«: diese Existenz zu beenden, also alle, die Teil dieser vermeintlichen übermächtigen Verschwörung seien, insbesondere aber alle Juden und Jüdinnen zu töten.

»Coronarebellen« verstehen ihr Handeln als Selbstverteidigung. Auch im Antisemitismus findet sich diese »verfolgende Unschuld«. Antisemitisch ausbuchstabiert lässt sich das etwa in dem Satz kondensieren: »Wenn wir nicht die jüdische Weltverschwörung stoppen, indem wir alle Juden ermorden, vernichten sie uns!« Das wird selten so deutlich formuliert, aber es steht am Ende des konsequenten Denkens in Verschwörungen.

Dieses Denken wird auch dadurch befördert, dass das Virus eine abstrakte, unsichtbare Bedrohung ist. Der vermeintliche Verschwörer dagegen ist konkret, sichtbarer. Auch kann man sich im Kampf gegen ihn selbst besser als Heldin oder Held inszenieren. Der Kampf gegen die Pandemie ist wenig heroisch, wenn aber »der Verschwörer« bekämpft wird, sieht das plötzlich ganz anders aus.

Deshalb ist insbesondere in Situationen, die als Krisen wahrgenommen werden, der Antisemitismus bzw. das Ausleben der antisemitischen Haltung attraktiv. Weil er aber in seiner offenen Ausprägung seit der Schoa in Deutschland mehrheitlich verpönt ist, äußert sich der Antisemitismus heute meist chiffriert.

Im Rahmen der Coronademonstrationen finden sich viele Themen, die mit der Pandemie und den Maßnahmen zu ihrer Eindämmung wenig bis nichts zu tun haben, sondern vielmehr alte antisemitische Motive ventilieren.

Die häufig bediente Adrenochrom-Erzählung aus dem Universum des QAnon-Kults etwa beschreibt ein angebliches geheimes Netzwerk von Eliten, das Kinder entführen, in unterirdischen Tunneln gefangen halten und foltern würde, um ihnen das durch Angst ausgeschüttete Stoffwechselprodukt Adrenochrom aus der Blutbahn abzuzapfen. Dabei handelt es sich um eine aktualisierte Form der Ritualmordlegende, laut der Juden christliche Kinder ermorden und ihr Blut für rituelle Zwecke verwenden würden.

Anhand der nachfolgenden Beispiele aus Bayern, die sich nahezu wortgleich auch bei Kundgebungen von »Coronarebellinnen« in anderen Bundesländern wiederfinden, werden die unterschiedlichen Formen von Antisemitismus deutlich: In Nürnberg etwa sagte am 27. Juni 2020 eine Rednerin bei einer Kundgebung: »Hinter Corona steckt der feuchte Traum von einer kommunistischen Weltmacht.« Dies sei der Traum der »Zionisten, der Satanisten, der Transhumanisten und der Pharmamafia«. Solch eine »Pharmamafia« ist Teil einer gängigen Vorstellung von Kapitalismus, in dem es darum geht, Profit zu erzielen.

In einem Flugblatt, das Anfang April 2020 in Augsburg auftauchte, wurde die Existenz von Corona geleugnet und behauptet, die Pandemie wäre das neueste Mittel zur Durchsetzung der »Neuen Weltordnung«. Unter anderem hieß es: »Recherchieren Sie einmal die Ursprünge des Kommunismus. Sie sind nicht russisch. Und auch nicht asiatisch. Es ist die gleiche Gruppe wie zuvor beschrieben.« Gemeint waren die Juden. Gleichzeitig wurde »dieser Gruppe« – den Juden – auch zugeschrieben, »98 Prozent aller sogenannten Nationalbanken« zu besitzen, »Geld aus dem Nichts« zu schaffen und »seit Dekaden die Nationen ins Unermessliche« zu verschulden. Die drei Begriffe Banken, Geld und Schulden werden gerade in verschwörungsideologischen Kreisen als Inbegriff des Kapitalismus verstanden.

Die Vorstellung, »die Juden« stünden sowohl hinter dem Kapitalismus als auch dem Kommunismus ist so alt wie die Moderne selbst. Zum einen war das Feindbild bereits durch jahrhundertelangen Antijudaismus vorhanden, zum anderen entwickelte sich eine Identifizierung von Kapitalismus mit »den Juden«. Sie werden dabei nicht mehr nur mit »Geld«, sondern mit dem als abstrakt erscheinenden Finanzkapital – im Gegensatz zu dem als konkret erscheinenden Produktionskapital – gleichgesetzt. Im Nationalsozialismus wurde dies im imaginierten

Gegensatz von »raffendem, jüdischen« Kapital und »schaffendem, arischen« Kapital auf die Spitze getrieben. Die Vorstellung, dass Juden hinter dem Kommunismus stünden, wurde u. a. in den nationalsozialistischen Kampfbegriffen »Kulturbolschewismus«, »jüdischer Bolschewismus« und »jüdisch-bolschewistische Weltverschwörung« verdichtet. Der Antisemitismus ist ein Produkt der modernen Gesellschaft, gegen die er sich gleichzeitig richtet, und als »negative Leitidee der Moderne«[2] zu verstehen. Kommunismus wie Kapitalismus sind moderne Phänomene, im an sich irrationalen Weltbild des Antisemitismus ist es deshalb nur logisch, dass er sich gegen beide richtet.

Auch der Impfgegnerschaft, die bei den Protesten eine wichtige Rolle spielt, sind antisemitische Züge inhärent: Auf einer Demonstration in München war am 9. Mai 2020 eine Fotomontage zu sehen, auf der Menschen von Uniformierten »zwangsgeimpft« werden. Ihr Emblem ist einem Davidstern nachempfunden und trägt die Inschrift »ZION«.

Insbesondere in esoterischen Kreisen werden Impfungen tendenziell abgelehnt, weil sie als »künstliches Gift« im Gegensatz zu den »natürlichen Abwehrkräften« des menschlichen Körpers verstanden werden. Dieses Gegensatzpaar, das die moderne, wissenschaftlich überprüfbare Medizin als künstlich ablehnt, findet sich auch im Antisemitismus: »Den Juden« wird immer wieder etwa der Vorwurf gemacht, sie seien ein »künstliches« Volk. Solche Vorwürfe von »Künstlichkeit« werden in Opposition gesetzt zu einer vermeintlichen »Natürlichkeit« anderer Völker. Auch Blut, in das Impfstoffe ja meist gespritzt werden, hat eine besondere Bedeutung in solchen Reinheitsvorstellungen; es würde durch das »künstliche Gift« verunreinigt.

Bereits 1881 behauptete der NS-Vordenker Eugen Dühring in der einflussreichen Kampfschrift »Die Judenfrage als Racen-, Sitten- und Culturfrage«, das Impfen sei ein Aberglaube, der von jüdischen Ärzten aus Gründen der persönlichen Bereicherung erfunden worden sei.

Auch wird im Kontext der Coronademonstrationen immer wieder behauptet, die Pandemie sei ein Vorwand, um die Menschheit »zwangszuimpfen«. Dabei würden ein Mikrochip oder Nanokristalle injiziert, die die Menschen kontrollierbar machen sollen. So solle durch dieses Chippen beispielsweise die »Neue Weltordnung« durchgesetzt und die Menschen für die Zwecke der dahinterstehenden Verschwörung gefügig gemacht oder ermordet werden.

Heute ist mit der Ablehnung von Impfungen oder »Zwangsimpfungen« häufig auch eine Form des Antisemitismus verbunden, die die Opfer der Schoa verhöhnt, etwa wenn Schilder mit Aufschriften wie »Impfen macht frei« gezeigt werden oder sich Menschen gelbe Sterne anheften, wie sie Juden und Jüdinnen im Nationalsozialismus tragen mussten, auf denen »nicht coronageimpft« steht. Eine solche Imaginierung als Opfer ist typisch für die »Querdenker«- bzw. »Coronarebellen«-Szene. Die Schoa- und NS-Vergleiche erinnern an einen Abwehrmechanismus in Form einer Projektion. Bei einer Projektion werden eigene, unerwünschte Impulse einem anderen Menschen zugeschrieben. Eigene Wünsche werden so in den anderen verfolgt. Demnach hegen »Querdenkerinnen« mitunter Wünsche nach Verfolgung und Bestrafung, die abgewehrt und die etwa den als für die Coronaimpfungen verantwortlich Identifizierten zugeschrieben werden. Die schoaverharmlosenden Äußerungen vieler »Coronarebellen« sagen also viel über ihre eigentlichen Motive aus und sind insbesondere deshalb ernst zu nehmen, da Antisemitismus dazu drängt, »zur Tat« zu schreiten.

In Deutschland zeigte sich die kollektive Imaginierung als Verschwörungsopfer unmittelbar nach der deutschen Niederlage 1945 und dem Ende der Schoa: Man wähnte sich als Opfer der Alliierten und letztlich wiederum als Opfer der Juden, die den Deutschen nicht verzeihen würden. Seit 1948 kann diese Opferimaginierung gegen den Staat Israel gewendet werden. Diese trotz »Erinnerungskultur« und »Aufarbeitung« bestehende Vorstellung findet sich in allen gesellschaftlichen und politischen Milieus. Deswegen sind die Schoavergleiche und andere antisemitische Vorfälle bei »Coronaprotesten« so wenig überraschend wie ihr milieuverbindender Charakter.

Anmerkungen

1 Theodor W. Adorno/Max Horkheimer, Dialektik der Aufklärung, Frankfurt am Main 1988, S. 177
2 Samuel Salzborn, Antisemitismus als negative Leitidee der Moderne. Sozialwissenschaftliche Theorien im Vergleich, Frankfurt am Main/New York 2010

Der QAnon-Boom

Der Erfolg der Verschwörungsideologie in Deutschland

Von Felix Huesmann

Ausgerechnet die zutiefst US-amerikanische und auf den ehemaligen US-Präsidenten Trump bezogene Verschwörungsideologie QAnon gelangte im Jahr 2020 zu außergewöhnlicher Popularität in Deutschland. Der QAnon-Ideologie zufolge bestimmt eine globale Verschwörung aus den Eliten von Politik, Wirtschaft und Unterhaltung nicht nur die Weltgeschicke, sondern entführt auch Kinder und missbraucht und ermordet sie, um aus ihrem Blut ein Verjüngungsmittel herzustellen. Donald Trump gilt den Verschwörungsgläubigen als Kämpfer gegen diese »Kabale«, gegen den »Tiefen Staat«, der die USA angeblich seit Jahrzehnten beherrsche. Q, so nennt sich ein angeblicher Informant, der kryptische Botschaften auf Imageboards im Internet hinterlässt, aus denen sich die Verschwörungsideologie zusammensetzt.[1] Diese Erzählungen sind frei erfunden, sie haben mit der Realität nichts zu tun. Doch schon Monate bevor der Sturm auf das Kapitol am 6. Januar 2021 in Washington, D. C. der gesamten Weltöffentlichkeit zeigte, welche Gefahr von QAnon ausgeht, stieg die Zahl der Anhängerinnen und Anhänger der Verschwörungsideologie mit kultischen Zügen auch in Deutschland. Den bislang sichtbarsten Höhepunkt erreichte sie bei den verschwörungsideologischen »Querdenken«-Demonstrationen im Sommer 2020. Um den Erfolg von QAnon in Deutschland zu verstehen, lohnt ein Blick auf jene Akteure, die diesen Erzählungen im deutschsprachigen Raum zur Verbreitung verhalfen, und auf die gesellschaftlichen Entwicklungen, die diesen Erfolg erst möglich machten. Vor allem aber lohnt der Blick auf die ideologischen Fragmente, die QAnon anschlussfähig für Teile der hiesigen extremen Rechten, der Reichsbürgerszene und andere Verschwörungsideologen machen.

Bereits einen Monat nachdem die ersten Botschaften des angeblichen Insiders Q auf dem Imageboard *4chan* am 28. Oktober 2017 aufgetaucht waren, griff der auf den Philippinen lebende deutsche Verschwörungsideologe und ehemalige Journalist Oliver Janich das neue Phänomen in einem Video auf.»Wer ist Q? Trumps Geheimagent?« betitelte Janich das auf mehreren Social-Media-Plattformen verbreitete Video. Ohne plausible Belege vorbringen zu können, kommt Janich zu dem Schluss, es hätten sich zwar nicht alle bisherigen Vorhersagen Qs bewahrheitet, die Trefferquote sei jedoch hoch. Janich entwickelte sich in den vergangenen Jahren zu einem der wichtigsten Influencer der verschwörungsideologischen Szene im deutschsprachigen Raum. Bis zur Sperrung seines Kanals im Oktober 2020 kam er auf rund 160 000 Abonnentinnen und Abonnenten auf YouTube. Noch mehr Menschen haben im Januar 2021 Janichs öffentlichen Kanal in der Messenger-App Telegram abonniert.

Bereits im Dezember 2017 verbreiteten sich die Erzählungen von Q auch auf mehreren deutschsprachigen Blogs, auf Facebook-Seiten und in Facebook-Gruppen. Ab 2018 gründeten deutschsprachige Q-Gläubige eine ganze Reihe von Blogs, YouTube-Kanälen, Facebook-Seiten und -Gruppen, aber auch Telegram-Gruppen und -kanälen, die sich eigens der Übersetzung und Deutung der kryptischen Botschaften Qs widmen.

Der langjährige Neonazi und rechtsextreme Unternehmer Sven Liebich aus Halle (Saale) etwa bietet in seinem Onlineshop für Aufkleber und Textilien spätestens seit Juni 2018 T-Shirts mit QAnon-Motiven zum Kauf an. Im Laufe des Jahres 2019 schaffte das Symbol Q zunehmend auch den Sprung aus dem Netz auf die Straße.»In Deutschland sahen wir QAnon das erste Mal auf der Straße, als die Gelbwesten-Bewegung aus Frankreich auch hierzulande Fuß fasste«, stellt ein Bericht der Amadeu-Antonio-Stiftung im Dezember 2020 fest.[2] Die Proteste in Deutschland, die vor allem die Symbolik der breit gefächerten französischen Protestbewegung übernahmen, waren vielfach von Akteurinnen und Akteuren aus dem Reichsbürgerspektrum dominiert. Auch bei anderen Demonstrationen mit rechtsextremer und verschwörungsideologischer Beteiligung tauchten fortan regelmäßig QAnon-Symbole auf, wie etwa bei einer Demonstration gegen die Masern-Impfpflicht in Berlin im September 2019. Während die Verschwörungsideologie in den USA bereits in den republikanischen Mainstream vordrang, fristete sie in Deutschland jedoch weiterhin ein Nischendasein abseits der Aufmerksamkeit von Medien und Politik.

Zu einem regelrechten QAnon-Boom in Deutschland kam es erst im Frühjahr 2020. Die Coronapandemie beherrschte die globale Nachrichtenlage und beeinflusste das Leben von Millionen Menschen. Die Verbreitung verschiedener Verschwörungserzählungen rund um das neuartige Coronavirus nahm in den USA, aber auch in Deutschland rasant zu. Einige QAnon-Anhänger und Anhängerinnen hielten die Pandemie für eine Inszenierung des »Tiefen Staates«, um US-Präsident Donald Trump zu schwächen. Gleichzeitig verbreitete sich auch die Behauptung, Trump habe Corona-Schutzmaßnahmen wie Grenzschließungen und Ausgangsbeschränkungen nur deshalb einführen lassen, um ungestört gegen die vermeintlichen Akteure des »Tiefen Staates« vorgehen und entführte Kinder aus ihren Fängen befreien zu können.

Diesen unbelegten und irrationalen Erzählungen hängt offenbar auch der bekannte Mannheimer Sänger Xavier Naidoo an, der schon 2011 behauptete, Deutschland sei noch immer ein besetztes Land, und der in den vergangenen Jahren mehrfach durch das Verbreiten von Verschwörungserzählungen aufgefallen ist. Anfang April 2020 verbreitete Naidoo ein Video, in dem er weinend darüber spricht, dass »in diesen Momenten in verschiedenen Ländern der Erde Kinder aus den Händen pädophiler Netzwerke befreit« werden. Anschließend ruft Naidoo die Zuschauer und Zuschauerinnen dazu auf, im Internet nach dem Begriff Adrenochrom zu suchen – jenem im Narrativ von QAnon wichtigen, angeblich aus dem Blut missbrauchter Kinder hergestellten »Verjüngungsmittel«. Die Chemikalie – ein Stoffwechselprodukt des Adrenalins – kann ohne Verwendung von Blut im Labor hergestellt werden, die verjüngende Wirkung des Stoffs ist darüber hinaus frei erfunden.

Zahlreiche Medien berichteten über Naidoos Video und die darin verbreiteten Narrative. Auf Google vervielfachten sich die Suchanfragen aus Deutschland nach dem Begriff Adrenochrom schlagartig. Die wichtigsten Gruppen und Kanäle der deutschsprachigen QAnon-Szene

Felix Huesmann

auf Telegram verzeichneten in dieser Zeit ebenfalls ein erstaunliches Wachstum. Analysen des Politikwissenschaftlers Josef Holnburger verdeutlichen den Anstieg: So hatte der für die Szene wichtigste deutschsprachige Telegram-Kanal *Qlobal Change* am 17. März 2020 etwas mehr als 21 000 Abonnentinnen und Abonnenten. Am 17. Juni waren es bereits mehr als 111 000. Im Jahresverlauf verlangsamte sich dieses Wachstum, die Abonnentenzahl wuchs jedoch bis Januar 2021 auf über 160 000 an.

Sichtbar wurde die neue Popularität von QAnon bereits im Frühjahr 2020 auch auf Kundgebungen und Demonstrationen gegen die Corona-Schutzmaßnahmen. An den als »Hygienedemos« bekanntgewordenen Protesten vor der Berliner Volksbühne nahmen beispielsweise immer wieder Menschen mit sichtbaren Q-Devotionalien teil. Auf den beiden Großdemonstrationen der aus Stuttgart stammenden Initiative »Querdenken« mit mehreren zehntausend Teilnehmerinnen und Teilnehmern im August in Berlin waren die QAnon-Anhänger noch sichtbarer. Reichsfahnen und QAnon-Symbole wehten nebeneinander. Auf der Abschlusskundgebung der Demonstration am 1. August rief der »Querdenken«-Initiator Michael Ballweg den QAnon-Slogan »Where we go one, we go all« (sinngemäß etwa: »Einer für alle, alle für einen« von der Bühne. In Form einer eingespielten Videoaufzeichnung hielt auch der QAnon-Propagandist Oliver Janich eine Rede. Wenige Wochen später, am 29. August 2020, versammelten sich mehrere hundert »Querdenken«-Demonstranten schon vor dem Beginn der eigentlichen Demo zwischen dem Brandenburger Tor und der Botschaft der USA. »Deep State muss weg«, riefen einige von ihnen im Chor. Sie hielten bedruckte Papierschilder in die Höhe. »Friedensvertrag Jetzt« stand darauf – und um keinen Zweifel daran zu lassen, wes Geistes Kind diese Protestierenden sind, war ihre Forderung noch in den Farben Schwarz, Weiß und Rot umrandet. Mittendrin stand eine Frau Mitte dreißig. Auf ihre Jeansjacke hatte sie ein Herz gemalt und die Worte »World Peace« geschrieben. Daneben ein großes Q und die schwarz-weiß-rote Fahne des Deutschen Reichs.

Dass die Fahnen von QAnon-Anhängern und Reichsbürgern Seite an Seite wehen, ist kein Zufall. Beide Szenen sind in Deutschland längst zu einem ideologischen Amalgam verschmolzen. Reichsbürger glauben, dass das Deutsche Reich rechtlich weiter fortbesteht, die Bundesrepublik kein souveräner Staat und Deutschland noch immer von den alliierten Siegermächten des Zweiten Weltkriegs besetzt ist.[3] Dieser Glaube ging lange mit einem auch in anderen Teilen der extremen Rechten verbreiteten Antiamerikanismus einher. Reichsbürger wendeten sich gegen die angebliche Besatzung und Unterjochung Deutschlands durch die USA. Mit Donald Trump im Weißen Haus und der QAnon-Erzählung vom US-Präsidenten als geheimem Kämpfer gegen den angeblich existierenden »Tiefen Staat« bot sich nun jedoch eine neue Sichtweise an: Was, wenn in der Machtzentrale der Vereinigten Staaten nicht mehr der Feind und Unterdrücker sitzt, sondern ein potenzieller Verbündeter? Donald Trump steht in dieser Erzählung auf der Seite der Reichsbürger. Und mehr noch: Als oberster Befehlshaber der vermeintlichen Besatzungsmacht USA hatte Trump demnach die Möglichkeit, die Besatzung zu beenden und Deutschland zu befreien. Wladimir Putin, den Präsidenten Russlands als Nachfolgestaat der zweiten alliierten Großmacht, der Sowjetunion, sehen viele Reichsbürger ohnehin längst auf ihrer Seite.

So erklärt sich auch der Ruf nach einem Friedensvertrag, der am 29. August 2020 vor den Botschaften der USA und Russlands erklang – einem Friedensvertrag, der die angeblich fortdauernde Besatzung beenden soll. Dass der Zwei-plus-Vier-Vertrag von 1990 längst an die Stelle eines Friedensvertrags getreten ist und die Nachkriegsordnung in Deutschland beendet hat, ignorieren die Demonstranten.

Bei der Verschmelzung von Reichsbürgerideologie mit QAnon-Erzählungen spielt die Messenger-App Telegram eine wichtige Rolle. Schon bevor die Coronapandemie zum alles bestimmenden Thema wurde, begannen Reichsbürger dort im Winter und Frühjahr 2020 zunehmend Bezug auf QAnon zu nehmen. Anlass dafür war das geplante Nato-Manöver »Defender 2020«, bei dem Truppenverlegungen der USA in Europa geübt werden sollten. Das Manöver, das aufgrund der Coronapandemie schließlich größtenteils ausfallen musste, deuteten einige Reichsbürger als bevorstehende Befreiung Deutschlands von der Bundesregierung durch die von Donald Trump befehligte US-Armee.

Die Telegram-Gruppen der Reichsbürgerszene lassen sich inhaltlich ohnehin seit langem kaum noch von spezifischen QAnon-Gruppen unterscheiden, sie nehmen durch das gegenseitige Teilen von Inhalten aufeinander Bezug und auch die Mitglieder überschneiden sich teilweise sichtlich.

QAnon-Erzählungen sind jedoch nicht nur unter überzeugten Reichsbürgern und -bürgerinnen anknüpfungsfähig, sondern finden auch weit über diese Szene hinaus Zustimmung. Das liegt auch darin begründet, dass die allermeisten der Erzählungen, die die Gesamtheit der QAnon-Verschwörungsideologie ausmachen, keineswegs neu sind. Das Geraune von den mächtigen Eliten, die insgeheim die Geschicke der Welt lenkten, speist sich aus einer langen Tradition antisemitischer Verschwörungsmythen, etwa aus den »Protokollen der Weisen von Zion« oder aus anderen Erzählungen der vergangenen Jahrzehnte, die mal mehr, mal weniger direkt die Existenz einer »jüdischen Weltverschwörung« behaupten. Der vermeintliche Insider Q erwähnt in seinen kryptischen Botschaften etwa immer wieder die Rothschilds und den jüdischen Milliardär und Philanthropen George Soros – Namen und Personen, die als bekannte und gebräuchliche Chiffren antisemitischer Erzählungen dienen. Kurzum: Ohne ihren antisemitischen Kern sind die QAnon-Ideologie und ihr Erfolg kaum denkbar.

Auch die Erzählungen von den globalen Eliten, die angeblich Kinder entführen, missbrauchen und töten, um deren Blut zu verwenden, folgen judenfeindlichen Mustern – die sogar bedeutend älter sind als der moderne Antisemitismus. Die Ritualmordlegende, der zufolge Juden christliche Kinder entführen und töten würden, um deren Blut zu trinken, hat ihren Ursprung bereits im England des 12. Jahrhunderts und führte seitdem immer wieder zu Pogromen gegen jüdische Gemeinden.

Darüber hinaus greifen diese Narrative von den kindermordenden globalen Eliten seit Jahrzehnten von den USA ausgehende Mythen über satanistischen rituellen Kindesmissbrauch als angebliches Massenphänomen auf. In den USA häuften sich nach der Veröffentlichung der angeblich autobiografischen Erinnerungen »Michelle Remembers«, einer fiktiven Darstellung eines durch eine satanische Sekte missbrauchten Kindes durch den Psychiater Lawrence Pazder im

Jahr 1980, Berichte über vermeintliche Entführungs-, Missbrauchs- und Mordfälle im Zusammenhang mit okkulten Sekten. Kritiker sprechen von der »satanic panic« als Massenhysterie – zumal unabhängige Recherchen die Darstellungen in »Michelle Remembers« als Erfindung entlarvten.[4] Welche Auswirkungen auf derartigen Narrativen basierende Mythen über angeblich kindermordende Kulte und Verschwörungen haben können, zeigt die Pizza-Gate-Verschwörungserzählung – ein unmittelbarer QAnon-Vorgänger. Im Dezember 2016 stürmte ein mit einem AR15-Gewehr bewaffneter Mann eine Pizzeria in Washington, D. C., weil er an die Erzählung glaubte, Hillary Clinton und andere Politikerinnen und Politiker der Demokratischen Partei würden aus dem Keller des Lokals heraus einen Kindesmissbrauchsring betreiben. Der Mann gab mehrere Schüsse ab. Allerdings hat die Pizzeria keinen Keller.

Auch wenn Donald Trump nicht mehr Präsident der USA ist und damit als die große Erlöserfigur der QAnon-Ideologie nicht mehr unbegrenzt mächtig ist und trotz der Sperrung von allein 70 000 Twitter-Accounts, die von dem Kurznachrichtendienst wegen ihrer Nähe zu QAnon nach dem Angriff auf das Kapitol abgeschaltet wurden: QAnon wird nicht einfach verschwinden – auch und insbesondere nicht in Deutschland. Die Art und Weise, wie QAnon Fragmente älterer Verschwörungserzählungen in sich aufgenommen, miteinander verbunden und zum Teil einer allumfassenden Welterklärung gemacht hat, lässt es unwahrscheinlich erscheinen, dass sich der Glaube daran einfach wieder auflöst. Zumal die QAnon-Erzählungen in Deutschland längst mit der Reichsbürgerideologie zu einem nicht mehr ohne weiteres auflösbaren Amalgam verschmolzen sind.

Es ist zwar gut möglich, dass in wenigen Jahren kaum noch von QAnon gesprochen wird, dass diese so stark auf Donald Trump fokussierte Verschwörungsideologie gemeinsam mit ihrem Helden an Relevanz verliert. Viele der ideologischen Versatzstücke und einzelnen Erzählungen werden jedoch auf absehbare Zeit bleiben. Damit bleiben sie auch eine Gefahr – für die demokratische Gesellschaft sowie für Institutionen und Einzelpersonen, die von den Verschwörungsgläubigen als vermeintliche Feinde ausgemacht werden.

In den USA wurde QAnon bereits 2019 vom FBI zur potenziellen Terrorgefahr erklärt, nachdem QAnon-Anhänger mehrere Morde und andere teils schwere Straftaten begangen hatten. Auch in Deutschland warnen Expertinnen und Experten vor einer Gefahr der zunehmenden Radikalisierung der Szene, die stets das Risiko birgt, in Gewalt umzuschlagen. Nicht nur in den USA verlässt sich ein Teil der QAnon-Anhänger und Anhängerinnen nach der aus ihrer Sicht durch einen angeblichen Wahlbetrug verlorenen Präsidentenwahl immer weniger darauf, dass Donald Trump die Welt »befreien« wird und sie bloß seinem geheimen »Plan« vertrauen müssen. »Wir wissen so gut wie gar nichts«, heißt es in einer Nachricht in der größten deutschsprachigen QAnon-Gruppe bei Telegram im Januar 2021. Und: »Wir werden benutzt, um Gerüchte in die Welt zu setzen.« Doch diese Desillusionierung ist kein Grund zum Aufatmen. Durch sie könnte die Gefahr sogar noch größer werden, wenn ein Teil der Verschwörungsgläubigen sich dazu gedrängt sieht, den Kampf gegen das vermeintlich Böse selbst aufzunehmen. Entwarnung ist nicht in Sicht.

Anmerkungen

1   Vgl. den Beitrag von Heidi Beirich, S. 89
2   Miro Dittrich/Anne Grandjean/Lukas Jäger/Jan Rathje, de:hate report #1 – QAnon in Deutschland, Berlin 2020, S. 7
3   Vgl. den Beitrag von Andreas Speit, S. 192
4   Kurt Andersen, Fantasyland: 500 Jahre Realitätsverlust. Die Geschichte Amerikas neu erzählt, München 2018, S. 513–542

Ein Brandbeschleuniger für Radikalisierung?

Verschwörungserzählungen während der Covid-19-Pandemie

Von Pia Lamberty und Katharina Nocun

Verschwörungserzählungen galten für viele Menschen lange Zeit als harmloser oder gar unterhaltsamer Zeitvertreib. Im Kontext der Coronapandemie zeigte sich jedoch sehr deutlich das Gefahrenpotenzial derartiger Narrative. Auf der Straße bildeten sich rechtsoffene Allianzen, die sich über unterschiedlichste Milieus erstreckten, geeint durch gemeinsame Feindbilder. In der Coronapandemie wird deutlich, dass Verschwörungsglaube ein Phänomen ist, das über die extreme Rechte hinausgeht.

Eine Flut aus Hass und Hetze trifft immer wieder Menschen, die als vermeintlicher Teil einer großen Verschwörung markiert wurden. Extreme Gruppierungen nutzten die Erzählung einer angeblichen Coronaverschwörung für die interne Mobilisierung und um neue Anhängerinnen und Anhänger zu gewinnen. Doch was macht derartige Narrative so anziehend?

Verschwörungserzählungen begleiten seit Jahrhunderten menschliche Gesellschaften. Dennoch wurde dieses Phänomen lange im wissenschaftlichen und medialen Diskurs nicht ernst genommen und als »Spinnerei« verharmlost. Erst in den vergangenen Jahren und insbesondere während der Coronaviruspandemie wuchs das gesellschaftliche Bewusstsein, dass der Verschwörungsglaube ernste Konsequenzen haben kann. Verschwörungserzählungen können in extremen Gruppierungen als Radikalisierungsbeschleuniger wirken. Das wirkt sich nicht nur auf politische Debatten, sondern auch auf den Umgang der Gesellschaft mit wissenschaftlichen Erkenntnissen und evidenzbasierter Medizin aus. Wer an eine große Verschwörung rund um den

Einsatz von Impfstoffen glaubt und infolgedessen medizinischer Forschung misstraut, verschließt sich bei Erkrankungen eher einer evidenzbasierten Behandlung – und präferiert unter Umständen sogar wirkungslose oder gefährliche Alternativen.

Zahlreiche Verschwörungserzählungen ranken sich um neu auftretende Krankheiten und Epidemien. Und das nicht erst seit der Coronapandemie, wie der Blick in die Geschichte zeigt. Sowohl Ausbrüche der Pest im Mittelalter als auch das Wüten der Spanischen Grippe zu Beginn des 20. Jahrhunderts waren von ähnlichen Mythen begleitet. Eine Erklärung für dieses Phänomen liefert die Wissenschaft. Krisenzeiten – definiert als einschneidende und rasche gesellschaftliche Veränderungen, die etablierte Machtstrukturen und Verhaltensnormen infrage stellen – können sich auf die Verbreitung von Verschwörungserzählungen auswirken.

In der psychologischen Forschung wird der Verschwörungsglaube als Vorurteilsstruktur gegenüber Gruppen oder Personen verstanden, die als mächtig *wahrgenommen* werden.[1] Wenig überraschend nimmt Antisemitismus daher auch im Verschwörungsglauben eine zentrale Rolle ein. Dabei wird Jüdinnen und Juden – unabhängig von ihrer tatsächlichen gesellschaftlichen Stellung – eine quasi unbegrenzte gesellschaftliche, ökonomische und politische Macht zugeschrieben. Bereits im Mittelalter wurden Jüdinnen und Juden während der Pestepidemie beschuldigt, für Krankheitsausbrüche verantwortlich zu sein. Ähnliche Zuschreibungen fanden sich auch während der Coronaviruspandemie: US-amerikanische Rechtsextremisten und Neonazis riefen dazu auf, Jüdinnen und Juden mit dem Coronavirus zu infizieren, da diese angeblich für die Pandemie verantwortlich seien. Der Bericht »Antisemitismus im Kontext der Covid-19-Pandemie« des Bundesverbandes der Recherche- und Informationsstellen Antisemitismus (RIAS) dokumentiert allein im Zeitraum vom 17. März bis 17. Juni 2020 123 Kundgebungen und Demonstrationen, bei denen es zu offen antisemitischen Äußerungen kam.[2] Hinzu kommen digitale und analoge Bedrohungen bis hin zu gewalttätigen Angriffen.

Antisemitische Verschwörungsnarrative haben eine lange Geschichte, und sie werden immer wieder gesellschaftlich aktualisiert. Während lange Zeit vor allem Geheimbünde wie die Illuminaten oder informelle Treffen wie die Bilderberg-Konferenzen im Fokus antisemitischer Legenden standen, geraten aktuell zunehmend auch bekannte Persönlichkeiten in den Fokus insbesondere rechtsextremer Hetzkampagnen. So wurde etwa der US-amerikanische jüdische Philanthrop und Schoa-Überlebende George Soros zur Zielscheibe einer internationalen antisemitischen Kampagne, die im Kern das alte nationalsozialistische Narrativ vom omnipotenten jüdischen Finanzkapital und einer angeblichen jüdischen Weltverschwörung bedient.

Bei Betrachtung der politischen Einstellungen ist auffällig, dass Verschwörungsideologien stärker bei Menschen anzutreffen sind, die sich als politisch rechts verorten oder rechtspopulistische/rechtsextreme Parteien wählen.[3] Grund dafür ist die inhaltliche Anschlussfähigkeit zwischen Populismus und Verschwörungserzählungen. Populisten inszenieren sich mit Vorliebe als einzig wahre Fürsprecher »des Volkes«, das sich gegen vermeintliche Eliten wehren müsse. Diese Denkstrukturen zeigen sich auch im Sinne eines »Wir gegen die da oben« in Verschwörungserzählungen.

Der Verschwörungsglaube kann darüber hinaus als Radikalisierungsbeschleuniger wirken. Wer meint, Politikerinnen und Politiker seien lediglich Marionetten geheimer Mächte, nutzt die Partizipationsmöglichkeiten des demokratischen Systems eher nicht mehr. Wer überall nur Verschwörungen wittert, schottet sich nach und nach von gesellschaftlichen Diskursen ab und lässt auch keine anderen Meinungen mehr zu. Verschwörungserzählungen über »die Medien« – wie etwa das Narrativ einer angeblich zentralen Steuerung der Medienlandschaft durch das Bundeskanzleramt – werden zudem systematisch dazu benutzt, sich gegen Kritik von außen zu immunisieren. Kritiker werden entweder als Teil der Verschwörung oder »naive Systemlinge« dargestellt.

Wer ein Weltbild kreiert, in dem das absolut Böse die Gesellschaft zerstören will, kann sich selbst im nächsten Schritt als das absolut Gute inszenieren. Durch das in verschwörungsideologischen Gruppen propagierte Unrecht einer vermeintlichen Verschwörung lässt sich jegliche Reaktion bis hin zu Gewalttaten legitimieren. Daher ist es auch nicht überraschend, dass etwa radikale Impfgegner sowie rechtsextreme und dschihadistische Gruppen Verschwörungserzählungen für ihre politische Mobilisierung nutzen und elementar in ihre Ideologien einbetten. Verschiedene Studien konnten zeigen, dass der Verschwörungsglaube mit einer höheren Gewaltaffinität und Gewaltbereitschaft einhergeht.[4] Das ist mittlerweile auch bei den Strafverfolgungsbehörden bekannt: Das FBI hat 2019 eigens eine Warnung ausgesprochen, dass der Verschwörungsglaube unter anderem von QAnon genutzt werden kann, um terroristische Gewalttaten zu legitimieren.[5]

Was macht aber Narrative wie QAnon oder Erzählungen von einer angeblichen »Coronadiktatur« derart anziehend? Die psychologische Forschung hat insgesamt drei Motive ausgemacht, die beschreiben, warum Menschen an Verschwörungen glauben:

- existenzielle Motive (Streben nach Kontrolle und Sicherheit)
- soziale Motive (Streben nach einer positiven Wahrnehmung des eigenen Selbst oder der Gruppe)
- epistemische Motive (Streben nach Verstehen und subjektiver Gewissheit).

Bei den existenziellen Motiven spielen die Auswirkungen von Kontrollverlust eine Rolle. Krisenzeiten können in Menschen Unsicherheit und Kontrollverlust hervorrufen. Tiefgreifende und schnelle gesellschaftliche Umbrüche stellen plötzlich die eigene Lebenswirklichkeit fundamental infrage. Im Kontext der Covid-19-Pandemie erlebten viele Menschen einen derartigen Kontrollverlust: Vieles änderte sich von heute auf morgen. Gewohnheiten, Alltägliches und materielle Sicherheiten, die vor der Pandemie selbstverständlich waren und ungefährdet schienen, brachen plötzlich weg. Auch der Umstand, dass sich die Entwicklung einer Pandemie nur schwer vorhersehen lässt, nährt den empfundenen Kontrollverlust. In solchen Ausnahmesituationen neigen manche Menschen dazu, Muster auch dort zu sehen, wo keine sind – was ein zentraler Baustein von Verschwörungserzählungen ist. Das Wahrnehmen von Kontrollverlust kann daher den Glauben an Verschwörungen verstärken.

Verschwörungsgläubige wirken allerdings nicht unbedingt wie verunsicherte Menschen, die einen Kontrollverlust erleben, sondern verkünden oft sehr lautstark ihre Überzeugungen. Doch das ist nur auf den ersten Blick ein Widerspruch. Denn der Verschwörungsglaube ermöglicht es Menschen, sich selbst gegenüber dem eigenen Umfeld und der Gesellschaft aufzuwerten. Wer stets betont,»selbst zu denken«, impliziert damit nicht selten, andere würden dies eben nicht tun oder seien gar fremdgesteuert.

Verschiedene Studien haben gezeigt, dass insbesondere Menschen mit einem starken Bedürfnis nach Einzigartigkeit eher anfällig für den Verschwörungsglauben sind.[6] Die Konstruktion einer angeblichen Verschwörung bietet schließlich auch eine Möglichkeit zur Selbstinszenierung als »Wissende« oder »Widerstandskämpferin«. Verschwörungsnarrative ähneln in ihrer Beschreibung der Anhängerinnen und Anhänger nicht zufällig häufig klassischen Heldengeschichten. Die wiederkehrenden Vergleiche etwa mit Widerstandskämpferinnen gegen das NS-Regime und Opfern der Schoa auf den Demonstrationen der »Querdenker«-Gruppierung sind daher nicht allein politisch zu bewerten, sie erfüllen auch psychologisch eine wichtige Funktion für die Anhängerschaft: Sie konstruieren ein Bild von einer Welt, in der Verschwörungsgläubige scheinbar auf der Seite des Guten gegen Kräfte des Bösen kämpfen.

Bei den epistemischen Motiven geht es um Fragen von Verständnis und Gewissheit. Verschwörungserzählungen bieten Erklärungen, die es Menschen ermöglichen, den eigenen Glauben selbst im Angesicht von Unsicherheit und Widerspruch zu bewahren. Verstärkt treten Verschwörungserzählungen bei Ereignissen auf, die als besonders groß oder bedeutsam wahrgenommen werden. Zahlreiche Mythen ranken sich etwa um Terroranschläge, den Tod von Prominenten oder historische Wahlen. Menschen neigen dazu, in solchen Situationen eher gewichtige Ursachen zu vermuten, die sozusagen der gefühlten Bedeutsamkeit eines Ereignisses gerecht werden. Dies ist eine weitere mögliche Erklärung dafür, warum Spekulationen rund um die Herkunft des Virus auf einige Menschen glaubwürdig wirken. Es fällt schwer zu glauben, dass eine zufällige Virusmutation weltweit ein derartiges Chaos ausgelöst haben könnte.

Der menschlichen Psyche ist außerdem ein ausgeprägter Hang eigen, Risiken systematisch falsch einzuschätzen. Der US-amerikanische Hygieniker George Soper veröffentlichte im Jahr 1919 im Wissenschaftsmagazin *Science* einen Artikel, in dem er mögliche Lehren aus dem Umgang mit der Spanischen Grippe beschrieb. Soper kam zu dem Schluss, dass Menschen aufgrund der Komplexität des Krankheitsbildes und der unterschiedlich schweren Verläufe der Erkrankung Risiken häufig unterschätzten. Während ein Virus eine abstrakte und unsichtbare Bedrohung darstellt, wirkt der angebliche Verursacher der mutmaßlichen Verschwörung hingegen konkret und in seiner oder ihrer imaginierten Boshaftigkeit vorhersehbar. Auch das macht es für Menschen attraktiv, an Verschwörungen zu glauben.

In der Bevölkerung wird Verschwörungsglaube nicht selten als neues Phänomen im Zusammenhang mit der Pandemie oder Social Media wahrgenommen. Dabei rankten sich sowohl um das Auftreten der Pest im Mittelalter als auch um die Spanische Grippe, das HIV-Virus oder zuletzt Ebola ähnliche Mythen. Das Erleben von Kontrollverlust spielt hierbei mit Sicherheit eine wichtige Rolle. Allerdings ist es wissenschaftlich keineswegs trivial festzustellen, ob es tatsächlich – wie häufig fast selbstverständlich angenommen – im Zuge der Pandemie zu einem Anstieg im Verschwörungsglauben gekommen ist.

Erste Vergleiche von Werten vor und während der Pandemie bietet die Leipziger Autoritarismus-Studie »Autoritäre Dynamiken«.[7] Während 2018 noch 30,8 Prozent der Befragten eine manifeste Verschwörungsmentalität aufwiesen, waren es im Mai/Juni 2020 bereits 38,4 Prozent. Dabei gab es allerdings regional deutliche Unterschiede: Während es im Westen 2020 zu einem Anstieg auf 35,2 Prozent (2018: 29,9 Prozent) kam, waren es im Osten 51,4 Prozent (2018: 34,5 Prozent). Basierend auf diesen Daten kann man zwar von einem Anstieg sprechen. Derart eindeutig, wie viele zu Beginn der Pandemie mutmaßten, fiel er allerdings zumindest für Gesamtdeutschland nicht aus.

Zahlreiche Studien haben sich mit der Verbreitung spezifischer Verschwörungserzählungen rund um die Covid-19-Pandemie auseinandergesetzt. Das »COSMO — COVID-19 Snapshot Monitoring« hat sowohl im Mai als auch im September und November 2020 abgefragt, inwiefern Menschen zwei unterschiedlichen sich logisch ausschließenden Narrativen zustimmen würden:

- Corona sei menschengemacht (»Corona wurde absichtlich in die Welt gebracht, um die Bevölkerungszahl zu reduzieren«).
- Die Pandemie sei ein Schwindel (»Das Virus wird absichtlich als gefährlich dargestellt, um die Öffentlichkeit in die Irre zu führen«).

Über den Zeitraum der Untersuchung lag die Zustimmung zu beiden Aussagen zusammengerechnet stabil bei Werten um die 25 Prozent. Ungefähr 10 Prozent der Befragten stimmten dabei beiden Narrativen zu. Was auf den ersten Blick wie ein Beleg für Irrationalität erscheint, deckt sich mit anderen Befunden aus der sozialwissenschaftlichen Forschung. Der Fokus liegt insbesondere auf der Ablehnung bestehender Erklärungen – wie es dann wirklich gewesen ist, können die Verschwörungsgläubigen aber nicht mit Bestimmtheit sagen. Ein verfestigter Verschwörungsglaube hält somit sogar für Außenstehende offensichtliche logische Widersprüche aus.

Im Rahmen einer repräsentativen Umfrage der Friedrich-Naumann-Stiftung wurde im Juli 2020 ermittelt, welche Rolle Desinformation und Verschwörungserzählungen während der Pandemie spielten.[8] Die Forscher kamen zu dem Ergebnis, dass ein Viertel der Befragten in Deutschland glaubte, Bill Gates würde mehr Macht als die Bundesregierung haben und eine Zwangsimpfung aller Menschen fordern. Immerhin noch 16 Prozent glaubten, der Microsoft-Gründer wolle allen Menschen Mikrochips einpflanzen. Diese Mythen haben gerade im Kontext einer mancherorts dramatisch niedrigen Impfbereitschaft eine besondere Relevanz. Einen Zusammenhang zwischen dem neuen Mobilfunkstandard 5G und der Verbreitung des Coronavirus vermuteten immerhin 7 Prozent der Befragten.

Im Jahr 2020 wurde sehr intensiv über die Verbreitung von Verschwörungserzählungen diskutiert. Das hatte nicht nur mit der Pandemie selbst, sondern auch mit der Verbreitung von Verschwörungserzählungen und Desinformationen im Kontext der US-amerikanischen

Präsidentschaftswahl zu tun. Plötzlich realisierten viele, dass ein solcher Verschwörungsglaube konkrete Auswirkungen auf politische Debatten, das Wahlverhalten und auch die Akzeptanz von Wahlergebnissen und Maßnahmen zur Pandemieeindämmung haben kann. Welche Rolle die Pandemie bei der Verbreitung von Verschwörungserzählungen genau spielt, ist eine Frage, die aktuell noch nicht abschließend beantwortet werden kann. Fest steht aber: Verschwörungserzählungen sind kein reines Phänomen der Krise, sondern waren bereits vor der Pandemie in der Gesellschaft weit verbreitet. Mehr als die Hälfte der Befragten der sogenannten Mitte-Studie der Friedrich-Ebert-Stiftung waren 2019 der Meinung, dass »Medien und die Politik unter einer Decke« stecken würden. Rund 41 Prozent glaubten, »Politiker und andere Führungspersönlichkeiten« seien »nur die Marionetten der dahinterstehenden Mächte«.

Es wäre wichtig, die richtigen Lehren aus diesen Erfahrungen zu ziehen. Der Glaube an Verschwörungserzählungen zog sich bereits vor der Pandemie quer durch die Gesellschaft, und dieses Phänomen wird auch nach ihrer Eindämmung oder Überwindung nicht von der Bildfläche verschwinden. Gerade extreme und terroristische Gruppierungen nutzen entsprechende Narrative seit langem als Radikalisierungsbeschleuniger. Ein breit gestreutes Wissen über die Gefahren von Verschwörungserzählungen und einen effektiven Umgang damit können Gesellschaften resilienter machen – insbesondere beim Umgang mit zukünftigen Krisen. Aufklärung über die Gefahren und Wissen darüber, wie Desinformation und Verschwörungsnarrative erkannt werden können, gehören daher nicht nur auf den Lehrplan von Schulen. Dieses Wissen muss möglichst breit in der Bevölkerung verfügbar gemacht werden. Darüber hinaus braucht es dringend einen Ausbau von Beratungsmöglichkeiten für Menschen, die in ihrem privaten Umfeld mit Verschwörungsgläubigen konfrontiert sind und sich fragen, was sie konkret tun können, um effektiv Gegenrede zu betreiben oder die Tante, den Vater, die eigene Großmutter oder beste Freundin aus dem Kaninchenloch einer Verschwörungsideologie zurückzuholen. Gerade bei verfestigten, ideologisch geprägten Weltbildern sind Interventionen ein Marathon und kein Sprint.

Darüber hinaus sollten auch diejenigen, die von Verschwörungs-ideologen als Feindbild markiert werden, nicht vergessen werden. In der Krise zeigte sich eine mangelhafte Unterstützung von Menschen, die von Hate Speech und Drohungen betroffen sind. Es braucht dringend bessere gesellschaftliche Handlungsstrategien, damit Betroffene und Angehörige nicht allein gelassen werden.

Anmerkungen

1   Roland Imhoff/Martin Bruder, Speaking (un-)truth to power: Conspiracy mentality as a generalised political attitude, European Journal of Personality, 28 (1) 2014, S. 25–43

2   Vgl. den Beitrag von Annette Seidel-Arpacı, Nikolai Schreiter und Felix Balandat, S. 102

3   Siehe Sander van der Linden/Costas Panagopoulos/Flávio Azevedo/John T. Jost, The paranoid style in American politics revisited: an ideological asymmetry in conspiratorial thinking, Political Psychology 2020

4   Jonas Rees/Pia Lamberty, Mitreißende Wahrheiten: Verschwörungsmythen als Gefahr für den gesellschaftlichen Zusammenhalt, in: Verlorene Mitte. Feindselige Zustände. Rechtsextreme Einstellungen in Deutschland 2018/19, hg. für die Friedrich-Ebert-Stiftung von Franziska Schröter, 2019

5   Vgl. den Beitrag von Heidi Beirich, S. 89

6   Roland Imhoff/Pia Lamberty, Too special to be duped: Need for uniqueness motivates conspiracy beliefs, European Journal of Social Psychology, 47 (6) 2017, S. 724–734

7   Oliver Decker/Elmar Brähler (Hg.), Autoritäre Dynamiken, Leipziger Autoritarismus-Studie 2020, https://www.boell.de/de/leipziger-autoritarismus-studie,zuletzt abgerufen am 05.01.2021

8   Friedrich-Naumann-Stiftung, Globale Studie: Desinformationen durchdringen Gesellschaften weltweit, Juli 2020, https://www.freiheit.org/freedomfightsfake-globale-studie-desinformationen-durchdringen-gesellschaften-weltweit, zuletzt abgerufen am 05.01.2021

»Corona und Bargeldabschaffung sind zwei Seiten einer Medaille«

Die libertäre Verschwörungsmythologie des Geldes

Von Michael Blume

»Verschwörungsideologen können durch beständiges Füttern von Ängsten großen Einfluss auf ihr Publikum ausüben. Wenn sie dann auch noch für jedes eingeredete Problem das passende Produkt anbieten, ist das quasi eine Lizenz zum Gelddrucken« – Katharina Nocun und Pia Lamberty, »Fake Facts«, 2020

Die ältere Dame betrat etwas unsicher die Bankfiliale und hielt ein Sparbuch sowie ein Flugblatt fest umklammert. Dann flüsterte sie mir zu: »Bitte überweisen Sie den Betrag von meinem Sparbuch auf mein Girokonto, damit ich es dann gleich weiterüberweisen kann. Ich muss mein Geld retten.« Auf dem Flugblatt der Dame schimmerten aufgedruckte Goldbarren. Als junger Bankangestellter in einer baden-württembergischen Kleinstadt erschrak ich über die Summe. Hier riskierte eine Seniorin ihr Sparguthaben für ein Geschäft, das nur für die Verkäufer Renditen abwarf und hoch spekulativ war.

Wegen der Höhe der Umbuchung bräuchte es nur schnell eine Freischaltung, erklärte ich und eilte ins Büro des Filialleiters. Dieser reagierte schnell, als er die Lage erkannte. Er bat die Kundin in sein Büro, sprach mit ihr und bewahrte sie vor einem großen Fehler. An jenem Abend Ende der 1990er Jahre bekam ich eine Belobigung für meine rasche Reaktion und eine kleine Einführung in die Angst vieler Wohlhabender, denen eingeredet wird, dass ihre Sparvermögen bald ihren Wert verlieren würden und dass sie schnell und am besten heimlich Edelmetalle und dubiose Anlagen kaufen sollten.

Mit den gleichen Ängsten vor dem Wertverlust des Geldes und dazu passenden Verschwörungsmythen wurde ich zu meiner Verblüffung fast zwei Jahrzehnte später erneut konfrontiert – der Euro hatte schon lange die D-Mark abgelöst, und ich war von der Wirtschafts- zur Religionswissenschaft gewechselt. In der Coronapandemie vermischen prominente Figuren der Protestbewegung die Leugnung und Verharmlosung der Pandemie mit kruden, teils antisemitisch aufgeladenen Verschwörungslügen rings um die Finanzwirtschaft sowie eigenen Geschäftsmodellen und Profitinteressen.

Thomas Laschyk vom Anti-Fake-News-Blog *Volksverpetzer*, das sich seit langem mit Verschwörungsmythen befasst, kam auf dem Höhepunkt der Proteste und angesichts der zunehmend bekannt werdenden Einnahmen der Verschwörungsunternehmer zu dem Schluss: »›Querdenken‹ ist wohl eher ein Geschäftsmodell und weniger eine aktivistische Bewegung.«

Verschwörungsunternehmern gelingt es, ihren Anhängerinnen und Anhängern erhebliche Summen von Geld abnehmen:[1] durch die Annahme von umstrittenen »Schenkungen«, den Verkauf von Büchern und Merchandise wie T-Shirts, durch Medienabonnements und esoterische Produkte, durch Werbeeinnahmen über Internetportale sowie in erheblichem Umfang auch durch den Verkauf von Edelmetallen und Finanzprodukten.

Dabei lassen sich wiederkehrende Muster und Ideologiefragmente erkennen: So leugnete etwa der Medizinprofessor Sucharit Bhakdi mit einem Bestseller voller Verschwörungsmythen in bizarrer Weise die Gefahren der Covid-19-Pandemie und warnte dabei auch auf dem poppig gestalteten YouTube-Kanal von »Kettner-Edelmetalle (Gold & Silber)« mit Hunderttausenden Abrufen vor einer vermeintlichen »Impfagenda«-Verschwörung und drohenden Enteignungen. Namentlich warf Bhakdi der deutsch-jüdischen Kultusministerin von Schleswig-Holstein, Karin Prien – und nur ihr – die »Vergiftung unserer Kinder durch CO$_2$« vor, da sich die CDU-Politikerin früh für das Maskentragen ausgesprochen hatte. »Edelmetall«-Verkäufer Dominik Kettner pflichtete Bakhdi mit Solidaritätsadressen für die »Querdenken«-Demonstranten bei. Eine Woche nach Sucharit Bhakdi durfte dann im YouTube-Kanal bei den und für die »Kettner«-Edelmetall-Verkäufe auch der Schweizer Verschwörungsverkünder Daniele Ganser auftreten.

Als Beauftragter der baden-württembergischen Landesregierung gegen Antisemitismus hatte ich»Querdenken« schon während der ersten Covid-19-Welle im Frühjahr 2020 – letztendlich erfolglos – öffentlich davor gewarnt, den nach Antisemitismus-Vorwürfen vom *RBB* entlassenen Ken Jebsen als Redner auf die Stuttgarter Bühne zu holen. Doch bei der inzwischen vom Verfassungsschutz beobachteten Organisation»Querdenken-711« sprach später auch»KenFM«-Studiogast, Finanzproduktverkäufer und Werte-Union-Mitglied Max Otte als»Unternehmer, Publizist, Ökonom«. Bereits im Sommer 2019 hatten dessen Beziehungen zur AfD sowie verächtliche Äußerungen zum rechtsextremen Mord am Kasseler Regierungspräsidenten Walter Lübcke (CDU) zu Forderungen nach seinem Parteiausschluss aus der CDU geführt. Otte, der auch bis zum Jahresbeginn 2021 Vorstandsmitglied im Aufsichtsgremium der AfD-nahen Desiderius Erasmus-Stiftung war, hatte im Juni 2019 getwittert:»#Lübcke – endlich hat der #Mainstream eine neue #NSU-Affäre und kann hetzen. Es sieht alles so aus, dass der #Mörder ein minderbemittelter #Einzeltäter war, aber die #Medien hetzen schon jetzt gegen die ›rechte Szene‹, was immer das ist. #Rechtsextremismus« und den Tweet erst nach massiven öffentlichen Protesten gelöscht. Bei seiner»Querdenken«-Rede am 31. Mai 2020 auf dem Börsenplatz in Stuttgart bewarb Otte nun sein Buch»Weltsystemcrash« und verkündete:»Corona und Bargeldabschaffung sind zwei Seiten einer Medaille. Das sind Geschäftsmodelle. […] Da stehen finanzstarke Lobbys dahinter. Da stehen auch leider viele Politiker dahinter.« Ottes Rede, in der er auch von»ganz starken Kräften« raunte, wurde mit inzwischen Zehntausenden Abrufen und mehr als 6000»Likes« unter anderem auf dem »Privatinvestor-Politik-Spezial«-YouTube-Kanal von Markus Gärtner verbreitet.

Die Idee, die Covid-19-Pandemie diene der»Bargeldabschaffung«, erscheint zu Recht als völlig bizarr. Dennoch behauptet Otte in seinem Buch»Weltsystemcrash« die Existenz weltweiter Verschwörungen und beruft sich dabei unter anderem auf den US-amerikanischen Politologen George Friedman. Es sei»seit 100 Jahren amerikanische Strategie, die Kombination von deutscher Technologie und russischen Rohstoffen zu verhindern«. Mit einer Mischung aus nationalistischen, rassistischen und antisemitischen Andeutungen versucht Otte, seine Leserschaft von seinem kruden Verschwörungsglauben zu überzeugen, wenn er etwa behauptet, auch»Massenmigration« könne»eine zynische imperiale Technik sein. Schon die Babylonier siedelten das Volk Israel um, um es besser zu kontrollieren.« Oder unterstellt, der drohende Crash werde betrieben von der»Finanzlobby«. Dagegen helfe, so Otte, nur die richtige Anlage.»Gold ist der natürliche Feind der Notenbanken und der ›modernen‹ Ökonomen. [...] Ein Weltwährungssystem ohne Gold und Bargeld wäre das Paradies für Notenbanken und Regierungen.« Dagegen wirke, klar, der Max Otte Multiple Opportunities Fund, ein»AIF (Alternativer Investmentfonds) für professionelle Investoren«, der»physisches Gold« halte. Für das Publikum seien auch der Max-Otte-Vermögensbildungsfonds und der PI Global Value Fund verfügbar.

In seiner»Querdenken«-Rede am 31. Mai 2020 berief sich der Anlageberater auch auf weitere Goldverkäufer wie etwa Markus Krall, einen leitenden Angestellten bei der 2010 von August von Finck junior gegründeten Degussa Sonne/Mond Goldhandel GmbH. Von Finck war noch keine drei Jahre alt, als sein Vater, der Bankier August von Finck senior, am 20. Februar 1933 bei einem Industriellentreffen in Berlin die Machtergreifung von Adolf Hitler großzügig unterstützte und später zu den Profiteuren der zwangsweisen»Arisierung« jüdischer Bankhäuser gehörte. Das Magazin *Der Spiegel* berichtete 2018, der in die Schweiz umgesiedelte Junior habe mit Millionenspenden mutmaßlich rechtspopulistische Gruppierungen unterstützt – wie den gegen die Euro-Einführung agitierenden Bund freier Bürger und zuletzt – unter Verletzung des bundesdeutschen Parteienrechts – die AfD.[2]

Der bei Finck juniors Degussa angestellte Krall verkauft nicht nur Edelmetalle, sondern auch Verschwörungsmythen und Antisemitismus. Noch 2019 dichtete er in»Wenn schwarze Schwäne Junge kriegen« der»Frankfurter Schule« an, diese habe als ein»Zweig des Marxismus« einen»mit der 1968er Revolte« begonnenen»Marsch durch die Institutionen« verfolgt. Krall verstieg sich dann zu dem Vergleich, wie die Nazis als»nationale Sozialisten« strebe die»Frankfurter Schule« dabei nichts weniger als die langfristige»Erosion der Institutionen« und die Zerstörung des»liberalen Systems« an.

Aber warum sollten, fragt Krall seine Leserschaft, »die Anhänger der Frankfurter Schule die Gesellschaft zersetzen wollen, wenn sie doch die absolute Überlegenheit der freiheitlichen Ordnung erkannt hat?« Die Antwort auf diese rhetorische Frage: Es treibe sie »in Wahrheit die Gier nach Macht und Kontrolle über andere Menschen, die als psychologische Hauptantriebsfeder der sozialistischen Eliten begriffen werden muss«. Dahinter stecke »für eher spirituell aufgeschlossene Menschen: etwas von böser Essenz«.

Aus religionswissenschaftlicher Perspektive knüpft Krall damit offensichtlich an die antisemitischen Kulturmarxismus-Verschwörungsmythen an zur Dämonisierung jüdischer und linker Intellektueller als vermeintliche Weltverschwörer und -verschwörerinnen. Auch die Existenz der Covid-19-Pandemie bezweifelte Krall noch am 4. Dezember 2020 in einem Tweet. Demnach gebe es »gar keine echte Pandemie«, sondern nur einen staatlichen Plan, »die Leute zu angeblich ›vernünftigem‹ Verhalten zu zwingen«.

Auch Kralls Degussa-Kollege Thorsten Polleit behauptet in seinem Buch »Mit Geld zur Weltherrschaft« die Existenz einer auf Geld zielenden Weltverschwörung. Eine Kostprobe: Hinter dem »demokratischen Sozialismus« hätten »sich viele Interessen versammelt, die teilweise ganz unterschiedliche Zwecke zu verfolgen scheinen: Befürworter des Wohlfahrtsstaates, soziale Marktwirtschaftler, Interventionisten, Antikapitalisten, christliche Sozialisten, Staatssozialisten, Syndikalisten, Kulturmarxisten, Umweltaktivisten und Ökologisten, politische Globalisten, Keynesianer und wie sie alle heißen«. Sie alle arbeiteten, schreibt Polleit, »manche bewusst, viele vermeintlich unbewusst, auf die Schaffung einer *Weltregierung*, eines *Weltstaates* hin. Doch das wird sich nur erreichen lassen, wenn zuvor ein einheitliches *Weltgeld* aus der Taufe gehoben wird, das die Staaten kontrollieren.« Für Polleit ist der perfide »Weltstaat« widergöttlich, wie er weiter schreibt: »Es handelt sich hier im Grunde um nichts anderes als um das Bestreben, eine *Einheitszivilisation* zu schaffen, bei der sich sogleich das biblische Bild des *Turmbaus zu Babel* einstellt (Gen. 11, 1-9).«

Im gleichen FinanzBuch Verlag wie die drei bisher erwähnten Bücher von Otte, Krall und Polleit veröffentlichte auch der kurzzeitige *Focus-Money*-Redakteur und Influencer Oliver Janich seit 2010 seine

Ausführungen zum »Kapitalismus-Komplott. Die geheimen Zirkel der Macht und ihre Methoden«. Janich, der zu den einflussreichsten Influencern der Protestbewegung gegen staatliche Coronamaßnahmen aufgestiegen ist, behauptet darin sogar: »Unser Zentralbanksystem ist das größte Verbrechen der Menschheitsgeschichte.« Doch eine libertäre Reduzierung des Staates ohne »Banker« samt neuem Gold-Geld sei möglich: »Wir könnten jederzeit umkehren und unser Geldsystem ändern. Zwar bräuchte es einige schwierige Anpassungsjahre, aber danach blühte uns das Paradies auf Erden.« Von den Philippinen aus produziert Janich seit 2019 digitale Verschwörungsvideos im Kontext von QAnon und dann auch »Querdenken« mit Titeln wie »Es gab nie eine Epidemie«, antisemitische Enthüllungen über einen angeblichen »Rothschild-Headhunter« und »Die satanischen Hintergründe der Klimabewegung«.

Auch der aus Baden-Württemberg stammende, inzwischen in die Schweiz ausgewanderte Autor und YouTuber Tilman Knechtel beruft sich auf Janich. »Die Rothschilds« – eine ursprünglich aus Frankfurt am Main stammende deutsch-jüdische Bankiersfamilie – würden demnach nicht nur die Weltherrschaft, sondern auch drei Weltkriege anstreben. In klassischer antisemitischer Argumentation behauptet Tilman Knechtel, durch die »Finanzierung der politischen Bewegungen Nazismus, Kommunismus und Zionismus, die sich in ihrem ideologischen Kern sehr ähnlich sind«, habe die Familie sowohl den Ersten wie den Zweiten Weltkrieg einschließlich des Holocaust selbst herbeigeführt, um die »Gründung des Staates Israel« zu erzwingen. Durch diesen sei, so Knechtel, »der Dritte Weltkrieg bereits in die Wege geleitet und steht nun unmittelbar bevor. Das satanische Hexagramm, das bis heute in okkulten Ritualen benutzt wird, um in Kontakt mit den Göttern Babylons zu treten, prangt auf der Nationalflagge Israels.«

Zur Vorbereitung dieser drei Weltkriege aber habe, so behauptet Knechtel weiter, die Korruption des Geldsystems gedient. »Unser Reichtum hätte sich ohne die ständigen künstlichen Krisen in den letzten hundert Jahren verzwanzigfacht, doch das Papiergeldsystem und die hohen Steuern lassen uns davon nichts spüren. [...] Hören Sie nicht auf ihre Lügen!«

Mit Attila Hildmann sind wir schließlich am Boden des Antisemitismus angekommen. Seine hasserfüllten Ausfälle gegen »die jüdische Bolschewistin Merkel«, gegen den Zentralrat der Juden in Deutschland und Wissenschaftlerinnen sowie krawallige Auftritte auch im Kontext von »Querdenken«-Demonstrationen trugen ihm Aufmerksamkeit ein. Hildmann bezeichnete das Pergamonmuseum in Berlin – berühmt auch durch seine Raubkunst wie den Pergamonaltar und das babylonische Ischtar-Tor – als »Thron Satans« und rief zu dessen Zerstörung auf. Im Oktober 2020 kam es tatsächlich zu Beschädigungen im Museum.[3] Zugleich empfahl und vermittelte Hildmann seiner verschwörungsgläubigen Anhängerschaft neben veganen Produkten auch den Kauf von »Siegfried-Talern«. Dabei handelt es sich um völlig überteuerte Medaillen aus Gold und Silber, die als vermeintliche Geldmünzen zu einem Mehrfachen ihres Materialwertes verkauft werden.

Bei den Recherchen zu den erstaunlich einförmigen Verkaufsmaschen der Edelmetall-Verkäufer fühle ich mich gerade auch als Bankkaufmann an den bekannten »Enkeltrick« erinnert. Dabei geben sich Anrufer als Vertrauenspersonen wie Angehörige, Polizisten oder Staatsanwälte aus, um verängstigte, vor allem ältere Menschen dazu zu bewegen, ihr Geld bei der Bank abzuheben und es ihnen »zur Sicherheit« auszuhändigen. Die Verschwörungsunternehmer lassen ihre Einschüchterung der Kundinnen und Kunden jedoch nie enden, sondern setzen sie über Jahre hinweg über verschiedenste Medien und Themen fort. So hatte Max Otte schon in »Der Crash kommt« von 2006 angekündigt, der Goldpreis werde »bald« auf 2000 Dollar pro Unze ansteigen – einen Kurs, den das hoch spekulative Edelmetall auch 14 Jahre später noch immer nicht erreicht hatte. Auch die Renditen von Ottes selbstverwalteten Fonds fielen – wie jene auch anderer »Crashpropheten« – schwach bis peinlich aus. Doch die Verschwörungsverkünder verdienen offensichtlich gut und gewinnen in Krisen neue, verschwörungsgläubige Kundschaft.

Religionswissenschaftlich interessant ist die verschwörungsmythologische Fixierung auf Babylon und das Judentum, die bei fast allen Verkündern von Geldverschwörungsmythen zu finden ist. Denn die »Hure Babylon« findet sich – samt dem »Thron des Satan« in »Pergamon« – im biblischen Buch der Johannesapokalypse, einem Klassiker der christlichen Endzeitprediger. An den über die Psalmen sprichwörtlich gewordenen »Flüssen von Babel« formierten sich nach der Zerstörung des ersten Jerusalemer Tempels die verschleppten Judäer zur ersten Schriftreligion auf Basis des Alphabetes neu. Dabei formulierten sie auch die babylonischen Sintflutüberlieferungen zum Noah-Mythos um und entdeckten in Noahs Sohn Sem – »Schem«, Hebräisch für Name – den Begründer Jerusalems und des ersten Lehrhauses, das Konzept der »Bildung« gleichermaßen für Fürsten und Sklaven.

Doch wie zuvor fundamentalistische Flügel der Theologie sperrten sich zuletzt marktfundamentalistische Ideologen in der Ökonomie gegen die Erkenntnisse der Geschichtswissenschaft. Denn diese zeigten eindeutig, dass die Wurzeln des Geldes in der babylonischen Tempelbürokratie lagen, die Gold und Silber als Gabentauschgüter religiös mit Sonne und Mond verband. Antike Bezeichnungen wie der »Obolos« (Bratspieß), die betont tempelartigen Bankarchitekturen, die Doppelstriche in vielen Währungen vom Euro über den Dollar bis zum chinesischen Yuan und die Darstellungen des aufstrebenden Marktes als Stier (»Bulle«) verweisen noch immer auf die Wurzeln im kleinasiatischen (»japhetitischen«) Stier-Opferkult, zunehmend ergänzt durch Münzprägungen mit Herrscherprofil. Geld entstand in einer jahrtausendelangen, variantenreichen und auch immer wieder krisenhaften Evolution aus dem religiösen Gabentausch hin zur politischen Münzprägung, dem Papiergeld und den erst neuzeitlichen, internationalen Märkten bis hin zu neueren, digitalen Währungen. Es gab und gibt viel Ausprobieren, Vorantasten, aber keine die Geschichte transzendierende Weltverschwörung.

Doch ebenso wie christliche Kreationisten verweigern libertäre Marktfundamentalisten die Anerkennung historischer Erkenntnisse. So proklamiert der Degussa-Bürokrat Thorsten Polleit gegen jede wissenschaftliche Evidenz: »Das Geld ist spontan im freien Markt, ohne Dazutun eines Staates, entstanden.« So wird ein völlig fiktiver, vermeintlich vorzeitlich-paradiesischer »Mythos Markt« verkündet, der erst von Babylon und dessen dorthin verschleppten Judäern bekämpft und korrumpiert werde – bis heute.

Die Verbreitung von marktfundamentalistischen und antisemitischen Geld-Verschwörungsmythen findet also keineswegs nur an den Rändern der Gesellschaft statt. Über vermeintlich »liberale« Vereinigungen mit klingenden Namen wie Friedrich August von Hayek (1899–1992), Ludwig von Mises (1881–1973) und Ayn Rand (1905–1982) reicht dieser esoterische Markt-Staat-Dualismus bis in ökonomische Lehrstühle, Verbände und auch politische Parteien hinein. Die damit verbundenen Auswirkungen sind enorm, erreichen Abertausende »besorgte« Bürgerliche und eskalieren digital in jeder neuen Krise – aktuell in der Coronakrise. Es wird dringend Zeit für klare Abgrenzungen, für eine breite Aufklärung gegen diese Masche und für erkennbaren Mindestabstand.

Anmerkungen

1 Vgl. unter anderem den Beitrag von Daniel Laufer und Markus Reuter, S. 220

2 Melanie Amann, Sven Becker und Sven Röbel, Verdeckte AfD-Unterstützung: Spur führt zu Milliardär August von Finck, Spiegel Online, 23.11.2018, https://www.spiegel.de/politik/deutschland/afd-unterstuetzung-die-spur-zu-milliardaer-august-von-finck-a-1240069.html, zuletzt abgerufen am 05.01.2021

3 Felix Huesmann, Hildmann und der Pergamonaltar: Wie Verschwörungsideologen die Museumsinsel für sich entdeckt haben, Redaktionsnetzwerk Deutschland, 21.10.2020, https://www.rnd.de/panorama/hildmann-und-der-pergamonaltar-wie-verschworungsideologen-die-museumsinsel-fur-sich-entdeckt-haben-OIA77H55PUHGBHO5W4P52KL4B4.html, zuletzt abgerufen am 05.01.2021

Leugnerkabinett

Viele Klimaskeptiker bezweifeln auch die Coronagefahren

Von Susanne Götze und Annika Joeres

In der Coronakrise trifft sich eine altbekannte Allianz: Klimaleugner, Marktradikale und Rechtspopulisten kämpften früher gemeinsam gegen Klimaschutz – und heute gemeinsam gegen die Coronamaßnahmen. Sie verbindet die Abneigung gegen staatliche Eingriffe sowie ein Grundmisstrauen gegen die Wissenschaft.

Viele bekannte Klimaleugnerinnen und Klimaleugner demonstrieren auf sogenannten Hygienedemos oder wettern in den sozialen Medien gegen Einschränkungen. Mit dabei: der deutsche Verein EIKE, der sich selbst »Europäisches Institut für Klima und Energie« nennt. Der Verein befeuert die Skepsis gegenüber der Gefährlichkeit des Covid-19-Virus. Er hat seinen Sitz in Jena und hatte vor der Epidemie das Ziel, Zweifel am menschengemachten Klimawandel zu säen. Derzeit geht es beim Verein darum, wie angeblich »närrisch« die politische Reaktion auf Corona ausfiel.

Auf dem Klimaleugner-Portal von EIKE schreibt der emeritierte Hannoveraner Professor für öffentliches Wirtschafts- und Finanzrecht Peter Nahamowitz gegen Corona an. Er behauptet, die politische Reaktion auf das Virus sei eine Mischung aus »Panik (angestachelt durch gewisse Virologen, vor allem das Robert Koch Institut), [...] und (gleichsam immanentem) narzisstischem Regulierungsdrang der politischen Elite.« Hier taucht das gemeinsame Narrativ der »Coronaskeptiker« auf: Staatliche Regulierung beeinträchtige die persönliche Freiheit. Dabei gerieren sich die Klimaleugner schon länger als Freiheitskämpfer und -kämpferinnen im Widerstand gegen die »grünen Khmer«, wie es auf der EIKE-Webseite heißt – eine Anspielung auf das totalitäre Regime in Kambodscha unter der Führung von Pol Pot in den 1970er Jahren. Passend dazu hat der EIKE-Verein den Slogan: »Nicht das Klima ist bedroht, sondern unsere Freiheit.« Denselben Tenor schlagen mittlerweile auch Teile der AfD an: In Sachsen beispielsweise mobilisiert sie zu Coronaprotesten. Auch hier wieder die enge Verbindung zu Klimaleugnern: Der Vizevorsitzende von EIKE, Michael Limburg, kandidierte 2017 für die Partei in Brandenburg zur Bundestagswahl. Führende Vertreter der AfD verbreiten die Parolen der Klimaschutzgegner, schon in ihrem Grundsatzprogramm outet sich die AfD als Klimaleugner-Partei. »Kohlendioxid (CO_2) ist kein Schadstoff, sondern ein unverzichtbarer Bestandteil allen Lebens«, heißt es dort. Der umweltpolitische Sprecher der AfD, Karsten Hilse, wettert in seinen Bundestagsreden gegen die offizielle Klimaforschung und erklärt, dass das »sogenannte Weltklima« nur in den Köpfen von »Klimaideologen« existiere. Es stimme nicht, dass der Mensch das Klima beeinflusse. Seine Reden enden dann meistens mit einer Reihe von Schmähungen gegen Wissenschaftler und Wissenschaftlerinnen. Dieselbe Verschwörungsbrille setzt der ehemalige Volkspolizist aus Hoyerswerda (Sachsen) auch bei der Coronapandemie auf. In seinem Wahlkreis im sächsischen Bautzen – ein Hotspot der Ansteckung – lag die Inzidenz im Dezember 2020 schon bei mehr als 500. Doch Hilse will davon nichts wissen. Der Mittfünfziger wähnt sich im Widerstand. Im Bundestag hält er kurz nach dem versuchten »Sturm« auf das Reichstagsgebäude durch »Querdenken«-Aktivisten im Sommer 2020 eine Rede – mit einem T-Shirt der Bewegung. Öffentlichkeitswirksam wird er auf einer Anti-Corona-Demo abgeführt. Später ermittelt die Berliner Polizei sogar wegen des Verdachts eines gefälschten Attestes, das ihn von der Maskenpflicht entbinden sollte. Im Verlauf der zweiten Pandemiewelle radikalisierten sich auch die deutschen Klimaleugner und -leugnerinnen: Sie sprechen von Lügen und davon, dass Bundeskanzlerin Angela Merkel (CDU) das Land zugrunde richte, und gaben Michael Yeadon ein Forum, einem pensionierten britischen Pharmakologen, der jahrelang für das Pharmaunternehmen Pfizer gearbeitet hatte. Yeadon behauptet, es wäre keine Impfung nötig und Corona sei wie Grippe – seine Aussagen wurden so zahlreich geteilt, dass Faktencheckteams europäischer Medien sie gleich mehrfach widerlegten. Yeadon hatte sich zuvor nicht zur Klimakrise geäußert. Dass er nun trotzdem auf einer auf Klimaleugnung spezialisierten Website publiziert, zeigt die Strategie von EIKE:

Der Verein scheint sich über die Szene der Coronaleugner und -leugnerinnen neue Anhänger erschließen zu wollen. Die Coronaleugner haben noch eine weitere Gemeinsamkeit mit den Klimaleugnern und -leugnerinnen: Ihr Hauptanliegen ist es, Zweifel zu säen. Zweifel am menschengemachten Klimawandel, Zweifel an der Gefährlichkeit des Coronavirus.

Sie befinden sich damit in einer langen Tradition von Leugnerbewegungen, die vehement gegen Gesetze und gegen die gesundheitlichen und umweltpolitischen Herausforderungen ihrer Epoche gekämpft haben. Das Heartland-Institut, Amerikas bekannteste und mit vielen Millionen US-Dollar finanzierte Gruppe von Klimaleugnern, wurde einst mit Kampagnen gegen Tabakgesetze groß. Heute erkennen fast alle Menschen an, dass Zigaretten Lungenkrebs verursachen können. Das jahrzehntelange sorglose Rauchen basierte auf einer erfolgreichen Lobby: Die vor mehr als 30 Jahren geleakten und dann veröffentlichten »Tobacco-Papers« brachten ans Licht, wie die Tabakindustrie die öffentliche Meinung manipulierte. Ein Marketingchef der Tabakindustrie sagte in einem dokumentierten Meeting: »Doubt is our product« – der Zweifel ist unser Produkt. Der Studienverband für die Tabakindustrie, der Council for Tobacco Research (CTR) fand in seinen 6400 bestellten oder betreuten Studien nicht einen einzigen Hinweis auf einen Zusammenhang zwischen Nikotin und Lungenkrebs.[1] Diese Szene stammt aus dem Jahre 1969. Heute nutzen diese Strategie des Zweifelsäens diejenigen, die den menschengemachten Klimawandel und die Gefährlichkeit des Coronavirus abstreiten.

Bestimmend in dieser Szene sind auch Finanzwissenschaftler. Beispielsweise Werner Müller, Professor für Rechnungswesen und Controlling an der Hochschule Mainz, der mit vier weiteren Professoren eine Anfrage zu den Coronamaßnahmen an die Bundesregierung stellte. Müller schreibt auf seiner Webseite, Regierungspolitiker ließen sich in der Coronakrise wie »Rindviecher« vor sich her treiben. Auch zur Klimapolitik veröffentlicht Müller einen Text mit einer eindeutig rassistischen Aussage. Auf der Seite des Professors, immerhin Lehrer und Autoritätsperson vieler Studierender, steht: Die deutschen Klimaziele könnten in anderen Teilen der Welt besser umgesetzt werden. »Dann müsste man aber wirklich zum Kolonialismus zurückkehren und

[...] wieder die politische Kontrolle übernehmen.« Medial bekannter als der Mainzer Hochschulprofessor Müller wurde sein Mitstreiter Stefan Homburg, Finanzwissenschaftler an der Leibniz-Universität Hannover und Direktor am Institut für Öffentliche Finanzen. Nachdem er im Frühjahr 2020 bei einer Demonstration in Stuttgart eine viel verbreitete Rede hielt, in der er die Statistiken des Robert-Koch-Instituts als »Lügen« diffamierte, wurde er zu einer Galionsfigur der Coronaleugner. Später verglich er die Politik der Bundesregierung mit dem Faschismus und sprach von »Sklavenmasken, mit denen die Bevölkerung psychisch niedergehalten werden soll«. Auch Homburg will, wie viele seiner Mitstreiter, staatlichen Einfluss verringern. Im Jahr 2019 setzte er sich gemeinsam mit anderen Ökonomen und Juristen wie dem ehemaligen Präsidenten des Bundesverbandes der Deutschen Industrie (BDI) und ehemaligen AfD-Europaabgeordneten Hans-Olaf Henkel dafür ein, die Marktwirtschaft ins Grundgesetz zu schreiben, um eine »Planwirtschaft« mit einer »Sozialisierung von Grund und Boden« zu verhindern. Die Liste der Unterzeichner des Aufrufs unter dem Motto »Soziale Marktwirtschaft ins Grundgesetz« ist deshalb interessant, weil einige der 50 Männer in der Coronadebatte besonders vehement für Lockerungen des Kontaktverbotes eintreten, etwa der Finanzwissenschaftler Max Otte, der das millionenfach geklickte Video der Rede Homburgs auch verbreitete. Der Unternehmer Max Otte gehört der sogenannten Werteunion an, einem Verein von CDU-Mitgliedern. Er trat in den vergangenen Jahren öffentlich für eine Zusammenarbeit der CDU mit der AfD ein und veranstaltet alljährlich das »Hambacher Fest«, bei dem sich spektrums- und parteiübergreifend Vertreter der Rechten treffen. Erst Anfang Januar 2020 trat Max Otte als Vorsitzender des Aufsichtsgremiums der AfD-nahen Desiderius-Erasmus-Stiftung zurück. Zu Beginn der Coronapandemie verbreitete Max Otte den Mythos, Corona sei erfunden worden, um das Bargeld abzuschaffen. Dabei laufen die Geschäfte Ottes auch in der Pandemie weiterhin gut – sein »Vermögensbildungsfonds« florierte laut verschiedener Meldungen an der Börse. Die Leitidee von Max Otte sowie vieler einflussreicher Ökonomen ist die eines Marktes, der ohne den Einfluss des Staates prosperiert. Eine Idee, die mit Klimaschutzgesetzen, dem staatlichen Fördern von grünen Energien, mit Verbrennerverboten und Steuern auf Fleischprodukte nicht zu vereinbaren ist. Sie ist aber ebenso unvereinbar mit stark eingreifenden Regulierungen in der Coronapandemie: Restaurants und Geschäfte zu schließen, gar die Anzahl der Personen bei Weihnachtsfeiern zu bestimmen ist den Predigern eines von Auflagen befreiten Marktes zuwider.

Auch das dürfte ein Grund sein, warum die rechtslastige Splittergruppe einiger Politiker von CDU und CSU, die Werteunion, ebenfalls krude Theorien zu Corona und zum Klimaschutz vertritt. Die Werteunion schrieb schon 2019 in ihrem »Konservativen Manifest«, man wolle eine Klimapolitik, die »frei von ideologischen Instrumentalisierungen« sei. Dabei argumentiert deren Vorsitzender Alexander Mitsch ähnlich wie die Klimawandelleugner in den USA oder europäische Rechtspopulisten. Er fabuliert von »Klimahysterie« und einer »Ökodiktatur«. Mitsch und sein Mitstreiter, der ehemalige Chef des Bundesamtes für Verfassungsschutz Hans-Georg Maaßen, teilten über Twitter einen Fernsehbeitrag namens »Corona-Wahn ohne Ende« des österreichischen Privatsender *Servus TV*. Darin beklagt ein Mediziner die Maßnahmen gegen Corona als »selbstzerstörerisch und sinnlos«. Auch in der zweiten Coronawelle im Winter 2020 setzt die Werteunion weiter darauf, die Corona-Schutzmaßnahmen als »totalitär« darzustellen. Mittlerweile verknüpft Werteunion-Vorsitzender Mitsch seine Corona-»Kritik« auch mit dem Migrationsthema: Es sei »irgendwie aberwitzig«, dass Deutschland Ausgangssperren verhänge, aber die vermeintlich »unkontrollierte Einwanderung« nach Deutschland weiterlaufe. Das Narrativ von angeblich eingeschränkter Freiheit und Demokratie zieht sich dabei durch die gesamte Öffentlichkeitsarbeit des Vereins – unabhängig davon, ob es um Corona oder um Klimaschutz geht.

Und noch etwas haben Klimaleugner und Coronaleugnerinnen gemeinsam: Sie sind zahlenmäßig in der Minderheit. Je nach Umfragen behaupten weniger als 10 Prozent der Befragten in Deutschland, Corona sei ungefährlich, und nur wenige mehr, die Klimakrise sei erfunden.

Auch international verbinden sich Klimaleugner mit Menschen, die Corona nicht für gefährlich halten und die Maßnahmen zur Pandemiebekämpfung übertrieben finden. Einer, der zugleich bei EIKE und lautstark bei Demonstrationen der Coronaleugner in Großbritannien auftritt, ist der betagte britische Meteorologe Piers Corbyn, Bruder des ehemaligen Labour-Chefs Jeremy Corbyn. Piers Corbyn wurde mit einem Megafon inmitten einer Coronaleugner-Demonstration gefilmt und schließlich von der Polizei in Handschellen abgeführt, weil er sich nicht ausweisen wollte. Corbyn mischt seit Jahrzehnten in der europäischen Klimaleugner-Bewegung mit, publiziert Blogbeiträge und hält Vorträge auf einschlägigen Veranstaltungen, darunter auch bei EIKE. Die Coronakrise hält der Brite – wie viele andere zur Zeit – für eine Verschwörung von Bill Gates, der damit die Menschheit ausrotten wolle, um den Klimawandel zu stoppen und Massenimpfungen durchzuführen. Es sind krude Thesen, wie ein *Correctiv*-Faktencheck zeigt.[2] Auch die einflussreichen Klimaleugner des US-amerikanischen Heartland-Instituts nutzten die Coronakrise für die Verbreitung von Fake-News. Heartland kämpfte einst für die Tabakindustrie gegen Rauchverbote und bekommt heute vor allem Geld, um die Klimawissenschaft mit Publikationen, Lobbyismus oder pseudowissenschaftlichen Konferenzen anzugreifen.[3] Auch bedienen die Sprecher auf Heartland-Konferenzen viele Verschwörungsideen: Beim Klimaschutz gehe es um eine linksgrüne Machtübernahme durch die »Grüne Maschine«[4], wie sie das globale Netzwerk von Klimaaktivistinnen und Lobbyisten für erneuerbare Energien nennen. Heartland-Präsident James Taylor behauptet, die Computermodelle zu Covid-19 seien genauso falsch wie jene Modelle des Weltklimarates zur globalen Erwärmung. Wieder geht es um »unsere Freiheit«: Covid-19 sei eine große Kampagne zur Einschränkung der »Freiheit des Einzelnen«. Ähnlich wie die Querfront-Akteure in Deutschland fühlen sich die Heartland-Autoren in ihren Beiträgen im Widerstand gegen eine vermeintliche internationale Verschwörung von Milliardären wie Bill Gates, George Soros, demokratischen Politikern und globalen Institutionen wie der Weltgesundheitsorganisation WHO und den Vereinten Nationen. Beim Heartland Institut kommt man zu dem Schluss, dass der ehemalige US-Präsident Donald Trump der einzige Hoffnungsträger ist, der »die Fäden der Marionetten durchtrennt« habe. Dass Heartland selbst jahrelang von dem Ölkonzern Exxon Mobil oder Milliardären wie den Koch Brothers – einer US-Industriellenfamilie, die ihr Geld mit klimaschädlichen Produkten macht – finanziert wurde, wird verschwiegen. Heartland gibt jährlich fünf bis sechs Millionen US-Dollar für seine Lobbyarbeit aus.[5] So haben sich die Industrielobbyisten in der Coronakrise gewandelt zu Lobbyisten gegen politische Regeln in der Pandemie. Ihr Ziel ist dasselbe geblieben wie im Kampf gegen Tabakverbote oder Klimapolitik: Der Staat soll sich aus der Wirtschaft und dem Leben der Menschen heraushalten. Koste es, was es wolle.

Anmerkungen

1   Stéphane Horel, Lobbytomie. Comment les lobbies empoisonnent nos vies et la démocratie [Wie Lobbys unser Leben und unsere Demokratie vergiften], Paris 2018, S. 62

2   Alice Echtermann, Bill Gates' angebliche »Impfverbrechen« im Faktencheck, 18. Mai 2020, https://correctiv.org/faktencheck/2020/05/18/bill-gates-angebliche-impfverbrechen-im-faktencheck, zuletzt abgerufen am 15.02.2021

3   Programm der Klimakonferenz des Heartland-Institutes in Las Vegas und Paris, April 2021, https://climateconference.heartland.org/, zuletzt abgerufen am 08.12.2020

4   Craig Rucker: Battling Russia and America's Big Green Machine, 10.8.2018, https://www.heartland.org/multimedia/videos/craig-rucker-on-panel-5b-battling-russia-and-americas-big-green-machine, zuletzt abgerufen am 08.12.2020

5   https://correctiv.org/aktuelles/2020/02/04/das-heartland-institute-wie-us-klimaleugner-politik-in-europa -machen/, zuletzt abgerufen am 08.12.2020

Fehlgeleitete Widerstandsromantik

Wie Christen bei Coronaprotesten mitmischen

Von Arnd Henze

Angekündigt wird Christoph Wonneberger wie ein Popstar, bejubelt von den 20 000 beim »Querdenken«-Protest am 7. November 2020 auf dem Leipziger Augustusplatz: »der Friedenspfarrer der Bewegung von 1989!« Dann greift der ehemalige Koordinator der Leipziger Friedensgebete und DDR-Bürgerrechtler nach dem Mikrofon – und verliert schon in den ersten Sätzen den Faden. Umständlich erzählt er von Freunden, die ihn beschworen hätten: »Geh doch ja nicht auf diese Nazidemo!« Auch er selber habe in seinem »Herzen Bedenken, mit wem ich alles zusammen bin«. Aber auch 1989 habe es »keine Zensur« gegeben – »sonst wäre es zu den großen Demonstrationen nicht gekommen.«

Der Pfarrer im Ruhestand hat einen Freund mitgebracht: den schwäbisch-pietistisch geprägten Liedermacher, langjährigen Friedensbewegungs- und Stuttgart21-Aktivisten Thomas Felder. Den habe er vor vielen Jahren bei einer Blockade vor einem Atomwaffenlager kennengelernt. Auch Felder, der von Fans als »schwäbischer Bob Dylan« bezeichnete Mundartsänger, erzählt der Menge in Leipzig, wie ihn alle in seiner Familie gedrängt hätten: »Zu den Nazis gehst du nicht! Aber ich singe für alle Menschen, und einem Nazi ist die Fahne nicht in die Wiege gelegt worden. Man muss mit ihnen reden und sie zur Vernunft bringen.« Im Übrigen gebe es viel wichtigere Themen als das Virus. Deshalb widme er sein Lied über »Mutter Kugel« auch Fridays for Future. Da gibt es laute Buhrufe und Pfiffe aus der Menge. Als Wonneberger wieder übernimmt und hilflos vom Rechtsstaat über »Mehr Demokratie wagen«, Europa, Russland, der Wiedervereinigung von Süd- und Nordkorea bis zur Entmilitarisierung des Leipziger Flughafens mäandert, nimmt ihm der Moderator nach fast 20 quälenden Minuten mitten im Satz das Mikrofon aus der Hand. Das sächsisch-schwäbische Duo verlässt nahezu ohne Beifall die Bühne.

Der wirre, eher Mitleid erregende Auftritt kann nicht darüber hinwegtäuschen, dass Christoph Wonneberger die Schlüsselperson für die kühl kalkulierenden Initiatoren der »Querdenker«-Versammlung am 7. November 2020 in Leipzig war. Denn deren erklärtes Ziel war offensichtlich: mit einer von den Behörden verbotenen Demonstration auf dem Leipziger Ring den Mythos der Friedlichen Revolution zu kapern – im Herbst 1989 hatten dort schließlich Tausende »Wir sind das Volk« skandiert und damit entscheidend zum Ende der DDR beigetragen. Mit dem »Friedenspfarrer von 1989« hatte das krude Bündnis auf dem Augustusplatz seine Ikone und einen prominenten Kronzeugen für den Anspruch, der legitime Erbe dieser Demokratiebewegung zu sein – wie in den Jahren zuvor schon Pegida und die AfD.[1] Dieser Vereinnahmung hatten im Vorfeld der »Querdenken«-Demonstration am 7. November 2020 viele ehemalige Bürgerrechtler aus Leipzig widersprochen.

Wie in einem Brennglas zeigt sich in den Biografien von Christoph Wonneberger und Thomas Felder deshalb, dass sich eine christlich geprägte Anfälligkeit für den fehlenden Mindestabstand zu nach rechts offenen Protestbewegungen nicht nur in konservativ-evangelikalen, sondern auch in manchen linksliberalen kirchlichen Milieus findet.
Da ist zunächst das ganz große Herz für die vermeintlich Ausgegrenzten. So wie Jesus auch mit Zöllnern und Ehebrechern verkehrt hat, gilt in manchen Kreisen jede Abgrenzung gegenüber Vertretern extremer Positionen als Verrat an der universellen Liebe Gottes. In dieser Logik geraten dann evangelische Kirchentage und Katholikentage unter Rechtfertigungsdruck, wenn sie AfD-Politikern keine Bühne bieten wollen – aber auch Referenten, die es ablehnen, im kirchlichen Rahmen mit Wortführern der »Querdenker« wie Bodo Schiffmann oder Michael Ballweg einen »vorurteilsfreien Dialog auf Augenhöhe« zu führen. Im Ideal, grundsätzlich an das Gute im Menschen zu glauben, findet auf diese Weise das rechte Totschlagsnarrativ von der »Cancel Culture« sein Einfallstor in die kirchliche Mitte.

Die zweite Anfälligkeit ergibt sich aus einer gefühligen und inhaltsleeren Protest- und Widerstandsromantik. Hatten soziale Bewegungen des 20. Jahrhunderts oft hart um konkrete politische Forderungen gerungen, reicht heute schon ein diffuses Unbehagen, um die Systemfrage zu stellen. Dass man Gott mehr gehorchen soll als den Menschen, verkommt zur Plattitüde, die begrifflich auch den banalsten Protest als Gottesdienst adelt – das wohlige Gefühl von Märtyrertum und Verfolgung inbegriffen.

Über Jana aus Kassel wurde bundesweit gespottet, als sie sich auf der Bühne mit Sophie Scholl verglich. Dabei hat die religiöse Rechte prominente Widerstandskämpfer gegen den Nationalsozialismus wie Dietrich Bonhoeffer schon lange vor Corona für ihren Kulturkampf gegen die liberale Demokratie vereinnahmt – mit freundlicher Unterstützung liberaler Christen, die Bonhoeffers Texte historisch entkernt und zu zeitlos gültigen Kalenderblattweisheiten trivialisiert haben. Auf den im April 1945 hingerichteten Theologen berufen sich heute radikale Sektierer wie die Christen im Widerstand ebenso wie das sich bildungsbürgerlich gerierende Netzwerk Christen stehen auf.

Ein Beispiel von vielen: In der sächsischen Oberlausitz erschien im November 2020 ein offener Brief an den Rat der EKD und die Deutsche Bischofskonferenz, in dem von »totalitärer Machtausübung des Staates« die Rede ist: »Noch leben wir nicht in einer Zeit, in der ein aufrechter Christ sich für seine Überzeugung dem Schicksal eines Dietrich Bonhoeffer oder eines Kaplan Gerhard Hirschfelder ergeben muss. Aber wissen wir, wohin das noch führt?«

Zu diesem Zeitpunkt war die Intensivstation im Zittauer Klinikum schon am Limit, die Corona-Inzidenzwerte gehörten zu den höchsten in Deutschland. Die Unterzeichner sind angesehene Bürger der Region, von denen einige für ehrenamtliches Engagement in beiden großen Kirchen bekannt sind. Ein Nukleus der Initiative ist das örtliche Kammerorchester Collegium musicum, das zu dieser Jahreszeit in normalen Jahren für das Weihnachtskonzert in der großen Zittauer Johanneskirche proben würde. Die vermeintliche totalitäre Bedrohung konkretisiert sich im Brief allein in der Sorge, die Bischöfe würden auf staatlichen Druck alle Weihnachtsgottesdienste verbieten. Für Verbreitung und Publizität des Briefes sorgte vor allem die sächsische

AfD. Deren kirchenpolitischer Sprecher, Jörg Kühne, nahm den Ball dankbar auf:»Mahnende Stimmen, die sich gegen die Einschränkung von Grundrechten wenden, gelten plötzlich als Rechtsradikale – und dennoch bleiben die Kirchen stumm.«

Das Mobilisierungspotenzial einer solche Stimmungsmache wurde in den Kirchenleitungen im Übrigen sehr ernst genommen. Denn auch wenn es sich nur um eine Minderheit in den Gemeinden handelt: Diese Gruppen suchen gezielt den Konflikt im öffentlichen Raum – ein Terrain, das die Mehrheit nicht nur wegen Corona ängstlich meidet. Schon im Frühjahr 2020, als Präsenzgottesdienste tatsächlich bundesweit verboten waren, verstiegen sich manche Pfarrer und treue Kirchgänger zu der Behauptung, selbst das NS-Regime habe es nicht geschafft, die Bekennende Kirche am Gottesdienst zu hindern. Das Einverständnis der Kirchenleitungen mit den Kontaktbeschränkungen wurde als feige Komplizenschaft denunziert – gern mit einem Bonhoeffer-Zitat als ultimativer Waffe. Besonders beliebt wurde dessen berühmter Satz aus der Denkschrift von 1943, wonach die Dummheit gefährlicher sei als die Boshaftigkeit. Oder das Zitat aus einer Predigt vom 15. Januar 1933, mit dem auch Christen stehen auf ihren risikofreien »Widerstand« heroisch aufladen:»Die Furcht sitzt dem Menschen im Herzen. Sie höhlt ihn innerlich aus, bis er plötzlich widerstandslos und machtlos zusammenbricht.«

Ein zentrales Verbot von Weihnachtsgottesdiensten hätte diesem infamen Narrativ vermutlich großen Zulauf gegeben. Auch deshalb war es ein zwar von manchen kritisiertes, aber im Ergebnis kluges Vorgehen fast aller Kirchenleitungen, diesmal keine Top-down-Entscheidung zu treffen, sondern die Abwägung den örtlichen Gemeinden zu überlassen. Konfrontiert mit der konkreten Verantwortung gab es am Ende nur sehr wenige Präsenzgottesdienste – und diese unter penibler Beachtung aller Hygieneregeln. Das Narrativ von den feigen Kirchenleitungen als willfährigen Erfüllungsgehilfen des »totalitären Staates« lief ins Leere.

Fehlender Mindestabstand, eine diffuse Protestromantik und die Trivialisierung historischer Widerstandserfahrungen fanden allerdings schon vor Corona bis in Teile des linksliberalen christlichen Milieus hinein Resonanz. Das Geschäftsmodell der Coronakundgebungen setzte deshalb geschickt darauf, mit dem Begriff des »Querdenkens« die Illusion maximaler Offenheit und Teilhabe zu wecken: die Inszenierung der Proteste als eine Art Kirchentag – nur eben in alle (und damit auch ganz rechte) Richtungen offen.

So war es den Initiatoren ein Leichtes, eine von der Auflösung bedrohte Kundgebung Anfang November 2020 auf der Münchener Theresienwiese kurzerhand in einen Gottesdienst umzubenennen. Schon Wochen vorher hatte der frühere rheinische Pfarrer Jürgen Fliege bei einem »Querdenker«-Protest eine »Predigt« gehalten, die auf YouTube inzwischen fast 200 000 Mal aufgerufen wurde. Demonstrativ und in bewusster Analogie zu historischen Bildern hängte sich der offensichtlich immer noch populäre frühere Fernsehmoderator ein Schild mit der Aufschrift »Ich bin ein Irrer« um den Hals: So werde man in Deutschland als »Querdenker« verunglimpft, klagte Fliege. Doch man habe nicht nur die Bergpredigt auf seiner Seite, sondern sei mit allen Heiligen und Märtyrern im Herzen verbunden – von Mahatma Gandhi über Nelson Mandela und Martin Luther King bis Rosa Luxemburg.

Diese die Opferrolle religiös veredelnde Rhetorik umschmeichelt eine Klientel, die die Öffnung gegenüber Verschwörungsmythen als Überwindung eigener und institutioneller Begrenztheiten erleben soll – als bruchlosen nächsten Schritt einer selbstbewussten christlichen »Querdenker«-Biografie. So wie Christoph Wonneberger immer wieder stolz daran erinnert, dass er bei der Stasi unter dem Decknamen »Provokateur« geführt wurde, ermutigt Jürgen Fliege Christinnen und Christen dazu, sich gegenüber ihren Kirchenleitungen selbstbewusst als »Häretiker« zu fühlen.

Die in einem Jargon pseudomitfühlender Feindesliebe verpackte Legitimierung demokratiefeindlicher Ressentiments drückt dabei Überlegenheit aus und dürfte deshalb im bildungsbürgerlichen Milieu ungleich anschlussfähiger sein, als die aggressive Apokalyptik an den extremen kirchlichen Rändern.

Gegenüber diesem verführerischen Werben wirkte der Protest der großen Kirchen gegen den »Missbrauch der Religionsfreiheit« bei der Münchener Kundgebung eher hilflos. Denn das Grundgesetz schützt eben nicht nur den Gottes-, sondern auch den Götzendienst. Noch

Fehlgeleitete Widerstandsromantik

weniger reicht der formale Hinweis, Jürgen Fliege sei ja nicht mehr ordentlicher Pfarrer einer Landeskirche, aus. Auf YouTube spielen solche Formalien keine Rolle.

Wollen die Kirchen ihre Immunkräfte gegen verschwörungsideologische und demokratiefeindliche Anfälligkeiten stärken, werden sie der inhaltlichen Auseinandersetzung nicht ausweichen können. Sonst überlassen sie die Deutungshoheit über die religiöse Begründung von Protest und Widerstand den Verächtern der liberalen Demokratie. Denn die Vereinnahmung und Überhöhung historischer Vorbilder des Widerstands ist ein strategisches Kalkül der extremen Rechten.

Schon im Juni 2019 behauptete der AfD-»Flügel« in seiner Broschüre »Unheilige Allianzen« eine doppelte historische Kontinuität. Die eine Linie beschreibe den Pakt der Kirchen mit den Mächtigen und dem Zeitgeist: von den Deutschen Christen in der NS-Zeit über den DDR-Kirchenbund im SED-Regime bis zur heutigen EKD und ihrer Komplizenschaft mit der »Merkel-Diktatur«. Entsprechend gebe es eine zweite Linie von der Bekennenden Kirche und dem weltlichen Widerstand gegen Hitler über mutige Einzelne wie Pfarrer Oskar Brüsewitz, der sich 1976 in einer Protestaktion gegen das DDR-Regime selbst verbrannte, bis zu allen, die heute der »Merkel-Diktatur« widerstehen. Als die Broschüre erschien, wurde sie in kirchlichen Kreisen kaum beachtet. Ein Fehler: Denn sie beschreibt einen zentralen Aspekt der von Björn Höcke propagierten »180-Grad-Wende in der Erinnerungspolitik«.

Was fehlt, ist eine gelebte und streitbare Erinnerungskultur, die sich nicht nur der zynischen Vereinnahmung von rechts, sondern auch der gefühligen Trivialisierung und Nivellierung historischer Widerstandserfahrungen entgegenstellt. Hier ist die evangelische Kirche besonders gefordert. Denn sie trägt zum einen das sperrige Erbe des Kirchenkampfes in der NS-Zeit, zum anderen war sie einer der wesentlichen Akteure der Friedlichen Revolution in der DDR. Was diese Erfahrungen für die Rolle von Christinnen und Christen in einem demokratischen Rechtsstaat bedeuten, muss nicht nur an Gedenktagen salbungsvoll beschworen, sondern im gesellschaftlichen Alltag immer wieder neu diskursiv erstritten werden.

Sonst verkommt ein Dietrich Bonhoeffer zur frei verfügbaren Popikone, und Kerzendemos auf dem Leipziger Ring werden zur inhaltsleeren Selbstheroisierung austauschbarer Protestziele. Die religiöse Rechte und ihre politischen Drahtzieher profitieren schon jetzt davon.

Anmerkung

1 Archiv Bürgerbewegung Leipzig, Mythos Montagsdemonstrationen, http://www.mythos-montagsdemonstrationen.de, zuletzt abgerufen am 04.01.2021

Friedliche Revolution 2.0?

Mit DDR-Vergleichen wird Stimmung gegen die Pandemiepolitik gemacht

Von Katharina Warda

»Geschichte gemeinsam wiederholen« – unter diesem Motto sollte am 9. November 2020 in Braunschweig eine Demonstration gegen die Maßnahmen zur Eindämmung des Coronavirus stattfinden. Organisiert wurde der Protest von »Querdenken-53«, einem Ableger der Stuttgarter Initiative, die seit Dezember 2020 vom baden-württembergischen Verfassungsschutz beobachtet wird. Die Veranstalter kommunizierten 18.18 Uhr als offiziellen Beginn des Demonstrationszugs und bedienten sich damit bewusst einer neonazistischen Zahlenchiffre – »18« wird dort als Synonym für die Buchstaben A und H im Alphabet und damit als straffreie Huldigung für Adolf Hitler verwendet. Mit der Uhrzeit, dem Jahrestag der Pogromnacht in Verbindung mit dem Motto stellte sich die »Querdenken«-Demonstration unverhüllt in eine rechtsextreme Traditionslinie. Nach der öffentlichen Empörung, die daraufhin folgte, wurde die Demonstration von den Veranstaltern und Veranstalterinnen mit dem Verweis abgesagt, man habe lediglich das Jubiläum des Mauerfalls gewählt.

Eine Bezugnahme, die bei den sogenannten Coronademos 2020 immer häufiger auftritt. Zwei Tage zuvor, am 7. November 2020 fand in Leipzig eine von »Querdenken« organisierte Großdemonstration statt. Die Teilnehmenden, zu denen neben einem bürgerlich auftretenden Publikum auch Neonazis und rechtsextreme Hooligans zählten, fanden an diesem Tag unter dem Motto »Geschichte gemeinsam wiederholen – Friedliche (R)evolution« zusammen.

Der Protest wurde zuvor auf Flyern als »Freiheit durch Einheit. Die zweite friedliche Revolution« beworben. »Querdenken« warb im Vorfeld unter anderem mit einem eigens produzierten YouTube-Video für die Veranstaltung. Darin werden ikonisch aufgeladene Bilder der

Montagsdemonstrationen aus dem Jahr 1989 mit eigenen Slogans und Bildern der Coronaproteste gemischt. Zu sehen sind glückselig demonstrierende Menschen verschiedenen Alters, weiße Familien und Gruppen, teils in Zeitlupe und mit dramatischer Musik unterlegt. Das Video beginnt mit der Aufforderung: »Steht auf. Habt Rückgrat. Erinnert euch bitte an 1989. Das ging ganz klein los. Als wir gedacht haben, was machen die montags da auf der Straße? Jetzt geht diese Bewegung hier wirklich weiter.« Die Stimme mit einem unverkennbaren sächsischen Dialekt kommt zunächst aus dem Off, später zeigt sich die Sprecherin auf einer Coronademonstration. Im Verlauf des Videos werden bildlich immer wieder historisch aufgeladene Szenen von 1989 mit Demonstrationsbildern 2020 gleichgesetzt. Dazwischen tauchen Schriftzüge auf wie »Angela, dein 1989 ist nah«, aber auch Peace- und Deutschlandfahnen. Zu sehen sind Lichterzüge – mit Kerzen (1989) und mit Handy-Lichtermeer (2020). Der Clip kulminiert mit dem Plakatschriftzug eines Demonstrierenden: »Niemand hat die Absicht, eine Impfpflicht einzuführen. 1961 – 2020?« Dazu gibt es historische Aufnahmen des ehemaligen DDR-Staats- und Parteichefs Walter Ulbricht – eine Anspielung auf dessen gebrochenes Versprechen vom 15. Juni 1961: »Niemand hat die Absicht, eine Mauer zu errichten.« Der »Querdenken«-Clip endet mit den verhallenden Worten Ulbrichts und dem Aufruf der Veranstalter, Kerzen mitzubringen, einem Herz aus verschiedenen Nationalfahnen und den Kontaktdaten von »Querdenken« Stuttgart. Das Video wurde auf dem YouTube-Kanal *Neue Medien TV* veröffentlicht. Unter dem Eintrag posten die Kanalbetreiber ihr Netzwerk, zu dem extrem rechte Portale wie *Compact TV* gehören.

Die Absicht, die Wende-Geschichte mit den von »Querdenken« veranstalteten Demonstrationen gleichzusetzen, ist offenkundig. Werbematerialien wie das beschriebene YouTube-Video reinszenieren die im kulturellen Gedächtnis bereits ikonisch aufgeladenen Bilder der Friedlichen Revolution. Über mediale Schnitte und emotionalisierende Musik soll vermittelt werden, es handele sich wieder um eine Bevölkerungsmehrheit, die sich heroisch im zivilen Ungehorsam übt, indem sie sich einig, friedlich und entschlossen einer repressiven Obrigkeit entgegensetzt. Damals und heute verschwimmen zu einer scheinbar kontinuierlichen Erzählung, die staatliche Pandemiepolitik, die demokratisch gewählte Bundesregierung und die DDR-Diktatur werden gleichgesetzt. Und die Demonstrierenden von heute werden zu historischen Revolutionären stilisiert. Die eigentliche Programmatik der Montagsproteste, die Vielfalt an Personen und die Gefahren, denen sich die Demonstrierenden 1989 tatsächlich aussetzten, verschwinden in dieser Gleichung. Vielmehr soll der Eindruck erzeugt werden, in direkter Tradition der DDR-Oppositionsbewegung zu stehen und – moralisch überlegen – Teil von etwas Größerem zu sein. Das Video nimmt damit schon die Erzählung vorweg, die auf dem Protestzug ins Bild gesetzt werden soll.

Auf der Leipziger Demonstration vom 7. November 2020 wurden das Narrativ und das damit einhergehende »Wir«-Gefühl weiter forciert. So gab es beispielsweise seitens der Veranstalter immer wieder den Appell an die Teilnehmenden, sie seien Erben der Friedlichen Revolution. Ein Konzept, das offenbar bei einigen Berichterstatterinnen und Journalisten ankam: So berichtete etwa eine Radioreporterin des MDR sehr emotionalisiert, dass sie sich bei ihrer Teilnahme am (verbotenen) Coronaprotest auf dem Ring in Leipzig wie bei den Montagsdemonstrationen 1989 gefühlt habe: »Tausende Leute, die Kerzen dabei hatten und die dort hingegangen sind um den Ring. Und ich muss sagen, das war ein Gefühl wie 1989. [...] Und es ist möglich, dass die Polizei später versucht hat, das dann mit Absperrungen aufzuhalten. Aber bei dieser riesigen Menge finde ich es dann irgendwo auch vertretbar, wenn die Polizei abwägt. Denn sie ist ja auch dazu da, wie der Polizeipräsident vorher gesagt hat, der Meinungsfreiheit zum Recht zu verhelfen.« Die Gewaltausbrüche rechtsextremer Hooligans, die zur Öffnung des Rings führten, erwähnte die Journalistin nicht.

So haltlos die Bezugnahme auf die Friedliche Revolution im November 2020 in Leipzig auch war, die Vereinnahmung der historischen Ereignisse war zu diesem Zeitpunkt keinesfalls neu. Auch bei vorherigen Coronaprotesten wurden solche Analogien gesucht. Als Parolen wurden sowohl »Wir sind das Volk« als auch das spätere, völkische Pendant »Wir sind ein Volk« skandiert. Auf Transparenten fanden sich Slogans wie »DDR 2.0« und »Friedliche Revolution 2.0«. Kurz vor der Demonstration am 7. November 2020 in Leipzig nahm das

Oberverwaltungsgericht Bautzen diesen Aspekt sogar in seine Entscheidung gegen eine Verlegung der Kundgebung auf das Messegelände am Leipziger Stadtrand auf. In der Begründung der OVG-Entscheidung heißt es:»In Anbetracht der von Art. 8 Abs. I GG geschützten Prioritätensetzung des Antragstellers, nach der die Wahl des Versammlungsorts wegen der Erinnerung an das abgesagte Lichterfest und die friedliche Revolution für ihn entscheidend sei, belastet die tenorierte Beschränkung der Teilnehmerzahl den Antragsteller zudem weniger als die von ihm abgelehnte Verlegung.«

Auch einzelne ehemalige DDR-Bürgerrechtler und -Bürgerrechtlerinnen spielen bei der Vereinnahmung der Friedlichen Revolution für die Coronaproteste mit. So erinnerte Bürgerrechtler und Mitorganisator der Leipziger Coronademo Christoph Wonneberger Mitte Oktober 2020, wenige Wochen vor der Großdemonstration, daran, dass die Stasi eine Akte»Provokateur« über ihn angelegt habe. Heute sehe er viele Provokateure, anders als damals sei der Provokateur nicht vorne dran, sondern mittendrin.[1] Wonneberger organisierte als Pastor der Nikolaikirche Ende der 1980er Jahre Friedensgebete und ist eine Schlüsselfigur der Leipziger Oppositionsszene von 1989. Seine Ansprache baute eine rhetorische Brücke zwischen den Protesten 1989 und der»Querdenken«-Demonstration 31 Jahre später. Sein Status als DDR-Bürgerrechtler, dem der Mythos anhaftet, erfolgreich eine Diktatur gestürzt zu haben, verleiht dem gesamten Coronaprotest am 7. November Nachdruck: Durch Wonneberger wirkt die Analogie weniger an den Haaren herbeigezogen, sondern beinahe schon wie ein Fakt, den Wonneberger durch seine Rolle als Zeitzeuge und Jemand-der-es-wissen-muss verifiziert. Zudem hebt er das Publikum auf eine vermeintlich gleiche Stufe mit der DDR-Opposition, macht sie zu Revolutionären von heute.

Der Pfarrer im Ruhestand Wonneberger hat zwar eine exponierte Rolle bei»Querdenken«, er steht aber nicht völlig allein unter den ehemaligen Bürgerrechtlern: So verteidigte etwa im August 2020 der stellvertretende CDU/CSU-Fraktionschef Arnold Vaatz, der über das Neue Forum zur CDU kam, im rechtspopulistischen Blog *Tichys Einblick* die Coronaproteste. Zwar hält Vaatz die staatlichen Maßnahmen zur Eindämmung der Pandemie für richtig. Zur»Kernfrage« und zum vermeintlichen Widerspruch aber erklärt er, warum die Black-Lives-Matter-Proteste im Sommer »allgemein gelobt« worden seien, eine Großdemonstration von Gegnern der Maßnahmen zur Eindämmung der Pandemie am 1. August 2020 mit mehreren zehntausend Menschen – darunter Coronaleugner, Verschwörungsideologen, rechte Esoterikerinnen und Rechtsextremisten aus dem ganzen Bundesgebiet – »allgemein verflucht« worden sei. Weiter schrieb Vaatz: »Von Monat zu Monat lernt man mehr von der DDR. Die dreiste Kleinrechnung der Teilnehmerzahlen der Demo vom 1. August durch die Berliner Polizei entspricht in etwa dem Geschwätz von der ›Zusammenrottung einiger weniger Rowdys‹, mit dem die DDR-Medien anfangs die Demonstrationen im Herbst 1989 kleinrechneten.«

Angelika Barbe hingegen, Gründungsmitglied der SPD in der DDR und inzwischen im Kuratorium der AfD-nahen Desiderius-Erasmus-Stiftung, spricht sich heute offen gegen die staatliche Coronapolitik aus, die Novelle des Infektionsschutzgesetzes bezeichnet sie als »Ermächtigungsgesetz«. Vor der Verabschiedung des Gesetzes im November 2020 schrieb die heutige Pegida-Anhängerin in einem offenen Brief an alle Bundestagsabgeordneten: »Zu vieles erinnert mich schon wieder an die DDR. Es ähneln sich die Methoden der Machtsicherung heute wie gestern.« Und weiter: »Der Judenstern wurde in der nationalsozialistischen Diktatur verordnet. [...] In diese Kategorie gehört die Maskenpflicht. Maskenzwang ist vorsätzliche Körperverletzung.« Gleichzeitig attestiert sie allen Ostdeutschen und damit auch sich selbst ein besonderes Gespür, eine Expertise im Aufdecken vermeintlicher Lügen, indem sie schreibt: »Wir Ostdeutsche reagieren allergisch auf Sprachlügen wie den ›Antifaschistischen Schutzwall‹ in der DDR.« Heute würden mit einem »antiviralen Schutzwall« Reisen verhindert, behauptet sie.

Auch Vera Lengsfeld, ehemals für Bündnis 90/Die Grünen und die CDU Mitglied des Bundestags, sucht in der Coronakrise die Nähe zu national-konservativen und rechten Kreisen. Im Sommer 2020 wird sie auf dem – vom ultrakonservativen Ökonomen Max Otte organisierten – »Neuen Hambacher Fest« als »Coronaleugnerin« vorgestellt und mit einem Preis für Zivilcourage ausgezeichnet. In ihrer Dankesrede sagt sie: »Die heutigen Politiker sind nicht einen Deut besser als die Machthaber der DDR.«

Lengsfeld, Barbe, Vaatz und Wonneberger sprechen keineswegs für alle DDR-Bürgerrechtler. Der frühere DDR-Bürgerrechtler und ehemalige Grünen-Politiker Werner Schulz etwa verurteilt derartige DDR-Vergleiche sehr deutlich. Über ehemalige Bürgerrechtlerinnen wie Lengsfeld stellt Werner Schulz fest: »Sie haben nirgendwo eine politische Heimat bis heute gefunden und gleiten ab ins Extreme.«[2] Ebenso klar grenzt sich der ehemalige DDR-Bürgerrechtler Uwe Schwabe ab, der sich im November 2020 im MDR gegen Parolen von einer angeblich notwendigen »Revolution 2.0« verwahrte: »Die DDR war eine kommunistische Diktatur, und die Bundesrepublik ist eine freiheitliche Demokratie, und wer diesen Unterschied nicht erkennt, verharmlost die SED-Diktatur und deren unzählige Opfer, die auch für unsere Freiheit in Haft saßen oder ihr Leben verloren haben.«

Die Vereinnahmung der Wendenarrative durch rechte, aber auch andere politische Akteure gibt es seit 1989. Auch Uneinigkeiten unter den DDR-Bürgerrechtlern und -rechtlerinnen über Deutungshoheiten gibt es schon seit mehr als drei Jahrzehnten. Mit Pegida und der AfD gelang es der extremen Rechten aber erstmals, Narrative um die »Friedliche Revolution 2.0« im öffentlichen Diskurs für sich zu beanspruchen. Die rassistische Pegida-Bewegung organisierte ihre »Spaziergänge« montags, so wie 1989 die Montagsdemonstrationen, immer wieder wurde dort auch »Wir sind das Volk« skandiert. Und bei den Landtagswahlen 2019 in Sachsen, Brandenburg und Thüringen warb die AfD mit Slogans »DDR 2.0«, »Damals wie heute – Wir sind das Volk« oder »Hol dir dein Land zurück – vollende die Wende«.

Solche Reaktualisierungsversuche beziehen sich kaum auf die historische Realität von 1989. Vielmehr arbeiten sie mit dem Mythos Friedliche Revolution – dem von einer revolutionären Menge, die friedlich und gemeinschaftlich eine Diktatur gestürzt habe. Unter den Teppich gekehrt wird darin unter anderem, dass die Proteste 1989 zu Beginn von offenen Systemoppositionellen getragen wurden: Punks, Hippies, Lebenskünstlern, Menschenrechtlerinnen, Rockern, Langhaarigen, Aussteigerinnen, darunter auch Schwarze Deutsche und andere People of Colour. Ausgelassen werden in diesem Geschichtsbild auch der heftige Nationalismus, die Anrufung eines Großdeutschlands und das

Gefühl des Wir-sind-wieder-wer, Rassismus und Rechtsextremismus, die untrennbar mit den späteren Massenprotesten der Wendezeit und den »Baseballschlägerjahren« verbunden sind. Auch Abwertungserfahrungen vieler ehemaliger DDR-Bürgerinnen und -Bürger und die Enttäuschungen einiger über mangelnde Mitgestaltungsmöglichkeiten in der wiedervereinigten Bundesrepublik werden kaum thematisiert. Das schlägt sich auch in der Erinnerungskultur nieder. Anstelle einer Aufarbeitung und Dokumentation wird in den Jubiläumsfeiern mehr Mythos als Geschichte zelebriert. Andreas Raabe, Chefredakteur des Leipziger Stadtmagazins *Kreuzer*, beschreibt dies für Leipzig wie folgt:»Jahrelang wusste man gar nicht so recht, was man machen sollte, dann opferte man die Erinnerung dem Stadtmarketing und veranstaltete ab 2009 mit dem Lichterfest ein kitschiges Wendewonderland, mit dem man auf der ganzen Welt für Leipzig, die Heldenstadt werben wollte.«

In den Coronademonstrationen wird dieser Mythos erneut vereinnahmt und instrumentalisiert: In den Erzählungen um eine »Friedliche Revolution 2.0« vermischt er sich mit dem emotionalisierten Nationalismus der Wendejahre, der Euphorie über den Systemsturz, einem erlernten und in Familien und sozialen Bezügen weitergegebenen Misstrauen gegen »die Regierenden«, der Rolle der Ostdeutschen als – oft vermeintliche – Widerständlerinnen und einem erstarkenden ostdeutschen Selbstbewusstsein. Das pauschalisierende Fremdbild von »dem Osten« mit all seinen – zumeist negativen – Zuschreibungen wird selbstbewusst in ein Einheitsgefühl gewendet. So können die Abwertungserfahrungen der Wendejahre nun mit Größenwahn kompensiert werden. Dabei werden die Coronaproteste künstlich überhöht zu Protesten für die »Freiheitsrechte« und gegen alle staatlichen Maßnahmen zur Bekämpfung der Pandemie. Die vergangenen drei Jahrzehnte erscheinen auf den Coronademonstrationen wie weggewischt. Die »Revolution« 1989 ist hier in der DDR steckengeblieben und kann nun einfach weitergehen.

Der dünne Inhalt des Narrativs »Friedliche Revolution« lässt zudem zu, dass sich damit auch bei den Coronaprotesten unterschiedliche politische Milieus angesprochen fühlen und sich darunter vereinen lassen. Der Sozialwissenschaftler Alexander Leistner forscht an der Universität Leipzig zur politischen Aneignung vom Herbst 1989 und bezeichnet Narrative wie »Friedliche Revolution 2.0« als »Nadelöhrbegriffe«. Darin können verschiedene Gruppen ihren ideologischen Strang nach Belieben einfädeln. Rechtsextreme verwenden diese Begriffe genauso wie Verschwörungs- und Esoterikgläubige – ohne in großen ideologischen Streit zu verfallen. Die »Querdenker« kämpfen durch Vergleiche zu DDR und Wende um eine enorme Aufwertung. Die Demonstrierenden sollen als weitsichtige Revolutionäre erscheinen, die sich mutig einer »Gesundheitsdiktatur«, also einem homogenen Machtblock, entgegenstellen.[3]

Genau das macht Narrative wie »Friedliche Revolution 2.0« so gefährlich. Auf der einen Seite knüpfen sie an unaufgearbeitete Erinnerung an und stellen ihr selbsterhöhende Mythen zur Seite. Aus einfachen Maskenverweigerern werden selbsternannte Revolutionäre und Revolutionärinnen. Auf der anderen Seite können sie den Coronaprotesten einen enormen Bedeutungszuwachs bescheren, eine historische Größe, die sich auch juristisch fruchtbar machen lässt – wie es der Beschluss des OVG Bautzen vom 7. November 2020 gegen die Verlegung der Coronademonstration zeigte. Diese Mischung hat offenbar ausreichend Anziehungskraft, um Menschen aus unterschiedlichsten Bevölkerungsschichten und den verschiedensten politischen und ideologischen Milieus zu vereinen und in einer demokratiefeindlichen, rechten Bewegung zu radikalisieren.

Anmerkungen

1 Anne Sailer, Wie die Friedliche Revolution von Querdenken vereinnahmt wird, MDR Kultur, 06.11.2020, https://www.mdr.de/kultur/wie-die-friedliche-revolution-von-querdenken-vereinnahmt-wird-100.html, zuletzt abgerufen am 11.01.2021

2 Gabor Halasz, DDR-Bürgerrechtler: Vom SED-Gegner zum Corona-Leugner, ARD-Panorama, 26.11.2020, https://daserste.ndr.de/panorama/archiv/2020/DDR-Buergerrechtler-Vom-SED-Gegner-zum-Corona-Leugner,buergerrechtler102.html, zuletzt abgerufen am 04.01.2021

3 Fabian Hillebrand, Jenseits vom Jammerossi. Warum *Querdenken* das Erbe von 1989 für sich in Beschlag nehmen will, Neues Deutschland, 09.11.2020, https://www.neues-deutschland.de/artikel/1144158.querdenken-jenseits-vom-jammerossi.html, zuletzt abgerufen am 03.01.2021; Radio Corax: #le0711 – In der Tradition von 1989 und von Neonazis sich die Straße freikämpfen lassen, Interview mit Alexander Leistner, https://radiocorax.de/le0711-in-der-tradition-von-1989-und-von-neonazis-sich-die-strasse-frei-kaempfen-lassen/, zuletzt abgerufen am 04.01.2021

III. NETZWERKE: AKTEURINNEN UND AKTEURE DER NEUEN ALLIANZ

Vom elitären Zirkel zur Massenbewegung?

Die Neue Rechte in Pandemiezeiten

Von Volker Weiß

In Wien protestierten am 16. Januar 2021 mehrere tausend Menschen gegen die Maßnahmen zur Bekämpfung der Coronapandemie.[1] Die neurechte Zeitschrift *Sezession* feierte diese Zusammenkunft umgehend als »Wiener Widerstand«, als »Ausgangspunkt« für weitere Politisierung, die Menschen »in Bereiche führt, die den Hygienewächtern nicht ohne weiteres zugänglich sind«. Der Autor Till-Lucas Wessels, ein Aktivist der Identitären, hofft, dass die Coronaproteste als Türöffner in das Milieu der politischen Rechten dienen werden. Mit ihnen könnten bisher unbedarfte Zeitgenossen, die ihr Unbehagen gegen die Pandemiepolitik zum Ausdruck brächten, als neue Anhänger für die äußerste Rechte gewonnen werden. Tatsächlich war der rechte Rand Österreichs auf der Demonstration gut vertreten. Mit der bislang eher virtuell existenten Gruppe DO5 präsentierte sich etwa die Nachfolgeorganisation der österreichischen Identitären mit einem eigenen Transparent und Werbematerial. Deren Gründer, der Identitären-Chef Martin Sellner, hatte zuvor in der *Sezession* ebenfalls verkündet, auf »Proxy-Themen« wie Corona zu setzen, um die neurechte Weltanschauung größeren Bewegungen nahezubringen. Auf der Demonstration gesichtet wurden auch der ehemalige FPÖ-Chef Heinz-Christian Strache und Gottfried Küssel, vorbestrafter Holocaustleugner und langjährige Führungsfigur der österreichischen Neonazis.[2]

Ein ähnliches Szenario war 2020 bereits in Deutschland zu beobachten, wo sich auf verschiedenen Demonstrationen in Berlin und Leipzig bekannte Protagonisten der äußersten Rechten ein Stelldichein gaben. Auf verschiedenen Demonstrationszügen waren neben zahlreichen AfD-Politikerinnen und -Politikern auch der langjährige NPD-Europaabgeordnete Udo Voigt ebenso anwesend wie die Verleger Götz

Kubitschek und Jürgen Elsässer, Aktivisten der Identitären, Verschwörungsgläubige wie Attila Hildmann, der sich mit antisemitischen Videos als »Volkslehrer« inszenierende Nikolai Nerling oder auch der identitäre Deutschrapper Christoph Zloch alias »Chris Ares«. Sie alle hatten sich unter Tausende Demonstrantinnen und Demonstranten und zahlreiche schwarz-weiß-rote »Reichsflaggen« gemischt, um das Spektrum ihrer Gesinnungsgenossen – und der Kunden ihrer kommerziellen Produkte – zu erweitern. Ein anderes Beispiel für die Verbindung zwischen extremer Rechter und dem Milieu der Coronaproteste gibt die begeisterte Begleitung der Proteste durch das Magazin *Compact* und das zugehörige *Compact TV*.[3] Mit Anselm Lenz war eine Führungsfigur der Coronaproteste und zugleich einer der Herausgeber der Protestzeitschrift *Demokratischer Widerstand* bei *Compact TV* zu Gast. Umgekehrt öffnete sich der *Demokratische Widerstand* für entsprechende Autorinnen und Autoren und druckte Beiträge von Benedikt Kaiser, Ellen Kositza und Jürgen Elsässer.

Offensichtlich misst man in der extremen Rechten den Protesten gegen die coronabedingten Einschränkungen ein ähnliches Mobilisierungspotenzial zu wie jenen gegen Migration und Flüchtlinge. Manche Beobachterinnen sprechen angesichts dieser Milieuvermischungen bereits von einer »Querfront« von Rechten und »Coronaskeptikern«, einem Bündnis eigentlich divergierender Lager gegen einen gemeinsamen Feind. Der Begriff ist unpräzise, denn historisch bezeichnete »Querfront« die Versuche der Reichswehrführung gegen Ende der Weimarer Republik eine Militärdiktatur zu installieren, die sich auf den nichtsozialistischen Teil der Gewerkschaftsbewegung als Massenbasis stützen sollte. Doch mittlerweile wird »Querfront« allgemein als Bezeichnung für »nationale« Bündnisse rechter und linker Akteure verwendet. Extrem rechte Autoren wie Benedikt Kaiser verwenden den Begriff offensiv im Rahmen ihrer Überlegung, »die Reste des linken antiimperialistischen Lagers anzuziehen oder aber überflüssig zu machen«. Denn tatsächlich geht es dabei um die Ausschaltung des Gegners durch Übernahme seiner Basis und keineswegs um eine inhaltliche Annäherung. Ein weiteres »Querfront«-Phänomen ist die politische Konversion. Am Beispiel des Ex-Leninisten und heutigen *Compact*-Chefs Jürgen Elsässer ließ sich über mehrere Jahre beobachten, wie mit der Hinwendung zur Nation emanzipatorische Positionen aufgegeben wurden, bis er selbst Teil der extremen Rechten wurde.

Die Entwicklungen der letzten Jahre vom Aufstieg der AfD bis hin zu den Bündnissen bei den Coronaprotesten zeigen jedoch auch, dass im allgemeinen Aufstieg nationalistischer und rechtspopulistischer Bewegungen das gesamte rechte politische Feld in Bewegung geraten ist. Es hat sich im Zuge seines Erfolges verändert, sucht nach neuen Verbündeten und Aktionsformen. Bisher relativ isoliert wirkende Kreise haben die Aufmerksamkeit der Öffentlichkeit gewonnen und wirken in wachsende Echoräume hinein. Dabei verschwimmen Konturen, und Abgrenzungen zwischen den Lagern werden diffus. Im rechten Binnendiskurs wird dieser integrative Ansatz mitunter mit dem von links entlehnten Begriff einer »Mosaik-Rechten« gefasst, um der neuen Vielschichtigkeit im erweiterten Wirkungskreis gerecht zu werden: »Es gilt, eine Rechte zu schaffen, in der viele Rechte Platz haben«, argumentiert beispielsweise Benedikt Kaiser in der neurechten Zeitschrift *Sezession*. Längst soll der »Kulturkampf von rechts« durch ein flexibles Netzwerk und weniger als feste Organisation konzertiert werden.[4] Dies ermöglicht die Bündnisse und Kooperationen zwischen verschiedenen Milieus, wie sich jetzt bei den Coronaprotesten zeigte.

Angesichts dieser Dynamik ist es an der Zeit, etablierte Kriterien zu überprüfen, mit denen das rechte Feld bislang analytisch erfasst und beschrieben wurde. Diese Veränderungen betreffen besonders den Charakter der sogenannten Neuen Rechten. Unter diesem Begriff werden seit einigen Jahren vor allem in den Medien neu erscheinende Formen innerhalb der Rechten subsummiert. Dergestalt erweitert umfasst er das ganze Spektrum von vornehmlich im digitalen Raum präsenten rechten Akteuren bis hin zum europäischen Rechtspopulismus, was unweigerlich zu Unschärfen führt. Die AfD etwa ist angesichts ihrer Gründungsgeschichte als rechtspopulistische Sammlung mit starken nationalliberalen Einflüssen streng genommen nicht als Teil der »Neuen Rechten« zu sehen, auch wenn neurechte Kreise mittlerweile einen beträchtlichen Einfluss auf sie ausüben.

Ursprünglich war Neue Rechte hingegen ein Arbeitsbegriff, der eine bestimmte Reorganisationsphase innerhalb der äußersten Rechten vor allem Deutschlands fassen soll. In den 1970er Jahren traten ihre Vertreter erstmals selbstbewusst unter dem Namen »Junge« oder »Neue Rechte« auf. In den eigenen Reihen war jedoch diese Bezeichnung nie unumstritten, heute zeigt sich wieder, wie fließend die Übergänge zwischen »alter« und »Neuer Rechter« waren und sind.

Trotz dieser Einschränkungen bleibt die in der Forschung seit einigen Jahrzehnten etablierte Engführung des Begriffs Neue Rechte sinnvoll, um eine Entwicklung innerhalb der bundesrepublikanischen äußersten Rechten zu benennen. Demnach unterscheidet sich die Neue Rechte von der »alten« vor allem in ihrer Organisationsgeschichte, ihren geistigen Traditionen, dem Sozialprofil und der politischen Praxis. Historisch war die Formierung der »Neuen Rechten« in der Bundesrepublik Ausdruck eines gesamtgesellschaftlichen Generationenkonflikts, der auch die extreme Rechte nicht verschonte. Spätestens mit dem Scheitern der NPD bei den Bundestagswahlen 1969 wurden kritische Stimmen einer jüngeren Generation lauter. In den 1970er Jahren entstanden verschiedene Splittergruppen mit nationalrevolutionärer und »konservativ-revolutionärer« (und später auch rechtslibertärer) Ausrichtung. Diese orientierten sich weniger am antisowjetischen Paradigma des Ost-West-Konflikts, sondern prangerten die »Dekadenz« des »westlichen Liberalismus« selbst an, der die »Völker« von ihren »Identitäten« entfremde. Systematisch versuchten sie, im Zeitgeist als »links« verortete Themen wie Konsumkritik, Antiimperialismus und Ökologie für die Rechte nutzbar zu machen. Diese Vorgeschichte vereinfacht ihr heute die Annäherung an esoterische, anthroposophische oder anderweitig »alternative« Milieus, die auch in den Coronaprotesten präsent sind.

Formal war diese Neue Rechte weniger aktivistisch und parteipolitisch gebunden, sondern strukturierte sich vor allem über publizistische und persönliche Netzwerke. Ihr Ort waren Zeitschriften, Verlage und Lesezirkel. Diese Ausrichtung auf Metapolitik brachte zudem ein spezifisches Sozialprofil mit sich. Ziel der Arbeit war weniger die Mobilisierung breiter »Volksmassen« als die Beeinflussung der zukünftigen Entscheidungsträger. Ihre Akteure waren meist Akademiker mit elitärem Selbstverständnis, das daraus erwachsene Milieu wurde aufgrund seines distinguierten Habitus in der Forschung meist unscharf als »Brückenspektrum« zwischen Konservatismus und Rechtsextremismus gedeutet.[5] Diese Kreise suchten keinen kurzfristigen Aktionismus, sondern strebten strategisch einen tiefgreifenden Umbau der Gesellschaft an. Orientierung gab zudem eine bereits bestehende »Nouvelle Droite« um die französische Gruppe GRECE (»Groupement de Recherche et des Etudes pour la Civilisation Européenne«). Von deren Gründer und Strategen Alain de Benoist kam der Impuls für eine »Kulturrevolution von rechts«. Dieses unter Anleihen bei dem italienischen Marxisten Antonio Gramsci entwickelte Konzept sollte sich umfassend auswirken, denn die metapolitische Orientierung bedeutete nie den Verzicht auf realen Einfluss, sondern propagierte das Stufenmodell, erst »den Geist, dann die Macht« zu erobern.[6]

Zur ideengeschichtlichen Unterfütterung diente der Rückgriff auf die Arbeit des Schweizers Armin Mohler. Dieser hatte unmittelbar nach dem Zweiten Weltkrieg die Legende einer im Nationalsozialismus verfemten rechten Geistestradition der »Konservativen Revolution« geschaffen und der deutschen Rechten so das notwendige Narrativ für einen unbelasteten Neubeginn nach 1945 verschafft. Mohler bezog sich besonders auf die in der Forschung nach einer Bezeichnung Ernst Jüngers als »Neuer Nationalismus« bekannte Strömung, die in offener Feindschaft zur Republik stand. Ihren Protagonisten war gemein, bereits vor dem Nationalsozialismus die »völkische Destruktion demokratischer Ordnung als ›Sendungsberuf‹ zu verstehen«.[7] Die heutige Verwendung der schwarz-weiß-roten »Reichsfarben« sollte auch in diesem Kontext gesehen werden. Zu den Hauptimpulsen, die die Neue Rechte mit ihren historischen Vorbildern teilte, zählte der Kampf gegen die vorgebliche »Dekadenz« des materialistischen »Westens«, der sich heute in der vehementen Ablehnung der Liberalisierung seit den 1960er Jahren (»Anti-68«) äußert.

Mohler erwies sich als geschickter Netzwerker und Politikberater, der zudem als Autor einige Wirkung entfaltete. Seine Arbeit und Persönlichkeit wirkten auf die rebellierenden jungen Rechten. Nach einer Strukturierungsphase war die Neue Rechte in den 1980er Jahren konturiert. Doch der erhoffte Marsch durch die Institutionen des etablierten bundesrepublikanischen Konservatismus scheiterte. Tatsächlich hat man nie die Vorzimmer der Macht besetzen können, doch immerhin fanden sich einige Verbündete in Feuilleton-Redaktionen und Verlagen. Nach der Wiedervereinigung intensivierte sich der neurechte Kampf für eine »selbstbewusste Nation«. Über drei Jahrzehnte fungierte dabei die 1986 von Dieter Stein gegründete Wochenzeitschrift *Junge Freiheit* als zentrales Medium der »Neuen Rechten«; Mohler war dort Kolumnist, bis es 1994 zu einem Eklat kam. Er hatte sich für »Revisionisten« eingesetzt, von denen die Gaskammern in Auschwitz geleugnet wurden. Für die *JF* war auch Götz Kubitschek tätig, der zur Jahrtausendwende den Antaios Verlag gründete und zusammen mit Karlheinz Weißmann, dem Cheftheoretiker der Zeitung, ein privates »Institut für Staatspolitik« als zentralen Ort rechter Metapolitik aus der Taufe hob. Den Aufschwung leitete ab 2010 erst die Sarrazin-Kontroverse ein, mit der vor allem migrationspolitische Narrative der »Neuen Rechten« gesellschaftsfähig wurden. Neurechte Zeitschriften wie *Junge Freiheit*, *Sezession* und mit ihnen verbundene Aktivistinnen und Aktivisten drängten nun mit stärkerem Selbstbewusstsein in die Öffentlichkeit.

Wie dieser erste Aufschwung war auch der baldige großen Durchbruch neurechter Strukturen nicht der eigenen Kraft geschuldet, sondern folgte auf äußere Impulse: Die Krise der europäischen Währungsunion ab 2010, die darauffolgende Gründung der AfD im Jahr 2013 nach dem Vorbild des europäischen Rechtspopulismus und schließlich deren Aufstieg in die Landesparlamente und den Bundestag im Zuge der Migrationskrise an den europäischen Außengrenzen in den Jahren 2014/15 haben die Rahmenbedingungen für die Neue Rechte deutlich verbessert. Dabei hat ihr Aufschwung eine neue Orientierungsphase eingeleitet. Die Zeit der rein metapolitischen Arbeit scheint vorbei zu sein, neurechte Akteure streben seit einigen Jahren wieder verstärkt dem Aktionismus zu. Die medial wirkmächtigste Gründung war um 2012 die der Identitären Bewegung, an der sich eine Reihe Autoren der *Sezession* federführend beteiligten.

Zudem suchte das gesamte Milieu Anschluss an breitere Bewegungen, die sich gegen Klimaschutz, die Emanzipation von LGBTIQ*, Abtreibung und Einwanderung stellten. Diese Gruppierungen sollen agitiert und somit breitere Kreise für die eigenen Inhalte erreicht werden. So nahmen neurechte Führungskader wie Götz Kubitschek und Martin

Sellner an Pegida-Protesten teil und standen dort als Redner auf der Bühne. Allerdings verwischte mit der Herausbildung eines aktivistischen Flügels die Grenze zur alten Rechten umgehend, wie an der Vergangenheit des Führungspersonals der Identitären zu sehen ist: Martin Sellner entstammt der österreichischen Neonaziszene. Mario Müller, durch sein Engagement in einem inzwischen aufgegebenen »identitären« Hallenser Hausprojekt medial präsent, blickt auf eine ähnliche Laufbahn in Bremen zurück. Daniel Fiß, bis 2019 langjähriger Vorsitzender der deutschen Identitären, war bei der NPD-Jugendorganisation Junge Nationaldemokraten aktiv. Gleiches gilt für Michael Schäfer und Simon Kaupert, Protagonisten der mit den Identitären verbundenen Fundraising-Organisation Ein Prozent. Zugleich haben vor allem die Identitären internationale Partner wie die Alternative Right in den USA oder die italienische Casa Pound gefunden, die sich selbst als dezidiert faschistische Aktivisten präsentieren. Das zeigt, wie fließend die Grenzen zwischen Theoretikern und Aktivisten, zwischen neurechtem Milieu und alter Rechter bis hin zur Neonaziszene waren und sind.

Der Aufstieg der AfD stellte zudem den programmatischen Antiparlamentarismus der »Neuen Rechten« infrage. Schon 2013 hatte ein Zerwürfnis zwischen Weißmann und Kubitschek das neurechte Lager in einen intransigenten Teil um Antaios und einen pragmatischen um die Junge Freiheit gespalten. Dieser Zwist spiegelt sich heute in den verschiedenen AfD-Strömungen wider. So hat sich früh ein Bündnis zwischen den völkisch-nationalistischen Kräften um Björn Höcke und dem Antaios-Kreis etabliert, während die gemäßigt auftretenden Teile der Partei um Jörg Meuthen vor allem in der Jungen Freiheit ihre Plattform gefunden haben. Die Unterschiede zwischen den inzwischen regelrecht verfeindeten Lagern liegen vor allem in ihren wirtschafts- und sozialpolitischen Ordnungsvorstellungen. Während das Milieu der Sezession besonders durch die Identitären selbst aktiv wurde, konzentrierte sich die Junge Freiheit auf eine politisch eindeutige Berichterstattung. Vom weiteren Auseinanderstreben des einst geeinten Kreises zeugt die Ersetzung des Cheftheoretikers Karlheinz Weißmann durch Thor von Waldstein, der eine langjährige Geschichte in der NPD hat. Junge-Freiheit-Chef Stein legt dagegen großen Wert auf Distanz zu dieser Partei und achtet nach außen auf eine gewisse Seriosität. Eine im

März 2020 durch den Verfassungsschutz vorgenommene Einstufung des Höcke-Flügels der AfD als »gesichert rechtsextreme Bestrebung« hat den Konflikt weiter eskalieren lassen. Das neurechte Milieu war also bereits lange vor den Coronaprotesten in Bewegung geraten und hatte begonnen, neue Formen und Konstellationen auszuprobieren. Schon vor Beginn der Pandemie standen die Zeichen der Zeit günstig. Die Rückwendung zum Aktivismus war vom Erfolg einer offensiven Medienstrategie begleitet. Rechte Akteure verstanden es, sich die Sucht der Redaktionen nach spektakulären Geschichten und Bildern dienstbar zu machen. Die Identitären generierten mit Methoden der Kommunikationsguerilla erfolgreich Aufmerksamkeit, rechte Verlegerinnen und Autoren inszenierten sich wirksam als Opfer einer repressiven Political Correctness. Diese Agitationstechniken fanden auch im Feld der Coronaproteste Anklang, die sich in der Rolle der politisch Unterdrückten gefielen. Beide Lager strebten schnell aufeinander zu. Wie schon bei Pegida schlossen sich neurechte Akteure einer noch diffusen größeren Bewegung an, begleiteten deren Demonstrationen persönlich und publizistisch. Dem Vorgehen war durchaus Erfolg beschieden, wie das Zusammenwachsen der Milieus zeigt.

In der jüngsten Zeit zeichnen sich aufseiten der äußersten Rechten erneute Veränderungen ab: Der Erfolg des europäischen Rechtspopulismus war von den Zermürbungserscheinungen des realpolitischen Betriebes begleitet und brachte zugleich neue Konstellationen ins Spiel. Die Zukunft der »neurechten« Strömung ist derzeit ungewiss, die vielfältigen Aktivitäten der jüngsten Vergangenheit haben ihre metapolitischen Konturen verblassen lassen. Mit knapper Personaldecke versuchen die etablierten Strukturen der Szene das metapolitische und das aktivistische Feld zugleich zu bespielen. Hinzu kommt das Problem, dass sich breitere Bündnisse schlecht den eingespielten Hierarchien des neurechten Kernmilieus unterordnen. Kommerzielle Konkurrenten sind aufgetreten, die sich weniger traditionalistisch ausrichten. Formate wie *Cato*, *Tichys Einblick*, *eigentümlich frei*, *Compact* und *Tumult* buhlen mittlerweile auf dem publizistischen Markt um eine neurechten Gedanken zumindest nicht abgeneigte Kundschaft, ohne sich selbst verbindlich diesem Spektrum zuzuordnen. Die Tage der elitären Zirkel, mit denen die Neue Rechte in den 1970er Jahren exklusiv eine Neubewertung der Situation vorzunehmen gedachte, scheinen gezählt. Schritt für Schritt gehen mit ihrem Erfolg die spezifischen Distinktionsmerkmale verloren. Das Zusammengehen mit den »Coronaprotesten« zeigt, wie die Neue Rechte wieder zurück zu ihren »altrechten« Wurzeln tendiert. Es ist daher durchaus möglich, dass die Neue Rechte mit ihrem metapolitischen Profil bald ein Phänomen der Zeitgeschichte ist.

Anmerkungen

1   Vgl. auch den Beitrag von Markus Sulzbacher, S. 72
2   Stephan Löwenstein, Extremisten isolieren, FAZ, 17.2.2021, https://www.faz.net/aktuell/politik/corona-protest-in-wien-mit-extremisten-17150794.html, zuletzt abgerufen am 08.01.2021
3   *Compact* widmete dem Thema 2020 mehrere Titelstorys, für *Compact-TV*, die als »Hommage« gedachte Sendung »Die Querdenker – Aufbruch 2021« vom 09.01.2021
4   Helmut Kellershohn/Wolfgang Kastrup (Hg.), Kulturkampf von rechts. AfD, Pegida und die Neue Rechte, Münster 2016
5   Vgl. zu diesem Modell kritisch Samuel Salzborn, Angriff der Antidemokraten. Die völkische Rebellion der Neuen Rechten, Weinheim 2017, S. 43 f., als personelle Reservoirs nennt Salzborn dort vor allem »Vertriebenenverbände und die Studentenverbindungen, vor allem die Burschenschaften, die Gildenschaften und die VDSt.-Verbindungen«.
6   Vgl. Thomas Assheuer/Hans Sarkowicz, Rechtsradikale in Deutschland. Die alte und die neue Rechte, München 1992, S. 168 ff.
7   Salzborn 2017, S. 26

Ein Angstszenario nach dem anderen

Die Mahnwachenbewegung als Wiege der Coronaleugner-Szene

Von Sebastian Leber

Ein sonniger Tag im Juli: Ken Jebsen sitzt auf einer Bühne vor dem Brandenburger Tor, vor ihm haben sich mehrere hundert Demonstranten versammelt. Der ehemalige *RBB*-Moderator spricht hastig und eindringlich ins Mikrofon und warnt vor einer großen Gefahr, die die Menschen angeblich bedrohe. Sie sollten endlich aus »diesem System« aussteigen. Die derzeitige Staatsform werde hoffentlich bald verschwinden, die Regierung sowieso. Dann warnt er vor »Gehirnwäsche« durch die Herrschenden, die Presse sei »okkupiert«, und die Bevölkerung solle »verheizt« werden.

Das Wort Corona fällt in dieser Rede noch nicht. Denn es ist nicht 2020, sondern Sommer 2014. Europa, warnt Ken Jebsen, solle aktuell in einen Krieg gegen Russland getrieben werden. Der Radiomoderator behauptet: »Wir bewegen uns mit Riesenschritten auf die Vorbereitung eines Dritten Weltkriegs zu!«

Wie viele andere, die derzeit Verschwörungsmythen über das Coronavirus verbreiten oder gleich dessen Existenz leugnen, hat sich Ken Jebsen sechs Jahre zuvor in der »Mahnwachenbewegung« engagiert. Immer montags fanden damals in zahlreichen deutschen Städten Verschwörungsgläubige, Reichsbürger, Israelhasser und Esoteriker zusammen, um gemeinsam gegen die angeblichen, teuflischen Pläne der Mächtigen und der Massenmedien zu protestieren.

Es war der Versuch, unter dem Etikett einer »neuen Friedensbewegung« – flankiert durch Friedenstauben und Pace-Flaggen in Regenbogenfarben – diverse Verschwörungsmythen in die Öffentlichkeit zu tragen. Und es ist das erste Mal, dass sich der braune Verschwörungssumpf aus den Tiefen des Internets auf Deutschlands Straßen materialisiert. Einige der Gruppen und »Alternativmedien«[1], die 2020 während der Coronapandemie Lügen und Hetze verbreiten, haben ihre Popularität im Zuge der Mahnwachen erlangt. Manche werden direkt aus diesen Zusammenhängen heraus gegründet. Woher kommen die personellen und inhaltlichen Überschneidungen?

Als im März 2014 die ersten »Montagsmahnwachen« ins Leben gerufen werden, gibt es noch keine Diskussionen um »Fake News«. Die AfD wird in jenem Jahr ihre ersten Wahlerfolge feiern: bei den Europawahlen im Mai kommt sie auf 7 Prozent, im Spätsommer zieht sie mit Stimmanteilen von 9,7 bis 12,2 Prozent in die Landtage von Sachsen, Thüringen und Brandenburg ein. Vom Einzug in den Bundestag trennen die AfD noch drei Jahre, Donald Trump ist noch nicht US-Präsident. Der Messengerdienst Telegram ist gerade erst programmiert worden und nahezu unbekannt. Verschwörungsideologen werden von Kritikerinnen noch mehrheitlich als »Verschwörungstheoretiker« bezeichnet. Die Erkenntnis, dass dieser Begriff ungünstig ist, weil er die Benannten fälschlicherweise in die Nähe evidenzbasierter Wissenschaft rückt, setzt sich erst Jahre später durch.

Offiziell nur um Weltfrieden bemüht, wird auf den Montagsmahnwachen gegen die US-Regierung unter Präsident Barack Obama, die US-amerikanische Zentralbank und jüdische Bankiersfamilien wie die Rothschilds gehetzt. Die Aggressoren dieser Welt, heißt es, sitzen im Westen. Russlands Präsident Wladimir Putin reagiere bloß. Einige sehen die Annexion der Krim als Notwehr.

Zu den bekanntesten Köpfen der Berliner Mahnwachenbewegung zählt 2014 Ken Jebsen, der drei Jahre zuvor nach Antisemitismusvorwürfen vom Rundfunksender Berlin-Brandenburg (RBB) entlassene Moderator. Auf seiner 2012 gegründeten Internetseite »KenFM« interviewt er Politikerinnen wie die langjährige Bundestagspräsidentin Rita Süssmuth (CDU), bietet aber auch bereits Verschwörungsideologen und Hamas-Verstehern eine Plattform. Seine eigenen kruden Ansichten verheimlicht er nicht: Er behauptet öffentlich, die Mächtigen der USA würden von Menschen mit jüdischen Wurzeln gesteuert, deren Ziel die »Schaffung eines israelischen Großreichs« sei. Er behauptet auch, Zionisten kontrollierten die Vereinten Nationen, den Internationalen Währungsfonds und die UN-Atomenergiebehörde. US-Präsidenten müssten ihre wichtigsten Reden vorab von Juden genehmigen lassen. Laut Jebsen begehe Israel seit 40 Jahren Völkermord. Das Ziel sei nichts weniger als die »Endlösung«, nämlich das Ausrotten aller Palästinenser in Palästina.

Innerhalb der Mahnwachenbewegung gibt es keinerlei Versuche, sich von Ken Jebsen zu distanzieren. Im Gegenteil: Für seine Auftritte erhält er stets lauten Applaus, teilweise Standing Ovations. Zuspruch bekommen auch Redner wie der Gründer des rechtsextremen *Compact*-Magazins, Jürgen Elsässer. Bei den Mahnwachen handelt es sich – genau wie sechs Jahre später bei den Coronaleugnern – von Beginn an um eine rechtsoffene Bewegung. Rechtspopulisten und auch -extreme werden willkommen geheißen. NPD-Kader sind bei den Berliner Mahnwachen vor Ort, ohne dass sich jemand daran stört.

Zwar verliert die Mahnwachenbewegung rasch an Schwung. Kommen auf ihrem Höhepunkt im Herbst 2014 noch Demonstrationen mit mehreren tausend Zuschauern zustande, fallen die Versammlungen im Folgejahr schon deutlich kleiner aus. Bald werden Mahnwachen mit wenigen Dutzend Teilnehmern als Erfolg verkauft. Womöglich trägt auch die zunehmend kritische Berichterstattung in den etablierten Medien dazu bei, dass der erhoffte Zulauf ausbleibt und immer weniger Menschen auf den Etikettenschwindel der angeblichen Friedensbewegung hereinfallen.

Viele derjenigen, die sich auf den Mahnwachen politisiert haben, suchen eine neue Rolle. Die einen wechseln zu Pegida und schließlich in die AfD, andere landen im Umfeld der rechtsextremen »Merkel muss weg«-Demos oder bei »Endgame«, den neurechten »ENgagierten Demokraten Gegen die AMErikanisierung Europas«. Viele sind in mehreren Gruppen gleichzeitig aktiv, so entstehen enge Vernetzungen.

Das eine Angstszenario wird durchs nächste ersetzt: Nun ist Widerstand gegen »das System« nicht mehr notwendig, um einen »Dritten Weltkrieg« zu verhindern, sondern eine angebliche »Überfremdung« im Zuge der Flüchtlingsbewegungen ab 2015. Plötzlich drohen ein »großer Austausch« beziehungsweise der »Volkstod« der Deutschen. Schuld daran sollen erneut die Herrschenden haben, die im

Hintergrund angeblich ihren finsteren Plänen auf Kosten der Bevölkerung nachgehen. Manche Aktivistinnen und Aktivisten behaupten offen, dass es sich bei diesen Herrschenden um Juden handele. Andere benutzen Codewörter wie »Ostküstenkapital«. Was von 2014 geblieben ist, sind simple, zutiefst antisemitische und rassistische Erklärungsmuster, vermischt mit Antizionismus und Antiamerikanismus. Und klar benennbare Sündenböcke für alles, was schiefläuft, in einer vermeintlich überkomplexen Welt.

Im Sommer 2017 versucht Malte Klingauf, der langjährige Moderator der Berliner Montagsmahnwachen, den einstigen Schwung der »neuen Friedensbewegung« zur Etablierung eines mehrtägigen Festivals zu nutzen: Das »Pax Terra Musica« soll auf einem stillgelegten Flughafen im brandenburgischen Niedergörsdorf stattfinden und nicht weniger sein als das größte Vernetzungstreffen der deutschen Friedensbewegung. Ken Jebsens KenFM soll als Aussteller präsent sein.

Wer sich durch die Internetseiten der übrigen eingeplanten Aussteller klickt, erfährt scheinbar Unglaubliches: etwa dass Regierungen das Wetter manipulieren können, um damit feindliche Länder zu überschwemmen. Oder dass der deutsche Staat den Terroranschlag auf dem Berliner Breitscheidplatz inszeniert habe, um die Bevölkerung für höhere Militärausgaben und Auslandseinsätze der Bundeswehr zu begeistern. Oder dass die meisten Kriege in der Welt auf einen perfiden, streng geheimen Plan der jüdischen Familie Rothschild zurückgehen. Die Veranstalter hoffen auf 5000 Teilnehmende. Die tatsächlichen Besucherzahlen bleiben weit dahinter zurück, etliche der eingeplanten Musiker und Musikerinnen sagen ihre Teilnahme im Vorfeld ab, weil sie erfahren haben, um was genau es sich bei dem »Friedensfest« handelt. Das »Pax Terra Musica« wird ein Verlustgeschäft.

2018 sieht man erneut bekannte Gesichter der Mahnwachenbewegung auf den Straßen: bei den rechtsoffenen Protesten gegen den UN-Migrationspakt. Sollte der verabschiedet werden, heißt es, sei der Untergang Deutschlands nicht mehr abzuwenden. Der Pakt wird verabschiedet, die Katastrophe bleibt aus.

Nun also Corona. Viele Akteurinnen und Akteure von damals sind auf Telegram in Gruppen von Coronaleugnern aktiv, beteiligen sich an

Aufmärschen, wünschen, unter anderen Vorzeichen, weiterhin den Sturz »des Systems« herbei.

Der Berliner Aktivist Andreas M. zum Beispiel. Im Sommer 2014 beginnt sein Engagement bei den Montagsmahnwachen. Ein Jahr später verbreitet er bereits Inhalte des *Compact*-Magazins und der rechtsextremen Identitären Bewegung, warnt vor der »Diktatur-Zentrum-BRD-GmbH« und postet dazu eine Zeichnung des Bundestags, auf dem die israelische Flagge weht. Im Sommer 2020 ist er im »Querdenken«-Camp angekommen, dem Zeltlager der Coronaleugner im Berliner Tiergarten.

Oder *Compact*-Gründer Jürgen Elsässer. Im Sommer 2014 warnt er auf der Berliner Montagsmahnwache vor einem Dritten Weltkrieg, prophezeit: »Die Welt steht am Abgrund.« Von 2015 an hetzt sein Magazin dann gegen »Merkels Invasoren«, »orientalische[n] Gangband-Rudel[n]«, die »Landnahme ausländischer Mächte« und ein »Umvolkungsprogramm«. 2020 mischt sich Elsässer auf Demonstrationen unter Coronaleugner und lobt, bei der »Querdenken«-Bewegung gebe es keinerlei »Abgrenzung nach rechts«. Der rechtsextreme Publizist behauptet, es werde »eine weltweite Hygienediktatur vorbereitet«, geplant sei »die Deindustrialisierung der gesamten Menschheit«. Jürgen Elsässers düsteren Prophezeiungen ist gemein, dass sie niemals eintreten. Aber sie halten die Leser zahlungs- und aktionsbereit.

Oder der Truth-Rapper »Kilez More«, bürgerlich Kevin Mohr. 2014 tritt er bei den Mahnwachen in Leipzig und Berlin auf, 2017 beim »Pax Terra Musica«. Im August 2020 steht er bei der zweiten großen »Querdenken«-Versammlung im Berliner Tiergarten auf der Bühne und jubelt dem Publikum zu: »Ihr seid die geilste friedliche Masse, die ich in meinem Leben gesehen habe.« Es ist der Tag, an dem wiederholt Polizeiketten überrannt und Reichskriegsflaggen geschwenkt werden und Aktivisten schließlich versuchen, den Reichstag zu stürmen. Einen Tag später verkündet der »Querdenken«-Sprecher, das Grundgesetz sollte abgeschafft werden, es sei schließlich nur »Besatzungsrecht«.

Ken Jebsen, der Ex-Moderator, lässt sich auf einer Stuttgarter »Querdenken«-Demo feiern. Zuerst gibt es eine herzliche Begrüßung durch »Querdenken«-Gründer Michael Ballweg, beide posieren Arm in Arm, dann spricht Jebsen. Die Bandbreite der von ihm beschworenen

Feindbilder ist um Bill Gates und die WHO angewachsen, aber ansonsten ist es die altbekannte Leier: Schuld an allem sind die Bundesregierung, der Staat an sich, die Nato, die Massenmedien. Jebsen behauptet zum x-ten Mal, die Herrschenden verfolgten eine geheime Agenda. Es klingt alles sehr vertraut.

Eine Recherchegruppe, die die Akteure der Mahnwachen und deren Weiterentwicklungen seit Beginn verfolgt, ist die Plattform Friedensdemo-Watch. Ein Mitglied der Gruppe sagt, die Kontinuitätslinien seien nicht zu übersehen. Ehemalige Mahnwachler seien von Beginn an bei den Berliner Coronaprotesten dabei gewesen – was auch daran liege, dass mit Ken Jebsen ein zentrales Gesicht der Mahnwachen von Anfang an hierzu mobilisierte: »Der hat hier seinen Stempel gesetzt und auch die weitere Entwicklung der ›Querdenker‹ mit seinem Vokabular beeinflusst.« Jebsen sei der Erste gewesen, der Ärzte im heutigen Gesundheitssystem mit Josef Mengele, dem nationalsozialistischen Kriegsverbrecher und Lagerarzt im Konzentrationslager Auschwitz, verglich und aus Krankenhäusern »Lager« machte. »Auch dass eine neue Machtergreifung stattfände, die in eine Coronadiktatur münden würde, stammt von ihm.«

Das Mitglied von Friedensdemo-Watch spricht auch von Unterschieden zwischen 2014 und 2020: »Wenn damals über die Mahnwachen aufgeklärt wurde, kam es bei ihnen immer wieder zu Lippenbekenntnissen, man würde sich von rechts abgrenzen.« Um der Öffentlichkeit dies weiszumachen, habe es schließlich auch personelle Ausschlüsse gegeben. In deren Folge hatten sich die Mahnwachen auch gespalten. Derartige Abgrenzungsversuche gebe es inzwischen nicht mehr. Bei den Coronaleugnern würden Neonazis und andere Rechte schlicht hingenommen. Zugenommen habe auch die eigene Gleichsetzung mit Opfern des Nationalsozialismus.

Wie 2014 bei den Mahnwachen gibt es auch 2020 Aktivistinnen und Aktivisten, die sich selbst bislang im linken Spektrum verortet haben – oder darauf pochen, Unterscheidungen in links und rechts seien ohnehin überkommen. Zwar lehnt das Gros der Linken sowohl Mahnwachen als auch Coronaleugner entschieden ab, die Proteste gegen beide Bewegungen werden im Wesentlichen durch linke Initiativen organisiert.

Dennoch nutzen Anhängerinnen und Anhänger der von der Wissenschaft längst verworfenen »Hufeisentheorie« oder »Extremismusdoktrin« die Gunst der Stunde, beide politischen Lager gleichzusetzen. Das Futter liefern ihnen Protagonisten wie der Linken-Bundestagsabgeordnete Diether Dehm. 2014 tritt er bei der Berliner Mahnwache auf und verbreitet eine Stellungnahme mit dem Titel »Gegen die Dämonisierung der Montagsmahnwachen«. Sechs Jahre später veröffentlicht er einen Coronasong, in dem er singt: »Ein junger Virus plus uralte Mächte, ja, dieser Mix macht geil auf unsre Rechte«.

Beobachter wie Friedensdemo-Watch gehen davon aus, dass die Bewegung der Coronaleugner stark an Bedeutung verlieren wird. Spätestens dann, wenn die Mehrheit der Deutschen geimpft ist und die pandemiebedingten Einschränkungen mit dem Rückgang der Fallzahlen aufgehoben werden können. Der harte Kern könnte dann noch stärker zur Sekte verkommen, und von denen sei Einsicht nicht zu erwarten. Im Gegenteil. Schon die Mahnwachler waren sicher: Nur weil sie so zahlreich auf die Straße gegangen sind, wurde ein Krieg des Westens gegen Russland verhindert. Und die befürchtete Merkel-Diktatur samt Zwangsverchippung aller Bürger wird am Ende bloß ausgeblieben sein, weil die »Querdenker« so massiv protestiert haben.

Wahrscheinlich ist auch, dass bald ein neues Verschwörungsnarrativ auftauchen wird. Nach der Angst vor einem Dritten Weltkrieg, dann vor »Überfremdung« und nun vor »Freiheitsberaubung« wird sich eine neue Angst finden – und eine neue Begründung, weshalb die Bundesrepublik, das Grundgesetz und die Institutionen der Demokratie endlich beseitigt gehören. Die Angst vor der Klimakrise und deren Konsequenzen sowie vor den sich abzeichnenden politischen Maßnahmen würde sich prima anbieten.

Anmerkung

1 Vgl. den Beitrag von Julius Geiler, S. 212

Hauptsache Straße

Die AfD als parlamentarischer Arm der Coronaproteste

Von Tilman Steffen

Es gibt Bilder aus der Coronazeit, die bleiben werden: Eines zeigt den AfD-Bundestagsabgeordneten Karsten Hilse, Polizeibeamter von Beruf, auf einen Gehweg gedrückt, zwei Polizisten auf dem Rücken. Wie er sich mühsam erhebt, von den Beamten gestützt wird, wie seine Lippe blutet. Vorbei strömen Menschen zum Brandenburger Tor, wo Tausende gegen Corona-Schutzmasken und das neue Infektionsschutzgesetz demonstrieren.

Die Situation lief aus dem Ruder, als die Beamten das von Hilse vorgezeigte Attest bemängelten, das ihn in der Coronapandemie vom Tragen eines Mund-Nasen-Schutzes befreit. Seitdem führte Hilse eines mit sich, das auch eine Diagnose ausweist – sorgsam verwahrt in einer Plastikfolienhülle in der Brusttasche seines Jacketts.

Das Bild aus dem Novembertagen 2020 steht für das Schlingern der AfD in der Coronakrise: Entgegen der sonst von der AfD verfolgten Aufmerksamkeitsstrategie blieb Hilses Kritik am rabiaten Vorgehen seiner Berufskollegen leise – denn die AfD profiliert sich seit Jahren als Freund und Helfer der Polizei. Empörung über Polizisten könnte unter den AfD-Mitgliedern falsch ankommen. Aber auch politisch ging die AfD in der Coronakrise wenig trittsicher vor: Ihr Versuch, Geflüchtete zum Problem aufzubauen, scheiterte: Die ersten mit dem Virus Infizierten waren deutsche Mittelständler und keine Flüchtlinge.

Kritik am Regierungshandeln und an den Schutzmaßnahmen äußerte die AfD reichlich – im Bundestag und auf ihren im Vergleich zu anderen Parteien stark frequentierten Social-Media-Kanälen. So schmähte der durch rassistische Tiraden bekannt gewordene baden-württembergische Bundestagsabgeordnete Thomas Seitz die Maskenpflicht als »Burka für alle«, im Dezember 2020 lag er an Covid-19 erkrankt in einer Klinik. Doch zu einem klaren Nein zur Regierungspolitik rang sich die größte Oppositionspartei im Bundestag nicht durch, beispielsweise, als zu Beginn der Pandemie die Gesetzentwürfe für die Wirtschaftshilfe zur Abstimmung standen: Obwohl die AfD die ökonomischen Folgen der Krise laut beklagte, enthielt sie sich. Anderen Vorschlägen der Bundesregierung stimmten die Abgeordneten sogar zu.

Parteichef und Fraktionsvize Tino Chrupalla sah sich genötigt, sein für einen AfD-Oppositionspolitiker untypisches Stimmverhalten in einem Mitgliederrundbrief zu erklären: Er habe »nur zwei Corona-Gesetzen zugestimmt«, schrieb er. Parteichef Jörg Meuthen verlangte damals, Großveranstaltungen kategorisch zu verbieten. Ein halbes Jahr später zog die AfD vor Gericht, um einen Präsenzparteitag ohne Masken abhalten zu können.

Dieser Schlingerkurs hat einen guten Grund: Die AfD-Anhänger und -Anhängerinnen sehen die staatliche Coronapolitik und damit die verordneten Schutzmaßnahmen in Umfragen weit weniger kritisch als Partei und Bundestagsfraktion. Besonderes Interesse weckte in der Fraktionsspitze eine YouGov-Umfrage zur Maskenpflicht im Bundestag: Sogar 64 Prozent der AfD-Anhänger hielten die von Bundestagspräsident Wolfgang Schäuble angeordnete Schutzmaßnahme für »angemessen/eher angemessen«.

Bald schlugen sich diese Widersprüche auch in der Sonntagsfrage nieder: Die 2017 mit 13 Prozent in den Bundestag eingezogene AfD rutschte im Pandemiejahr 2020 in Umfragen ab. Das hohe Vertrauen der Bevölkerung in das Krisenmanagement der Regierung kostete sie zeitweise fast die Hälfte ihrer Prozente. Hinzu kam der innerparteiliche Machtkampf um den von Chrupallas Co-Chef Meuthen betriebenen Parteiausschluss des brandenburgischen Ex-Neonazis Andreas Kalbitz.

Was also lag angesichts des wachsenden Bedeutungsverlustes näher, als sich neue Anhänger und Anhängerinnen zu erschließen?

Bundesweit entstanden kurz nach Beginn der Pandemie Protestgruppen, die sich dem eigenem Bekenntnis nach politisch neutral und überparteilich verstanden. Vielerorts gingen Menschen gegen Abstands- und Maskenpflicht auf die Straßen: im AfD-Kernland Sachsen etwa entlang der Bundesstraße B 96 im südöstlichen Zipfel des

Freistaats, wo die Partei zur Landtagswahl 2019 mehr als ein Drittel aller Zweitstimmen erhalten hatte. Ab dem Frühjahr 2020 traten hier allsonntäglich Anwohner und Anwohnerinnen aus ihren Häusern, um schweigend am Straßenrand zu verharren, mit Fahnen in den Farben der Oberlausitz in der Hand, mit Sachsen-Flaggen, Protestschildern und schwarz-rot-weißen Reichsflaggen. Zu einer der ersten Großdemonstrationen mobilisierte die Gruppe »Querdenken-711« in Stuttgart 5000 Menschen. Unter strahlender Maisonne feierte sich auf dem Cannstatter Wasen eine bunte Mischung aus »Free Assange«-Demonstranten, mit Deutschland- und Pace-Fahnen, mit Bildern von Mahatma Gandhi, mit Barfußtänzern und einer Seelenforscherin – Verschwörer und Extremisten waren da auf den ersten Blick kaum zu erkennen oder hielten sich im Hintergrund.

Schon im Sommer 2020 war das anders, als in Berlin achtmal so viele Menschen zusammenkamen: »Querdenken-711«-Gründer Michael Ballweg rief von einer gewaltigen Kundgebungsbühne an der Siegessäule im Tiergarten dazu auf, eine verfassungsgebende Versammlung zu gründen – und damit die parlamentarische Demokratie praktisch umzukrempeln. Die Flaggen der Reichsbürger gehörten zum Bild, Esoteriker und Impfgegner verbreiteten ihre Botschaften ebenso wie Verschwörer wie Attila Hildmann und der Medienmacher Ken Jebsen. Aus der Berliner Kundgebung heraus stürmten Reichsflaggen schwenkende Neonazis die Treppe des Reichstagsgebäudes. Zum Jahresende 2020 erklärte der Verfassungsschutz Baden-Württemberg »Querdenken-711« zum Beobachtungsobjekt: Auf den Versammlungen zeige sich eine »von Anfang an unheilvolle Allianz von Reichsbürgern und Selbstverwaltern, Verschwörungsideologen sowie Rechtsextremisten«, begründete dies Landesinnenminister Thomas Strobl (CDU).

Von Reichsbürgern und Neonazis distanziert sich die AfD-Führung stets öffentlich. Doch die Geschichte der Partei zeigt auch: Um Gruppen wie diese diffuse Protestbewegung haben sich die AfD-Wortführer stets bemüht. Sie witterten die Chance, deren Anliegen in den Parlamenten und anderen politischen Gremien des Landes vertreten zu können.

Die schon im Frühjahr 2020 aus dem Spektrum der Coronaleugner und -verharmloser gegründete Partei Widerstand 2020 kam dafür nicht mehr infrage, sie war wegen Differenzen in ihrer Führung bedeutungslos. Deren Mitgründer Ralf Ludwig, ein Rechtsanwalt aus Leipzig, wechselte an die Seite von »Querdenken-711«-Mitgründer Ballweg.

Ihr Verhältnis zu außerparlamentarischen Bewegungen beschäftigt die AfD seit ihrer Gründung 2013. 2015 lotete die Partei aus, wie ertragreich ein Bündnis mit den Islamfeinden von Pegida sein könnte. Die AfD streifte damals gerade das Label der eurokritischen Professorenpartei ab, auf dem Essener Parteitag verdrängte Frauke Petry mithilfe des rechtsextremen AfD-Flügels Mitgründer Bernd Lucke vom Vorsitz. Petrys späterer Ehepartner Marcus Pretzell konstatierte noch in der überhitzten Tagungshalle, die AfD sei »auch Pegida-Partei«.

Besonders eng entwickelte sich der Schulterschluss in Sachsen und Thüringen: Pegida-Organisator Siegfried Däbritz trat 2016 erstmals bei einer AfD-Demonstration in Erfurt mit Björn Höcke auf. Däbritz und Pegida-Anführer Lutz Bachmann waren 2018 bei dem Parteitag zu Gast, der Jörg Urban zum sächsischen Landeschef wählte. AfD-Politiker traten immer wieder auf den montäglichen Dresdner »Spaziergängen« von Pegida auf, im Gegensatz zu allen Abgrenzungsbeschlüssen des Bundesvorstandes. Die Stimmung auf den Straßen, offener Rassismus und viel »Ostalgie« trieben der Partei im Osten ein Viertel der Wähler und Wählerinnen zu: 24 Prozent 2016 in Sachsen-Anhalt, 21 Prozent in Mecklenburg-Vorpommern. Als die AfD zur Europawahl 2019 in Sachsen mit knappem Vorsprung vor der CDU stärkste Kraft wurde, saß sie als stärkste Oppositionspartei bereits zwei Jahre lang mit 91 Abgeordneten im Bundestag.

Doch solche Spitzenwerte lassen sich nicht so einfach wiederholen. Zudem hatte das Virus die AfD-Kernthemen »Migration« und »Islam« marginalisiert. In der sich verschärfenden Coronapandemie ließ die Bundestagsfraktion daher eine speziell für strategische Kommunikation geschaffene Abteilung untersuchen, wie sich die AfD in der Coronakrise politisch positionieren sollte – um neue Anhänger zu gewinnen. Und zwar über ihre von modernisierungsskeptischen Mittelschichtsangehörigen getragene Kernwählerschaft hinaus, die laut einer Wählerinnenanalyse der Bertelsmann Stiftung vom

März 2019 »überdurchschnittlich anfällig ist für Migrationskritik und Fremdenfeindlichkeit«.[1]

Ausführlich diskutiert wurde die künftige Coronastrategie dann am 3. November im Tagungssaal der Bundestagsfraktion. Darunter werden auch die zentralen Erkenntnisse der 17 Seiten langen Lageanalyse gewesen sein:

- Die Angst in der Bevölkerung vor dem Virus ist hoch, ebenso ihr Schutzbedürfnis.
- Die Zufriedenheit mit dem Regierungshandeln ist allgemein hoch, außer bei den AfD-Anhängern und Anhängerinnen.
- Die Sorge vor wirtschaftlichen Folgen der Pandemie zieht sich durch Wählerinnen und Wähler aller Parteien.

Als Oppositionsführerin sich also ausschließlich gegen die Regierungspolitik zu profilieren, war demnach riskant und würde kaum neue Anhänger bringen. Ebenso kontraproduktiv war, einerseits laut die ökonomischen Folgen der Pandemiepolitik zu beklagen, sich aber dann bei den Hilfsgesetzen für die Wirtschaft der Stimme zu enthalten. Denn die AfD profitierte bisher stets von der Angst der Mittelschichtsangehörigen vor sozialem Abstieg. Widersprüchlich war auch, gegen die Maskenpflicht im Bundestag zu klagen, die selbst die eigene Anhängerschaft mehrheitlich richtig findet. Mit einer sachpolitisch-kritischen Herangehensweise war also aus Sicht der AfD-Parteiführung wenig zu gewinnen. Auch migrationspolitisch ließ sich das Virus nicht instrumentalisieren.

Insofern konzentrierte sich die AfD fortan weniger auf den Inhalt und mehr auf die Form der zuweilen von Eile getriebenen Gesetzgebungen, auf das von ihr als »Regieren per Verordnung« angeprangerte Vorgehen der Exekutive sowie Auswirkungen der Schutzmaßnahmen auf die Freiheiten der Bürger und Bürgerinnen. Ihre Wortführer skandalisierten die pandemiebedingten Grundrechtseinschränkungen – ohne zu erwähnen, dass Grundrechte stets gegeneinander abgewogen werden: und dann etwa die Versammlungsfreiheit auch mal zugunsten des Schutzes besonders Schutzbedürftiger zurückstehen muss. Fraktionschef Alexander Gauland sprach im Bundestag von einer »Corona-Diktatur auf Widerruf«. Der Landesverband in Niedersachsen ließ den

Slogan »Die Corona-Diktatur muss beendet werden!« auf Plakate drucken. Die Freiheit und die Grundrechte hochzuhalten, erklärte die Partei zu ihrem Hauptanliegen.

Damit verstärkte die AfD den Sound, der bei den Protesten auf den Straßen zu vernehmen war. Und weil im Bundestag zunehmend auch die politische Konkurrenz von der FDP Grundrechtsfragen thematisierte, empfahl die Strategieabteilung der AfD-Fraktion, »durch eine Art ›Kampagne‹« auch auf den Straßen potenzielle Wähler und Wählerinnen anzusprechen, »die für kritische Botschaften empfänglich sind«. Denn, so die den Abgeordneten präsentierte Analyse, »eine Minderheit der Bewegung scheint zumindest in Teilen mit der AfD-Politik zu sympathisieren«. Außerdem, so eine weitere zentrale Erkenntnis, »besitzt die Bewegung keinen politischen Arm«. Die AfD sah ihre Chance, sich den Demonstrierenden »als politische Stimme dieser Unzufriedenen« anzudienen und »über die eigene Anhängerschaft hinaus Gehör in jenen gesellschaftlichen Milieus zu finden, die der Partei bisher skeptisch gegenüberstanden«. Konzentrieren müsse man sich auf Alleinerziehende, Mütter und Familien sowie Gastronomen, hieß es. »Bei diesen Menschen ›konkurriert‹ die Furcht vor einer Ansteckung mit der Furcht vor existenziellen Risiken«, schrieben die AfD-Analysten. Sie verschriftlichten damit eine Strategie, die in den Landesverbänden schon gelebt wurde: AfD-Politiker gehörten längst nicht mehr nur zum Publikum, sondern assistierten den Organisatoren von Anti-Corona-Demos, um die Pandemieschutzgesetze als vermeintliche Gängelung der Bürger zu instrumentalisieren.

Bald modifizierte die Bundesparteiführung ihre Strategie: Im März 2020 hatte sich der Bundesvorstand noch dafür ausgesprochen, nicht notwendige Parteiveranstaltungen bis auf weiteres abzusagen. Im November 2020 dagegen setzte die Führung den Bundesparteitag im niederrheinischen Kalkar trotz stark steigender Infektionszahlen als Präsenzveranstaltung durch. Das Treffen der fast 600 Delegierten sollte inmitten der zweiten Coronawelle ein werbendes Signal sein an alle, die die Schutzmaßnahmen für übertrieben oder gar unnötig halten; ein Beweis, dass man sich trotz Virus persönlich treffen und sich noch immer per Handschlag begrüßen könne. Nicht nur die Bürgermeisterin von Kalkar kritisierte: ein Spiel mit dem Feuer.

Die »Querdenken«-Bewegung hatte seit dem Sommer 2020 längst Sympathie in der AfD-Führung: Entsprechend wenig verwunderlich lobte Sachsens Landeschef Jörg Urban beim Bundesparteitag im Winter 2020 am Saalmikrofon die »Querdenker« als »die mutigsten Menschen in diesem Land«. Die Bewegung müsse »selbstverständlich unser Partner auf der Straße sein«. Dem Rednerpult trat der bis dahin eher distanzierte Parteichef Meuthen bei und sagte, bei »Querdenken« äußerten »viele vernünftige Menschen« ihre berechtigte Kritik – nachdem ihn Delegierte für seine Kritik an der Bewegung gegrillt hatten.

Wie es ihre Strategieabteilung empfohlen hatte, präsentierte auch die Bundestagsfraktion ihre Sympathien mit der Bewegung offensiv: Im Plenarsaal dekorierten die AfD-Abgeordneten ihre Tische mit Grundgesetz-Ausgaben, versehen mit Trauerflor – eine abgestimmte Aktion, von der Fraktionsspitze abgesegnet. In einer Sitzung trat der Abgeordnete Karsten Hilse in einem T-Shirt von »Querdenken-711«, gut sichtbar unter dem Jackett, ans Rednerpult. Das Parlamentspräsidium forderte ihn auf, die Knöpfe zu schließen, kaum dass er zu seiner Rede angesetzt hatte – denn im Plenarsaal sind visuelle Botschaften dieser Art nicht erlaubt.

Die größte Aufmerksamkeit sicherte sich die AfD aber schon immer durch gezielte Provokationen und Tabubrüche: Als die Herbst-Novelle des Infektionsschutzgesetzes zur Abstimmung stand, ließen die Parlamentarier Petr Bystron und Udo Hemmelgarn mehrere AfD-nahe Bloggerinnen und Blogger als Gäste ins Bundestagsgebäude ein, die dort unkontrolliert filmten, Abgeordnete und Mitarbeiterinnen mehrerer Fraktionen wie unter anderem Bundeswirtschaftsminister Peter Altmaier bedrängten und beleidigten.[2] Zeitgleich erklomm am Brandenburger Tor der bayerische AfD-Bundestagsabgeordnete Hansjörg Müller den Klavierhocker eines dort auftretenden Pianisten: Inmitten Tausender Demonstranten fabulierte er über Impfschäden und über Politiker, die mit der Coronakrise angeblich den nahenden Zusammenbruch der Weltwirtschaft bemäntelten. Deutlicher können AfD-Politiker nicht zeigen, dass sie ihre Partei als parlamentarischen Arm der »Querdenker«-Bewegung sehen.

Gemeinsam pflegen Partei und Bewegung den Mythos von einer vermeintlichen »Ermächtigung« der Exekutive – das Narrativ, wonach sich die Regierung in der Coronakrise durch Verordnungen über Parlament und »das Volk« hinwegsetze, fehlte in kaum einer Rede im Parlament oder auf von der AfD veranstalteten Kundgebungen. Ausgangspunkt dieses Framings waren Halbsätze im Entwurf des Infektionsschutzgesetzes: Es räumte den Regierungen der Länder die Möglichkeit der »Ermächtigung durch Rechtsverordnung« ein. Für den NS-relativierenden Vergleich mit dem Ermächtigungsgesetz der Nationalsozialisten erhielten Kundgebungsredner stets viel Applaus, ebenso wenn sie vermeintliche Parallelen zur 1989 gestürzten DDR-Diktatur zogen. Beide Erzählungen gehören zur DNA der AfD und ihrer strategischen Partner – wie die »Wir sind das Volk«-Rufe auf Pegida- oder anderen Kundgebungen zeigen.

Mittlerweile fließen die AfD-nahen Bewegungen ineinander: Im Sommer 2020 standen einflussreiche Vertreter des vom Verfassungsschutz als rechtsextrem eingestuften AfD-Flügels gemeinsam mit Pegida-Protagonisten auf Kundgebungsbühnen vor den Coronaprotestierern. Bundestagsfraktionschef Alexander Gauland sprach in Cottbus vor einigen hundert Menschen, ebenso sein brandenburgischer Parteifreund Hans-Christoph Berndt – Chef des vom Verfassungsschutz als rechtsextremistisch eingeordneten Vereins Zukunft Heimat. Bejubelt wurden im sächsischen Grimma Thüringens AfD-Chef Björn Höcke und der Bundestagsabgeordnete Stephan Brandner.

Für Pegida traten Wolfgang Taufkirch beziehungsweise Siegfried Däbritz ans Mikrofon. Die Freiheitsliebe »verbindet uns« mit »neuen Bürgerbewegungen« wie »Querdenken«, warb Höcke als AfD-Politiker bei strömendem Regen und vereinnahmte zugleich zwei Vorbilder der »Querdenker«-Szene für seine Rede: den Medienmacher Ken Jebsen und Xavier Naidoo: »Der weitere ›Weg wird kein leichter sein‹«, sagte Höcke und zitierte damit einen Song des Mannheimer Popsängers. Das alles zeigt, dass es für tonangebende Kräfte der AfD erkennbar keine Gruppe gibt, die zu rechtsextrem auftritt, die sich durch ihre Radikalität oder Demokratieverachtung für eine Kooperation disqualifiziert.

Wie weit die Bewegung schon unterwandert war, zeigte sich zum Ende der Demonstration von Tausenden Gegnern und Gegnerinnen des Infektionsschutzgesetzes im November 2020 am Brandenburger Tor, wo der Abgeordnete Müller gesprochen hatte: Neonazis wie Thomas »Steiner« Wulff und Sven Liebich aus Halle (Saale) standen dort in der ersten Reihe, weitere AfD-Abgeordnete mittendrin. Weil sich kaum ein Demonstrant an die Maskenpflicht hielt, ließ die Polizei Wasserwerfer vorrücken, gewaltbereite Demonstranten legten sich mit den Beamten an.

Aktionen wie diese Blockade am Brandenburger Tor ließen den Rückhalt der AfD in der Bewegung steigen: Soziologen der Universität Basel befragten eine – allerdings nicht repräsentative – Gruppe von »Querdenkern«, die sich auf Telegram vernetzt hatte: Zur Bundestagswahl 2017 hatten demnach 15 Prozent von ihnen AfD gewählt. Nach ihrer Präferenz für die kommende Bundestagswahl befragt, nannten 27 Prozent die AfD. Die Partei käme so mithilfe der Bewegungen ihrem Ziel näher, die Regierung zu stürzen.

Anmerkungen

1 Vgl. Robert Vehrkamp, Zukunft der Demokratie 3/2019: Gesamtdeutsche Konfliktlinie oder neue Ost-West-Spaltung? zum Download unter https://www.bertelsmann-stiftung.de/fileadmin/files/BSt/Publikationen/GrauePublikationen/ZD_Einwurf_3_2019_Gesamtdeutsche_Konfliktlinie_web.pdf, zuletzt abgerufen am 16.02.2021

2 Vgl. Ferdinand Otto/Tilman Steffen, »Im Bundestag haben wir gestern einen Tabubruch erlebt«, Die Zeit, 19.11.2020, https://www.zeit.de/politik/deutschland/2020-11/stoerer-bundestag-aktivismus-parlament-afd/komplettansicht, zuletzt abgerufen am 16.02.2021

»Nie war ein Systemwechsel so greifbar«

Neonazis bei den Coronaprotesten

Von Konrad Litschko

Es ist der 25. April 2020, als Udo Voigt auf dem Rosa-Luxemburg-Platz in Berlin steht. Fotos zeigen den NPD-Funktionär mit Schirmmütze und blauer Steppjacke. Mit ihm haben sich mehrere hundert Menschen versammelt, die an diesem Samstag als selbsternannte »Hygienedemo« gegen die Coronamaßnahmen demonstrieren – es ist einer der ersten Proteste dieser Art. Bürgerliche, Hippies, Impfgegner oder Verschwörungsanhänger finden sich ein, ohne Abstände. An dem NPD-Mann in ihren Reihen stören sie sich offenbar auch nicht.

Udo Voigt aber ist nicht zufällig dabei. Der frühere NPD-Chef, eines der bekanntesten Gesichter des deutschen Rechtsextremismus, sucht gezielt die Massen – und die öffentliche Aufmerksamkeit. Später wird er ein Demo-Selfie auf seinem Facebook-Profil veröffentlichen. »Corona-Diktatur stoppen, bevor es zu spät ist«, schreibt er dazu. »Wir sehen nicht tatenlos zu!« Udo Voigt war einer der ersten Neonazis, die sich in die damals entstehenden Proteste gegen die staatlichen Coronamaßnahmen einreihten, und er wird in den nächsten Monaten immer wieder dabei sein, in Berlin, Leipzig oder Aue (Sachsen). Doch er wird nicht der einzige Rechtsextremist bleiben.

Wer sich die Coronademonstrationen genau anschaut und die Kommunikation der Rechtsextremisten verfolgt, erkennt: Die Szene reiht sich von Beginn an in den Protest ein. Und es wird ihr leicht gemacht. Denn die Aufzüge kultivieren vieles, was auch zum rechtsextremen Kanon gehört: Agitation gegen Regierung und »Lügenpresse«, die Dichotomie von böswilligen Eliten einerseits und einem unterdrückten Volk andererseits, dazu teils antisemitisch aufgeladene Verschwörungserzählungen. Und wirkliche Gegenwehr erleben die Rechtsextremen nicht, im Gegenteil.

Udo Voigts NPD erkennt dieses Potenzial sehr früh. Schon Mitte März 2020 nutzt die Partei die Pandemie für ihren Nationalismus, brandmarkt diese als Folge der Globalisierung. Die Neonazis machen klar, dass es der NPD um mehr geht, als lediglich Infektionsschutzmaßnahmen zu kritisieren. Sie fordert gleich einen »System-Exit«. Und frohlockt: »Noch nie war ein Systemwechsel so greifbar wie derzeit.« Auch Udo Voigt kritisiert kurz vor seinem Berliner Protestbesuch markig die Schließung von Schulen und Gaststätten aus Infektionsschutzgründen. »Mir reicht es jetzt«, schreibt er in einer Stellungnahme. Er wolle »endlich aus dem Merkelknast BRD entkommen und wieder frei sein«. Und: »Ich bin bereit, künftig für meine Freiheitsrechte auf der Straße zu kämpfen.«

Auch Die Rechte, eine Neonazi-Splitterpartei mit Schwerpunkt in Nordrhein-Westfalen, sät bereits im März 2020 Misstrauen gegen die Bundesregierung: Die Coronamaßnahmen seien »ein willkommener Anlass […], auszutesten, was der Bundesbürger sich so alles an Einschränkungen seiner persönlichen Freiheit gefallen lässt«. Fast wortgleich klagt Der III. Weg, auch eine militante Neonazi-Kleinpartei, über die »teils absurden Regelungen der Bundesregierung«. Die »Deutschen« würden in der Coronakrise »komplett entmündigt«. Der Slogan auch hier: »Das System ist gefährlicher als Corona.«

Und die Szene passt ihre alten Konzepte an. Hieß es schon zuvor »Deutsche helfen Deutschen«, bietet Die Rechte nun eine »Corona-Einkaufshilfe« an, als Zeichen der »nationalen Solidarität«. Auch Der III. Weg ruft eine »Nachbarschaftshilfe« aus, Udo Voigts NPD kündigt »Solidaritätsaktionen« an. Es ist wohl weniger tatsächliches Anpacken als Propaganda. Aber es zeigt: Die Szene reagiert schnell.

In Berlin folgen auf Udo Voigt weitere Aktivisten von NPD und Der III. Weg, die sich den Coronaprotesten anschließen, dazu rechte Hooligans, Identitäre, die »Patriotic Opposition«, so die Selbstbezeichnung. Voigt selbst wird später die Proteste als Werbefläche für seine seit dem Aufstieg der AfD in der Bedeutungslosigkeit versunkene NPD nutzen und mit Plakaten der Parteizeitung *Deutsche Stimme* anrücken – ohne Widerstände. »Ich sehe das erstmalig«, freut er sich daraufhin staunend in einem Interview mit der *Deutschen Stimme*. Der Protest funktioniere »parteiübergreifend, ohne sich gegenseitig zu distanzieren«.

Auch andernorts entdecken Rechtsextreme den Coronaprotest für sich. So geht Die Rechte bereits Anfang April 2020 in Bremerhaven unter dem Slogan »Grundrechte auch in der Corona-Zeit schützen« auf die Straße. In Chemnitz (Sachsen) demonstriert wenig später die rechtsextreme Vereinigung Pro Chemnitz gegen die »Coronadiktatur«, in Cottbus (Brandenburg) rufen Neonazis eine »Covi-1984-Warnstufe« aus. Das Bundesamt für Verfassungsschutz registrierte allein von April bis Anfang August 2020 bundesweit 92 Coronakundgebungen, die von Rechtsextremisten dominiert oder gleich selbst organisiert wurden. Einige dieser Versammlungen haben nur wenige Dutzend Teilnehmerinnen, einem Aufzug in Berlin aber schließen sich bereits im Mai 1500 Menschen an, in Rostock sind es 600.

Einer der Ersten, die selbst Kundgebungen organisieren, ist Sven Liebich, ein äußerst umtriebiger Neonazi aus Halle (Saale) in Sachsen-Anhalt. Lange war der Endvierziger im Blood-&-Honour-Netzwerk aktiv, nun setzt er neben analogen Einschüchterungen und Bedrohungen auf digitale Formate – insbesondere seinen Videokanal – und filmt sich bei Provokationen oder Kundgebungen. Ende April 2020 steht Liebich auf einem Autodach auf dem städtischen Marktplatz, parodiert eine vermeintliche »Coronadiktatur«. »Willkommen in der neuen Weltordnung«, ruft der Rechtsextremist. Anhänger tragen rote Fahnen, ein Banner kündet »Covid 1984«. Liebich ätzt über die Errichtung eines »Unterdrückungsstaats«, der »Gedankenverbrecher« irgendwann in »Umerziehungslager« schicken werde.

Liebich verbreitet auch diesen Auftritt umgehend online. Und er lässt weitere Kundgebungen gegen die Coronapolitik folgen. Der Hallenser wird die bundesweiten Proteste auch materiell stützen: Über seinen Internetversand bietet er Shirts mit »Querdenker«- oder QAnon-Aufdrucken an. Oder auch – die NS-Verbrechen relativierend – welche mit Judenstern und der Aufschrift »Ungeimpft«.

Zur gleichen Zeit tun sich auch in Nordrhein-Westfalen zwei Rechtsextremisten hervor. In Mönchengladbach ist es Dominik Roeseler, einst Mitstreiter der rechten Hooligantruppe Hogesa. Bereits am 9. Mai 2020 steht der bullige Scheitelträger in Mönchengladbach auf dem Marktplatz. »Wir sagen Nein zu diesem ganzen Wahnsinn«, wettert Roeseler als Redner auf einer Kundgebung gegen die Coronamaßnahmen.

»Wir leisten Widerstand.« Auch er wird sich bei weiteren Coronaprotesten einreihen und »Hooligans, Rocker, Kampf- und Kraftsportler« aufrufen, sich anzuschließen – offenbar in der Hoffnung, sein altes Netzwerk zu reaktivieren.

Zur gleichen Zeit geht auch ein Neonazi aus Dortmund auf die Straße: Michael Brück, Anfang dreißig, Funktionär von Die Rechte. Mit rund 150 Menschen protestiert er ebenfalls bereits Anfang Mai 2020 auf dem Alten Markt gegen die Corona-Infektionsschutzregeln, mit einem Grundgesetz in der Hand. Und Brück, dessen Partei sonst vehementer Gegenprotest entgegenschlägt, ist begeistert. »Dortmund hat gestern Proteste erlebt, wie es sie lange nicht gegeben hat«, schreibt er anschließend in einem Onlinebeitrag. Fast alle Anwesenden seien »aufgeschlossen« gewesen, die »politischen Lager verschwommen«. Die Coronakrise sorge für einen »Ruck« in der Bevölkerung, eine »Volksfront« könne entstehen.

Die vier Neonazis – Michael Brück, Dominik Roeseler, Sven Liebich, Udo Voigt – erkennen früh, dass sie über die Coronaproteste Aufmerksamkeit für ihre Organisationen oder Onlinekanäle erhaschen können. Bundesweit werden sie in den nächsten Monaten auf Großkundgebungen auftauchen. Und sie werden zu denen gehören, die Parolen vorgeben und den Ton der Demonstrierenden verschärfen, die Eskalation immer ein Stück weiterdrehen.

Es ist eine gezielte Strategie. Michael Brück spricht sie bereits im Mai 2020 offen aus, mit einem Appell an die eigene, rechtsextreme Szene: »Unterstützt die Proteste in euren Städten. Beteiligt euch, aber vereinnahmt sie nicht«, schreibt er. »Lasst andere in der ersten Reihe stehen, aber seid dabei.« Genauso deutlich wird Matthias Fischer, Vizechef von Der III. Weg. »Wir müssen als Nationalrevolutionäre jetzt auf die Straße gehen«, fordert Fischer im Mai 2020 in einem Video. Und auch er macht klar, dass es ihm im Grunde nicht um die Coronamaßnahmen geht, sondern um den Protest als Werbefläche. »Nutzt jede Möglichkeit, unsere Weltanschauung zu verbreiten.« Die Protestierenden tut Fischer als »politisch nicht gefestigt« ab, sie würden nur »ihre kleinen Problemchen« kundtun. Der Parteikader fordert weit mehr: einen Umsturz. »Nicht das Virus ist das Problem, sondern das System. Und das System zu bekämpfen, sehen wir als Nationalisten als unsere oberste Pflicht.«

»Nie war ein Systemwechsel so greifbar«

Die Neonazis verhehlen ihre Pläne damit nicht. Sie wollen in der Masse der Coronaprotestierenden ihre eigene Agenda platzieren und dort Mitstreiter gewinnen. Und sie wollen die Wut auf die Regierung, Parteien und Medien bestärken, um diese zu delegitimieren. Zwar bleiben die Rechtsextremen vorerst eine Minderheit auf den Protesten, aber eine gut organisierte. Und anders als die teils kaum politisierten Mitdemonstranten mit ihren diffusen Forderungen wissen die Neonazis ganz genau, was sie wollen: den Systemsturz.

Die Organisatoren der Coronaproteste reagieren auf die Offensive der Rechtsextremen nur halbherzig. Immer wieder sprechen sie sich zwar gegen Rechts- und Linksextremismus aus. Die späteren Hauptorganisatoren, die Stuttgarter Initiative »Querdenken-711«, betonen in ihrem »Manifest«, man sei eine friedliche Bewegung, in der »menschenverachtendes Gedankengut« keinen Platz habe. Gleichzeitig heißt es aber auch: »Wir sind überparteilich und schließen keine Meinung aus.« Und tatsächlich: Erscheinen Rechtsextreme auf den Versammlungen, werden diese geduldet. Kritisch dazu befragt, lautet die stete Antwort: Man könne weder wissen noch kontrollieren, wer sich dem Protest anschließe. Und die NPD etwa sei ja »eine Partei, die nicht verboten ist«.

Die Signale kommen an. Es ist der 29. August 2020, als das Miteinander unübersehbar wird. An diesem Tag rufen die »Querdenker« zu einer Großdemonstration in Berlin auf – und die rechtsextreme Szene mobilisiert mit. Rund 30 000 Protestierende finden sich schließlich ein, darunter zählt selbst der Verfassungsschutz gut 2500 Rechtsextreme. Selbstverständlich sind auch Michael Brück und Sven Liebich mit dabei. Dominik Roeseler rückt mit den »Corona Rebellen Düsseldorf« an, Udo Voigts Kameraden erscheinen mit einem Kleinlaster samt *Deutsche Stimme*-Banner.

Einen ersten Demonstrationsversuch stoppt die Polizei, weil dort Mindestabstände nicht eingehalten werden. Dann aber ziehen die Protestierenden durchs Brandenburger Tor zur Siegessäule, andere sammeln sich vor der Russischen Botschaft und am Bundestag. Und mittendrin bewegen sich die Neonazis, bundesweit angereist. Für sie wird es eines der größten Szenetreffen seit Jahren in der Hauptstadt – mit ungewohnten Freiräumen. Ohne Protest anderer Demonstrierender gegen ihre Anwesenheit, ohne größeren Gegenprotest von außen.

Auf der Demonstration verschmelzen die Szenen. »Frieden, Freiheit, Liebe« steht auf Shirts, daneben wehen Reichsfahnen. Es ertönen »Merkel muss weg«- und »Lügenpresse«-Rufe, wie man sie von rechten Aufmärschen kennt. »Querdenken«-Anführer Michael Ballweg biedert sich den Reichsbürgern an, ruft eine »verfassungsgebende Versammlung« aus, da das Grundgesetz außer Kraft sei. Aus dem Nebeneinander wird ein Miteinander.

Und am Ende gibt es ein Fanal. Einige der Demonstranten, darunter viele der Rechtsextremen, auch Dominik Roeseler, sammeln sich vor dem Bundestag. Reichsbürger haben dort eine kleine Bühne aufgebaut. Am Abend spricht darauf Tamara K., eine Heilpraktikerin aus der Eifel, und fabuliert, US-Präsident Donald Trump sei in der Stadt. Sie zeigt auf die Bundestagstreppe: »Wir gehen da drauf. Und holen heute, hier und jetzt unser Haus zurück.« Tatsächlich schieben die Protestierenden kurz darauf die Absperrgitter weg, rund 400 von ihnen stürmen die Bundestagstreppe, schwenken Fahnen, jubeln. Wieder tönt es: »Wir sind das Volk«. Und mittendrin steht Dominik Roeseler, filmt mit seinem Handy und zündet ein Bengalo. Es sind die Bilder, die von diesem Tag bleiben. Ein Propagandaerfolg für die Neonazis.

Während die Öffentlichkeit entsetzt den »Treppensturm« diskutiert, schwärmen die Rechtsextremen. »Die Aktion am Reichstag war die einzig sichtbare und eine symbolträchtige Widerstandshandlung gegen die Coronadiktatur während der gesamten Demonstrationen am Samstag«, jubiliert Dominik Roeselers »Deutsche Patrioten TV«-Kanal. Udo Voigt teilt auf seinem Facebook-Profil: »Erfolge bedürfen keiner Entschuldigung.« Und Der III. Weg sieht gar einen »Meilenstein« für das »nationale Lager«. Der Protest lasse sich »noch immer nicht spalten«. Es sei nun an der Zeit, bei den Coronaprotesten nicht mehr nur mitzulaufen, sondern »eigene Akzente« zu setzen.

Auch Michael Brück, der Die-Rechte-Kader, schreibt später von »beeindruckend« vielen Protestierenden, lobt die Logistik der »Querdenker« als »ganz große Hausnummer«. Aber Brück kritisiert auch die unpolitischen Demonstranten. An einige Stellen habe er sich »wie auf einem Goa-Festival« gefühlt, es wurde »zu viel geklatscht, gesungen und getanzt«. »Es wäre problemlos möglich gewesen, mit diesen Massen die Polizeisperrstellen zu umgehen.« Brücks Forderung: Es brauche »mehr zivilen Ungehorsam«. Es ist einer der Aufrufe, der den Protest wieder ein Stück Richtung Gewalt drängt.

Auch wenn sich die »Querdenker« um Michael Ballweg nach der Berlin-Demonstration von der Aktion auf der Bundestagstreppe distanzieren: Die Rechtsextremen bleiben Teil der Bewegung. Mit den Coronaprotesten stehen auch viele alte Neonazikader plötzlich wieder auf der Straße, teils nach längeren Abstinenzen. Es sind Männer aus dem NSU-Umfeld wie Maik Eminger, Jens Bauer oder Thomas Gerlach. Auch der verurteilte Rechtsterrorist Martin Wiese aus München oder Maik Schneider aus Brandenburg, der 2019 erstinstanzlich wegen Brandstiftung an einer vorgesehenen Geflüchtetenunterkunft zu einer langjährigen Freiheitsstrafe verurteilt wurde, beteiligen sich, ebenso die norddeutsche Szenegröße Thomas »Steiner« Wulff oder der Magdeburger Liedermacher Manuel Zieber. Sie alle scheinen sich nun als Teil eines aufziehenden »Volksaufstands« zu wähnen. Die Coronakrise ist damit auch eine Revitalisierungskur für die Neonaziszene.

Am 7. November 2020 findet diese ihren nächsten Höhepunkt, diesmal in Leipzig. Wieder stehen die Rechtsextremen gemeinsam mit den »Querdenkern« auf der Straße, es kommen rund 40 000 Protestierende. Dieses Mal reihen sich auch rechte Hooligans aus Halle, Chemnitz oder Leipzig ein, zudem rechtsextreme Kampfsportler. Auch Liebich, Brück, Roeseler und Voigt sind erneut dabei. Und diesmal wird es den Widerstand geben, den Michael Brück einforderte.

Die »Querdenker« halten eine Kundgebung ab. Einen untersagten Demonstrationszug über den Leipziger Ring aber will die Polizei verhindern. Da tauchen plötzlich die Rechtsextremen vor den Beamten auf, fordern, die Straße freizumachen, werfen Pyrotechnik und Flaschen. In erster Reihe steht ein Mann aus Dortmund, der die Menge mit Mikrofon anheizt: Michael Brück.

Tatsächlich weicht die Polizei schließlich zurück, die Demonstrierenden ziehen über den Leipziger Ring. Auch Sven Liebich ist mit weißem Overall und Megafon dabei, fällt mit einer Rangelei mit einem Fotografen auf. Die Protestierenden aber feiern mit ihrem Aufzug eine vermeintliche Analogie zu den Leipziger Montagsdemos von 1989. Es ist ein weiterer Erfolg – dank der Rechtsextremen. Die Arbeitsteilung an diesem Tag funktioniert.

Die Neonazis jubeln erneut. Dominik Roeseler filmt sich noch während der Demonstration. »Sensationell, sehr sehr geil«, jubelt er in die Kamera. Dass die Demonstration erzwungen wurde, sei »ein Zeichen, was sich viele gewünscht haben«. Auch Michael Brück ist nun zufrieden, schreibt von einer »kraftvollen« Demonstration, die »durchgesetzt« wurde. Udo Voigt frohlockt: »Freie Deutsche erheben sich gegen die CoronaZwangsmaßnahmen [sic].« Und Der III. Weg bejubelt, wie »organisierte Nationalisten und Fußballfreunde« die Polizei »zum Rückzug motivierten«. Leipzig zeige, »wie wichtig es ist, solidarisch zu sein«.

Die »Querdenker« werden diese Solidarität auch jetzt nicht aufkündigen. In einer Pressemitteilung verneinen die Organisatoren Ausschreitungen aus den eigenen Reihen und erwähnen die Rechtsextremen mit keinem Wort. Gewalt habe es nur beim Gegenprotest gegeben. Und dass sich »ein Aufzug um den Innenstadtring von Leipzig gebildet hat, war den Menschen in Leipzig zu verdanken«.

Tatsächlich hatten Stimmen in den Telegram-Gruppen der »Querdenker« immer wieder vor einer Spaltung gewarnt. Ralf Ludwig, Anwalt und »Querdenken«-Wortführer, wird auf einer Kundgebung am Tag darauf die Teilnahme von Rechtsextremen wie der NPD gar begrüßen. Man demonstriere ja für Freiheit und Demokratie: »Und wenn sich die NPD genau diesem anschließt, dann ist das doch ein Erfolg von uns.« Dann sei das »doch auch Antifaschismus«. Schon kurz zuvor hatte Markus Haintz, ebenfalls Anwalt und »Querdenken«-Sprachrohr, auf seinem Telegram-Kanal wie selbstverständlich ein Posting von Michael Brück geteilt. Brück bejubelte darin einen Freispruch wegen eines Verstoßes gegen die Corona-Schutzverordnung. Auch Haintz schreibt von einem »historischen Freispruch«. Wem er da Aufmerksamkeit verschafft, erwähnt der Anwalt nicht. Michael Ballweg wird sich im November 2020 schließlich gar mit Reichsbürgern in Thüringen auf einem »Strategietreffen« zusammenfinden.

Klare Grenzziehungen sehen anders aus. Und so sickert auch die Rhetorik der Rechtsextremen in die Breite des Protests. Aus dem Widerstand gegen die Corona-Schutzregeln wird zunehmend einer gegen die Regierung und das politische System – ganz so, wie es die Neonazis von Beginn an postulierten. Und wo diese einen »Tag X« des Systemsturzes beschwören, rufen nun auch die Mitdemonstranten einen »Tag der

Entscheidung« über eine »Coronadiktatur« aus. Auch schmäht Der III. Weg schon im März 2020 die ersten Bundestagsbeschlüsse zum Infektionsschutz als »Ermächtigungsgesetz« – ein Terminus, der später ganz selbstverständlich zu den Protesten gehört. Und Sven Liebich tritt bereits im Mai 2020 in einem Anne-Frank-Shirt auf. Auch dieser die NS-Zeit verharmlosende Vergleich wird später noch breiter auftauchen.

Und die Gewalt wird sich fortsetzen. Als Mitte November 2020 Coronaprotestierer vor dem Bundestag in Berlin gegen die Verabschiedung des neuen Infektionsschutzgesetzes demonstrieren, reisen wieder etliche Neonazis an, es kommt zu Angriffen auf Polizisten. Vorn mit dabei heizt Sven Liebich die Stimmung an, ruft den Beamten zu: »Erschießt doch einfach die Leute!« Die Polizei reagiert mit Wasserwerfern, Berlins Polizeipräsidentin Barbara Slowik spricht im Anschluss von »immenser« Gewalt. Im Dezember schließlich stuft der Verfassungsschutz das Stuttgarter »Querdenken-711« als Beobachtungsobjekt ein. Die Initiative werde von Reichsbürgern und Rechtsextremisten angeführt und schüre »gezielt Hass auf den Staat«, erklärt Innenminister Thomas Strobl (CDU).

Nun langsam reagieren die Organisatoren. Sie appellieren an Teilnehmer, keine Reichsfahnen mehr zu den Protesten mitzubringen. Bei einem »Querdenken«-Protest in Düsseldorf bitten sie erstmals die Polizei, angereiste Hooligans und Rechtsextreme auszuschließen. Auch einige der Neonazis zweifeln. Dem III. Weg fehlt bei den »Querdenkern« eine »fundierte Systemkritik«. Die Partei warnt auch vor zu wilden Verschwörungstheorien, vor »obskuren Sumpfblüten«, die das »rechte Lager« als »Zoo irrationaler Erscheinungen« disqualifizieren und zu »Verlierern der Krise« machen könnte. Ein Einwurf, den auch Michael Brück auf seinem Telegram-Kanal als »lesenswert« teilt. Sven Liebich wiederum wirft den »Querdenken«-Organisatoren Abzocke vor – während er selbst weiter Coronaprotest-Artikel verkauft.

Die Demonstrationen besuchen die Neonazis dennoch vorerst weiter. Zu groß bleibt die Verlockung, die zugeneigte Masse für die eigene Propaganda und Mitstreitersuche zu nutzen. Oder, wie es Der III. Weg einmal festhält: »Weil es nirgendwo sonst einfacher war, sich direkt an deutsche Seelen zu wenden, ohne keifenden Antifa-Pöbel und Hamburger Gitter im Weg.«

Reichs- und Regenbogenfahnen

Allianzen in Zeiten der Pandemie

Von Andreas Speit

Die Außenanlage der »Hacienda Mexicana« zieren Palmen und Sukkulenten, am großen Gebäude im roten Klinkerstil mit Saal wirbt ein Schild: Auf grauem Grund mit grünem Rand steht in Orange »Hacienda« und etwas größer in Schwarz »Mexicana«. Wenig deutet hier im thüringischen Saalfeld auf ein »Reich« hin, gar auf ein »deutsches Königreich«. Doch ein Hinweis am Eingang des weitläufigen Geländes im Stadtteil Wöhlsdorf macht Gästen klar, dass sie eine vermeintliche Landesgrenze überschreiten: »Zutritt nur für Staatsangehörige und Zugehörige des Königreiches Deutschland. Mit dem Betreten der Räumlichkeiten sind Sie temporärer Staatsangehöriger des Königreiches Deutschland«. Rechte und Pflichten würden mit dem Eintreten in den nicht »öffentlichen Gastronomiebetrieb« jedoch nicht entstehen. Das Restaurant gehöre seit 2019 zum »Königreich Deutschland«, erklärte dessen Betreiber Maik Triemer unlängst. Die AfD und ihre rechtsextremen Leitfiguren wie der Thüringer Landesvorsitzende Björn Höcke und die Bundestagsabgeordnete Alice Weidel waren hier schon gern gesehene Gäste. Kaum überraschend also, dass in dem weit über Thüringen hinaus bekannten »Königreich« und Treffpunkt der Reichsbürgerbewegung das erste konspirative Treffen zwischen »Coronarebellen« und »Reichsbewegten« stattfand.

Am 15. November 2020 trafen sich in dem Restaurant »seine königliche Hoheit Peter der Erste«, wie sich der gelernte Koch Peter Fitzek aus Wittenberg (Sachsen-Anhalt) seit 2012 nennt, und Michael Ballweg, Initiator der »Querdenken«-Bewegung aus Stuttgart. Bis zu dieser als »Arbeitstreffen« deklarierten Zusammenkunft in Saalfeld hatte sich Ballweg offiziell von der Reichsbürgerbewegung distanziert. Am Volkstrauertag 2020 aber folgte Ballweg einer Einladung von Fitzek, der 2012 auf dem Gelände eines ehemaligen Krankenhauses in Wittenberg das »Königreich Deutschland« ausrief und seitdem als einer der bekanntesten Reichsideologen mit Fantasieausweisen, einer Fantasieversicherung und dubiosen Geldgeschäften die Justiz beschäftigte.

Die *Frankfurter Allgemeine Zeitung* berichtete darüber, dass der Gründer von »Querdenker-711« aus Stuttgart zu dem Geheimtreffen ausgewählte Mitstreiter mit dem Hinweis eingeladen hätte, dass »diese Einladung vertraulich« behandelt werden solle. »Redet nicht in eurem Umfeld über dieses Treffen und über unsere neuen Ideen«, zitiert die *FAZ* am 26. November 2020 zudem aus der E-Mail-Einladung Ballwegs. Das Treffen sei geboten, um sich »nach neuen Möglichkeiten und anderen Strategien um(zu)sehen«. Ein »Lichtblick« wäre aber schon gefunden, schrieb Ballweg weiter, ließ jedoch unerwähnt, dass der schillernde Peter Fitzek anwesend sein würde.[1] An die 80 Reichsbewegte und »Coronarebellierende« kamen schließlich zu der Audienz zusammen. Das Geheimtreffen endete jedoch vorzeitig, nachdem die Polizei einschritt. Die Beamten hatten einen Hinweis bekommen, dass bei der Veranstaltung die Coronaauflagen nicht eingehalten würden.

In der »Querdenken«-Bewegung wird nach dem Auffliegen des konspirativen Treffs sogleich eine Verschwörung ausgemacht. Die Erfurter Telegram-Gruppe »Querdenken-361« verbreitete schnell einen Post von Hermann Poppa. Einen Tag nach dem Treffen wusste der mit »Querdenken« sympathisierende Politologe und Publizist auf seiner Facebook-Seite: »Leute, morgen wird die Mainstreampresse Vernichtendes über unsere Demokratiebewegung berichten. Die führenden Personen von »Querdenken« haben sich [...] mit dem ›König von Deutschland‹ Peter Fitzek, getroffen.« Dieser hätte, gibt Poppa aus Berichten von offenbar Anwesenden wieder, den »Querdenker«-Führungspersönlichkeiten einen »zweieinhalbstündigen Vortrag über sein Königreich gehalten«. Einige Führungspersönlichkeiten von »Querdenken« hätten empört die Versammlung verlassen. Sie wären jedoch »in eine Falle getappt: das Haus von Fitzek war von gigantischen Polizeieinheiten umstellt. Das Ganze wurde gefilmt und wird dann zeitnah zum Mittwoch in den Mainstream-Medien als Bombe platzen. ›Seht her! Wir hatten doch immer recht, dass das alles Reichsbürger sind!‹‹«, führt Poppa aus. Und er warnt seine »Querdenken«-Mitstreiter: »[W]ir müssen uns [...] KLAR UND DEUTLICH erkennbar von den Reichs-bürgern und vom Königreich Deutschland distanzieren«. Offen ist, ob Poppa mit dieser Aufforderung vor allem einer möglichen Überwa-chung der »Querdenken«-Bewegung durch die Verfassungsschutz-ämter und -behörden zuvorkommen wollte, da die Frage spätestens seit Anfang August 2020 in den Innenministerien der Länder keines-wegs ausschließlich wegen deren Reichsbürgernähe diskutiert wird.

Am 9. Dezember 2020 preschte dann das Landesamt für Verfas-sungsschutz in Baden-Württemberg vor. Die Organisatoren und Glie-derungen der Bewegung »Querdenker-711« stufte das Amt in ihrem Stammland als »Beobachtungsobjekt« ein. In der Bewegung würden sich »Akteure aus dem Milieu der Reichsbürger und Selbstverwalter« sammeln, verkündete Baden-Württembergs Innenminister Thomas Strobl (CDU). »Schon im April und dann im Mai gab es Veranstaltun-gen, auf denen ›Querdenker‹ eine unheilvolle Allianz mit Reichsbür-gern, Selbstverwaltern und Rechtsextremisten eingegangen sind, das Epizentrum des Phänomens ist die Initiative ›Querdenken-711‹ in Stutt-gart.« Auf dem »Tag der Freiheit«, wie die »Querdenker«-Bewegung ihre Demonstration am 1. August 2020 in Berlin bewarb, fand diese Al-lianz von Reichsbewegten und Corona-Rebellierenden bundesweit Be-achtung. Bei dem »Sturm« auf den Bundestag wehten Reichsfarben neben Regenbogenfahnen im Wind. Diese Allianz zwischen Schwarz-Weiß-Rot und Rot-Orange-Gelb-Grün-Blau-Lila ist nicht allein Ignoranz oder falsch verstandener Toleranz geschuldet. Sie folgt auch aus in-haltlichen Motiven, die nicht auf die Relativierung der Pandemie allein begrenzt sind.

Bereits direkt nach der Gründung der Bundesrepublik träumte das rechtsextreme Spektrum in unterschiedlichen Spielarten erneut von ei-nem Deutschen Reich. Die 1946 gegründete Sozialistische Reichspar-tei spiegelte dies gleich mit der Namenswahl. Einer der ersten selbst-ernannten Reichsbürger war 1985 Wolfgang Gerhard Günter Ebel, der an seinem Haus in Berlin-Zehlendorf ein Schild anbrachte, wonach dieses der Amtssitz der »Kommissarischen Reichsregierung« sei. Bis zu seinem Tod 2014 hatte er unter anderem das Amt des »Reichs-kanzlers« inne. In den 2000er Jahren erstarkte diese Strömung des

Rechtsextremismus erneut; die Reichsbürgerinnen und -bürger verstehen sich selbst teilweise als »natürliche Person« in Abgrenzung zu Bundesbürgerinnen und -bürgern. Ihre Botschaft vom vermeintlichen »Besatzungsrecht«, dem »Kunstgebilde BRD« und dem Recht, eigene Staaten auszurufen, wird durch soziale Medien verstärkt. In der Fachliteratur schlagen Politologinnen und Rechtsextremismusforschern vor, idealtypisch von vier Milieus in der äußert heterogenen Szene auszugehen:

- Rechtsextreme, die seit 1945 verschiedene Reichsideen verfolgen
- Reichbürger, die eigene Reichsregierungen ausrufen
- Selbstverwalter, die als »souveräne Menschen« unabhängige Staaten und Reiche gründen
- Souveränisten, die die Bundesrepublik nicht als souveränen Staat anerkennen.[2]

Bei den Reden auf unterschiedlichen Demonstrationen der »Querdenken«-Bewegung, die sich als zentrale Sammlungsbewegung der sogenannten Hygienedemonstrationen etablierten, fielen schon zu Beginn einzelne Fragmente aus den Reichsideologien auf, die sich später verdichteten. In Berlin etwa beklagte am 1. August 2020 der rechtsextreme Vlogger Thorsten Schulte[3] die fehlende Selbstbestimmung des Einzelnen und eine anhaltende »Verschwörung zur Unterdrückung von Wirklichkeit«. Eine knappe Woche später, am 8. August 2020, hinterfragte in Stuttgart Michael Ballweg bei einer »Querdenken«-Kundgebung, wie denn die Rechtslage mit einem Friedensvertrag sei. In Berlin erklärte am 30. August 2020 »Querdenker« Stephan Bergmann, das Grundgesetz sei »Besatzungsrecht«, und nach Artikel 146 wäre eine verfassunggebende Versammlung für eine Verfassung geboten. Kurzum: »Querdenker« docken an Narrative der Reichsideologie an, wonach entweder irgendein früheres »Deutsches Reich« weiterbestünde, Deutschland besetzt sei, die Bundesrepublik ein Konstrukt der Alliierten sei oder eine Firma namens »BRD GmbH«.

Stephan Bergmann kommt aus diesem Spektrum. Der »Querdenker« und ehemalige Pressesprecher von »Querdenken-711« ist laut

Innenministerium Baden-Württemberg Mitbegründer des Schorndorfer Vereins Primus inter Pares. Auf eine parlamentarische Anfrage der Grünen teilte das Stuttgarter Innenministerium im Dezember 2020 zudem mit, dieser würde vom Landesamt für Verfassungsschutz seit Jahren beobachtet und »sowohl der ›Reichsbürger‹- und ›Selbstverwalter‹-Szene wie auch dem Rechtsextremismus zugeordnet«.[4] Andere Strukturen aus dieser Szene nennen sich »das Amt für Menschenrechte«, »Bewusst TV«, »Exilregierung Deutsches Reich«, »Freistaat Preußen«, »Reichsbewegung – Neue Gemeinschaft von Philosophen«, »Staatenlos.info«, »Verfassungsgebende Versammlung« oder »Königreich Deutschland«.[5] Nicht immer sind sie gleich stark aktiv. Die meisten Reichsbewegten sind auch nicht in festen Organisationen verankert. Lange Zeit war die Bewegung durch ihr Auftreten – endlose Monologe – und ihre Taktiken, wie etwa seitenlange Fax- oder E-Mail-Traktate zu verschicken, in Verwaltungen, Justiz und Polizei als Ansammlung von lästigen Spinnern und Verrückten abgetan worden.

Dass die Strategie der Pathologisierung einer politischen Bewegung jedoch immer mit einer Relativierung ihrer Ideologie, Radikalität und auch ihrer Ausbreitung einhergeht, zeigt sich auch bei den Reichsbürgern: Über Jahre konnte etwa Peter Fitzek in Wittenberg auf einem ehemaligen Krankenhausgelände sein Königreich führen, mit eigener Währung, Bank und Krankenkasse, bevor der Staat 2017 einschritt. Verfahren und Verurteilungen folgten. Und trotz zahlreicher gewaltsamer Angriffe von schwer bewaffneten Reichsbürgern auf Vertreter des verhassten Staats, wie etwa Gerichtsvollzieher oder Polizeibeamte, stellte erst der Tod eines SEK-Beamten einen Wendepunkt dar: Der 32-jährige Polizeibeamte wurde am 19. Oktober 2016 in Georgensgmünd (Bayern) von Wolfgang Plan, einem Angehörigen der sogenannten Reichsbürger, erschossen, vier weitere Polizisten wurden verletzt, zwei schwer. Plan hatte nach Informationen des zuständigen Landratsamtes rund 30 Schusswaffen gehortet und wehrte sich gegen eine angekündigte Überprüfung. Als die Beamten frühmorgens gegen 6.30 Uhr in das Haus des Reichsbürgers eindrangen, schoss dieser sofort. Der 49-jährige Plan hatte auf seiner Facebook-Seite ein bei Reichsbürgern und Rechtspopulisten typisches

Patchwork aus Verschwörungstheorien, Wutattacken auf Bundeskanzlerin Angela Merkel und Beiträgen des in diesen Kreisen beliebten Kopp-Verlags veröffentlicht. Im Juni 2017 entschied die deutsche Innenministerkonferenz unter »Tagesordnungspunkt 5« dann, dass »die Ideologie der ›Reichsbürger und Selbstverwalter‹ [für] unvereinbar mit der arbeits- und beamtenrechtlichen Pflicht öffentlicher Bediensteter« sei, sowie »für die freiheitlich demokratische Grundordnung einzutreten«.[6] Daraufhin traten die Kreise der ausgemachten Verfassungsfeinde in der Öffentlichkeit um einiges leiser auf.

Bis zur Pandemie registrierten Verwaltungen und Polizei in den meisten Bundesländern weniger offensichtliche Selbstoutings durch Formulierungen wie »Ich bin die freie Frau« oder »Sebastian a. d. F. von Hinternberg« – wobei die Abkürzung »a. d. F.« als Kurzform von »aus der Familie« verwendet wird. Das veränderte Auftreten der Szene könnte auch eine Erklärung dafür sein, dass das Bundesamt für Verfassungsschutz zuletzt im März 2020 von knapp 18 000 Reichsbürgern ausging, von denen der Geheimdienst jedoch lediglich 950 auch als Rechtsextreme registriert hat. In den Bundesländern sind die Reichsbewegten unterschiedlich präsent und aktiv – neben Ostdeutschland gelten Baden-Württemberg und Bayern als Schwerpunkte, wo ein Drittel aller offiziell bekannten Reichsbürgerinnen und -bürger lebt.

Das steigende Interesse der Strafverfolgungsbehörden und die Beobachtung durch den Inlandsgeheimdienst werden im Milieu mit der Verfolgung von Juden und Jüdinnen im Nationalsozialismus gleichgesetzt, eine Relativierung des Holocaust, die sich auch bei den Protesten gegen die Coronamaßnahmen wiederfindet. Dieser Selbststigmatisierung zum Trotz sind in dem Reichsideologie-Milieu jedoch antisemitische Narrative omnipräsent – das ist nur einer der vielen inhaltlichen Widersprüche. Jan Rathje, Leiter des Projektes »No World Order. Handeln gegen Weltverschwörungsideologie« bei der Amadeu-Antonio-Stiftung schlägt vor, in der Auseinandersetzung mit Reichsbürgern zu fragen, wer denn »genau für die ›BRD-GmbH‹, eine Unterjochung des ›deutschen Volkes‹ oder die große Verschwörung verantwortlich« sei. Denn hierauf folge oft selbstentlarvend als Antwort der Hinweis auf die »US-Ostküste«, das »Finanzkapital«, »die Rothschilds« oder auch Menschen mit einer »gewissen Religion«. Alles Termini, die antisemitische Stereotype triggern. In »Die vermeintlichen ›Mächte im Hintergrund‹« resümiert Rathje 2017: »Der Antisemitismus ist ein zentrales Strukturelement der Ideologie des Reichsbürger-Milieus. Er liefert nicht nur eine Welterklärung, sondern dient auch der Identitätskonstruktion zwischen bösen, weltbeherrschenden Juden und guten, unterdrückten Deutschen«.[7] In letzter Instanz macht auch Peter Fitzek in seiner Kritik am »Zinseszinssystem« Juden und Jüdinnen für die negativen Tendenzen der Moderne mit verantwortlich.[8]

Zwar wurde die Figur der »unterdrückten Deutschen« bei Protesten gegen die Coronamaßnahmen nicht durchgängig beklagt. Doch Selbstviktimisierung und antisemitische Stereotype sind bei »Coronarebellierenden« deutlich zu erkennen. Am »Tag der Freiheit« etwa zitierte der »rechte« Vlogger Thorsten Schulte zunächst die bekannten Zeilen aus dem Klassiker »Der kleine Prinz« des französischen Schriftstellers Antoine Saint-Exupéry: »›Man sieht nur mit dem Herzen gut. Das Wesentliche bleibt für das Auge unsichtbar‹«, um dann zu betonen: »Wenn wir mit dem Herzen sehen, dann werden wir all die Täuschungen im Hier und Jetzt und das ganze Ausmaß der Fremdbestimmung erkennen können.«

Ein weiteres zentrales Thema der Reichsideologieszene: Einwanderung von »Fremden« und Austausch der »Heimischen«. Wenig überraschend laufen Reichsbewegte regelmäßig bei Protesten gegen Geflüchtete mit. Auf der Webseite des »Königreiches Deutschland« sind die rassistischen Ressentiments unter »Gesetzliche Grundlagen« ausgeführt: »Einzig die in Massen ins Land geholten Ausländer, die die deutsche Staatsangehörigkeit anstreben, bekennen sich zur ›freiheitlich-demokratischen Grundordnung des Grundgesetzes‹ und lassen sich nun zum neuen deutschen Staatsvolk unter dem Grundgesetz machen. Man tauscht damit in Deutschland das Volk aus und versucht so tatsächlich, das Grundgesetz zu einer Verfassung zu machen.« Im Jahr 2015 beklagte Peter Fitzek im »KRD-TV« – dem YouTube-Kanal »KönigreichDeutschlandTV« –, die Geflüchteten seien junge Männer aus dem Mittelstand mit Geld, und kritisierte »die Willkommenskultur«.

Expertinnen und Experten gehen davon aus, dass das Durchschnittsalter bei Reichsbürgern zwischen 40 und 60 Jahren liegt und »ungefähr drei Viertel männlich« seien. Sie treibt die anhaltende Sorge vor Radikalisierungsprozessen an, die in Taten enden könnten. Wolfgang Plan aus Georgensgmünd war nicht der erste Reichsbewegte, der seine Waffen gegen Vertreterinnen des Staats einsetzte. Adrian Ursache, der 2014 in Reuden (Sachsen-Anhalt) den Scheinstaat »Ur« ausrief, schoss am 25. August 2016 auf einen Polizeibeamten, als das Grundstück zwangsgeräumt werden sollte, und wurde, nachdem der Bundesgerichtshof im Jahr 2020 die Revision gegen das Urteil verwarf, wegen versuchten Mordes zu sieben Jahren Haft verurteilt.[9] An die 120 Unterstützer hatte der ehemalige »Mister Germany« gegen die Räumung des Anwesens mobilisieren können. Einer von ihnen: Wolfgang Plan. Die Militanz ist ideologisch motiviert. Wer sich selbst zum Souverän erhebt, hält ein Selbstverteidigungsrecht gegen den Staat und seine Vertreterinnen und Vertreter durchaus für selbstverständlich.

In der Öffentlichkeit gibt Peter Fitzek nach dem geplatzten Geheimtreffen in Saalfeld bereitwillig Auskunft zur Intention des »Arbeitstreffens« mit den »Querdenkern«. Das Ziel: »nächste Arbeitsschritte zu organisieren« für eine »neue menschliche Form des Zusammenlebens«. Die Gründe für die Reichsbewegten, auf die »Coronarebellen«-Szene zuzugehen, liegen auf der Hand: Die Ablehnung aller staatlichen Maßnahmen und das Leugnen der Gefährlichkeit des SARS-CoV-2-Virus sind gemeinsame Nenner. Im Gespräch mit der *Ostthüringer Zeitung* vom 16. November 2020 relativierte Peter Fitzek die Gefahr durch die Pandemie und hob stattdessen Eigenverantwortlichkeit hervor: »Jeder ist für sein Körper-Milieu selbst verantwortlich.«

Zwei Tage nach dem Treffen mit Peter Fitzek veröffentlichte »Querdenken-711« eine Pressemitteilung. »Die Ideologie der Reichsbürger deckt sich nicht mit den Motiven der ›Querdenken‹-Initiative«, heißt es darin. Gleichzeitig wird behauptet, Peter Fitzek werde »fälschlicherweise der Reichsbürgerszene zugerechnet«. Für »Querdenken« sei »unerheblich«, »[o]b jemand durch Dritte als Reichsbürger bezeichnet« werde. Da überrascht es dann auch nicht, dass man sich über »Demonstrations-Formate«, »Schwächen von zinsbasierten

Geldsystemen« und »Alternativen zur Schulmedizin« austauschte. Eine Distanzierung scheint »Querdenken« also nicht geboten. Warum auch? Schließlich wiederholt »Querdenken-711« in der Mitteilung die alte Forderung der Reichsbewegten: »Die Umsetzung von Artikel 146 des Grundgesetzes und einen Volksentscheid«.

Anmerkungen

1 Audienz bei König Peter I., FAZ, 26.11.2020, https://www.faz.net/aktuell/politik/inland/querdenker-um-michael-ballweg-treffen-reichsbuerger-peter-fitzek-17070780.html, zuletzt abgerufen am 21.02.2021

2 Siehe: Andreas Speit, Reichsbürger – eine facettenreiche, gefährliche Bewegung, in: Ders. (Hg.), Reichsbürger – Die unterschätze Gefahr, Berlin 2017, S. 15

3 Vgl. den Beitrag von Julius Geiler, S. 212

4 Vgl. Drs. 16/9568 vom 17.12.2020, Antrag des Abgeordneten Alexander Maier u. a. GRÜNE und Stellungnahme des Ministeriums des Innern, Digitalisierung und Migration »Proteste gegen Corona-Auflagen«, https://www.landtag-bw.de/files/live/sites/LTBW/files/dokumente/WP16/Drucksachen/9000/16_9568_D.pdf?fbclid=IwAR3fBKb2BJ3sFO44E0DDbdGCT_-Xm-YJuoHK3c-vTouxtTVpZ3ckU9OI2gA, zuletzt abgerufen am 21.02.2021

5 Andreas Speit, Reichsbürger – eine facettenreiche, gefährliche Bewegung, S. 13 f.

6 Sammlung der zur Veröffentlichung freigegebenen Beschlüsse der 206. Sitzung der Ständigen Konferenz der Innenminister und -senatoren der Länder, Berlin, 16.06.2017 https://www.innenministerkonferenz.de/IMK/DE/termine/to-beschluesse/2017-06-14_12/beschluesse.pdf?, zuletzt abgerufen am 21.02.2021

7 Jan Rathje, Die vermeintlichen Mächte im Hintergrund, in: Speit (Hg.), Reichsbürger – Die unterschätzte Gefahr, S. 142

8 Vgl. Jean-Philipp Baeck, Wenn er König von Deutschland wär', in: Speit (Hg.), Reichsbürger – Die unterschätzte Gefahr, S. 62–78

9 Vgl. BGH Beschluss vom 07.05.2020, Az. 4 StR 633/19, https://www.bundesgerichtshof.de/SharedDocs/Pressemitteilungen/DE/2020/202006l.html?nn=10690868, zuletzt abgerufen am 21.02.2021

Organisatoren, Influencerinnen, Aushängeschilder

Coronakritikerinnen und -leugner im Netz

Von Karolin Schwarz

»Querdenken«, Schweigemarsch, Hygienedemos: Seit dem Frühjahr 2020 organisieren Pandemieleugner und -verharmloserinnen Demonstrationen in verschiedenen deutschen Städten. Auch wenn die Veranstaltungen unter variierenden Labels stattfinden – ihre Ziele sind oft deckungsgleich, und oft treten dieselben Protagonisten auf. Mithilfe diverser Plattformen, vor allem aber auf Telegram, YouTube und Facebook, vernetzen sich die Sprecher und Sprecherinnen der Bewegung mit den Demonstrierenden, planen Aktionen und schaukeln sich gegenseitig hoch in ihrer Wut gegenüber jenen, die sie zu Feinden erklären: Politiker und Politikerinnen, Virologinnen und Virologen, Journalistinnen und Journalisten oder einfach Menschen, die sich an die geltenden Einschränkungen zum Schutz vor dem Coronavirus halten.

Hinter der Mobilisierung steht ein breites Netz aus kleinen und kleinsten Organisationen und Einzelakteuren, die auf Demonstrationen sprechen, ihre Telegram-Kanäle ununterbrochen mit Inhalten bespielen, stundenlange Videos von Demonstrationen ins Internet streamen oder den Soundtrack der Bewegung produzieren. Einige Organisationen verschwinden so schnell wieder, wie sie aufgetaucht sind. Widerstand 2020 dürfte das prominenteste Beispiel sein. Innerhalb kürzester Zeit habe die neue Partei mehr als 100 000 Mitglieder angeworben, hieß es Anfang Mai 2020 aus den Reihen der Gründer. An der genannten Zahl wurden früh erhebliche Zweifel laut. Nach internen Differenzen löste sich die Gruppierung in den ersten Juniwochen 2020 weitestgehend wieder auf. Ein angekündigter Neustart blieb aus, der auf der Website verlinkte Telegram-Kanal lag ab August 2020 brach. Eine größere Lücke hat die Gruppe nicht hinterlassen: Das Feld der Protagonisten ist breit, und auch die Gründerinnen von Widerstand 2020 – wie etwa der Sinsheimer HNO-Arzt Bodo Schiffmann und Sandra Wesolek, laut ihrem Profil bei Xing »Investorin, Visionärin, Coach« – sind weiter in der Szene aktiv. Schiffmann beteiligte sich ab Juni 2020 zudem am Parteiprojekt »Wir 2020«, erklärte aber schon im August 2020 seinen Rücktritt vom Parteivorstand. Die kurzzeitig bei Widerstand 2020 als Parteichefin aktive Sandra Wesolek trat schon noch wenigen Wochen von dieser Position zurück und beteiligte sich im Dezember 2020 aber beispielsweise an der sogenannten »Frauenbustour«. Deren Organisationsteam aus Frauen und Männern hat eine neue Plattform geschaffen, um Events für die Coronaleugner-Bewegung vor Ort zu schaffen.

Im März 2020 fanden in Berlin die ersten sogenannten Hygienedemos statt. Als Organisatoren traten Aktivisten der »Kommunikationsstelle Demokratischer Widerstand« um Anselm Lenz und Hendrik Sodenkamp auf. Beide kommen ursprünglich aus der Berliner Theaterszene und ergänzten ihre Aktivitäten vor Ort und im Internet auch durch die massenhaft und kostenlos verteilte Handzeitung *Demokratischer Widerstand*. Die Gruppe betreibt auch einen YouTube-Kanal, der aber mit lediglich 4120 Abonnements vergleichsweise wenig Aufmerksamkeit erhält. Zu den prominenten Gästen der Demonstrationen zählte ebenfalls der ehemalige *RBB*-Moderator und Verschwörungsideologe Ken Jebsen, der sich auch vor Ort zeigte.[1] Ansonsten begleitet Jebsen die Coronapandemie aber vor allem online, seit Beginn mit Verschwörungserzählungen auf seinen diversen Kanälen bei Telegram und alternativen Videoportalen. Auf YouTube wurden seine Videos hunderttausendfach angesehen. Im Herbst 2020 wurde sein Kanal mit mehr als 510 000 Abonnements nach Verwarnungen durch YouTube jedoch gesperrt.

Die »Querdenker«-Demonstrationen haben ihren Ursprung in Stuttgart, wo Michael Ballweg, ein bis zum Frühjahr 2020 allenfalls den Großkunden seiner Software-Firma – nach Angaben Ballwegs gehören dazu Bosch und die Thyssenkrupp AG – bekannter Diplom-Volkswirt, Mitte April 2020 die erste Demonstration anmeldete. An seiner Seite steht der Leipziger Anwalt Ralf Ludwig[2], der die Gruppierung auch in rechtlichen Fragen vertritt und einen eigenen Telegram-Kanal betreibt, auf dem er seine Abonnenten und Abonnentinnen mit Neuigkeiten über juristische Auseinandersetzungen, Musterschreiben für Protestaktionen, Pandemieverharmlosung und Spendenaufrufen versorgt. Ludwig betreibt diesen Kanal erst seit Ende Oktober 2020, hat allerdings in einem Zeitraum von zwei Monaten bis zum Jahresende bereits eine Gefolgschaft von mehr als 50 000 Abonnierenden aufgebaut. »Querdenken« ist zu einem hyperlokalen Franchise geworden, das die »Hygienedemos« nach und nach ablöste. Auf der Website von »Querdenken-711«, dem Stuttgarter »Original«, sind insgesamt 165 tatsächlich existierende Kanäle, Seiten und Konten auf Telegram (52), Instagram (43), Twitter (35), Facebook (34) und YouTube (1) verlinkt. Acht weitere »Querdenker«-Konten wurden mittlerweile von Twitter gesperrt. Mit insgesamt 86 456 Abonnenten und Abonnentinnen ist ihre Reichweite auf Telegram am größten. Darauf folgt YouTube mit 76 700 Abonnements, die alle zum Stuttgarter Kanal gehören. Es folgen Facebook (47 887 Likes), Instagram (35 086 Abonnenten) und Twitter (13 394 Follower). Insgesamt ist die Reichweite damit überschaubar. Allerdings verfügen auch einige zentrale Figuren der Bewegung über eigene Kanäle, die das Angebot ergänzen. Dass Telegram eine zentrale Rolle spielt, ist im Jahr 2020 nicht ungewöhnlich, hat der Messengerdienst doch den Ruf, kaum oder gar nicht moderierend einzugreifen. Kanäle und Gruppen ergänzen sich auf Telegram und sorgen dafür, dass sowohl ein reines Aussenden von Information als auch Diskussionen unter Tausenden Menschen möglich sind. Auf einer eigenen Website bietet »Querdenken-711« außerdem Material für ihre Anhänger und Anhängerinnen an: In PDFs mit Titeln wie »Drei zentrale Mythen der Pandemie« werden hartnäckige Falschmeldungen und verzerrte Fakten reproduziert. Außerdem werden unter der Kategorie »Musterschreiben« diverse Vordrucke bereitgestellt, beispielsweise eine Anzeige wegen Polizeigewalt, ein Vordruck für eine Beschwerde bei Medien sowie Musterbriefe, die angeblich die Befreiung von der Maskenpflicht ermöglichen sollen.

Neben den Berliner und Stuttgarter Organisatoren beteiligten sich weitere Akteure und Akteurinnen an der Organisation und Bewerbung der Veranstaltungen. Unter dem Titel Honk for Hope schlossen sich zum Beispiel Busunternehmer zusammen, die Anreisen für Demoteilnehmende organisierten. Ursprünglich ging es bei der Initiative um die

Rettung der Busunternehmen während der ersten Coronamaßnahmen im Frühling 2020. Inzwischen haben sich einige der Initiatoren von »Honk for Hope« distanziert. Andere sind dabeigeblieben, etwa Kaden-Reisen aus Plauen im sächsischen Teil des Vogtlands. Oder der Wiener Busunternehmer Alexander Ehrlich, der auf dem Videokanal von »Honk for Hope« (12 300 Abonnements) aktiv zum Protest aufruft. Die Busunternehmer und »Querdenken« vernetzten sich online – unter anderem auf Telegram, seitdem der Kanal der Initiative im September 2020 angelegt wurde. Busunternehmer Ehrlich war aber bereits im Juli 2020 aktiv, um Informationen über Busreisen zu streuen. Auf Telegram sind auch die Akteurinnen der »Frauenbustour« anzutreffen, deren Team – anders, als der Name suggeriert – auch aus Männern besteht und in verschiedenen Orten Deutschlands Halt macht, um vor Ort durch Kundgebungen Präsenz zu zeigen. Auch diese Veranstaltungen werden oft live ins Netz übertragen und sind insbesondere im zweiten Lockdown im Winter 2020 ein wichtiges »Lebenszeichen« – nach innen, um den Anhängerinnen und Anhängern Aktionsmöglichkeiten aufzuzeigen und sie zu eigenen Aktionen zu ermutigen, und nach außen, um die mediale und öffentliche Präsenz von »Querdenken« in Zeiten verschärfter Versammlungsregelungen aufrechtzuerhalten. Neben den Demonstrationen nutzte man die Wintermonate, um zur Verbreitung von Flyern, zur Öffnung von Geschäften trotz der Schutzmaßnahmen und anderen kleineren, dezentralen Aktionen aufzurufen. Videos dieser Aktionen, etwa größerer Gruppen beim maskenlosen Einkaufen, werden unter Jubel in den Kanälen und Gruppen der Szene verbreitet. Großdemonstrationen, wie etwa Mitte Januar in Wien, bleiben aber wichtig, um die Empörung wachzuhalten.

Inhaltlich gibt es – kaum überraschend – wenige Unterschiede zwischen all diesen Veranstaltungen und der Propaganda im Netz: Die Pandemie wird geleugnet oder verharmlost, die deutsche Demokratie zur Diktatur erklärt, Virologen und Virologinnen wird die Expertise abgesprochen und alle diejenigen, die sich vor einer Erkrankung schützen wollen, werden als ahnungslose Schafe porträtiert.

Die Szene der Coronaleugnerinnen und Pandemieverharmloser stützt sich maßgeblich auf eine Handvoll vermeintlicher Experten – vorzugsweise mit Doktor- oder Professorentiteln unterschiedlichster Fachrichtungen –, um ihre Standpunkte zu legitimieren. Diese fungieren vor allem als Aushängeschilder ihrer jeweiligen Berufsgruppen. So wie etwa der ehemalige SPD-Bundestagsabgeordnete und Mediziner Wolfgang Wodarg, der die Gefahren der Pandemie schon sehr früh verharmloste. Zur Verbreitung seiner Thesen trug zunächst vor allem ein Interview mit der ehemaligen Tagesschausprecherin und heutigen Verschwörungsideologin Eva Herman auf deren YouTube-Kanal im März 2020 bei, das hunderttausendfach auf YouTube angesehen wurde. Ein Gespräch Wolfgang Wodargs mit der ehemaligen RTL-Moderatorin Milena Preradovic – ebenfalls auf deren Youtube-Kanal – wurde bis Dezember 2020 mehr als 1,6 Millionen Mal auf YouTube aufgerufen. Ebenso wie der ehemalige Bundestagsabgeordnete Wodarg ist auch der emeritierte Infektionsepidemiologie-Professor Sucharit Bhakdi ein Stargast in den YouTube-Videos der Coronaleugner und -verharmloserinnen. Nach massiver Kritik an seinen Thesen und mit fortschreitender Pandemie wehrte sich der Autor des in der Szene als Quasibibel gehandelten Buchs »Corona Fehlalarm?« in einem Interview mit der *Neuen Osnabrücker Zeitung* im November 2020 gegen den Vorwurf, er sei ein Coronaleugner, mit dem Satz: »Natürlich ist das Corona-Virus gefährlich!« und dem Nachsatz, er sei missverstanden worden. Gleichzeitig wiederholte Bhakdi seine Kritik an »unseligen und überzogenen Schutzmaßnahmen«.[3] Würde »das vermeintliche Killervirus so bekämpft wie zurzeit, dann sind wir auf dem Weg des kollektiven Selbstmordes«, behauptete Bhakdi, der auch Vorsitzender der Mediziner und Wissenschaftler für Gesundheit, Freiheit und Demokratie (MWGFD) ist. Im Selbstverständnis des Vereins heißt es:»Radikalismus jeder Form lehnen wir strikt ab. Als überparteilicher Verein enthalten wir uns tagespolitischer Betätigung, stehen Regierungen und Parlamenten aber gern mit unserem Rat zur Verfügung.« Tatsächlich haben sich in dem Verein führende Stichwortgeber und -geberinnen der Coronaleugner zusammengeschlossen, um sich den Anstrich eines seriösen, wissenschaftlichen Lobbyvereins zu geben. Im Oktober 2020 wurde dem Verein die Gemeinnützigkeit entzogen. Zwar wirbt man in diesen Kreisen recht häufig mit Zahlen, die auf den ersten Blick beeindruckend wirken. Oft mangelt es allerdings an tatsächlicher Transparenz. Im Vergleich bleibt die Reichweite gegenüber seriösen wissenschaftlichen Inhalten, wie etwa dem Podcast mit Christian Drosten und Sandra Ciesek, weit zurück. Die Verharmloser und Leugner sind nicht in der Mehrheit, wie es die Zustimmung zu den Schutzmaßnahmen innerhalb der Bevölkerung beweist. Dennoch zeigt sich gerade in der Rhetorik der Auftritte vieler Akteure und der Teilnahme bekannter Rechtsextremer die Gefahr, die von dieser Mischszene ausgeht.

Immer wieder treten Ärzte und Ärztinnen aller Fachrichtungen als Kronzeugen der Leugner und Verharmloser der Pandemie auf. Einige haben sich organisiert, etwa als »Ärzte für Aufklärung« oder »Ärzte für den Frieden«, die jeweils auch über eigene Kanäle auf Telegram verfügen. Selbst erwiesene Falschbehauptungen ändern nichts am Ansehen der Sprachrohre der Bewegung. Zum Beispiel behauptete Wolfgang Wodarg im November 2020, dass mRNA-Impfungen, die gegen Covid-19 eingesetzt werden, zur Unfruchtbarkeit junger Frauen führen könnten. Diese Behauptung hält sich hartnäckig und verbreitet sich auch außerhalb Deutschlands. Mehrere Experten widersprechen den Schilderungen Wodargs deutlich.[4]

Insbesondere durch die Beteiligung am Parteiprojekt »Widerstand 2020« und seinen YouTube-Kanal (161 000 Abonnements) ist der HNO-Arzt und Betreiber der »Schwindelambulanz Sinsheim« Bodo Schiffmann aus Baden-Württemberg zu den Wortführern der »Querdenken«-Bewegung geworden. Auch auf Telegram erreicht Schiffmann mehr als 100 000 Abonnentinnen und Abonnenten. Nahezu täglich versorgt er seine Anhängerschaft mit neuen Videos, Livestreams und Nachrichten. Im Oktober 2020 verbreitete Schiffmann unter Tränen in einem Video beispielsweise eine Falschbehauptung über Kinder, die durch das Tragen eines Mund-Nasen-Schutzes verstorben seien. Schiffmanns Praxis in Sinsheim wurde Ende Oktober 2020 durchsucht. Die Staatsanwaltschaft Heidelberg begründete die Maßnahme mit dem Verdacht auf Ausstellung unrichtiger Gesundheitszeugnisse in mindestens drei Fällen. Der Vorwurf: Schiffmann habe unrichtige Atteste ausgestellt, dabei ging es um Befreiungen von der geltenden Maskenpflicht. Dem Arzt soll zudem nach Recherchen von t-online der Verlust seiner Approbation drohen.[5]

Unter dem Stichwort »Aufklärung« finden sich inzwischen reichlich Angebote aus der Szene – für alle möglichen sozialen und beruflichen Gruppen gibt es die entsprechenden Initiativen: Etwa die »Pädagogen für Aufklärung«, »Eltern für Aufklärung«, »Gastronomen für Aufklärung«, »Polizisten für Aufklärung« oder die »Anwälte für Aufklärung«, die im Dezember 2020 vor dem Bundesverfassungsgericht demonstrierten. Dort trat unter anderem der Rechtsanwalt und inzwischen ehemalige Lehrbeauftragte Markus Haintz auf, der einen eigenen Telegram-Kanal mit über 100 000 Abonnements betreibt. Angelegt wurde der Kanal im Juli 2020. Haintz hat selbst auch »Querdenken«-Demonstrationen in Ulm organisiert. Die Hochschule Biberach kündigte die Zusammenarbeit mit ihm Anfang September 2020 auf und erklärt Ende 2020 auf der Website dazu, man wolle »Feinden [der] offenen Gesellschaft [...] keine Plattform bieten«. Haintz selbst veröffentlichte das Schreiben des Dekans auf seinem Telegram-Kanal. Darin heißt es unter anderem: »Sie sind nicht nur juristisch abwegig, sondern legitimieren letztlich auch Gewalt.«

In der Riege der prominenten »Coronarebellen« sticht der bekannte Ökonom Stefan Homburg heraus. Der *Tagesspiegel* schreibt über die Funktion des Leiters des Instituts für Öffentliche Finanzen an der Leibniz-Universität Hannover, er verleihe der »Coronarebellen«-Bewegung »eine gewisse Seriosität«, in dem er »solide Zahlen« nenne und Schlüsse ziehe, die nur schwer zu widerlegen seien. Das mache ihn so gefährlich. Journalisten und Journalistinnen, die seine Auftritte bei »Querdenken« beispielsweise in Stuttgart verfolgten, sind sich einig: Mit »dieser Mischung aus seriösem Auftreten und Polemik« (*Tagesspiegel*) komme Homburg gut an. »Seine Quellen sind breit gestreut. Homburgs Strategie: Er bezieht sich auf seriöse Datenquellen, interpretiert diese aber so, dass sie ausschließlich seine These stützen. Er unterstellt Politik, Medien und Wissenschaft im nächsten Schritt, Panik zu verbreiten und freie Meinungsäußerung zu unterdrücken«, lautet das Resümee nach einem Auftritt im Mai 2020 in Stuttgart.[6] Mittlerweile ist Homburg vor allem auf Twitter aktiv.

Laut Einladung zu einer Pressekonferenz, mit der die sogenannte »Stiftung Corona Ausschuss« im Juli 2020 erstmals in der Öffentlichkeit auftrat, gehörte der Wirtschaftsprofessor Stefan Homburg zumindest zu Beginn auch zu deren Vorstand. Die Stiftung arbeitet mit ihren wöchentlichen, mehrstündigen Gesprächen die Hitliste der Coronaleugner-Lieblingsthemen ab – z. B. die vermeintliche Unzuverlässigkeit von PCR-Tests oder die Impfgegnerschaft prominenter Gäste wie Anti-Impf-Aktivist Robert Kennedy jr. Das Label »Ausschuss« gibt man sich wohl auch, um den Eindruck eines offiziellen Untersuchungsausschusses zu erwecken.[7] Nachdem der YouTube-Kanal der »Stiftung Corona Ausschuss« gesperrt wurde, wurden die Inhalte der bis zu dreistündigen »Sitzungen« u. a. auf dem YouTube-Kanal des russischen Propagandasenders *RT Deutsch* verbreitet und finden dort bis zu 130 000 Aufrufe. Das Ziel dieser Livestreams ist offensichtlich: mit scheinbarer Seriosität die eigenen Argumentationslinien für die eigenen Anhängerinnen aufzubereiten und im Mainstreamdiskurs Gehör zu finden.

Zu den größten Gewinnern der Pandemie und des damit einhergehenden Booms der Verschwörungserzählungen gehören zweifellos die ehemalige Tagesschausprecherin Eva Herman und der kurzzeitige Autor von *Focus Money*, Oliver Janich. Herman, die nach dem Ende ihrer Tagesschaukarriere 2007 in Kanada lebt, und Janich, der inzwischen auf den Philippinen residiert, versorgen ihr Publikum nahezu rund um die Uhr mit Inhalten auf ihren Telegram-Kanälen. Janichs Kanal hatte im Januar 2020 fast 43 000 Abonnenten, im Dezember lag die Zahl bei über 164 000. Im Schnitt verschickt Janich 199 Nachrichten pro Tag. Eva Herman versendet im Durchschnitt um die 106 Nachrichten am Tag an ihre mehr als 167 000 Abonnenten (Stand: Dezember 2020). Im Januar 2020 erreichte sie noch sehr viel weniger Menschen: Nur etwa 6400 folgten ihr zu Jahresbeginn auf Telegram. Damit gehören ihre Kanäle zu denen mit der größten Reichweite in der deutschsprachigen rechten und verschwörungsideologischen Telegram-Landschaft.

Zwar vernetzten sich die Gegner der Coronamaßnahmen auch auf Facebook, unter anderem in der Ende September gelöschten Gruppe der »Coronarebellen« mit mehr als 80 000 Mitgliedern. Telegram und dort vertretene prominente Akteure wie Janich und Herman sind – auch vor dem Hintergrund der Sperrung diverser Kanäle durch die

Organisatoren, Influencerinnen, Aushängeschilder

Social-Media-Giganten – ein wichtiger Pfeiler der Mobilisierung auf und abseits der Straßen. Telegram löscht im Gegensatz zu Facebook, Twitter und YouTube fast keine Inhalte. Durch den Messengercharakter sind die Benachrichtigungen für alle Kanäle und Gruppen, anders als beispielsweise bei Facebook-Seiten oder beim Folgen auf Twitter, von vornherein abonniert. Der Anteil derer, die eine Nachricht angezeigt bekommen, dürfte unter anderem dadurch deutlich höher liegen als auf anderen Plattformen. Telegram dient zur Spiegelung von Inhalten ebenso wie zur internen, nahezu widerspruchslosen Vernetzung und zur Planung von Aktionen.

Wer nicht zur Demo kann, kann trotzdem dabei sein: Bekannte und unbekannte YouTuber und YouTuberinnen sind vor allem auf den größeren Demonstrationen zugegen und wenden sich in stundenlangen Livestreams an ihre Anhänger. Dazu gehört beispielsweise AfD-Mitglied Carolin Matthie, die als pistoletragende besorgte Bürgerin im Jahr 2018 erstmals einer breiteren Öffentlichkeit bekannt wurde: Sie posierte als Postergirl vom Berliner AfD-Landesverband mitsamt dem Zusatz »Carolin Matthie (25) ist Model und wenn sie auf den Straßen Berlins unterwegs ist, hat sie immer ihre Walther P99 dabei«.

Inzwischen werden ihre Videos von den Demonstrationen der »Coronarebellen« in Berlin und Leipzig oft mehrere zehntausend Mal auf YouTube aufgerufen. Seit Beginn der Pandemie hat sie mehrere hundert Videos veröffentlicht. Auch Stefan Bauer überträgt die Demonstrationen live ins Netz: Die *Süddeutsche Zeitung* bezeichnete das frühere AfD-Vorstandsmitglied des Kreisverbands Rosenheim in Bayern unlängst als »Hofberichterstatter« von Attila Hildmann. Ein Teammitglied aus Bauers YouTube-Kanal sowie die extrem rechten Medienaktivistinnen Thorsten Schulte, Elijah Tee und Rebecca Sommer waren im November 2020 von AfD-Bundestagsabgeordneten als Besucher angemeldet und so ins Parlamentsgebäude gelangt. Dort bedrängten sie u. a. Wirtschaftsminister Peter Altmaier (CDU) und andere Politiker demokratischer Parteien. Einige Beteiligte übertrugen die Aktion im Bundestag auch als Livestream auf ihren YouTube-Kanälen. Die Videos wurden angesichts der Empörung und möglicher rechtlicher Konsequenzen wieder gelöscht.

Zum Kreis der »Querdenken«-Influencer und Influencerinnen mit hoher Reichweite, die auf Telegram und YouTube von den Demonstrationen berichten, gehören noch einige weitere Namen. So etwa der Siebenten-Tags-Adventist Samuel Eckert, der neben seinen Videoproduktionen auch eine Telegram-Gruppe für jugendliche Nachwuchsleugner und -leugnerinnen unter dem Titel »Samuel Eckert Youngsters« aufgebaut hat, die zum Teil auch auf Protestveranstaltungen auftreten. So zeigt sich, dass sich die Influencer und Influencerinnen der Szene breit aufstellen und mit der Zeit auch auf die gezielte Ansprache jüngeren Nachwuchses ausgerichtet haben.

Die Demonstrationen sind zentrales Thema der Coronaleugner im Netz – unmittelbar vor, während und nach dem jeweiligen Straßenevent. Neben den bereits genannten Livestreams werden Bilder und Teilnahmerzahlen verbreitet. Insbesondere Telegram wird aber auch genutzt, um die Demonstrationsteilnehmenden vor Ort zu dirigieren, beispielsweise um Polizeiabsperrungen zu umgehen. Das Netz ist auch der Ort, an dem die Klaviatur der Falschmeldungen und verdrehten Fakten unermüdlich bespielt wird. Die von der WHO als »Infodemie« beschriebene massive Verbreitung von Fakes bricht sich vor allem online Bahn und nährt die Wut und Teilnehmendenzahlen bei den Demonstrationen.

Über Telegram & Co. werden auch konkrete Aktionen koordiniert. Es ist zum beinahe täglichen Ritual für Akteure wie Oliver Janich und Attila Hildmann geworden, ihre Anhänger dazu aufzurufen, Videos mit einem Daumen nach unten oder oben zu bewerten, Inhalte zu kommentieren oder bei Umfragen abzustimmen. Vor allem, wenn es um die Pandemie im Allgemeinen, die Maskenpflicht (in Schulen), Impfungen und Demonstrationen geht. Im November 2020 riefen Aktivisten auf Telegram zudem dazu auf, Bundestagsabgeordnete zu kontaktieren, um sie aufzufordern, gegen das dritte Bevölkerungsschutzgesetz zu stimmen. Mehrere Bundestagsabgeordnete berichteten daraufhin, dass ihre Büros durch Anrufe und E-Mails nahezu lahmgelegt wurden. Die Vorlage für die Mail ging offenbar zurück auf die Dortmunder Rechtsanwältin Ivett Kaminski. Im September hatte sie außerdem den Berliner Innensenator Andreas Geisel wegen der Bemühungen zum Verbot der Demonstration am 29. August 2020 angezeigt.

Die Netzwerke der Coronaverharmloser und -leugner sind weit gespannt und haben sich im ersten Jahr der Pandemie immer wieder verändert – bis auf die Kernfiguren. Ihre Strategien passen die Aktivisten schnell der jeweiligen Situation an, etwa weil Kanäle auf Facebook und YouTube gesperrt werden oder weil das Land wieder im Lockdown ist und jede Aktion ohne Masken, die dann per Stream geteilt wird, die Selbstinszenierung als »rebellisch« bestärkt und Nachahmerinnen ermutigen soll. Mit der Zeit haben sich außerdem einige Geschäftsbereiche etabliert, die die Szene mit Merchandise, Publikationen und Heilsversprechen in Form von Nahrungsergänzungsmitteln oder Heilsteinen versorgen – und dafür selbstverständlich online Werbung machen. Zweifellos steht fest: Ohne die Resonanzräume der Aktivisten im Netz in den Blick zu nehmen, kann die Bewegung nicht verstanden werden. Denn die Proteste auf der Straße lassen sich nicht trennen von der Mobilisierung im Internet. Offen bleibt, ob der Resonanzraum Straßenmobilisierung nach dem Lockdown-Winter 2020/2021 im Frühjahr so selbstverständlich wieder bespielt und ausgebaut werden kann.

Anmerkungen

1 Vgl. Artikel von Sebastian Leber, S. 167
2 Zur Rolle von Ralf Ludwig vgl. den Beitrag von Daniel Laufer und Markus Reuter, S. 220
3 Vgl. Sucharit Bhakdi: »Natürlich ist das Corona-Virus gefährlich!«, Neue Osnabrücker Zeitung, 14.11.2020, https://www.presseportal.de/pm/58964/4762919, zuletzt abgerufen am 18.02.2021
4 Vgl. Max Biederbeck, Nein, die neuen Corona-Impfstoffe führen nicht zur Sterilisation von Frauen, AFP-Faktencheck, 09.12.2020, https://faktencheck.afp.com/nein-die-neuen-corona-impfstoffe-fuehren-nicht-zur-sterilisation-von-frauen, zuletzt abgerufen am 18.02.2021
5 Vgl. Lars Wienand, »Querdenker«-Arzt Schiffmann soll Zulassung verlieren, t-online, 23.12.2020, https://www.t-online.de/nachrichten/deutschland/id_89174054/corona-leugner-querdenker-arzt-bodo-schiffmann-soll-zulassung-verlieren.html, Polizei zu Hausdurchsuchung bei »Querdenken«-Arzt Bodo Schiffmann, t-online, 27.10.2020, https://www.t-online.de/nachrichten/deutschland/id_88827988/polizei-zu-hausdurchsuchung-bei-querdenken-arzt-bodo-schiffmann.html, zuletzt abgerufen am 18.02.2021
6 Vgl. Thorsten Mumme, Ein Wirtschaftsprofessor als raunender Coronakritiker, Tagesspiegel, 29.5.2020, www.tagesspiegel.de/politik/der-fall-des-stefan-homburg-ein-wirtschaftsprofessor-als-raunender-corona-kritiker/25866032.html, zuletzt abgerufen am 18.02.2021
7 Vgl. Pressemitteilung vom 01.07.2020: www.openpetition.de/pdf/blog/fuehren-sie-die-baseline-studie-durch-wir-brauchen-endlich-saubere-corona-daten_stiftung-corona-untersuchungsausschuss_1593559543.pdf, zuletzt abgerufen am 18.02.2021

Wie eine eigene Realität entsteht

Verschwörungsideologische Medien sind das Sprachrohr der »Coronarebellen«

Von Julius Geiler

Samstag, 15:30 Uhr ist Konferenzzeit. Ob im öffentlich-rechtlichen Radio oder beim privaten Bezahlsender *Sky*. Seit Jahren hören und sehen Hunderttausende Deutsche an jedem Wochenende die Bundesligakonferenz aus den Stadien der Republik. Im Jahr 2020 ist eine weitere, wenn auch kleinere Konferenzschaltung an Samstagnachmittagen dazugekommen, die nichts mit Fußball zu tun hat.

Stefan Bauer, langjähriges Vorstandsmitglied der AfD Rosenheim und rechter Videostreamer, lädt seine Mitstreiterinnen und Mitstreiter zur Videoschalte aus all den Städten, in denen – an den jeweiligen Wochenenden – gerade gegen die Covid-19-Eindämmungsverordnungen demonstriert wird. Über Stunden streamen die selbsternannten Reporter aus Großstädten wie Hamburg, kleinen Orten in der baden-württembergischen Provinz oder auch grenzüberschreitend aus Zürich oder Wien.

Das Format des Kanals *stupor media* ist technisch simpel. Ein Moderator sitzt kommentierend in seinem Wohnzimmerstudio und greift auf sein großflächiges »Korrespondenten«-Netzwerk bei den unterschiedlichen Demonstrationen zurück. Geschieht irgendwo etwas Aufsehenerregendes, meldet sich der Vor-Ort-Streamer aus dem Off und wird in Sekundenschnelle live auf Sendung gebracht. Die regelmäßigen Konferenzschalten an den Wochenenden vereinen Tausende Zuschauer und Zuschauerinnen. Unangefochtener Star des Formats ist Bauer selbst. In den YouTube-Kommentarspalten wird deutlich, was das Publikum am liebsten sehen will: Bauer beim Provozieren. Regelmäßig bedrängt der selbsternannte Journalist wahlweise Gegendemonstranten oder Medienschaffende im Besitz eines Presseausweises.

Bei einer Kundgebung des antisemitischen Verschwörungsideologen Attila Hildmann im Sommer 2020 in Berlin verfolgte Bauer etwa minutenlang einen Mitarbeiter des Jüdischen Forums für Demokratie und gegen Antisemitismus (JFDA) – ohne den Mindestabstand einzuhalten – und bedrängte ihn mit Fragen. Provokation ist das Mittel der Wahl des Stefan Bauer. Kurz nach dem Vorfall im Sommer 2020 analysiert das Jüdische Forum: »Die Aggressivität und Hartnäckigkeit, mit der Stefan Bauer agiert, weist eine erhebliche Bedrohlichkeit auf und ist bezeichnend für eine Strategie, die vermehrt bei rechtsoffenen und rechtsextremen YouTube-Aktivisten und ihrer Berichterstattung zu beobachten ist.«

Eine Strategie, die darauf abzielt, kritische Journalistinnen und Aktivisten mit Fragen und Nachstellungen so lange zu bedrängen, bis diese sich entweder zu einer möglicherweise strafbaren Beleidigung verleiten lassen. Oder ihre Reaktionen werden zum Zweck der Denunziation und Belustigung ins Netz gestellt.

Bauer ist mit diesem gezielten Vorgehen nicht allein. Parallel zur Entstehung der »Querdenken«-Bewegung im Coronajahr 2020 tauchten immer mehr angebliche Berichterstatterinnen und Berichterstatter in der Öffentlichkeit auf, die vor allem als rechte und verschwörungsideologische Aktivistinnen und Aktivisten agieren. Einige von ihnen – wie der rechte Esoteriker und Autor Heiko Schrang oder Thorsten Schulte, der unter dem Pseudonym »Silberjunge« zu den bekanntesten Verbreitern von Verschwörungstheorien in der Bundesrepublik gehört – traten bereits vor der Coronapandemie in den sozialen Netzwerken in Erscheinung. Der »Finanzexperte« und ehemalige langjährige CDU-Kommunalpolitiker Schulte etwa gehört seit 2016 zu denjenigen, die Bundeskanzlerin Angela Merkel »Rechtsbruch« in der Migrationspolitik vorwerfen, und hat seine Bücher überwiegend im Kopp-Verlag veröffentlicht, in dessen Programm zahlreiche verschwörungsideologische bis rechtsextreme Autoren und Autorinnen publizieren. 2020 konnten er und andere ihre Reichweite aber um Zehntausende Follower erweitern. Andere – wie etwa der rechte YouTube-Streamer »Elijah Tee« – feierten im ersten Pandemiejahr ihre Premiere.

Tee war mit Thorsten Schulte am 18. November 2020 von der AfD der Zutritt ins Reichstagsgebäude ermöglicht worden, als der Bundestag über die Neufassung des Infektionsschutzgesetzes abstimmte. An der Seite des YouTubers befand sich die rechte Aktivistin Rebecca

Sommer, die mehrere Parlamentarier wie Bundeswirtschaftsminister Peter Altmaier bedrängte.

Neben den oft provozierend auftretenden rechten YouTubern bildete sich 2020 eine zweite Riege an »Querdenken«-freundlichen Berichterstattern heraus. Hier taten sich vor allem ehemalige Mitarbeiter der etablierten Medien hervor, die vor Jahren dort aus unterschiedlichen Gründen in Ungnade gefallen waren. Dazu gehören etwa Boris Reitschuster, ehemaliger Russland-Korrespondent des *Focus*, oder Martin Lejeune, der schon 2014 wegen seiner Pro-Hamas-Berichterstattung als deren »Pressesprecher« und von ehemaligen Kollegen in der *taz* als »schreibender Kombattant« bezeichnet wurde, oder Ken Jebsen als früherer Moderator des *RBB*-Jugendprogramms »Fritz«. Sie gelten im Umfeld von »Querdenken-711«-Gründer Michael Ballweg und seinen Mitstreitern als seriöse Quellen. Demo-Nachberichte von Reitschuster, Lejeune oder *Ken.FM* werden in regelmäßigen Abständen von den offiziellen Kanälen der »Querdenken«-Initiative in den sozialen Netzwerken gepostet.

Dabei bedienen sie sich tatsächlich einer seriöseren Sprache und professionelleren Form der Berichterstattung als die »einfachen« YouTuber. Das hält sie jedoch nicht davon ab, waghalsige Theorien und Falschnachrichten zu verbreiten. So erklärte Boris Reitschuster am 7. November 2020 die Hunderten von Rechtsextremen, Neonazis und Hooligans bei der »Querdenken«-Demonstration vor dem Leipziger Hauptbahnhof wahlweise zu »Antifa-Aktivisten« oder »eingeschleusten Provokateuren der Regierung«. Lejeune ließ die Initiatorin des sogenannten Reichstagssturms am 29. August 2020 in Berlin, Tamara K., in einem halbstündigen Telefoninterview ohne Einordnung ihre kruden Verschwörungstheorien vortragen.

Darüber hinaus entstanden 2020 völlig neue Medienformate der verschwörungsideologischen Szene. Allen voran die sowohl in gedruckter Ausgabe als auch im Netz frei verfügbare Zeitung *Demokratischer Widerstand,* die wesentlich vom Aktivisten Anselm Lenz, einem der Initiatoren der »Hygienedemonstrationen« im Frühjahr auf dem Rosa-Luxemburg-Platz in Berlin ins Leben gerufen wurde. Die Zeitung, die laut eigenen Angaben jeweils in einer Ausgabe von über 100 000 Exemplaren gedruckt wird, erscheint wöchentlich, ist frei verfügbar und erfreute sich bei den Großdemonstrationen der »Querdenker« im

Sommer 2020 größter Beliebtheit. In dem Blatt wird regelmäßig verschwörungsideologischen Thesen Platz eingeräumt und das Coronavirus verharmlost.

Ebenfalls unter den Newcomern, wenn auch mit anderem Auftreten, agieren zwei etwa 20-jährige Männer aus Berlin-Weißensee, die sich im Internet mit ihrem Kanal *Ketzer der Neuzeit* auf verschiedenen Social-Media-Kanälen tummeln. *Ketzer der Neuzeit* ist das moderne Pendant zur gedruckten Zeitung *Demokratischer Widerstand*. In kurzen, aufwendig produzierten Videos sollen zielgruppengerecht die vermeintlichen Lügen dieser Welt »aufgedeckt« werden. Es geht um die Behauptungen, dass die 5G-Mobilfunkstrahlung tödlich, Deutschland immer noch besetzt (Reichsbürgerbewegung) und – wenig überraschend – das Coronavirus völlig harmlos sei. Die beiden Akteure nennen sich Leo und Michél, und ihnen gelingt, woran viele rechte Influencer bisher scheiterten: Sie sprechen eine junge Zielgruppe an. Auf TikTok sammelte *Ketzer der Neuzeit* innerhalb weniger Monate 14 000 Follower und Followerinnen, bis der Account gesperrt wurde. Auch auf Telegram, Instagram und YouTube erfreut sich der Kanal immer größerer Beliebtheit. Mittlerweile sind sie vernetzt mit Größen der Szene wie dem im November 2020 in zweiter Instanz wegen Volksverhetzung verurteilten Holocaustleugner und »Volkslehrer« Nikolai Nerling, der den jungen Männern aus Weißensee eine »großartige Zukunft« prognostiziert.

Als die Berliner Polizei am 18. November 2020 zum ersten Mal Wasserwerfer gegen die »Querdenker« einsetzt, ist die Presse vorbereitet. Im trockenen Bereich hinter den Polizeiketten stehen Dutzende Journalisten und Journalistinnen, die ihre Kameras und Smartphones in den grauen Berliner Novemberhimmel strecken, als Wasserwerfer BE3 gegen 12.30 Uhr mit der Beregnung der Demonstrationsteilnehmer vor dem Brandenburger Tor beginnt. Normalerweise sieht man in diesen Pressepulks immer die gleichen Gesichter: freie Fotografen, Reporter und Kamerateams. Kollegen und Kolleginnen, mit denen man schon einige Wochenenden auf Demonstrationen verbracht hat.

Seit Beginn der Coronaproteste im April jedoch tarnen sich rechte und rechtsextreme Aktivisten und Aktivistinnen als Journalisten, passieren mit gefälschten Presseausweisen Polizeiabsperrungen und werden von den Beamten oft wie Pressevertreterinnen behandelt. So auch an dem Mittwoch Mitte November 2020, als im Parlament die neue Fassung des Infektionsschutzgesetzes verabschiedet wird. Vor den Türen des Bundestags ist zeitgleich der unter anderem wegen Volksverhetzung verurteilte Berliner NPD-Politiker Sebastian Schmidtke mit eigener Kamera unterwegs, interviewt Demonstranten und taucht zwischendurch immer wieder im Pressepulk der sonst verteufelten »Mainstreammedien« unter.

Keine 50 Meter entfernt steht ein Fernsehteam des vom Verfassungsschutz beobachteten rechtsextremen *Compact*-Magazins neben den Säulen des Brandenburger Tors und wartet darauf, einen der drei Sprecher der Berliner Polizei für eine aktuelle Lageeinschätzung zu interviewen. Dessen Chefredakteur nennt den rechtsextremen Angriff auf das US-amerikanische Kapitol »eine durchaus friedliche Aktion« und lobt die »Querdenken«-Bewegung für ein »neues Konzept des Widerstands« in »der Abwehr der Corona-Diktatur«.

Rechtsextreme wie der wegen rechtsextremer Videos aus dem Berliner Schuldienst entlassene Holocaustleugner Nikolai Nerling betreiben die Praxis der medialen Selbstermächtigung seit Jahren und sind in gewissem Sinne Vorreiter dieser neu geschaffenen Mischform aus ultrarechtem Aktivismus und angeblicher journalistischer Berichterstattung. Mit seinen aufwendig produzierten Nachberichten diverser Demonstrationen oder Interviews mit den »Stars« der deutschen Neonaziszene – wie der mehrfach verurteilten Schoaleugnerin Ursula Haverbeck – generierte Nerling über Jahre Zehntausende Klicks auf YouTube. Mittlerweile hat die Videoplattform seinen Kanal gelöscht, doch Nerling macht weiter: über Telegram, seine eigene Website und das bei militanten Rechtsterroristen und Rechtsextremisten beliebte Videoportal *Bitchute* – wohin auch der Identitärenchef Martin Sellner oder Attila Hildmann ausgewichen sind.

2020 erreicht diese Mischform zwischen rechtem Aktivismus und vermeintlichem Journalismus eine neue Dimension. Als am 5. Dezember die »Querdenken«-Bewegung in Düsseldorf gegen die Pandemieauflagen der Politik demonstriert, erscheinen Hunderte schwarz gekleidete Personen im Rheinpark Golzheim.

Verschiedene rechtsextreme Organisationen wie die Bruderschaft Deutschland oder die neonazistischen Kleinstparteien Die Rechte und Der III. Weg hatten zuvor intensiv für eine Teilnahme an der Adventsdemonstration geworben. Mit Erfolg. Auch 200 bis 300 Personen aus dem rechten Hooliganspektrum erscheinen an diesem Sonnabend in Düsseldorf und wollen sich den »Querdenkern« anschließen. Die Polizei ist vorbereitet und mit einem Großaufgebot vor Ort. Schnell werden die vermummten Hooligangruppen vom Rest der Versammlung isoliert, eingekesselt und schließlich zurück zum Hauptbahnhof eskortiert.

Nicht so der ebenfalls wegen Volksverhetzung verurteilte ehemalige Berliner NPD-Landesvorsitzende und Autonome Nationalist Sebastian Schmidtke und sein Kamerad aus Nordrhein-Westfalen Claus Cremer, der NPD-Chef in Deutschlands bevölkerungsreichstem Bundesland ist. Beide bewegen sich ungestört zwischen verschiedenen Polizeiketten und sind nicht Teil des Polizeikessels. Wie schon in Berlin gibt sich Schmidtke auch in Düsseldorf als angeblich seriöser Pressevertreter aus und bleibt so unbehelligt von jeglichen polizeilichen Maßnahmen.

Die Zunahme angeblicher Journalisten im Jahr 2020 stellt die Polizei in allen Bundesländern vor große Herausforderungen. Der »Volkslehrer« erlangte durch seine jahrelange Tätigkeit als rechter Vlogger inzwischen unrühmliche Bekanntheit und ist Polizistinnen und Polizisten bundesweit ein Begriff. Trotzdem gelingt es ihm, am 21. November 2020 in Leipzig einen Polizeisprecher zu befragen, wie auf einem vom ZDF-Magazin »Frontal 21« gezeigten Video dokumentiert ist. Sachsens Polizei versicherte anschließend, es habe sich gar nicht um ein Interview gehandelt. Zwei Wochen später in Düsseldorf erhält Nerling kurz nach seiner Ankunft einen Platzverweis durch Einsatzkräfte und darf sich den gesamten Tag nicht auf dem Demonstrationsgelände der »Querdenker« aufhalten.

Aber kann man von einem nordrhein-westfälischen Beamten erwarten, dass er den Berliner NPD-Kader Schmidtke erkennt? Wie schwer den Polizisten der Umgang mit den neuen rechten Medienmachern im Jahr 2020 fällt, verdeutlicht folgende Szene aus dem August des ersten Coronajahres: Während die Bundesrepublik noch intensiv darüber diskutiert, wie es so weit kommen konnte, dass am Abend des 29. August

2020 auf den Treppen des Reichstages schwarz-weiß-rote Fahnen geschwenkt wurden und Politiker und Politikerinnen sich in ihrem Unmut über den versuchten »Reichstagssturm« gegenseitig überbieten, hat für die »Querdenker« längst der »Tag danach« begonnen.

Es ist ein warmer Sonntag, und viele eigens angereiste Demonstrierende fahren erst am Abend oder am nächsten Tag wieder zurück in ihre Heimatorte. An der Berliner Siegessäule haben sich 1000 bis 2000 Protestierende eingefunden, die Stimmung ist aufgeheizt. Die Versammlung ist nicht angemeldet und die Masse blockiert den Kreisverkehr am Großen Stern. Als eine Einheit sächsischer Beamter versucht, einen Pulk »Querdenker« zurück in den Tiergarten zu drängen, fällt ein junger Mann auf. Der nähert sich wiederholt mit seinem Smartphone völlig distanzlos den Einsatzkräften. Mehrmals wird er darauf hingewiesen, dass er polizeiliche Maßnahmen störe. Jedes Mal erwidert er: »Ich bin Journalist, Sie schränken hier die Pressefreiheit ein.«

Bei dem »Berichterstatter« handelt es sich um Matthäus Westfal aus Hüllhorst in Nordrhein-Westfalen. Nach Informationen der antifaschistischen Rechercheplattform Kollektiv Ostwestfalen ist Westfal unter anderem Anhänger der christlich-fundamentalistischen Sekte Organische Christus Generation (kurz: OCG). Unter dem Alias »Aktivist Mann« ist er seit Beginn der Coronaproteste im April 2020 bei jeder größeren Demonstration der »Querdenker« anzutreffen. In der Szene gilt er als einer der wichtigsten und reichweitestärksten Ein-Mann-Berichterstatter; zum »Volkslehrer« Nerling pflegt Westfal ein augenscheinlich enges Verhältnis. Einen Tag zuvor waren beide bei der Erstürmung der Reichstagstreppen dabei. Die von »Aktivist Mann« gedrehten Bilder verbreiteten sich in den sozialen Netzwerken. Im Freudentaumel kommentiert Westfal die Aufnahmen: »Das ist der Wahnsinn!« Und an seinen wenige Meter entfernten Kollegen Nerling gerichtet: »Nikolai, was geht hier ab? [...] Ein Geburtstagsgeschenk für dich zum 40.«

An jenem Sonntag schließlich wird ein Beamter der Polizei Berlin von einem freien Fotografen an der Siegessäule darauf hingewiesen, dass der permanente Störer des Einsatzes keineswegs ein Journalist sei, sondern Westfal, der am Tag zuvor noch die Stufen des deutschen Parlaments hochstürmte. Der Beamte bedankt sich, und zwei Minuten später wird Westfal abgeführt. Professionelle Journalistinnen und

Wie eine eigene Realität entsteht

Journalisten, die Polizeibeamte auf mutmaßliche Straftäter aufmerksam machen – auch das ist relativ neu im Jahr 2020. Aber wie geht die Polizei mit dem Phänomen um?

Die Berliner Polizei teilt auf Anfrage mit, dass ihr zwar keine statistischen Daten zu einem etwaigen Anstieg angeblicher Pressevertreter im Jahr 2020 vorliegen würden. Die Behörde teile aber grundsätzlich die Beobachtung, dass insbesondere bei Protesten, die sich gegen die Pandemiemaßnahmen richten, eine »signifikante Zunahme« von Personen festzustellen sei, welche die Aufzüge »auf vielfache Weise dokumentieren und im Internet veröffentlichen«.

Diese Erfahrungswerte korrespondieren demnach mit einem starken Anstieg von etwa 20 Prozent an schriftlichen Medienanfragen an die Berliner Polizei bis Mitte 2020. Die Pressestelle berichtet, dass sie neuerdings vor allem Anfragen von Personen erreichen würden, die vorher noch nie in Berlin in Erscheinung getreten sind oder lediglich vorgaben, journalistisch tätig zu sein.

Auch bei den entsprechenden Versammlungslagen seien die Mitarbeiter des Presseteams vor Ort immer häufiger von Personen angefragt worden, die keinen geeigneten Nachweis über ihren journalistischen Status vorweisen konnten und sich auf »Rechte und Privilegien von Pressevertretern« beriefen: »In Teilen wurde gezielt versucht, Informationen zu erlangen«, berichtet die Polizei. Auch in diesem Kontext sei eine deutliche Verschärfung zum Vorjahr festzustellen. Parallel dazu laufen seit dem Beginn der »Querdenken«-Proteste bei der Berliner Justiz diverse Ermittlungsverfahren gegen Personen, die behaupteten, als Journalist oder Journalistin tätig zu sein, und die Berliner Polizei in diesem Zusammenhang angefragt hatten.

Am Ende des Jahres treffen sich die Journalistinnen-Gewerkschaften dju in Verdi und DJV sowie Vertreter der Polizei mehrmals, um über das akute Problem der gefälschten Presseausweise zu reden. Bei Anti-Corona-Protesten in Leipzig und Dresden stellt die sächsische Polizei im Dezember erstmals gesondert Einsatzkräfte ab, welche Medienschaffende vor aggressiven »Querdenkern« schützen sollen. Sowohl für die Polizei als auch für Journalistinnen und Journalisten ist 2020 vieles neu. Der Massenauflauf angeblicher Journalisten und Journalistinnen bei den »Querdenken«-Demonstrationen gehört dazu.

Zwischen Aktivismus und Geschäftemacherei

Bei den »Querdenker«-Protesten geht es um viel Geld

Von Daniel Laufer und Markus Reuter

Die Frau mit der Clownsnase zweifelt. Bei der Kundgebung von Coronaleugnenden auf dem Kölner Neumarkt im Oktober 2020 kämpft sie sich durch die Menge, bis sie Ralf Ludwig erreicht. Von ihm erhofft sie sich Antworten. Vor der Coronapandemie war Ludwig lediglich ein kaum bekannter Rechtsanwalt aus Leipzig, seither inszeniert er sich als Bürgerrechtler. An diesem Nachmittag plaudert er mit Demoteilnehmenden, sie machen Bilder, manche vertrauen ihm ihre Ängste an. Die Frau mit der Clownsnase will mehr wissen über eine Initiative namens »Das Volk gegen Corona«, die im Netz zu Spenden aufruft. Sie habe sich nicht getraut, dieser Initiative Geld zu schicken, erzählt sie. Ihr Misstrauen könnte gerechtfertigt sein.

Im Umfeld der »Querdenken«-Bewegung sammelt eine Vielzahl von Organisationen Spenden. Dabei geht es um hohe Geldbeträge. Aber häufig bleibt es ein Geheimnis, wofür dieses Geld verwendet wird und wer es verwaltet. Womöglich, weil es tatsächlich etwas zu verbergen gibt. Für *netzpolitik.org* haben wir mehrfach über die Geldflüsse der »Querdenker« berichtet. Zum Teil haben wir dabei mit dem ZDF-Format »Frontal21« und dem Reporter Ole Elfenkämper zusammengearbeitet. Wir haben eine Reihe von Initiativen nach ihrem Spendenaufkommen gefragt. Keine einzige wollte darüber Auskunft geben.

Zu diesen Initiativen gehört auch die erwähnte »Das Volk gegen Corona«. Deren Hauptanliegen: Millionenbeträge zu sammeln – angeblich für die »größte Klage in der deutschen Geschichte«. Wir haben zwei ihrer Hinterleute aufgespürt, die seit Jahren Geld an dubiosen Esoterikprodukten verdienen. Die Spur führt zu einer Briefkastenfirma im europäischen Ausland.

Aber als sich die Frau mit der Clownsnase im Herbst bei Ralf Ludwig nach »Das Volk gegen Corona« erkundigt, wiegelt er ab. Zu sehen ist diese Szene in einem Video auf YouTube. »Das unterstütze ich«, sagt Ludwig. »Da können Sie das hinüberweisen.« Aber warum ständen auf der Website ein Ort in den Niederlanden und eine belgische Kontonummer, fragt die Frau. Der Anwalt sagt: »Ach so, nee, das weiß ich gar nicht, warum da eine belgische IBAN ist.«

Ludwigs Reaktion ist erstaunlich. Denn er ist nicht nur ein einfacher Unterstützer von »Das Volk gegen Corona«, er ist Schirmherr der Initiative. Sein Gesicht prangt groß auf deren Website. Dort heißt es, er koordiniere die Spendensammlung und überwache »die ordnungsgemäße Nutzung der Gelder«. In der »Querdenken«-Bewegung hat Ludwigs Wort Gewicht, ihr Initiator Michael Ballweg ist sein Mandant. Ludwig nutzt seinen Einfluss, um »Das Volk gegen Corona« zu unterstützen.

Im Netz verharmlost die Initiative die Pandemie. Schon ihr Name ist irreführend: »Das Volk gegen Corona« will nicht gegen Corona vorgehen, sondern gegen diejenigen, die das Virus bekämpfen. Nach eigenen Angaben plant die Initiative, unter anderem den Virologen Christian Drosten und das Robert-Koch-Institut vor Gericht zu bringen, weil sie die Bundesregierung schlecht beraten hätten. Die Initiative schreibt, »der finanzielle Leidensdruck und die Angst, dass wir obsiegen könnten, werden für diese Personen ein Vernichtungsschmerz« sein. Es ist unwahrscheinlich, dass es so weit kommen wird. Zwischen den ersten Ankündigungen im Sommer 2020 und dem Entstehen dieses Textes im Dezember 2020 hat »Das Volk gegen Corona« kaum etwas vorweisen können. Auf ihrer Website verspricht sie, Gutachten zu beauftragen, damit eine ominöse »Wahrheit« ans Licht komme.

Die Ungereimtheiten beginnen mit dem Spendenkonto. Auf der Website von »Das Volk gegen Corona« heißt es, die Kosten für Verfahren könnten schnell in die Millionen gehen. Dort schreiben die Website-Betreiber auch: »Die Spenden werden treuhänderisch in den Niederlanden gesammelt, um dem deutschen Staat eine Blockade zu erschweren.« Doch das auf der Website angegebene Spendenkonto führte über Monate nicht in die Niederlande, sondern zu einer Bank in der belgischen

Hauptstadt Brüssel. Erst nachdem wir dies in unserer Berichterstattung thematisieren, liefern die Verantwortlichen auf einmal eine Erklärung: Es sei ihnen wegen der Kontaktbeschränkungen zunächst nicht gelungen, einen Termin mit ihrer Wunschbank zu vereinbaren. Mittlerweile nennen sie auf der Website ein Konto bei einer Bank in Amsterdam, auf dem sie Geld aus Deutschland sammeln wollen.

Es ist diese Spendensammlung der Initiative, für die der Leipziger Anwalt Ludwig als Schirmherr seine Hand ins Feuer legt. Aber wie kann der Anwalt eine Spendensammlung koordinieren und – wie versprochen – die ordnungsgemäße Nutzung der Gelder überwachen, wenn er – wie er der eingangs erwähnten Frau mit der Clownsnase in Köln sagt – noch nicht einmal von dem Spendenkonto im Ausland weiß?

Bei der Initiative seien hinsichtlich der Transparenz einige Fragen offen, sagt Burkhard Wilke vom Deutschen Zentralinstitut für soziale Fragen. Die Einrichtung prüft unter anderem gemeinnützige Organisationen und vergibt das renommierte DZI-Spendensiegel. Spenderinnen und Spender müssten sich darauf verlassen können, dass ein Schirmherr die Funktionsweise der Spendensammlung gewissenhaft überprüft habe, sagt Wilke. Schirmherren seien letztlich entscheidend für das Vertrauen zu einer Organisation.

Ralf Ludwig beantwortet keine der Fragen, die wir ihm im September 2020 per E-Mail gestellt haben – etwa wie seine Schirmherrschaft zustande gekommen sei und ob er Zugriff auf die Bankkonten der Initiative habe. Stattdessen verspricht er eine Pressekonferenz, in der einige von *netzpolitik.org* kontaktierte Unternehmen und Privatpersonen alle Hintergründe »mit maximaler Transparenz« öffentlich machen würden. Eine Pressekonferenz hat es jedoch bis zum Redaktionsschluss dieses Buches nicht gegeben. Als wir Ludwig im Oktober 2020 am Rande einer Coronaleugnenden-Kundgebung vor dem Brandenburger Tor auf seine Rolle ansprechen, sagt er, er wisse noch nicht einmal, wie viel Geld bei der Initiative eingegangen sei. Er habe mit den Hinterleuten einen Vertrag abgeschlossen. Darin sei festgelegt, dass er entscheiden dürfe, wie Spendengelder verwendet werden. »Ich muss doch nicht wissen, auf welches Konto das geht!« Auch an der Briefkastenfirma in den Niederlanden sieht Ludwig nichts Fragwürdiges. »Die Firma, die quasi das Geld einsammelt – das ist alles ganz normal.«

Zwischen Aktivismus und Geschäftemacherei

»Das Volk gegen Corona« selbst beteuert im Netz: »Wir sind für völlige Transparenz.« Mit der Wirklichkeit hat dies offenbar wenig zu tun. Denn die Hinterleute der Initiative verheimlichen für lange Zeit, wer sie sind, und damit, bei wem genau Spenden landen. Erst nach den journalistischen Recherchen steht auf einmal der Name eines Verantwortlichen auf der Website. Wer die im Impressum genannte Festnetznummer anruft, den wimmelt eine Computerstimme vom Band ab. Man sei beschäftigt und könne nicht telefonieren, heißt es bei jedem unserer Anrufe.

Laut Angaben auf der Website ist für die Spendenakquise eine Firma verantwortlich: Medical Research Systems. Gegründet wurde sie im Juli 2020 in der niederländischen Stadt Kerkrade. An der damals angegebenen Adresse firmiert Black Pearl Offshore – ein Unternehmen, das Neugründungen als Dienstleistung anbietet. Auch Medical Research Systems war hier Kunde. Der Firmenname steht auf einem Briefkasten vor dem einstöckigen Gebäude in der Kleinstadt unweit der niederländisch-deutschen Grenze. Auf demselben Briefkasten stehen auch noch die Namen 26 weiterer Unternehmen, für die Black Pearl Offshore ebenfalls zuständig sein soll. Von Mitarbeiterinnen oder Mitarbeitern von Medical Research Systems ist hier im November 2020 keine Spur. »Die haben eine neue Adresse«, sagt eine Frau, die bei Black Pearl Offshore arbeitet. Die »größte Klage in der deutschen Geschichte« soll jetzt 50 Kilometer weiter nördlich in Swalmen, einem Ortsteil von Roermond in der niederländischen Provinz Limburg, vorbereitet werden. Aber gesehen hat die Verantwortlichen der Initiative auch in Swalmen offenbar noch niemand. Weder habe jemand den Schlüssel abgeholt noch den Mietvertrag unterschrieben, so erzählt es der Geschäftsführer einer im selben Gebäude ansässigen Firma.

Einzelvertretungsbefugter Geschäftsführer von Medical Research Systems ist – wie es im niederländischen Handelsregister heißt – ein Mann namens Dennis Haberschuss. Auf unsere E-Mails reagiert er nicht. Über Monate versuchen wir vergeblich, von ihm Antworten zu erhalten. Haberschuss ist im Odenwald gemeldet, in einem Neubaugebiet mit cremefarbenen Häusern und Buchsbaumhecken. An einem Dienstagnachmittag im November sind die Rollläden seiner Wohnung heruntergelassen, er ist nicht zu Hause. Aber dann biegt er mit dem Auto in die Einfahrt ein, ein Mann Anfang 40 mit Stoppelfrisur und Anglerweste. Ob er kurz Zeit habe für ein Gespräch? Haberschuss will nicht. Er fuchtelt mit seinen Schlüsseln in der Luft herum. »Sie verschwinden aus meinem persönlichen Bereich!« Schon fällt die Haustür ins Schloss.

Er ist nicht die einzige Person, die an »Das Volk gegen Corona« beteiligt ist. Im Quelltext der Website ist ein Mann namens Ingo als Autor erwähnt. Auch die niederländische Telefonnummer, die für Medical Research Systems im Handelsregister hinterlegt ist, leitet auf den Anschluss eines Mannes weiter, der diesen Namen hat: Ingo G. Er wohnt in derselben Stadt im Odenwaldkreis wie Haberschuss. Bei einem Besuch dort bellen Schäferhunde hinter einem Eisentor. Ingo G. sei nicht zu sprechen, sagt eine Frau. Für ein Gespräch sollen wir einen Termin machen. Am Telefon streitet Ingo G. seine Beteiligung an der Initiative nicht ab, will sich aber nicht zu deren Spendensammlung äußern. »Das gehört zum operativen Geschäft«, sagt er und droht: »Ich warte jetzt ab, bis Sie einen Fehler machen, und dann schieße ich aus allen Rohren.«

Der Ärger der Verantwortlichen klingt auch auf der Website durch. Was dort steht, wirkt wie ein Rachefeldzug. »Es ist Zeit, genauso kollektiv zurückzuschlagen, wie man uns mit den Coronaverordnungen getroffen hat.« Wahrscheinlich ist, dass die Schutzmaßnahmen gegen die Pandemie auch für Ingo G. finanzielle Verluste bedeuten. Seiner Ehefrau gehört eine Firma, die in Hessen einen Sexclub betreibt. In dem Bundesland sind Prostitutionsstätten seit März 2020 geschlossen. Events seien bis auf Weiteres abgesagt, steht auch auf der Homepage eines Bordells an der Wohnadresse von Ingo G.

Kennengelernt haben sich Dennis Haberschuss und Ingo G. schon vor Jahren. Sie sind Geschäftspartner, laut den Recherchen von *netzpolitik.org* mischen sie seit langer Zeit in der Esoterikszene mit. Haberschuss betreute eine Reihe entsprechender Websites als technischer Administrator. Ingo G. veranstaltete Esoterikkongresse. Prominente Verschwörungsideologinnen und Verschwörungsideologen sowie Größen der Neuen Rechten wie Eva Herman traten bei ihm auf. Die beiden Männer waren auch am Vertrieb eines pseudowissenschaftlichen Geräts namens »Lebensfeldstabilisator« beteiligt. Der Produktbeschreibung zufolge erzeugt es Magnetfelder, die sich auf die Gesundheit auswirken, Anwenderinnen und Anwender sollen es wie ein Amulett um den Hals tragen. Dass ein »Lebensfeldstabilisator« tatsächlich irgendetwas bewirkt, ist unbelegt. Im Webshop kostet er 299 Euro.

Dass nun ausgerechnet diese beiden Männer hinter »Das Volk gegen Corona« stecken, ist womöglich kein Zufall. Mit Esoterik lasse sich eine Menge Geld verdienen, sagt die Sozialwissenschaftlerin Claudia Barth. An der Hochschule Esslingen untersucht sie esoterische Strömungen und hat die Entwicklungen im Umfeld der »Querdenker« genau beobachtet. Für ihre Forschung hat sie Demonstrationen besucht und mit Teilnehmenden gesprochen. »Es war fast durch die Bank so, dass sich die Leute dort spirituell-esoterisch verortet haben.« Viele von ihnen seien zuvor eher unpolitisch gewesen, sagt Barth. In der »Querdenken«-Bewegung sieht sie viele Angehörige einer Mittelschicht, die nun in der Pandemie den gesellschaftlichen Abstieg fürchten. Es sind wohl solche Menschen, an die Dennis Haberschuss und Ingo G. den »Lebensfeldstabilisator« vertrieben haben und die nun Geld an ihre Initiative überweisen sollen.

Doch Haberschuss geht es offenbar nicht nur um Esoterik. Im April 2020 schreibt er US-Präsident Donald Trump auf Twitter als vermeintlichen »Oberbefehlshaber der Besatzung in Deutschland« an. »Bitte schicken Sie Ihre Soldaten nach Berlin und beseitigen Sie die korrupte Pseudo-Regierung.« Die Botschaft klingt wie ein Aufruf zum gewaltsamen Sturz der Bundesregierung. Sie erinnert stark an die Ideologie der Reichsbürger. Deren Grundüberzeugung nach ist die Bundesrepublik kein souveräner Staat und Deutschland seit dem Ende des Zweiten Weltkriegs von den Alliierten besetzt. Dennis Haberschuss' inzwischen verstorbener Vater Toni – selbst eine Größe in der Esoterikszene – fiel im Umfeld der Reichsbürgerbewegung auf. Er war einer der Akteure des »Fürstentums Germania«, eines Scheinstaats, der 2009 in Brandenburg gegründet wurde und als beispielhaft für die Inszenierung der Reichsbürgerbewegung gilt. Dass Dennis Haberschuss – wie sein Vater – am »Fürstentum Germania« mitgewirkt hat, darauf gibt es keine Hinweise.

Weiß Schirmherr Ralf Ludwig von der ideologischen Nähe zur Reichsbürgerbewegung, in die sich der Geschäftsführer der Firma Medical
Research Systems, die hinter »Das Volk gegen Corona« steht, mit seinen Äußerungen auf Twitter begeben hat? Als wir Ludwig im Oktober
2020 danach fragen, streitet er dies ab. Von Aufrufen zu Gewalt distan-
ziere er sich, er wolle Haberschuss in dieser Angelegenheit kontaktieren. Noch wochenlang bleiben dessen Tweets an den US-Präsidenten
im Netz, bevor sie dann doch gelöscht werden.

Der Leipziger Rechtsanwalt Ludwig ist nicht das einzige prominente
Gesicht der »Querdenken«-Bewegung, das »Das Volk gegen Corona«
unterstützt. Ein weiterer Fürsprecher ist Bodo Schiffmann. Das Gesicht
des HNO-Arztes ist gut sichtbar auf der Startseite platziert, in einem
Video bezeichnet er sich als »zusätzlichen Schirmherrn«. Schiffmann
reagiert nicht auf E-Mail-Anfragen zu seinen Verbindungen zur Initiative. Im Oktober sprechen wir ihn bei einer Demonstration auf »Das
Volk gegen Corona« an. Aber Schiffmann beteuert, er habe keine Zeit,
und läuft weg.

Wer der »Querdenken«-Bewegung Fragen nach ihren finanziellen
Ressourcen stellt, trifft offenbar einen wunden Punkt. Bei vielen Akteuren ist kaum durchschaubar, wo politischer Aktivismus endet und Geschäftemacherei beginnt. Dabei spielen Spendengelder eine wesentliche Rolle. Wie groß die Summen sind, welche »Querdenker« mitunter
einsammeln, wird schon im Frühjahr 2020 bei einem Vorfall in Stuttgart
deutlich. Als für eine Demonstration bestimmte Lastwagen mutmaßlich infolge eines Brandanschlags zerstört werden, kommen nach Me-
dienberichten binnen kurzer Zeit 225 000 Euro zusammen.

Im September 2020 fragen wir per E-Mail bei »Querdenken-711«-In-
itiator Michael Ballweg: Wie werden Transparenz und Verteilung der
Gelder innerhalb seiner Organisation gewährleistet? Der Anführer der
Proteste antwortet nicht. Aber als ein Reporter des *ARD*-Magazins
Kontraste ihn später vor laufender Kamera konfrontiert, gibt Ballweg
zu: Die auf der Website von »Querdenken-711« genannte Bankverbindung führt tatsächlich zu seinem Privatkonto. Mit dem Geld, das ihm
Anhängerinnen und Anhänger der Bewegung überweisen, kann er
demnach womöglich machen, was er will.

Es gebe keine einheitlichen Veröffentlichungspflichten für zivilgesellschaftliche Organisationen, sagt Folkard Wohlgemuth von Transparency International. »Die dadurch entstehende Intransparenz fördert den Missbrauch von anvertrauten Geldern und verhindert, dass die eigene Arbeit für die Öffentlichkeit und Spenderinnen und Spender nachvollziehbar wird.« Gäbe es strengere Regeln, vielleicht könnten Initiativen und Akteure wie im Umfeld der »Querdenken«-Bewegung dann nicht mehr derart undurchsichtig Geld sammeln.

Was geschieht, wenn man sie gewähren lässt, zeigt offenbar eine bizarre Wendung bei »Das Volk gegen Corona«. Anfang Dezember 2020 teilt Ralf Ludwig in den sozialen Medien das jüngste Video der Initiative. Der knapp 24 Minuten lange Film handelt nicht mehr von der Klage, für die Medical Research Systems seit dem Sommer 2020 um Unterstützung bittet. Stattdessen spricht eine Heilpraktikerin jetzt von »Visionen für Menschen, die aus dem alten System ausbrechen möchten« und »eine neue Gesellschaft auf Erden aufbauen wollen«, in der sie »im Einklang mit der Natur« leben könnten. Auch solche Anliegen sollen nun mit Geldern der Initiative unterstützt werden.

Die Pläne erinnern im Ansatz an völkische Siedlungsprojekte und Scheinstaaten wie das »Fürstentum Germania«. Was all das noch mit der Coronapandemie zu tun haben soll, wird nicht ersichtlich. Unter dem YouTube-Video steht dennoch eine Bankverbindung. Es ist das belgische Spendenkonto von »Das Volk gegen Corona«, bei dem der Frau mit der Clownsnase Zweifel gekommen sind.

Polizisten auf Coronademonstrationen

Von selbsternannten Widerstandskämpfern und vermeintlichen »Merkel-Schergen«

Von Aiko Kempen

»Ich darf niemanden aufrufen, mit mir zu spazieren, aber ich kann nicht verhindern, dass wir am gleichen Ort spazieren«, schreibt Steffen Janich am 15. April 2020 auf seinem Facebook-Profil. Zu diesem Zeitpunkt gelten aufgrund der Coronapandemie in allen Bundesländern teils strikte Beschränkungen des Versammlungsrechts – auch in Sachsen, wo eine Woche nach diesem Aufruf, am Abend des 22. April 2020, rund 200 Menschen im Kreis um das Rathaus der Kreisstadt Pirna am Rande der Sächsischen Schweiz ziehen. Auf Schildern wird gegen »Corona-Wahn« und »Impfsklaven der Gates-WHO« polemisiert. Anwesende Polizeibeamte werden als »Merkel-Schergen« und »Wichser« beschimpft.

»Während der Versammlung stellten Einsatzkräfte fortlaufend Verstöße gegen die Beschränkungen und Auflagen fest«, schreibt die Polizei Sachsen am Tag darauf in einer Pressemitteilung und kündigt ein Ermittlungsverfahren gegen den Mann an, der vorher im Internet zu der Aktion aufgerufen hatte. Die Rede ist von Steffen Janich. Zudem erklärt die Polizei: »Bei dem 49-jährigen Versammlungsleiter handelt es sich um einen sächsischen Polizeibeamten.« Janich wird vom Dienst suspendiert und muss seine Dienstwaffe abgeben. Auch seine Bezüge werden gekürzt, wie sein Anwalt mitteilt. Mittlerweile möchte Janich in den Bundestag einziehen, als Direktkandidat für die AfD im Wahlkreis Sächsische Schweiz/Osterzgebirge.

Es ist einer der ersten Fälle, bei denen Polizeibeamte im Kontext von Coronademonstrationen sichtbar werden, aber bei weitem nicht der letzte. Seitdem die Bundesregierung mit teils rigorosen Maßnahmen auf die Verbreitung von Covid-19 in Deutschland reagiert, tauchen

Polizisten und Polizistinnen immer wieder als Anmelder, Redner oder Unterstützer bei Veranstaltungen auf, die sich gegen die Schutzmaßnahmen der Regierung richten oder auf denen die Pandemie vollständig bestritten und als Inszenierung durch eine ominöse Elite dargestellt wird.

Einer von ihnen ist der langjährige Polizeibeamte Karsten Hilse, seit 2017 Bundestagsabgeordneter der AfD. Er meldete in seinem Wahlkreis Bautzen in Ostsachsen mehrmals Proteste an, auf denen er behauptete, Coronatote seien »erstunken und erlogen«. Der 56-Jährige ruft auf Protestbühnen wiederholt zum »Widerstand« auf und nennt Schutzmasken ein »Zeichen des Gehorsams«. Im November 2020 wird Hilse ohne Mund-Nasen-Bedeckung am Rande einer »Querdenken«-Demonstration unweit des Reichstagsgebäudes von Polizisten festgenommen. Der Abgeordnete habe den Beamten ein ungültiges Gesundheitsattest vorgelegt, das ihn offenbar von der Maskenpflicht befreien sollte, und sich anschließend »unkooperativ« verhalten, teilte die Pressestelle der Berliner Polizei mit. Ein Video des *ZDF* zeigt, wie Hilse die Polizisten anschreit und es zu einem Gerangel kommt.

Immer wieder finden sich auch auf den Bühnen der Stuttgarter Initiative »Querdenken« Polizeibeamte, die vor einem Publikum sprechen, das maßgeblich durch Anhänger von Verschwörungsmythen dominiert ist. Das zeigt sich auch am 29. August in Berlin, als rund 38 000 Menschen gegen die Coronapolitik auf die Straße gehen. Der Augsburger Kriminalhauptkommissar Wolfgang Kauth ruft von der Bühne dazu auf, sich nicht nur in »Mainstreammedien« über die »angebliche Pandemie« zu informieren. Polizeihauptkommissar Bernd Bayerlein aus Weißenburg in Bayern erklärt an diesem Tag öffentlich, er werde weiterhin »für die Gerechtigkeit, für die Freiheit und für die Wahrheit kämpfen«. Am Abend durchbrechen Demonstranten die Polizeiabsperrungen vor dem Reichstagsgebäude und stürmen die Treppe hoch. An anderer Stelle liefern sich gewaltbereite Neonazis und Hooligans Auseinandersetzungen mit Polizeibeamten.

Mit den Worten »Achtung, Achtung, hier spricht die Polizei« hatte Bayerlein drei Wochen zuvor seinen Redebeitrag auf einer Anti-Corona-Kundgebung in Augsburg eröffnet. Dabei richtete er sich gezielt an seine Kollegen und forderte sie auf, »über ihren Schatten zu springen und aufzustehen«. Es sei gewissermaßen eine Beamtenpflicht, sich gegen unrechtmäßige Maßnahmen zur Wehr zu setzen. Tatsächlich können und sollen Beamte sich gemäß dem Beamtenrecht zur »Remonstration« an ihre Vorgesetzen wenden, wenn sie Bedenken hinsichtlich der Rechtmäßigkeit einer Anweisung haben. Sie dürfen diese jedoch nicht eigenmächtig ignorieren oder aktiv bekämpfen. Einen entsprechend verzerrten Aufruf formuliert auf der Bühne in Berlin jedoch auch der pensionierte Münchner Kommissar Karl Hilz. Mit einer weißen Rose in der Hand, als deutliche Bezugnahme auf die Widerstandsgruppe im nationalsozialistischen Deutschland, erklärt Hilz, er erwarte von seinen Kollegen, »zu remonstrieren, wenn ihnen von der Politik Dinge befohlen werden, die unseren Grundrechten widersprechen«. Auch in München und Passau tritt Hilz im Laufe des Jahres 2020 mehrfach als Redner bei Coronaprotesten auf. Im November versucht er mit einer Flugblattaktion an der Münchner Ludwig-Maximilians-Universität erneut, seinen Protest in eine Kontinuität mit dem Widerstand der Weißen Rose in der NS-Zeit zu stellen.[1]

Auch Kriminalhauptkommissar Michael Fritsch aus Hannover steht am 29. August 2020 auf der Bühne von »Querdenken« in Berlin. Drei Wochen zuvor hatte Fritsch bereits in Dortmund vor Gegnern der Coronamaßnahmen gesprochen, und dabei Parallelen zur Zeit des Nationalsozialismus gezogen und Umsturzfantasien geäußert. Schon damals hätte die Regierung ihre Sicherheitskräfte bedingungslosem Gehorsam unterworfen und sie »für die abscheulichsten Verbrechen missbraucht«, sagte Fritsch mit Verweis auf die Nationalsozialisten. Heute habe er Angst, »dass sich alles wieder in dieselbe Richtung entwickelt«. Deswegen sehe er die Polizei in einer besonderen Verantwortung und richtete einen klaren Aufruf zum Umsturz an seine Kollegen: »Nur wir, die vollziehende Gewalt, können dem Verfassungsauftrag gerecht werden und die Macht wieder in die Hände des Volkes zurückgeben.« Sein Dienstherr suspendierte ihn daraufhin umgehend. In der Vergangenheit war Fritsch für die Bewertung der Sicherheitsmaßnahmen einer Einrichtung der Jüdischen Gemeinde in Niedersachsen zuständig. Dass dieser Polizist nun auf Veranstaltungen auftritt, auf denen antisemitische Verschwörungsmythen verbreitet und Rechtsextreme als Teilnehmer toleriert oder gar begrüßt werden, sorgte für große Verunsicherung und Kritik in jüdischen Gemeinden.

Angesichts solcher Fälle und nach nahezu wöchentlichen Enthüllungen über rechtsextreme Chatgruppen und Netzwerke in der Polizei erhält die Frage, wie groß das Ausmaß von antisemitischen und rechtsextremen Einstellungen unter Polizeibeamten ist, neue Brisanz.

Seit Beginn der Pandemie sind Polizisten quer durch die Republik im Einsatz, um bei den »Querdenken«-Demonstrationen das Versammlungsrecht und pandemiebedingte Auflagen durchzusetzen. Wenn dann aktive und ehemalige Polizeibeamte sich in ebendieser Polizistenrolle als Protagonisten einer Widerstandsbewegung inszenieren, stützen sie das Selbstbild vieler Demonstrantinnen und Demonstranten, die sich an einer Schwelle zum »Systemsturz« wähnen. »Schließt euch an«-Sprechchöre in Richtung von Polizisten sind ein festes Ritual der »Querdenken«-Proteste.

Umso stärker werden dadurch jene Polizistinnen und Polizisten zur Zielscheibe, die Auflagen und Schutzmaßnahmen konsequent durchsetzen. In Telegram-Gruppen entlädt sich Hass auf Polizeibeamte, die eine vermeintliche Elite schützen würden. Und nicht immer bleibt es bei Worten. In Pirna, wo der Polizeibeamte Janich den ersten Protest im Frühjahr 2020 initiiert hatte, griffen die Teilnehmenden auf den nachfolgenden Veranstaltungen mehrfach Polizeibeamte an, die versuchten, die Demonstrierenden zu stoppen. Auch bei den Großdemonstrationen in Berlin lieferten sich nicht nur gewalterfahrene Hooligans Auseinandersetzungen. Videos zeigen, wie auch scheinbar harmlose Demonstrierende immer wieder Polizisten attackieren. Der Berliner Polizei-Hundertschaftsführer Guido M. wurde massiv bedroht und mit Telefonanrufen terrorisiert, nachdem er eine »Querdenken«-Demonstration offiziell für aufgelöst erklärte. M.s Name, Foto und Privatadresse wurden auf einschlägigen Kanälen gepostet. »Ich persönlich hoffe einfach das man ein Exempel an diesem Wixer statuiert und ihn an ein Kirchentor nagelt«, kommentierte einer der Chatteilnehmer.

Auch die Gewerkschaft der Polizei (GdP) erklärte, Polizeibeamte würden im Zusammenhang mit Schutzmaßnahmen und »Querdenken«-Protesten mittlerweile immer aggressiver angegangen werden. »Das fängt an mit Beleidigungen, dann wird gepöbelt, gespuckt, angehustet«, sagte GdP-Vize Jörg Radek der Deutschen Presseagentur. Verstärkt wird diese diffuse Situation dadurch, dass sich die Polizei bei Coronaleugner-Protesten über Monate hinweg und trotz der steigenden Aggression oft überraschend zurückhaltend zeigte. »Wir hatten Frauen im Sommerkleid, die Kollegen überrannt haben. Das ist für die Kollegen eine neue Situation«, sagte Berlins Polizeipräsidentin Barbara Slowik nach den »Querdenken«-Demonstrationen im August 2020. Sachsens Innenminister Roland Wöller (CDU) erklärte nach den gewaltsamen Protesten in Leipzig am 7. November 2020, bei denen 31 Polizisten verletzt wurden, »die gewaltsame Auflösung einer friedlichen Versammlung stand und steht nicht zur Debatte«. Für Zehntausende, die in Telegram-Gruppen eine bevorstehende Revolution diskutieren, verstärkt sich so der Eindruck, Teile der Exekutive stünden längst auf ihrer Seite – auch wenn es nur Einzelne sind, die bereits auf ihren Bühnen stehen.

Anmerkung

1   Vgl. den Beitrag von Robert Andreasch, S. 56

Hetze, die zum »Abschuss« freigibt

Der Terror von heute und morgen

Von Heike Kleffner

13 Menschen starben seit 2019 bei antisemitisch und rassistisch motivierten rechtsterroristischen Anschlägen in Hanau, Halle und Istha bei Kassel – eine mörderische Bilanz. Viele unabhängige Expertinnen und Strafverfolgungsbehörden fürchten, dass die Art der Tatbegehung, die Tätertypen und ihre Beweggründe exemplarisch für zukünftige politisch motivierte Gewalttaten aus der extremen Rechten sein werden, die sich durch die zahlreichen Hetzkampagnen der Coronaleugner-Bewegung gegen Politiker und Wissenschaftlerinnen zu Terror und Gewalttaten legitimiert fühlten. Es sind nicht nur die beunruhigend hohe Anzahl von Waffenfunden bei Reichsbürgern, Neonazis und Aktivisten von Coronaleugner-Aufmärschen – bis hin zu einem ganzen Container voller Schusswaffen und mehr als 100 000 Schuss Munition, die nach Aussagen der beteiligten Neonazis für befreundete Gruppen in Deutschland für den »Tag X« des gewaltsamen Umsturzes des verhassten demokratischen Systems zur Verfügung gestellt werden sollten und von der österreichischen Polizei im Dezember 2020 in letzter Minute sichergestellt wurden. Es sind auch nicht allein die mehr als 1000 Rechtsextremisten bundesweit, die ganz legal über Waffen verfügen, weil ihnen die zuständigen Behörden entsprechende Waffenerlaubnisse ausgestellt haben, wie die Bundesregierung zum Jahresbeginn 2021 einräumte. Es ist vielmehr eine Wechselwirkung zwischen Hasskampagnen im Netz, Aufmärschen auf den Straßen und einem hoch emotionalisierten politischen und gesellschaftlichen Diskurs wie zuletzt anlässlich der »Flüchtlingskrise« in den Jahren 2015/2016, die eine bis heute anhaltende Welle rassistisch, antisemitisch und sonstiger rechts motivierter Gewalt und Terrors ausgelöst hat, die sich nun unter der Pandemie weiter zuspitzt.

Dabei haben diejenigen, die die Kampagnen gegen Politikerinnen wie Angela Merkel und Karl Lauterbach, gegen exponierte Wissenschaftler wie Christian Drosten oder gegen Journalistinnen lostreten und sie damit markieren, und diejenigen, die diese Kampagnen als Aufforderung auffassen, zur Tat zu schreiten, in den wenigsten Fällen direkt miteinander zu tun. Die Autoren des 2017 veröffentlichten Buchs »The Age of Lone Wolf Terrorism« beschreiben die Nutzung von Massenmedien, um zufällige Akte ideologisch motivierter Gewalt zu provozieren, als sogenannten stochastischen Terror. Dessen Anstifter nutzten überzeugende Kommunikationstechniken, um Gewalttaten zu provozieren, ohne wissen zu können, wer die Botschaften aufgreifen und die Taten begehen wird. Und manchmal sind es auch die späteren Täter, die sich durch die Reaktionen in den sozialen Medien und auf der Straße die Selbstlegitimierung zum Handeln verschaffen – wie im Fall des ersten vollendeten Attentats auf einen Politiker durch Neonazis in Deutschland seit 1990.

Denn als am 2. Juni 2019 abends der langjährige Regierungspräsident von Kassel Walter Lübcke durch einen Kopfschuss aus nächster Nähe auf seiner Terrasse in Istha bei Kassel (Hessen) regelrecht hingerichtet wurde, hatte der CDU-Politiker viele Jahre als Zielscheibe extrem rechter Kampagnen hinter sich. Der seit 2009 im Regierungsbezirk Kassel amtierende Walter Lübcke liebte klare Worte. Das zeigt auch seine deutliche Reaktion auf das halbe Dutzend Störerinnen und Störer aus dem Umfeld der extrem rechten Kagida (Kassel gegen die Islamisierung des Abendlandes) bei einer Versammlung Mitte Oktober 2015 in der hessischen Ortschaft Lohfelden: Damals diskutierte er mit 800 versammelten Einwohnern hitzig über eine Flüchtlingserstaufnahmeeinrichtung in einem ehemaligen Baumarkt. »Es lohnt sich, in unserem Land zu leben. Da muss man für Werte eintreten, und wer diese Werte nicht vertritt, der kann jederzeit dieses Land verlassen, wenn er nicht einverstanden ist. Das ist die Freiheit eines jeden Deutschen«, hielt Lübcke den Pöblern – darunter sein späterer Mörder Stephan Ernst und dessen engster Vertrauter Markus H. – entgegen.

Zwei Tage später, nachdem der langjährige Neonazi-Aktivist Markus H. einen auf knapp 60 Sekunden gekürzten Ausschnitt dieser Antwort über Facebook und YouTube verbreitete, der extrem rechte Blog *PI News* die Büroadresse Lübckes inklusive seiner Telefonnummer und seiner E-Mail-Adresse veröffentlicht und der Regierungspräsident Hunderte Drohmails und Morddrohungen erhalten hatte, bekräftigte Lübcke seine Haltung in einem Interview mit den *Hessischen Allgemeinen Nachrichten*.»Unser Zusammenleben beruht auf christlichen Werten. Damit eng verbunden sind die Sorge, die Verantwortung und die Hilfe für Menschen in Not. An diese christlichen Kernbegriffe hatte ich erinnert, als ich immer wieder durch Zwischenrufe wie ›Scheiß-Staat!‹ und durch hämische Bemerkungen unterbrochen wurde.« Glaubt man dem Geständnis seines Mörders, starb Walter Lübcke wegen dieser Sätze. Sie kursierten von da ab über Jahre – gemeinsam mit Mordaufrufen – auf zahllosen Social-Media-Kanälen in rechten Filterblasen.»Aufhängen diese Schweine. Unfassbar was hier abgeht«, kommentiert ein unbekannter YouTube-Nutzer die kurze Sequenz der Bürgerversammlung, als der Clip im Januar 2016 erneut hochgeladen wird.

In diesen Herbstwochen des Jahres 2015, als knapp 900 000 Menschen vor allem aus Syrien in Deutschland Schutz und Asyl vor Verfolgung und Bürgerkriegen suchten, war Walter Lübcke einer von Hunderten Kommunalpolitikern und -politikerinnen, die Morddrohungen erhielten. Doch Forderungen, die Sicherheitsbehörden müssten dringend die fatale Wechselwirkung von rechtsextremen Onlinekampagnen und organisierten rechten Netzwerken in den Blick nehmen, verhallten nahezu ungehört – bis zum Mord an Walter Lübcke musste sich keiner der zahlreichen Hasskommentatoren strafrechtlich für Gewaltaufrufe gegen den CDU-Politiker verantworten. Erich Pipa, SPD-Landrat im südhessischen Main-Kinzig-Kreis, geriet im September 2015 ebenfalls in den Fokus einer von Neonazis und entsprechenden Blogs befeuerten Kampagne – und blieb es auch, nachdem er Mitte Juli 2017 auf eine erneute Kandidatur verzichtet hatte. Pipas bittere Bilanz damals: »Ich fühle mich vom Staat alleine gelassen. Kommunalpolitiker werden vom Staatsschutz nicht geschützt.« Die zögerlichen Reaktionen der Ermittlungsbehörden änderten sich auch nach dem Mordversuch eines langjährigen Neonazis auf die parteilose damalige Oberbürgermeisterkandidatin von Köln, Henriette Reker, am 17. Oktober 2015 und der Messerattacke auf den Altenaer CDU-Bürgermeister Andreas Hollstein im Oktober 2017 wenig. Die Angreifer erhielten stets das Label des »radikalisierten Einzeltäters«. Im Februar 2018 wies zwar auch das Bundeskriminalamt (BKA) darauf hin, dass es unterschiedliche Tätertypen gebe, die für rassistische Angriffe auf Geflüchtete sowie auf Politikerinnen verantwortlich seien. Ausdrücklich warnte das BKA vor »entschlossenen, irrational handelnden oder fanatisierten Einzeltätern«. Von diesen gehe »eine besondere Gefährdung« aus. Doch da hatte Walter Lübcke längst keinen Polizeischutz mehr, obwohl er nach wie vor regelmäßig Drohschreiben unter anderem aus dem Spektrum der Reichsbürgerbewegung erhielt, wie sein Stellvertreter nach seinem Tod öffentlich machte.

Das ändert sich auch nicht, als in Chemnitz am 1. September 2018 das gesamte Spektrum der extremen Rechten zu einem von der AfD zusammen mit Pegida angemeldeten »Trauermarsch« nach dem gewaltsamen Tod des Kochs Daniel H. beim Chemnitzer Stadtfest knapp 10 000 Anhängerinnen und Anhänger mobilisiert. Mit dabei: der im Januar 2021 vom Oberlandesgericht Frankfurt am Main in erster Instanz verurteilte spätere Mörder Walter Lübckes und dessen »Kamerad« Markus H., die aus Kassel anreisten. Die tagelangen rassistischen Mobilisierungen in Chemnitz inspirierten Hunderte von Nachahmungstätern bundesweit und weitere Rechtsterroristen wie etwa die Terrorgruppe Revolution Chemnitz. Tausende organisierte Neonazis und Hooligans unter Führung der extrem rechten Kleinstpartei Pro Chemnitz und AfD-Kader hatten die Straßen der drittgrößten Stadt in Sachsen in eine Gefahrenzone für all diejenigen verwandelt, die im Feindbild der extremen Rechten als »anders« markiert sind.

Weniger als zwölf Monate später erschießt Stephan Ernst den Kasseler Regierungspräsidenten, als der abends auf der Terrasse seines Hauses eine Zigarette raucht, nachdem er dessen Haus zuvor mehrfach ausgespäht hatte. Der Entschluss zur Gewalt gegen Walter Lübcke sei auf der Rückfahrt mit Markus H. von der Demonstration in Chemnitz nach Hessen gefallen, hat Stephan Ernst später in seiner dritten Vernehmung durch das Bundeskriminalamt berichtet. Zwar hätten die beiden schon vor dem September 2018 darüber gesprochen, dass man bei Lübcke mal »vorbeifahren« müsse, um ihn einzuschüchtern und eventuell zu schlagen. Nach dem Aufmarsch in Chemnitz »stand fest, dass wir das machen«, so Stephan Ernst in seiner Vernehmung, die am vierten Prozesstag vor dem Oberlandesgericht Frankfurt am Main im Sommer 2020 als Videovorführung zu sehen war. Die beiden Neonazis seien sich einig gewesen, dass Lübcke »irgendwie bestraft« gehöre für »die Überfremdung«. Zunächst hätten sie daran gedacht, ihm die Scheiben einzuschmeißen, dann daran sein Auto zu beschädigen oder ihm auf der »Terrasse mal einen Besuch« abzustatten. Es seien mehrfache Fahrten zum Haus der Lübckes gefolgt. Schließlich habe man sich auf »einschüchtern und schlagen« verständigt.

Offen blieb im Prozess am Oberlandesgericht Frankfurt am Main, ob auch die zum Jahresanfang 2019 in den sozialen Netzwerken erneut angefachte Hetze gegen Walter Lübcke die Selbstlegitimierung der Täter weiter befeuerte. Ein inzwischen gelöschter Eintrag eines rechten Bloggers, der das Zitat des Regierungspräsidenten Anfang Februar 2019 mit dem Titel »CDU-Politiker rät Deutschen ihr Land zu verlassen, wenn sie mit Merkels Asylpolitik nicht einverstanden sind« versieht, wurde wenig später von Erika Steinbach in einem Tweet verlinkt. Die ehemalige Sprecherin für Menschenrechte und Humanitäre Hilfe der Unionsfraktion im Bundestag kommentierte den Post mit dem Satz: »Zunächst sollten die Asylkritiker die CDU verlassen bevor sie ihre Heimat aufgeben!« Der Tweet tritt eine neue Kaskade von Gewaltfantasien gegen den CDU-Politiker los, darunter Posts wie »Irgendwann ist Schluss! Ich verteidige meine Heimat bis zuletzt!« und »Diesen Herren mit nassen Fetzen aus dem Land jagen!« Andere posten unter anderem Bilder von einem Galgen und von einer Pistole – Reaktionen, die erst nach dem Mord an Walter Lübcke gelöscht wurden. Nach der Ermordung Walter Lübckes am 2. Juni 2019 erklärte Steinbach, seit 2018 Vorsitzende der AfD-nahen Desiderius-Erasmus-Stiftung, sie sei für die Reaktionen auf ihren Tweet nicht verantwortlich und habe »die Debatte nicht befeuert«.

Der Mörder von Walter Lübcke war schon seit seiner Jugend in den 1990er Jahren durch rassistische und neonazistische Gewalttaten aufgefallen. Wie viele andere Täter der »Generation Terror« wurde er in den militanten Netzwerken der Neonazikameradschaften sozialisiert und fühlte sich dort ebenso zuhause wie bei den Besuchen von AfD-Stammtischen nach 2015. Die tödlichen rechtsterroristischen

Attentate von Halle (Saale) und Hanau wurden dagegen durch Täter verübt, die sich selbst als Teil einer internationalen rassistischen und antisemitischen Bewegung sehen und gewaltsam die »White Supremacy«, also die Vorherrschaft der Weißen – gegen den »Großen Austausch« – herbeibomben wollen. Zumindest der Attentäter von Hanau bezog sich dabei auch auf die Verschwörungsnarrative des QAnon-Kults: Sechs Tage vor dem rassistischen Attentat in Hanau am 19. Februar 2020, dem mit Ferhat Unvar, Gökhan Gültekin, Hamza Kurtović, Said Nesar Hashemi, Mercedes Kierpacz, Sedat Gürbüz, Kaloyan Velkov, Vili Viorel Păun und Fatih Saraçoğlu neun junge Hanauer und Hanauerinnen zum Opfer fielen, hatte der Täter auf seiner Website neben einem 24-seitigen deutschsprachigen Tatbekenntnis voller rassistischen Hasses, voller Verschwörungstheorien, Antifeminismus und Misogynie sowie dem Aufruf zum Rassenkrieg ein Video hochgeladen, in dessen englischer Fassung er unter anderem das QAnon-Verschwörungsnarrativ als Begründung für sein Attentat anführte. Gerichtet hatte der Attentäter das englische Video »an alle Amerikaner«, darin warnte er sie vor unterirdischen Militärbasen, in manchen würden »der Teufel angebetet« und kleine Kinder gefoltert und getötet.

Der Filmemacher Marcin Wierzchowski enthüllte in der Dokumentation »Hanau – eine Nacht und ihre Folgen« im Februar 2021, dass der Attentäter noch am Abend vor der Tat im Netz kursierende Aufnahmen der 200. Montagsdemonstration von Pegida abgerufen hatte: Am 17. Februar 2020 hatte unter anderen der AfD-Politiker Björn Höcke in Dresden auf der Bühne vor einigen tausend Menschen vor einem gut sichtbaren Banner mit der Aufschrift »Stoppt die Islamisierung Europas« gesprochen und unter anderem gegen vermeintliche illegale »millionenfache Masseneinwanderung« und einen »großen Umbau« gehetzt. Zwei Tage später setzt der Attentäter die Botschaften in die Tat um.

Warum, fragen die Hinterbliebenen der Ermordeten und die Überlebenden des Attentats in Hanau, konnte der Attentäter, der seit Anfang der 2000er Jahre immer wieder als psychisch krank und durch Bedrohungen auffiel, dennoch bis zuletzt von den Behörden eine Waffenerlaubnis erhalten, mit der er unter anderem zwei der Tatwaffen besorgte? Es sei bekannt, dass gesellschaftliche Diskurse auch von psychisch erkrankten Tätern direkt in ihre Gedankengebäude eingebaut werden könnten – dafür müsse man Rassismus und andere Ideologien nicht pathologisieren, sagt Andreas Heinz, langjähriger Direktor der Psychiatrischen Kliniken der Berliner Universitätsklinik Charité.

Die Hinterbliebenen in Hanau fragen sich derweil, warum die Behörden nicht mit einer Überprüfung zu möglichen Waffenerlaubnissen reagierten, als der Attentäter und sein Vater mehrfach seitenlange schriftliche Anzeigen gegen vermeintliche Geheimdienstüberwachungen einreichten wie zuletzt Ende 2019. Nach dem Tod des Attentäters verschickte sein Vater erneut ähnliche Schreiben. Er verlangte zudem die Waffen seines Sohnes zurück und forderte, dessen Website mitsamt des Bekennerschreibens wieder online zu stellen.

Zum ersten Jahrestag des rassistischen Attentats in Hanau unterstrichen die Hinterbliebenen und Überlebenden öffentlich ihren Wunsch: Niemand mehr solle diesen mörderischen Rassismus und Rechtsterrorismus erleben, der ihre Liebsten nahm und ihre Leben zerstörte. Doch dafür, so fordern sie, müssten die Strafverfolgungsbehörden endlich konsequenter eingreifen bei Rassismus, Antisemitismus und Verschwörungsnarrativen – online wie offline. Stattdessen reagieren die Behörden auf die zahllosen Mordaufrufe in den Telegram-Gruppen, die Galgen und Hinrichtungsfantasien in Netzwerken mit Zehntausenden Nutzerinnen und Nutzern lediglich mit erneuten Warnungen vor »Einzeltätern«. So wie schon vor den Attentaten auf Walter Lübcke, in Halle (Saale) und in Hanau.

IV. DIE ANGEGRIFFENEN: BELEIDIGUNGEN, HETZKAMPAGNEN, MORDDROHUNGEN

Sündenböcke der Pandemie

Wie die Coronakrise Rassismus nährt

Von Matthias Meisner und Carolin Wiedemann

Er gehörte zu den Ersten, die in der Coronakrise Stimmung gegen Geflüchtete machten: Holger Stahlknecht. Anfang April 2020 stellte sich der damalige Innenminister und CDU-Landesvorsitzende in Sachsen-Anhalt offen gegen die Aufnahme von Flüchtlingskindern von den griechischen Inseln – obwohl damals allein im Camp Moria auf Lesbos mehr als 20 000 Menschen unter armseligen und menschenunwürdigen Bedingungen hausten und um Hilfe flehten. Jetzt Flüchtlinge aufzunehmen, das sei »deplatziert«, »absolut unangemessen«, »weder politisch noch gesundheitlich tragbar«, erklärte der CDU-Politiker zu Forderungen aus der Landes-SPD. Stahlknechts Äußerungen auf Twitter lösten – nicht zum ersten Mal – heftigen Streit in der krisengeschüttelten Magdeburger Kenia-Koalition aus.[1]

Solche Äußerungen reihten sich ein in rassistische Hetze, die vornehmlich von Rechtspopulistinnen und Rechtsradikalen verbreitet wird, aber in Krisenzeiten immer weitere Kreise erreicht. Die AfD und andere Gruppen nutzen Corona zur schärferen Kampfansage gegen all jene, die in ihren Augen den deutschen Volkskörper bedrohen: Geflüchtete und andere Migrantinnen und Migranten, Sinti und Roma, Jüdinnen und Juden, Muslime und Muslimas. Ihnen wird Verantwortung für die Entstehung und Ausbreitung des Virus zugeschrieben – und dieser Diskurs ist, wie Stahlknecht bewies, bis in die Mitte der Gesellschaft anschlussfähig.

Schon Mitte März 2020 erzwang die AfD inmitten des ersten Lockdowns eine Landtagssitzung in Dresden. In einer von seiner Fraktion beantragten Debatte »Grenzen sichern« warnte der sächsische AfD-Abgeordnete Sebastian Wippel vor einer »drohenden Masseneinwanderung aus Griechenland«. In der »jetzigen Lage« dürfe man »keinen Menschen zusätzlich in dieses Land lassen«, forderte er. Der Politiker, von Beruf Polizist, begründete das so: »Wir wissen nicht, wer in die

Erstaufnahmeeinrichtung zugewiesen wird. Welche Krankheiten bringen diese Leute mit? [...] Diese Personen sind geneigt, hier auch Krankheiten einzuschleppen, ob sie wollen oder nicht. Die Frage ist, ob sie bei Symptomen wirklich einen Arzt aufsuchen würden oder ob sie Angst hätten und es aus Angst nicht machen und deshalb diese Krankheit dann verbreiten.«

Rechtsextreme Gruppierungen und Propagandakanäle verschärften ihre ohnehin schon rassistischen Parolen:»Ein Prozent« setzte Menschen mit Viren gleich und behauptete,»dass die immer noch aktiven Flüchtlingsrouten demnächst auch als Virustransporteur fungieren«. Auf der Website der NPD Brandenburg hieß es:»Corona beweist: Globalisierung ist brandgefährlich!«

Als im März 2020 in der Erstaufnahme von Suhl in Thüringen alle 533 Asylsuchenden wegen eines einzelnen Krankheitsfalls in Quarantäne kamen, warnten Flüchtlingsräte entsetzt vor einer nach ihren Befürchtungen geplanten Durchseuchung. Und als sich die Menschen in der Einrichtung gegen die Einschließung wehrten, Menschen, die zum Teil von Krieg, Folter und Flucht traumatisiert waren, stürmten Spezialkräfte der Polizei mit Masken, Schutzbrillen, Schutzanzügen und Waffen das Heim. Die Behörden begründeten dieses Vorgehen mit»versuchten Quarantänebrüchen«.

In der AfD-Propaganda wurde der Vorgang umgedeutet:»Die Bewohner randalierten und versuchten mit äußerster Brutalität, die Einrichtung zu verlassen. Sie nahmen sogar kleine Kinder als Schutzschilder, um die Polizei in ihrer Arbeit zu behindern.« So wurden die Tatsachen verdreht und kolonial-rassistische Bilder von unzivilisierten Wilden bedient, die sich nicht an Regeln halten könnten. In Sachsen, so behauptete die AfD etwa zur gleichen Zeit,»ziehen die Migranten weiterhin in großen Gruppen durch die kleinen Städtchen Schneeberg und Zschorlau. [...] Die Bürger sind verunsichert, fragen sich bereits, ob die Maßnahmen zur Kontaktvermeidung für Migranten nicht gelten würden. [...] Die Migranten sind nicht zu stoppen.«

Die rechtskonservative Plattform *Tichys Einblick* berichtete im April 2020 über den Coronaausbruch in einer Erstaufnahmeeinrichtung in Stern-Buchholz, einem Außenbezirk von Schwerin. Hier würden sich die »schlimmen Ausmaße des Flüchtlings-Chaos« zeigen: Das Coronavirus sei in der Unterkunft ausgebrochen und keiner halte sich an die Regeln. In Facebook-Kommentaren zu dem Artikel wurden rassistische Vernichtungsfantasien schließlich direkt zum Ausdruck gebracht. In einem hieß es:»Einfach nur aufpassen, dass keiner das Gelände verlässt und gut ist es.«

Und auch der Berliner AfD-Abgeordnete Ronald Gläser versuchte im selben Monat, den Volkszorn gegen eine Quarantänestation für Geflüchtete im Stadtteil Französisch-Buchholz zu entfachen. Er nannte sie »Corona-Hotspot« und behauptete, das Containerdorf drohe zum »Umschlagplatz für das Virus« zu werden. Unter Anwohnerinnen und Anwohnern gab es unterschiedliche Reaktionen: Die einen kritisierten die Unterbringung von Geflüchteten in »Blechbüchsen«, andere fabulierten über die drohende Ausbreitung von »Coronawolken«.

Die Hetze gegen Geflüchtete ist eine Facette des Coronarassismus. Zu Beginn der Pandemie verbreitete sich in Deutschland wie in anderen Ländern auch der antiasiatische Rassismus[2]: Vom »Virus made in China« oder vom »China-Virus« war die Rede. Opferberatungen und die Antidiskriminierungsstelle des Bundes registrierten allein bis Mitte Mai 2020 200 Vorfälle mit explizitem Coronabezug — die meisten davon waren Anfeindungen gegen Menschen, die als asiatisch angesehen werden.[3]

Betroffene wurden beschimpft, angespuckt und angehustet oder mit Desinfektionsspray besprüht. Viele dokumentierten die Vorfälle in den sozialen Medien unter #IchbinkeinVirus: Sie berichteten, dass andere Fahrgäste sich in öffentlichen Verkehrsmitteln nicht mehr neben sie setzen wollten, sich Schals oder Tücher vor die Gesichter zogen oder Sitzplätze mit Taschen blockierten, dass ihnen Zugänge zu Arztpraxen oder Supermärkten verwehrt wurden, obwohl sie weder vor kurzem in China waren, noch Symptome einer Covid-19-Infektion zeigten. Dass ihnen Wohnungsbesichtigungen verweigert wurden mit der Begründung, man wolle jetzt »keine Chinesen« im Haus haben.

Im April 2020 berichtete Noa Kerstin Ha vom Zentrum für Integrationsstudien der TU Dresden in der *taz* über einen »deutlichen Anstieg« rassistischer Vorfälle. Sie berichtete von eigenen Erfahrungen, etwa davon, dass Mitfahrende ihre beiden zwölf und 14 Jahre alten Söhne im

Februar 2020 in einer Berliner U-Bahn aufgefordert hätten zu verschwinden, weil sie angeblich das Virus mitbrächten. Die Migrationsforscherin verwies auf das Phänomen des »Otherings«. Man schiebe die Schuld für Probleme »den anderen« zu, bestimme Sündenböcke, was sich gerade in der Medizingeschichte nachweisen lasse: Seuchen und Gefahren werden immer wieder vermeintlich von »den anderen« eingeschleppt.

»Die anderen«, das waren und sind in der Coronakrise auch oft osteuropäische Arbeiter, beispielsweise aus Rumänien oder Bulgarien. Nach einem Coronaausbruch in einer Fleischfabrik in Rheda-Wiedenbrück antwortete Nordrhein-Westfalens Ministerpräsident Armin Laschet (CDU) im Juni 2020 auf die Frage einer Reporterin, was der Ausbruch über die bis dato von seiner Landesregierung erlassenen Lockerungen aussage: »Das sagt darüber überhaupt nichts aus, weil Rumänen und Bulgaren da eingereist sind und da der Virus herkommt.« Dass die Leiharbeitnehmer unter von Gewerkschaften und Menschenrechtsorganisationen seit Jahren kritisierten Bedingungen arbeiten müssen, die zu Virus-Zeiten lebensbedrohlich wurden, machte Laschets Aussagen nur noch problematischer. Nach Kritik an seiner Aussage betonte er allerdings, dass es sich verbiete, »Menschen gleich welcher Herkunft irgendeine Schuld am Virus zu geben«, und dass vor allem die Arbeitsbedingungen und die Unterbringung der Menschen zu dem Coronaausbruch beigetragen hätten.

Sinti und Roma waren in vielen europäischen Ländern in der Coronakrise verschärften Diskriminierungen ausgesetzt. Marco Perolini, der für Amnesty International zu Menschenrechtsverletzungen bei der Durchsetzung der Covid-19-Maßnahmen recherchierte[4], zeichnet dazu ein drastisches Bild: In der Slowakei und Bulgarien etwa wurden ganze Roma-Siedlungen unter Quarantäne gestellt, der Amnesty-Experte spricht von »Zwangsquarantänen«. Die Maßnahmen wurden mit Einsätzen bewaffneter Polizei und Straßensperren durchgesetzt. Den Regierungen und lokalen Behörden in beiden Ländern bescheinigt Perolini eine »feindliche Rhetorik« gegenüber Roma. Viele Roma hätten seit Ausbruch der Pandemie Jobs und andere Einkommensquellen verloren, im Verlauf der Pandemie habe sich ihre ohnehin prekäre wirtschaftliche und soziale Lage erheblich verschlechtert. Auch Frankreich und Kroatien werden in dem Amnesty-Bericht kritisch erwähnt.

Schon im April 2020 hatte der Grünen-Europaabgeordnete Romeo Franz in einem *Tagesspiegel*-Interview[5] wachsenden Antiziganismus in Zeiten der Seuche beschrieben. Mit Blick auf Roma in Ost- und Südosteuropa sagte er:»Dort waren die Lebensbedingungen schon vor Corona haarsträubend, die Minderheit wird massiv segregiert und in Slums abgedrängt, ohne Kanalisation, ohne Zugang zu Bildung und Gesundheitsversorgung, ohne Chancen auf andere als schlecht bezahlte und ungesicherte Arbeit. Jetzt fällt auch die noch weg und sie werden als Verbreiter des Coronavirus stigmatisiert, was den alten Hass noch vergrößert.«

Auch in Deutschland ist der antiziganistische Diskurs ähnlich anschlussfähig wie die Hetze gegen Geflüchtete. In Berlin-Neukölln waren Roma rassistischen Anfeindungen ausgesetzt, seit im Frühjahr 2020 über Coronafälle in einem Wohnblock im Norden des Bezirks berichtet wurde. Benjamin Marx, Prokurist der Wohnungsgesellschaft, sagte damals *domradio.de*[6]:»Die Boulevardpresse hat hier etwas entdeckt und denkt, man kann die Menschen mit dem Thema stigmatisieren. [...] Es ist so, als ob die Menschen ein Verbrechen begangen hätten. Sie sind schlicht an einem Virus erkrankt, sonst nichts.« Nach Coronafällen unter Roma in Göttingen und Magdeburg warnte Romani Rose, der Vorsitzende des Zentralrats Deutscher Sinti und Roma, im Juni 2020 in einem *FAZ*-Interview[7]:»Wenn man Corona zu einer Pandemie macht, deren Verbreitung gezielt Roma zugeschrieben wird, dann wird damit sozialer Sprengstoff produziert. Ich halte das vor dem Hintergrund unserer Geschichte für sehr gefährlich.«

So verbinden sich in der Diskussion um Corona die beiden rechtspopulistischen Strategien: Entweder wird die Coronagefahr geleugnet, um die Maßnahmen einer vermeintlich autoritären Regierung und die Berichterstattung der»Systemmedien« zu diskreditieren. Oder es werden Sündenböcke gesucht. Nach dem Motto: Die armen Leute – natürlich nur die»echten« Deutschen – leiden unter den Folgen der Krise, während Geflüchtete, Muslime und Muslimas sowie Sinti und Roma das Virus einschleppen und verbreiten und dann machen, was sie wollen.

Tatsächlich hat das Bild des immunen»deutschen Volkskörpers«, der von Parasiten, also von außen befallen und bedroht wird, eine lange Tradition, nicht erst seit der Nazizeit. Es sitzt tief in den Köpfen und den

Institutionen. Ebenso wie die damit verbundene Konsequenz der Vorstellung eines vermeintlich homogenen deutschen Volkes, das in seiner Reinheit stark und überlegen ist. Judith Rahner, Leiterin der Fachstelle Gender und Rechtsextremismus bei der Amadeu-Antonio-Stiftung, sagte im Juli 2020 in einem *Euractiv*-Interview, es gebe diese Erzählung schon seit Jahrhunderten,»sie wird in der aktuellen Situation neu ausgewertet«. Aktuell laute der Vorwurf rechter Gruppierungen,»dass vor allem Geflüchtete und Muslime sich nicht an ›unsere deutschen Regeln‹ halten würden und ›wir alle dafür bezahlen müssen‹ und dass südosteuropäische Migrant*innen das Virus nach Deutschland bringen würden«.

So erklären sich dann Äußerungen wie diese:»In Neukölln müsst ihr aufpassen«, sagte die Mutter einer Bekannten der Ko-Autorin dieses Textes am Telefon.»Da wohnen ja die ganzen muslimischen Familien, die ihre Clanfeste machen und sich nicht an unsere Regeln halten.« Mit anderen Worten: Vorsicht, wenn ihr denen auf der Straße begegnet! In der *Welt* hieß es, bei»Clan-Hochzeiten« käme es zu Ansteckungen. Und in der *Bild*-Zeitung bekräftigte der Psychologe und Buchautor Ahmad Mansour,»Clan-Hochzeiten« würden in Metropolen zu Coronatreibern.

Nicht nur in Deutschland instrumentalisierten Rechtspopulisten das Coronavirus für ihre Zwecke. So forderte etwa der FPÖ-Politiker Herbert Kickl, von 2017 bis 2019 Innenminister Österreichs, in einem Video auf YouTube pauschal Quarantäne»für illegale Zuwanderer«. US-Präsident Donald Trump behauptete, Migranten seien für die Ausbreitung der Infektionen in den Vereinigten Staaten verantwortlich, Ungarns Premierminister Viktor Orbán brachte das Coronavirus mit»illegalen Migranten« in Verbindung, und der Lega-Nord-Politiker Matteo Salvini rechtfertigte mit Verweis auf Covid-19 die Abschottungspolitik und rigide Inhaftierungspraxis Italiens: Menschen aus Afrika hätten das Virus überhaupt erst nach Italien gebracht, argumentierte er.

So werden in der Coronakrise Bewegungseinschränkungen für Migrantinnen und Geflüchtete befördert – etwa als im März 2020 humanitäre Aufnahmeverfahren, die sogenannten Resettlement-Programme, vom Bundesinnenministerium gestoppt wurden. Der US-amerikanische Ethnologe Steven Vertovec, Gründungsdirektor am Max-Planck-Institut zur Erforschung multireligiöser und multiethnischer Gesellschaften, beobachtete solche Bewegungseinschränkungen 2020 an weit voneinander entfernten Orten: an der Grenze zwischen den USA und Mexiko, in Griechenland, im Libanon, in Bosnien-Herzegowina und in Singapur. In der EU werde die Behauptung, dass Migration eine Sicherheitsbedrohung sei, zum kleinsten gemeinsamen Nenner zwischen den Mitgliedsstaaten, sagt Vertovec. Er verweist auf Ungarn, wo die erklärtermaßen flüchtlingsfeindliche Orbán-Regierung Kapital aus der Coronakrise schlägt. Auch Markus N. Beeko, Generalsekretär der deutschen Sektion der Menschenrechtsorganisation Amnesty International, bilanzierte im Dezember 2020: In der Coronakrise hätten »die über Jahrhunderte bei Seuchen gepflegten Rassismus-Rituale wieder Konjunktur« und würden letztlich dazu genutzt, den Flüchtlingsschutz einzuschränken. Die 7500 Schutzsuchenden etwa, die nach den Bränden im Lager Moria im September 2020 im neuen Lager Kara Tepe interniert wurden, seien damit »bewusst von den Behörden dem Coronavirus ausgeliefert« worden. Es sei ein »teuflisches Vorgehen«, tausendfaches Sterben in Kauf zu nehmen, um dann auch die rassistische Diffamierung zu belegen: Flüchtlinge und Corona, das gehöre zusammen.

Anmerkungen

1   Matthias Meisner, Stahlknecht warnt vor Aufnahme von Flüchtlingskindern, Tagesspiegel, 07.04.2020, https://www.tagesspiegel.de/politik/elendscamps-auf-griechischen-inseln-stahlknecht-warnt-vor-aufnahme-von-fluechtlingskindern/25722042.html, zuletzt abgerufen am 29.12.2020

2   Vgl. den Beitrag von Nhi Le, S. 249

3   Michael Bartsch, Beschimpft und benachteiligt: Rassismus in und wegen der Coronakrise, taz, 10.04.2020, https://taz.de/Rassismus-in-und-wegen-der-Coronakrise/!5676008/, zuletzt abgerufen am 29.12.2020

4   Amnesty International, Policing the Pandemic, Human Rights Violations in the enforcement of Covid-19 Measures in Europe, 24.06.2020, https://www.amnesty.org/en/documents/eur01/2511/2020/en/, zuletzt abgerufen am 29.12.2020

5   Andrea Dernbach, Rassismus tötet. Wir sehen es gerade, Interview mit dem Grünen-Europaabgeordneten Romeo Franz, Tagesspiegel, 08.04.2020, https://www.tagesspiegel.de/politik/welt-romatag-rassismus-toetet-wir-sehen-es-gerade/25726432.html, zuletzt abgerufen am 29.12.2020

6   Hilde Regeniter, Als ob die Menschen ein Verbrechen begangen hätten, domradio.de, 20.6.2020, https://www.domradio.de/themen/soziales/2020-06-20/als-ob-die-menschen-ein-verbrechen-begangen-haetten-hetze-gegen-roma-nach-corona-ausbruch-berlin, zuletzt abgerufen am 29.12.2020

7   Reinhard Bingener, Die Pandemie orientiert sich nicht an der Abstammung, Interview mit Romani Rose, FAZ, 23.06.2020, https://www.faz.net/aktuell/politik/inland/zentralrat-der-roma-pandemie-orientiert-sich-nicht-an-abstammung-16828602.html, zuletzt abgerufen am 29.12.2020

»Die Schimpfwörter werden bleiben«

Interview mit Liya Yu, Thủy-Tiên Nguyễn und Victoria Kure-Wu über den antiasiatischen Rassismus während der Coronapandemie

Von Nhi Le

Zu denjenigen asiatisch-deutschen Stimmen, die seit langem auf die Zuspitzung durch Coronarassismus aufmerksam machen, gehören u. a. die promovierte Politikwissenschaftlerin Liya Yu, die sich auch als Schriftstellerin mit politischer Neurowissenschaft und Rassismus auseinandersetzt, die Tanzpädagogin Thủy-Tiên Nguyễn, die bei »korientation e. V. – Netzwerk für Asiatisch-Deutsche Perspektiven« aktiv ist, und die User-Experience-Designerin Victoria Kure-Wu, die die Plattform www.ichbinkeinvirus.org initiiert hat. Im Interview analysieren sie die rassistischen Entwicklungen, die Rolle medialer Berichterstattung und eigene Erfahrungen. Denn mit Beginn der Coronapandemie erlebten viele asiatische Menschen – überwiegend südost- und ostasiatischer Herkunft – mehr Rassismus und Gewalt. In Deutschland berichten Betroffene seit Februar 2020 von zunehmender Diskriminierung in allen Lebensbereichen: Sie wurden, nachdem das Coronavirus erstmals im Winter 2020 in der chinesischen Provinz Wuhan registriert wurde, mit dem Virus gleichgesetzt und für die Krise verantwortlich gemacht. Drei Beispiele von vielen: Im März 2020 etwa wurde eine Gruppe japanischer Fußballfans vom Besuch der Leipziger Red-Bull-Arena ausgeschlossen. Zur Begründung hieß es, man habe Angst, sie seien mit dem Coronavirus infiziert. Die renommierte Musikhochschule Hanns Eisler in Berlin unterstellte Bewerbern und Bewerberinnen aus der Volksrepublik China, dass von ihnen ein Infektionsrisiko ausginge, und schloss sie im Frühjahr 2020 vom Aufnahmeverfahren aus. Der antiasiatische Coronarassismus äußerte sich in Beschimpfungen, körperlichen Attacken und sogar Morddrohungen wie im Fall einer

Münchnerin, die von ihrem Nachbarn mit Desinfektionsmittel besprüht und mit dem Tod bedroht wurde. Allerdings ist die Pandemie nur ein weiterer trauriger Höhepunkt des antiasiatischen Rassismus. Mit dem kolonialhistorischen Angstnarrativ der »gelben Gefahr«, der Ausbeutung vietnamesischer Vertragsarbeiter in der DDR, rechtsextremer Gewalt wie dem Pogrom in Rostock-Lichtenhagen 1992, rassistischer Polizeigewalt gegen vietnamesische Straßenhändler wie in Bernau 1994 und vielen weiteren Angriffen ist antiasiatischer Rassismus ein fester Bestandteil deutscher Geschichte.

Warum sind besonders Asiaten und Asiatinnen zur Zielscheibe von Rassismus in der Coronapandemie geworden?

Liya Yu: Es gab zu Beginn der Pandemie zwei Phänomene: Einerseits gab es den »epidemischen Orientalismus«[1]. Darunter verstehen wir, dass die meisten Deutschen und vor allem Entscheidungsträger*innen die Krise schlicht nicht als eine globale Krise wahrgenommen haben. Sondern als etwas Dreckiges, Fernes, das nichts mit dem Westen zu tun haben würde. Deshalb gab es auch so zögerliche Reaktionen bezüglich der Pandemievorbereitungen im Februar und März 2020.

Zugleich wurden Asiat*innen und als asiatisch Gelesene mit dem Virus gleichgesetzt. Es gab Medienberichte, die fast schon einer Hetze gegen die sogenannten *wet markets*, also Märkte für Fleisch, Tiere und andere verderbliche Ware, glichen, und auch zahllose entmenschlichende Kommentare von Leser*innen unter den Artikeln. Diese Berichterstattung wirkte sich auf Einstellungen, Gefühle und Meinungen aus.

*Wie kam es dazu, dass Asiat*innen für das Virus verantwortlich gemacht worden sind?*

Liya Yu: Das ist im Endeffekt eine neuropolitische Frage. Grundsätzlich finden es unsere Gehirne einfacher, Menschengruppen oder Individuen für etwas so Abstraktes wie ein Virus verantwortlich zu machen. Auch das Gesundheitsministerium oder Regierungen sind ja eher abstrakte Institutionen. Die Leute suchen dann konkret nach Menschen, die sie beschuldigen und verantwortlich machen können. Historisch galten Asiat*innen immer wieder als Ziele derartiger Schuldzuweisungen – ein Stichwort ist hier die sogenannte Gelbe Gefahr oder Yellow Peril[2]. Einige asiatische Länder gelten in Europa und den USA nicht nur als Bedrohung der wirtschaftlichen Vormachtstellung des Westens – wie etwa die Volksrepublik China –, sondern auch als Bedrohung in Hinblick auf Krankheiten: sie werden vielfach als »dreckige Entwicklungsländer« gesehen. In der Coronapandemie wurde das dann mit dem Virus in Verbindung gebracht.

*Welche Rolle spielt dabei das Stereotyp der »dreckigen und unzivilisierten« Asiat*innen?*

Liya Yu: Es gibt eine norwegische Studie, die zeigt, wie Ekel und Dehumanisierung/Entmenschlichung zusammenhängen. Ekelreaktionen können dazu führen, dass Menschen ausgrenzend handeln. Die Logik dahinter: »Asiat*innen essen eklige Sachen, also sind sie selbst am Virus schuld.« Damit war die Verantwortung gesucht und gefunden. Am Anfang der Pandemie hatte ich auf Twitter eine Auseinandersetzung mit einer Politikwissenschaftsprofessorin aus Deutschland. Sie hatte argumentiert, man müsse sich von China abkoppeln, weil Chines*innen so schlechte Essgewohnheiten haben. Ich verstehe die Vorbehalte gegen die chinesischen Lebendmärkte, aber man kann nicht seriös so tun, als würden alle Chines*innen so essen. Es gibt Gründe, weshalb man sich von China abkoppeln sollte: die Situation der Uiguren, die autoritäre Politik, aber Essgewohnheiten zählen nicht dazu.

Victoria Kure-Wu: Sprüche wie: »Asiat*innen essen ekelhafte Sachen« kamen jetzt wieder. Das war etwas, was ich aus meiner Kindheit kannte, aber eher wieder vergessen hatte.

*Wann war der Punkt, als ihr gemerkt habt, dass Asiat*innen zur Zielscheibe werden, und habt ihr auch selbst Diskriminierung erlebt?*

Victoria Kure-Wu: Ich habe das bei meiner eigenen Familie bemerkt. Im März 2020 wurde meine Mutter von Jugendlichen bedrängt und hat

sogar die Polizei gerufen. Ich hatte den Coronarassismus schon in sozialen Netzwerken mitbekommen, als ich Bilder aus Frankreich und den
USA gesehen habe. Ich dachte zuerst, dass es mich nicht betreffen
würde und nur in meiner Twitter-Timeline auftaucht. Dann wurden aber
auch Freund*innen angegangen. Und ich habe auch selbst eigene Erfahrungen gemacht. Als ich in Berlin an einer Bar vorbeilief, kam ein
Typ raus und meinte:»Dich müsste man mit Sagrotan einsprühen, ich
habe aber gerade nichts dabei.« Seitdem ich klein bin, überlege ich,
wie ich auf so etwas reagiere. Aber wenn dann wirklich jemand Be-
drohliches vor dir steht, dann weiß man nicht, was man tun soll. Ich
habe seitdem viel über Selbstverteidigung und meine Sicherheit nach-
gedacht. Derartige Situationen gab es vor der Pandemie für mich nie,
ich habe mich eigentlich genügend wohl gefühlt.

Thủy-Tiên Nguyễn: Ich bin durch den französischen Hashtag #JeNe-
SuisPasUnVirus[3] auf das Thema aufmerksam geworden. Da wusste ich
schon genau, dass die Diskriminierung ein globales Problem sein wird.
Ich wurde schon im Februar beschimpft. Das war am Kölner Hauptbahnhof. Ich stand an einem vollen Bahnsteig, als mir fünf Männer ent-
gegenkamen und mich rassistisch im Zusammenhang mit dem Coronavirus beleidigt haben. Mir ist Rassismus nicht neu, aber das war zum
ersten Mal im Coronakontext. Ich war geschockt und wusste nicht,
was ich machen sollte. Allerdings wollte ich mich auch nicht wehren,
da es am Gleis gefährlich werden konnte. Niemand hat etwas gesagt,
obwohl die Beleidigungen ziemlich laut waren und viele Leute drum-
herumstanden. Eigentlich hätten es alle mitbekommen müssen. Nach
diesem ersten Mal habe ich so etwas immer wieder erlebt.

Liya Yu: Als Vorzeigeminderheit wird Asiat*innen der Schmerz abgesprochen. Genau das hat Thủy erlebt: Ein zentraler Grund, warum ihr
nicht geholfen wurde, ist die Weigerung anzuerkennen, dass ihr – oder
anderen Asiat*innen – mit derart rassistischen Zuschreibungen, Bedrohungen oder Gewalt Schmerz zugefügt wird. Und es zeigt einmal
mehr, dass das Modell Minderheitenstereotyp gefährlich ist. Ich habe
das in Zusammenhang mit dem *Spiegel*-Cover gemerkt. Abgebildet war
eine vermummte chinesische Person, in gelber Schrift hieß es»Made

in China«. Ich war in einem Berliner Café, wo die Zeitschrift am Tresen verkauft wurde. Das Personal gab mir das Gefühl, nicht willkommen zu sein.

Welche Rolle haben Medien denn bei antiiasiatischem Rassismus gespielt?

Thủy-Tiên Nguyễn: Deutsche Medien haben den antiasiatischen Rassismus seit Januar 2020 befeuert. Am 5. Februar 2020 haben korientation und die Neuen Deutschen Medienmacher*innen deshalb eine Pressemitteilung mit der Überschrift »Rassismus Made in Media – Diskriminierende Berichterstattung zum Coronavirus«[4] herausgegeben. In unserem Medienkritikprojekt »Corona-Rassismus in den Medien« haben wir drei Kategorien festgestellt. Das *Spiegel*-Cover zählt zu rassistischem und kulturalisierendem Framing. »Made in China« suggeriert, dass das Virus absichtlich in China hergestellt wurde. Dann gibt es mehrdeutige und unsachliche Text-Bild-Verknüpfungen. Das kommt sehr oft vor. In einem *Spiegel*-Artikel ging es um die Infektionszahlen in der Gemeinde Gangelt im Kreis Heinsberg in Nordrhein-Westfalen. Als Bild wurde eine Straßenkreuzung in Tokio, also in Japan benutzt. Suggeriert und verknüpft wird, dass die deutschen Infektionszahlen wegen der Bevölkerung in Tokio und den Menschen, die wie auf dem Bild aussehen, so hoch seien. Außerdem gibt es die klassische Reproduktion von rassistischen Stereotypen. In einem Artikel der *Bild*-Zeitung hieß es: »So kam das Coronavirus zu uns.« Daneben ein Bild von ostasiatischen Menschen am Esstisch, also wieder das Klischee des ekligen Essens. Medien haben eine riesige Verantwortung.

Der *Spiegel* war ganz vorn dabei. Aber ich möchte betonen, dass nicht nur die *Bild*-Zeitung oder *Cicero* aufgefallen sind, sondern es waren auch die *Zeit*, die *Süddeutsche Zeitung* oder die *Frankfurter Allgemeine Zeitung* und sogar die Tagesschau und das ZDF. Solche Fälle gab es in allen möglichen Medienformaten wie Artikeln, Tweets oder Instagramposts.

Das Spiegel-*Cover wurde ja zu Beginn des Jahres gedruckt. Gibt es auch ein aktuelleres Beispiel?*

Thủy-Tiên Nguyễn: Im Oktober 2020 ging es auf dem Instagram-Account der Tagesschau um Neuinfektionen in Deutschland. Da wurde schon wieder eine asiatisch gelesene Person abgebildet. Ich habe dann eine E-Mail geschrieben, woraufhin mir ernsthaft Instagram erklärt wurde. Diese Text-Bild-Verknüpfung sei nicht rassistisch, totale Abwehr. Bilder seien schließlich wichtig. Aber danach hatte ich gar nicht gefragt. Ich hatte nach einer öffentlichen Stellungnahme gefragt und darum gebeten/gefordert, dass die Redaktion den Post löschen sollte. Mir wurden dann zwei Links zu einer Instagramstory geschickt. Da wurde über #IchBinKeinVirus berichtet. Sie hatten also zu Beginn des Jahres zwei Postings dazu und wollten mir damit erklären, dass sie sich mit dem Rassismus auseinandergesetzt haben. Seitdem kam auch nichts mehr.

Seit Februar 2020 haben wir die Berichterstattung kritisiert. Jetzt ist Anfang Dezember, aber nichts wird besser. Das Schlimme ist, dass entweder nicht auf die Kritik eingegangen wird oder nonpologies kommen. Man hätte es nicht so gemeint oder: Es täte ihnen leid, falls sie Gefühle verletzt haben. Es geht nicht um Gefühle, es geht um die Reproduktion von Rassismus. Ich sehe da keinen Lernprozess.

Liya Yu: Diese Abwehr ist auch typisch. Asiat*innen werden nicht als Teil von Deutschland gesehen. In den USA gibt es »Asian-Americans«, aber hier denkt man an uns einfach nicht. Daher war für mich der Auftritt der Zeit-Online-Journalistin Vanessa Vu in der Talkshow von Anne Will zum Thema Coronavirus ein Meilenstein. Sie und China-Korrespondentin Xifan Yang haben über die europäische Arroganz geschrieben und darüber, dass westliche Staaten in der Pandemie nicht von asiatischen Strategien lernen wollen.[5]

Victoria, du hast als Reaktion auf den Rassismus beim WirVsVirus-Hackathon der Bundesregierung mitgemacht. Deine Idee war die Plattform ichbinkeinvirus.org. Welche Reaktionen gab es darauf?

Victoria Kure-Wu: Die Idee war, die rassistischen Fälle zu erfassen. Studien können lange dauern, und da ich Webseiten erstelle, erschien mir das als gute Alternative. Es ging nur um ein Formular, wo Menschen

»Die Schimpfwörter werden bleiben«

unabhängig von ihren Deutschkenntnissen ihre Erfahrungen öffentlich machen können. Ich war für meine Mutter in Kontakt mit einem Fernsehteam. Dann wurde uns aber aufgrund ihres Akzents abgesagt. Da dachte ich mir, dass das Fernsehen anscheinend nur bestimmte Menschen abbilden und zu Wort kommen lassen will und man das im Internet umgehen könnte. Betroffene sollten Hilfsangebote finden und sich gerade in Zeiten von Social Distancing nicht allein gelassen fühlen. Ich musste mit meinem Team ein YouTube-Video als Teil der Bewerbung zum Hackathon erstellen. In dem Video erzähle ich als Betroffene von meinen Bedürfnissen, die Grundlage des Konzepts sind. Ein rechtes Magazin rief dann während des Hackathons auf Twitter dazu auf, uns Dislikes – also schlechte Bewertungen – zu geben. Während andere an ihren Projekten gefeilt haben, waren wir damit beschäftigt, nachts noch rassistische Kommentare zu moderieren. Wir hatten um Hilfe gebeten, aber keine erhalten.

Dein Projekt hat keine Förderung erhalten. Wie ging es dann weiter, und was ist deiner Meinung nach schiefgelaufen?

Victoria Kure-Wu: Die Förderung hätte uns wirklich geholfen. Ich hatte mir schon während des Hackathons die Jury angeschaut. Von den mehr als 40 Personen waren alle weiß, viele hatten einen Doktortitel, also extrem akademisch. Ich habe mich nicht repräsentiert gefühlt. Mit einer E-Mail habe ich auf die fehlende Diversität der Jury aufmerksam gemacht. Mir wurde gesagt, dass doch Inklusionsaktivist Raul Krauthausen dabei sei. Es wurden also alle marginalisierten Menschen in einen Topf getan. Raul Krauthausen wusste nicht, dass er so instrumentalisiert wurde. Es gab zwei Fördertöpfe, für die wir beide abgelehnt wurden. In der Begründung hieß es, man wisse nicht, ob es coronaspezifischen Rassismus gebe. Das hängt natürlich zusammen. Wahrscheinlich gibt es weiße Leute, die davon gehört haben, aber diese Jury hatte die unterschiedlichen Lebensrealitäten einfach nicht vertreten.

Mein Eindruck ist, dass antiasiatischer Rassismus durch die Pandemie zum ersten Mal mehr Aufmerksamkeit bekommen hat, obwohl es für uns ja nichts Neues ist. Wie seht ihr das?

Victoria Kure-Wu: Ich kannte Rassismus natürlich schon vorher, und Corona war einfach ein anderer Anlass.

Liya Yu: In der Stereotypforschung wird Asiat*innen Neid entgegengebracht. Wir werden als hochkompetent, aber mit wenig menschlicher Wärme wahrgenommen. Nach dem neuesten Stand der neurowissenschaftlichen Rassismusforschung warne ich davor, Rassismus nur in einer gewaltvollen Ausprägung zu verstehen. Antiasiatischer Rassismus scheint unsichtbar, aber es gibt eine historische Kontinuität. Das Pogrom in Rostock-Lichtenhagen 1992 gegen ehemalige vietnamesische Vertragsarbeiter*innen ist da nur ein trauriges Ereignis von vielen.

Thủy-Tiên Nguyễn: Ich habe schon das Gefühl, dass mehr Menschen über antiasiatischen Rassismus Bescheid wissen. Es wird darüber berichtet, wir werden zu Vorträgen eingeladen. In meinen Workshops bekomme ich es aber auch mit, dass nichtbetroffene Teilnehmende geschockt sind. Sie haben keine Vorstellung von den Mikroaggressionen, den Vorurteilen oder überhaupt dem Konzept der Vorzeigeminderheit. Menschen, die wie ich bildungspolitisch arbeiten, müssen immer wieder betonen, dass das nichts Neues ist und auch nicht erst mit der Pandemie entstanden ist.

Ich würde zum Schluss gern nach einem Ausblick fragen. War der antiasiatische Rassismus ein Teil der Pandemie, oder werden die Ressentiments bestehen bleiben?

Victoria Kure-Wu: Ich denke, dass neu entwickelte Schimpfwörter bleiben werden. Der jahrhundertealte Rassismus wird bleiben, schließlich müsste man dagegen aktiv antirassistische Arbeit leisten. Selbst wenn der Impfstoff da ist, werden Asiat*innen immer noch beschuldigt werden. Wir sind ja noch gar nicht am Ende der Pandemie. Meiner Meinung nach hat Deutschland keine Gesamtstrategie, die über Weihnachten 2020 hinausgeht. Wenn wir bis zum Impfstoff im Lockdown light bleiben, wird es zu weiteren wirtschaftlichen Folgeschäden kommen, die erneut Rassismus befeuern können.

Thủy-Tiên Nguyễn: Das Narrativ des Sündenbocks wird bleiben. »Ihr wart schuld daran, was wir 2020 durchmachen mussten.« Beschimpfungen werden sich verfestigen. Ich wünsche mir, dass es wie vor der Pandemie wird. Da haben wir zwar auch Rassismus erfahren, aber da war es nicht so offensichtlich. Ich wünsche mir einfach, dass zumindest das Unverhohlene aufhört. Ich habe keine Hoffnung darauf, dass Rassismus in Deutschland zeitnah bekämpft wird.

Liya Yu: Ich bin Optimistin und finde die Entwicklung der letzten Wochen im Winter 2020 interessant. Es wird differenzierter auf Staaten wie Südkorea, Japan, Taiwan oder Vietnam geschaut. Sie haben die Pandemie ziemlich erfolgreich bekämpft. Dadurch gibt es eine Chance, von diesen Ländern zu lernen. Die deutsche Bildung hat bezüglich Rassismus im Allgemeinen und asiatischer Repräsentation im Speziellen versagt. Dass Thủy von der Verwunderung ihrer Workshopteilnehmenden über antiasiatischen Rassismus berichtet, zeigt ein Versagen des deutschen Bildungswesens. Wo tauchen wir auf? Nirgends. Auch Black Lives Matter hat gezeigt, dass der Rassismusdiskurs in Deutschland kaum existiert. Wir brauchen einen Paradigmenwechsel, wie wir über asiatische Minderheiten in unserer Gesellschaft nachdenken. Gleichzeitig muss Deutschland einsehen, dass es von asiatischen Staaten lernen kann. Das sieht man während der Pandemie besonders.

Anmerkungen

1   Maximilian Mayer/Marina Rudyak/Marius Meinhof, Warum wir von Asien noch immer nicht lernen wollen, Cicero, 22.11.2020, https://www.cicero.de/aussenpolitik/corona-lockdown-asien-china-taiwan-japan-westen, zuletzt abgerufen am 05.12.2020
2   Madeline Y. Hsu, The Good Immigrants: How the Yellow Peril Became the Model Minority, Journal of American History 103-1 (2016), S. 257–258
3   Der Hashtag entstand Ende Januar 2020 durch asiatisch-französische Betroffene, um sich gegen den aufkommenden Rassismus zu wehren. Der Slogan wurde seitdem in verschiedenen Ländern für weitere antirassistische Aktionen genutzt.
4   https://www.korientation.de/pm-rassismus-coronavirus/
5   Vanessa Vu, Verbohrt und arrogant, Zeit Online, 24.11.2020, https://www.zeit.de/politik/deutschland/2020-11/umgang-corona-arroganz-asien-vietnam-infektionsgeschehen-erfolg, zuletzt abgerufen am 05.12.2020
    Xifan Yang, Von Asien lernen, Zeit Online, 09.11.2020, https://www.zeit.de/politik/2020-11/corona-massnahmen-asien-china-vietnam-japan-suedkorea-erfolge, zuletzt abgerufen am 05.12.2020

Nhi Le   **257**

»Es geht nicht um Glaubensbekenntnisse«

Interview mit dem Medizinhistoriker und Medizinethiker Heiner Fangerau über den Streit um die Covid-19-Pandemie

Von Heike Kleffner und Matthias Meisner

Heiner Fangerau ist Direktor des Instituts für Geschichte, Theorie und Ethik der Medizin der Heinrich-Heine-Universität Düsseldorf. Der Medizinhistoriker und -ethiker ist seit 2017 Mitglied der Leopoldina und gibt in dem mit Alfons Labisch 2020 bei Herder veröffentlichten Band »Pest und Corona: Pandemien in Geschichte, Gegenwart und Zukunft« einen spannenden Überblick über historische und aktuelle Maßnahmen auf Pandemien.

Herr Professor Fangerau, wir erleben aktuell eine Polarisierung der Gesellschaft. Lautstarke und zum Teil gewaltbereite Proteste von Coronaleugnerinnen und Coronaleugnern und anderen Menschen stellen die staatlichen Maßnahmen zur Bekämpfung der Pandemie massiv infrage. Beeinflusst dies die Freiheit der Wissenschaft und die Arbeit von Wissenschaftlerinnen und Wissenschaftlern?

Heiner Fangerau: Die formale Freiheit der Wissenschaft beeinflusst es nicht, die Arbeit aber sicherlich schon. Die Stimmung ist sehr aufgeheizt und das trägt dazu bei, dass sich Wissenschaftlerinnen und Wissenschaftler zurückziehen, die sich sonst gern auch öffentlich äußern. Grundsätzlich darf es durchaus unterschiedliche Positionen dazu geben, wie die Pandemie zu bekämpfen ist, und die sollten auch vertreten werden dürfen. Eine Einschüchterung aber halte ich – egal von welcher Seite – für sehr problematisch. Die Morddrohungen gegen Christian Drosten waren der Gipfelpunkt, und auch die Vorwürfe gegen den Hamburger Virologen Jonas Schmidt-Chanasit zum Beispiel, der die Abfolge von Lockdowns kritisiert hatte, habe ich als höchst unangemessen empfunden.

Der Virologe hatte seine Kritik mit den Worten »Einsperren, das ist Mittelalter« zugespitzt. War das nicht zu polemisch?

Heiner Fangerau: Jonas Schmidt-Chanasit ist nicht generell gegen Maßnahmen zur Bekämpfung des Covid-19-Virus. Aber er wirft die Frage auf, welche das sein sollen. Er hat die ergriffenen Maßnahmen aus seiner wissenschaftlichen Perspektive heraus kritisiert und war für einen Strategiewechsel. Zum Beispiel dafür, mehr zu testen und vom Testergebnis abhängig Quarantänen anzuordnen. Jonas Schmidt-Chanasit war für eine Verkürzung der Quarantäne, nannte das Beherbergungsverbot nicht effektiv und letztendlich realitätsfremd. Er hat zu keinem Zeitpunkt die Position von Coronaleugnern vertreten, aber eine andere Strategie als die des akademischen Mainstreams gefordert. Das muss möglich sein.

Als Coronaleugner will auch der Mikrobiologe und Infektionsepidemiologe Sucharit Bhakdi nicht gelten. Als Mitautor des Buches »Corona-Fehlalarm?« zählt er, ähnlich wie auch der Wirtschaftsprofessor Stefan Homburg, zu jenen, die die Gefahren der Pandemie herunterspielen und zu Idolen vieler »Querdenker« geworden sind. Wo fängt es für Sie an, problematisch zu werden?

Heiner Fangerau: Das Heikle an der Wissenschaft insgesamt ist ja, dass Wissenschaft immer im Unsicheren steht, was ihre Aufgaben und Ergebnisse angeht. Wissenschaft arbeitet mit dieser Aufgabenunsicherheit. Das ist ihr Hauptcharakteristikum, sonst wäre sie eine Religion. Das bedeutet auch, dass es unterschiedliche Herangehensweisen und Interpretationen geben darf. Virologen und Virologinnen kommen zu anderen Ergebnissen als Epidemiologen. Der Soziologe Robert Merton hat sogar das permanente Hinterfragen von Ergebnissen mit dem Begriff »organisierter Skeptizismus« als moralischen Wert der Wissenschaft erkannt und zugleich das Prinzip des Universalismus formuliert. Damit meint Merton, dass wissenschaftliche Ergebnisse organisiert skeptisch geprüft werden sollen, egal von wem sie kommen.

Gilt das demnach auch für Sucharit Bhakdi?

Heiner Fangerau: Sucharit Bhakdi hat in seiner wissenschaftlichen Laufbahn einiges geleistet, was anerkannt werden muss. Grundsätzlich sollte man auch seine Positionen hören, so wie andere auch. Viele Positionen lassen sich dann angesichts der Faktenlage aber sehr schnell als erledigt betrachten, wenn sie zum Beispiel aus der Perspektive der vertretenen Forschungsrichtung als überholt, widerlegt oder von den Voraussetzungen her als nicht korrekt gelten. Ein drastisches Beispiel: Wenn jemand erzählt, die Sonne kreise um die Erde, dann ist die Methoden- und Faktenlage der Astronomie einfach so, dass man diese Position nicht weiter diskutieren muss.

Sind Sucharit Bhakdi, Stefan Homburg oder der Mediziner und ehemalige SPD-Politiker Wolfgang Wodarg dann heute die Leute, die Thesen verbreiten vergleichbar der von der die Erde umkreisenden Sonne? Sollen sie – im Sinne der Wahrheitsfindung und Interesse der Wissenschaft – ihre Positionen einfach mal ausdiskutieren mit Christian Drosten von der Charité und Lothar Wieler vom Robert-Koch-Institut?

Heiner Fangerau: Nein, so wird das nicht funktionieren. Der FDP-Vorsitzende Christian Lindner hat ja einmal in einer Talkshow so eine Art Enklave vorgeschlagen. Alle sollten sich zusammensetzen und am Ende steigt weißer Rauch auf. Aber das ist nicht das Prinzip von Wissenschaft. Es geht eben nicht um Glaubensbekenntnisse. Wenn die Frage war, was ich von Sucharit Bhakdis Meinungen in der Coronadebatte halte: Ich teile sie nicht, ich habe sowohl inhaltliche als auch methodische Zweifel. Wenn ich die von ihm präsentierten Zahlen vergleiche mit anderen Fakten, dann komme ich zu dem Standpunkt, eher anderen Virologen, Epidemiologen und Intensivmedizinern als ihm zu folgen. Trotzdem finde ich es legitim, dass Bhakdi und auch andere ihre Ideen äußern.

Wie wünschen Sie sich die Diskussion?

Heiner Fangerau: Der Romanist Hans Ulrich Gumbrecht hat dazu eine schöne Idee formuliert. Er nennt sie »gefährliches Denken«, ein

Synonym für das gemeinsame Diskutieren über umstrittene Methoden, Zahlen, Ergebnisse. Sein Ansatz erinnert an Hannah Arendts »Denken ohne Geländer«. Wenn ein Geländer fehlt, kann man auch mal fallen. Gumbrecht sagt, dass dieses »gefährliche Denken« zur Universität und zur Wissenschaft gehöre. Gleichzeitig aber gehört es nicht auf den Marktplatz.

Der Marktplatz, das sind ja inzwischen die sozialen Medien, Twitter und Facebook etc. Dort wird um jeden Fakt, jede Maßnahme gestritten. Ist das ein Fluch oder ein Segen?

Heiner Fangerau: Die sozialen Medien, das ist gerade während dieser Pandemie sehr gut zu beobachten, können dazu beitragen, Wissen zu demokratisieren. Das Wissen ist dann nicht nur mehr denen zugänglich, die einen Zugang zur Universitätsbibliothek haben, sondern jeder und jedem. Das ist erst mal erstrebenswert, denn die Öffentlichkeit hat ja zum Beispiel auch das Recht zu erfahren, was mit den in der Wissenschaft eingesetzten Steuergeldern geschieht. Das Problem bei Twitter, Facebook & Co. ist meines Erachtens zum einen die fehlende Netiquette. Beleidigungen werden relativ ungeschützt verbreitet. Zum anderen verselbständigen sich viele Diskurse in den sozialen Medien: Fakten werden vermischt mit Spekulationen und Meinungen. Da löst sich die Debatte von der Wissenschaft und wird dogmatisch. So ist es auch mit den Coronaleugnern und -leugnerinnen. Sie widersetzen sich wissenschaftlichen Erkenntnissen und drehen sich nur noch um sich selbst.

Sachsens Ministerpräsident Michael Kretschmer (CDU) hat sich im Juni 2020 hinter verschlossenen Türen mit Sucharit Bhakdi, Stefan Homburg und anderen zusammengesetzt. War das falsch?

Heiner Fangerau: Nein. Miteinander reden ist grundsätzlich nie falsch. Die Frage ist allerdings, wohin ein solcher Dialog führt.

Konkret in Sachsen mit seinen extrem hohen Corona-Infektionszahlen könnte das Treffen ja durchaus Sorglosigkeit befördert haben. Nach dem Motto: So gefährlich kann das Virus ja nicht sein, wenn der Ministerprä-

sident mit einem Dialog scharfe Kritikerinnen und Kritikern der Maßnahmen aufwertet. Oder?

Heiner Fangerau: Michael Kretschmer hat ja im Herbst 2020 eine Kehrtwende hingelegt und zugegeben, das Virus in seiner Wirkung unterschätzt zu haben. Ein gewisses Verständnis habe ich durchaus dafür, wenn Politikerinnen und Politiker auch mit jenen reden, die eine andere Meinung haben als sie. Politik muss ja zunächst mit einer ähnlichen Unwissenheit zurechtkommen wie die Wissenschaft auch. Gleichzeitig ist sie aber anders aufgestellt und orientiert als Wissenschaft. Ihr geht es am Ende nicht um Wissen, sondern politisches Handeln. Auf wen soll sie sich jetzt in der Krise stützen? Auf Soziologinnen und Soziologen oder Psychiaterinnen und Psychiater, die die Gefahren des Lockdowns hervorheben? Oder auf Virologen und Epidemiologinnen, die sagen, dass das Virus das Potenzial hat, sehr viele Menschen zu töten? Wissenschaft muss anerkennen, dass es auch andere gesellschaftliche Systeme mit anderen Logiken gibt. Und die Politik muss so agieren, dass sich möglichst viele Menschen mitgenommen fühlen. Das ist ein demokratisches Prinzip.

Und wenn, wie es – letztlich erfolglos – im Sommer 2020 Zehntausende in einer Petition von der ARD forderten, in einer Sondersendung »Befürworter und Kritiker der Regierungslinie« über Impfen und Masken diskutieren?

Heiner Fangerau: Das wäre das völlig falsche Format. Solche Diskussionen gehören, wenn überhaupt, ins gefährliche Denken des geschlossenen Seminars, aber nicht in eine Talksendung des Fernsehens. Hier würde ich in Anlehnung an den Dramatiker Peter Shaffer sagen: Wissenschaftler sind keine Pferde, die man zu Rennen antreten lässt.

Wann ist für Sie persönlich das Ende der Gesprächsbereitschaft erreicht?

Heiner Fangerau: Ich sehe Berichte aus Kliniken. Ich höre, was Ärztinnen und Ärzte, Pflegerinnen und Pfleger berichten, die auf Intensivstationen Covid-19-Patienten behandeln. Fast alle berichten, dass sie so eine Krankheit mit solchen Folgen noch nie gesehen haben. In der Düsseldorfer Uniklinik müssen Stationen geschlossen werden, weil auch Pflegepersonal und ärztliches Personal erkrankt. Wenn mir dann jemand sagt, das Coronavirus sei eine Erfindung oder gar nicht gefährlich, kann ich das rein empirisch nicht mehr nachvollziehen. Und wenn ich dann meine Position vorgebracht habe und diese nicht angehört wird oder wenn Fakten und Ergebnisse niedergeschrien oder ignoriert werden, dann endet das Gespräch.

Sie haben die extrem aufgeheizte Stimmung angesprochen. Gegen Wissenschaftler wie Christian Drosten gibt es Morddrohungen, im Oktober 2020 wurde in Berlin-Tempelhof ein Brandanschlag auf das Robert-Koch-Institut verübt. Wie erklären Sie sich diese Wut auf die Wissenschaft?

Heiner Fangerau: Aus Unverständnis. Viele Menschen verstehen nicht, dass Wissenschaftler keine reinen Wahrheiten verkünden, sondern auf Faktenbasis Wissen suchen. Und dann wird Wissenschaft die Schuld gegeben für Ambivalenzen und für Entscheidungen der Politik. Es wird gedroht, allein weil bestimmte Wissenschaftlerinnen und Wissenschaftler oder wissenschaftliche Einrichtungen bestimmten Dogmen nicht entsprechen. Das ist eine für die Universitäten – nicht nur in Deutschland – sehr gefährliche Entwicklung. Allerdings ist sie nicht neu. Schon in früheren Jahren bekamen Forscher Polizeischutz, weil ihre Arbeit nicht allen gefiel, Galileo Galilei stand sogar vor der Inquisition. Als einer, der neue Fakten präsentierte, sollte er mundtot gemacht werden.

Sie sind Autor des Buches »Pest und Corona. Pandemien in Geschichte, Gegenwart und Zukunft«, in dem Sie auch für eine veränderte Gesundheitspolitik plädieren. Werden sich in Deutschland nach der Coronakrise die Dinge ändern, Stichwort bessere Entlohnung und Arbeitsbedingungen von Pflegekräften?

Heiner Fangerau: Was die Zukunft angeht, bin ich skeptisch. Leider ist es schon seit Jahrzehnten so, dass die soziale Frage im Gesundheitswesen zu wenig beachtet wird, dass insgesamt viel zu wenig investiert wird in Personal und Infrastruktur. Hier jetzt wieder aufzuholen, ist ungeheuer schwierig. Obwohl es dringend notwendig wäre.

Andreas Wulf von Medico International schreibt in diesem Buch, dass über die Pandemie und die notwendigen Konsequenzen im Kontext globaler Gerechtigkeit gesprochen werden müsse. Sehen Sie das auch so?

Heiner Fangerau: Generell denke ich, dass die Coronakrise einige gute und wichtige Debatten ausgelöst hat. Ein Beispiel: Nach den Erkrankungswellen in der Fleischindustrie wurde über die Bedingungen der Massentierhaltung und die Arbeitsbedingungen insbesondere von Werkvertragsarbeitnehmern diskutiert. Ich wäre sehr dafür, die Arbeitsbedingungen ebenso wie die Tierhaltung zu verbessern. Das müsste weltweit geschehen. Dafür aber braucht es eine Diskussion um globale Gerechtigkeit. Das gilt für das Zusammenleben von Menschen und Tieren ebenso wie für die Eindämmung des Klimawandels. Es braucht in allen Bereichen mehr internationale Kooperation, um die Lebensverhältnisse auf der Welt insgesamt zu verbessern, mit anderen Worten: eine horizontale Intervention für die Pandemieprävention. Aber leider hat es nicht einmal die EU in dieser Krise hinbekommen, konzentriert gemeinsam zu arbeiten. Meine Prognose ist vielleicht düster, aber die Gefahr ist groß, dass nach der Pandemie Schuldige gesucht werden und danach alles so weitergeht wie bisher.

»Der Ton ist in den letzten Jahren schon rauer geworden«

Interview mit Landrat Sven-Georg Adenauer über die Radikalisierung der Coronaproteste

Von Andrea Dernbach

Der CDU-Politiker Sven-Georg Adenauer, Jahrgang 1959, ist seit 1999 direkt gewählter Landrat des Kreises Gütersloh. Zuletzt im September 2020 wurde er mit 54,4 Prozent der abgegebenen Stimmen im Amt des Landrats bestätigt. In seinem Landkreis, in Rheda-Wiedenbrück, liegt der mit 7000 Beschäftigten größte Standort der Fleischfabrik Tönnies. Nach Coronaausbrüchen schloss Adenauer Mitte Juni 2020 vorübergehend das Unternehmen und verfügte Quarantäne für alle Beschäftigten und deren Familienangehörige, einschließlich der Konzernspitze. Etwa fünf Monate später hatte Tönnies an seinem Hauptstandort wieder nahezu 100 Prozent der Schlachtkapazitäten erreicht. Sven-Georg Adenauer ist Enkel des ersten deutschen Bundeskanzlers Konrad Adenauer.

Herr Adenauer, im Verlauf der Coronakrise hatten Sie es unter anderem mit Eltern zu tun, die sich per Demonstration gegen Masken für ihre Kinder in der Schule wehrten. Hatten Sie Ähnliches in mehr als 20 Jahren als Landrat schon einmal?

Vor vielen Jahren haben Eltern im Landkreis auch schon protestiert – da ging es um die Beiträge für die Kindergärten. Aber diese Demonstration hat mich schon erstaunt.

War das zu Beginn der Pandemie?

Nein, mittendrin. Bei uns geht es ja eher ländlich-sittlich zu, nun hatte ich Leute vor dem Kreishaus stehen, die sagten, das sei ja alles übertrieben mit dem Virus, aber ihre Kinder hätten unter dieser übertriebenen Angst nun zu leiden und müssten Masken tragen. Es war keine riesige Zahl von Menschen, die sich versammelten, ich kannte etliche von ihnen.

Wie würden Sie sie beschreiben? Coronaleugner?

Das waren eigentlich ganz normale, bürgerliche Leute. Einige haben mir schon vor der Demonstration geschrieben, einige auch hinterher noch, darunter die Geschäftsführerin einer Firma für Homöopathie. Im Grunde, soweit ich das erkennen konnte, keine Personen, die sich sonst durch besonders krude Ansichten hervortun. Mich hat seinerzeit erschreckt, wie viel Verantwortungslosigkeit ich da sah. Wir wussten schon so viel über die Pandemie, und sie sahen offenbar kein Problem, sogar ihre Kinder dem auszusetzen.

Nicht die einzige Demonstration zum Thema?

Es gab eine weitere zu Corona, die war durchaus beängstigend. Da demonstrierten etwa 150 Leute vor dem Kreishaus, vor allem Schweinemäster, nicht alle aus Gütersloh. Die waren stinksauer darüber, dass ich die Firma Tönnies geschlossen hatte. Die fürchteten um ihre Existenz, das war natürlich ein Riesenproblem für die hiesige Landwirtschaft.

Hatten Sie dafür Verständnis?

Sicher. Der Kreis ist ländlich geprägt, ich bin ein ausgesprochen großer Freund der Landwirtschaft. Landwirt und Landrat fangen nicht nur mit derselben Silbe an. Ich sage mal: Wir lesen den Landwirten in der Regel jeden Wunsch von den Lippen ab. Desto erstaunter war ich über die Aggressivität des Protests.

Andere haben Ihnen sogar eine zu große Nähe zu Tönnies vorgeworfen.

Ich kenne natürlich alle Firmen meines Kreises aus nächster Nähe, Tönnies, Miele ... und halte engen Kontakt zu ihnen. Das sind die größten

Arbeitgeber hier. Das hat mich nicht abgehalten, Tönnies dichtzumachen, als es nötig war.

Zurück zum Protest, den Sie als äußerst aggressiv empfanden. Wie äußerte sich das?

Es war beängstigend. Es war sehr laut, sie kamen dem Kreishaus auch sehr nahe. Als ich zu ihnen rausging, mit ihnen reden wollte, als ich sagte, dass es wohl auch ein Problem sei, dass sie ihre Ställe bis zum letzten erlaubten Zentimeter füllen, haben sie mich niedergebrüllt. Auch mir kamen sie körperlich sehr nah. Einige führten Schweine in Käfigen mit, ich erwartete jeden Moment, dass sie die auf mich zutreiben würden. Der Wortführer heizte die Leute über Megafon auf. Das ging eine gute halbe Stunde so. Am Schluss beruhigte sich die Sache etwas, ich bekam sogar gesagt, ich sei wenigstens offen fürs Gespräch gewesen, das hätten sie kurz zuvor bei einer Demonstration in Berlin ganz anders erlebt.

Nun dürften Sie in einem Landkreis mit landwirtschaftlicher Prägung nicht ganz unvertraut sein mit Existenzsorgen auf den Bauernhöfen – und entsprechend auch Protest. Was hat Sie an diesem Protest erstaunt?

Die sehr aufgeheizte Stimmung. Das war einfach heftig. Heftiger als früher.

Würden Sie sagen: Das ist ein Ergebnis von Corona? Die ungewöhnlich harten Einschränkungen, auch die viel schärferen Existenzängste vieler Menschen?

Nein, das hat zunächst einmal nichts mit Corona zu tun. Der Ton ist in den letzten Jahren schon rauer geworden, die Zahl derer ist gewachsen, die sich aggressiv äußern, die laut werden und nicht nur ein Problem vortragen, sondern bei der Gelegenheit den Staat und die ganze Politik zum Teufel wünschen. Das merke ich deutlich.

Woran machen Sie das fest?

Ich bekomme mehr und mehr Pamphlete von Leuten, die man durchaus für verrückt halten kann. Es gibt da auch welche, die die Grenzen des Landkreises nicht anerkennen.

Sie haben Ihre eigenen lokalen und regionalen Reichsbürger?

Ja, zusätzlich zu den bekannteren, den nationalen. Die haben wir aber auch.

Welchen Grund sehen Sie dafür? Sie werden sich darüber Ihre Gedanken gemacht haben.

Aus meiner Sicht haben die sozialen Medien eine Mitschuld. Dort hat jeder die Möglichkeit, ich sag es mal derb, sich auszukotzen. Ich bin bewusst nicht auf Facebook, um mir das nicht täglich antun zu müssen.

Machen die sozialen Medien und ihre Möglichkeiten Ihnen Angst?

Das nicht. Ich sehe aber durchaus eine reale Gefahr, dass bestimmte Dinge nicht digital bleiben, sondern analog werden. Politik und Verwaltung mussten immer schon Entscheidungen treffen, die den Menschen manchmal weh tun. Das ist nichts Neues. Aber jetzt kann man sich in seiner Wut gegenseitig pushen in den sozialen Netzwerken, man kann die Wut verstärken. Die Stimmung auch bei uns im Kreis ist aggressiver und bedrohlicher geworden.

Können Sie sagen, seit wann Sie das beobachten?

Seit etwa fünf Jahren.

Und Sie haben keine Angst?

Ich meine, dass Leute wie ich, die in der Öffentlichkeit stehen, etwas aushalten müssen. Ich kann nicht sagen, dass ich eingeschüchtert bin. Den Triumph gönne ich denen nicht, die womöglich genau das wollen.

Hat auch das Schicksal von Kolleginnen und Kollegen da nichts für Sie verändert – hohe Beamte und auf regionaler Ebene Gewählte? In Kassel wurde der Regierungspräsident Walter Lübcke erschossen, in einigen Städten und Gemeinden gab es schon Rücktritte von Bürgermeistern, etliche Kolleginnen haben nicht wieder kandidiert, weil sie bedroht wurden.

Im Frühjahr 2013 wurde ganz in der Nähe meines Kreises ein Kollege im Landratsamt erschossen, der Landrat von Hameln-Pyrmont. Der Täter lag zuvor lange mit den Behörden im Streit, er war wegen unerlaubten Waffenbesitzes verurteilt worden und sollte seine Waffen abgeben. Die Geschichte ist mir sehr an die Nieren gegangen. Anderes kam hinzu: Die eine oder andere Drohmail an mich, es gab Gewaltvorfälle in unserem sozialpsychiatrischen Dienst im Kreis und auch welche, die Mitarbeitende im Außendienst trafen. Die Hemmschwellen sind niedriger heute, das merkt man bei Auseinandersetzungen mit der Feuerwehr, bei der Polizei. Ich will eigentlich, dass das Kreishaus ein Haus der offenen Tür ist. Aber inzwischen kommt man zu mir nicht mehr einfach so rein.

Sind Sie auch privat bedroht worden – Sie nannten eben Drohmails?

Gerade in der Coronakrise gingen bei mir viele ein, die teils unter der Gürtellinie waren. In zwei, drei hieß es auch drohend: Wir wissen, wo du wohnst. Meine Nachbarn haben mir einige Male berichtet, sie hätten merkwürdige Leute vor dem Haus auftauchen sehen – jeweils in meiner Abwesenheit. Wir waren hier insgesamt im Ausnahmezustand, der Kreis Gütersloh war zeitweise der Coronahotspot Europas, 15 000 Menschen waren in Quarantäne, an der Firma Tönnies, die ich schließen musste, hingen Familien, Existenzen. Selbst Freunde, die dort Arbeit hatten, nahmen mir das übel.

Sie haben dennoch wieder kandidiert und wurden im September erneut zum Landrat gewählt.

Ich habe eben eine dicke geistige Hornhaut.

Wie schätzen Sie mit den Erfahrungen aus mehr als zwei Jahrzehnten an der kommunalen Basis die Lage insgesamt ein? Sie sprachen von Ihren Erfahrungen mit ganz normalen bürgerlichen Menschen: Sehen Sie eine Drift an den extrem rechten Rand über den Widerstand gegen die Maßnahmen zur Bekämpfung der Coronapandemie?

Ich schließe nicht aus, dass auch aus dieser Klientel Menschen abwandern. Da könnte Corona die Einstiegsdroge werden, um schließlich in der Ecke zu landen von: »Wir haben die Schnauze voll, das lassen wir uns vom Staat nicht gefallen«. Das Thema hat Potenzial, der Nährboden ist bereitet. Manchmal scheint mir: Viele, gerade von denen, die nicht schlechtgestellt sind, wissen gar nicht mehr, was sie an diesem Staat und an dieser Gesellschaft haben.

»Wer mit Rechtsradikalen mitläuft, hat keine Ausrede mehr«

Interview mit Dunja Hayali

Von Heike Kleffner und Matthias Meisner

Dunja Hayali, Jahrgang 1974, ist eine deutsche Journalistin und Fernsehmoderatorin. Sie wurde im westfälischen Datteln geboren, ihre Eltern stammen aus dem Irak. Seit 2010 ist sie Hauptmoderatorin des ZDF-Morgenmagazins. 2018 erschien bei Ullstein ihr Buch »Haymatland. Wie wollen wir zusammenleben?«.

Frau Hayali, Sie berichten schon lange über rechte Demonstrationen von AfD, Pegida & Co. Erleben Sie seit Beginn der Pandemie bei den Protesten von Coronaleugnern und »-skeptikern« eine neue Qualität der Aggression und Bedrohung gegen Sie und andere Journalistinnen und Journalisten?

Ja, sowohl in der Qualität als auch in der Quantität. Für mich macht vor allem die skurril-gefährliche Mischung den großen Unterschied: Da sind Menschen aus den verschiedensten Milieus unterwegs, jung – alt, links – rechts, Stadt – Land, arm – reich, gebildet – ungebildet, und so weiter. Was ich vor Ort erlebt habe, ist eine noch nie da gewesene Form von Chuzpe. Es wird verbal und physisch immer brutaler über die Stränge geschlagen. Aber dass die Angriffe auch auf Journalist*innen radikaler geworden sind, habe ja nicht nur ich in diesem Sommer erlebt. Die Menschen, die sich auf diesen Demos bewegen, bestätigen sich gegenseitig, in ihren Blasen, auf ihren Channels in den sozialen Medien. Und die Führungskräfte dieser Bewegung nutzen dieses unhinterfragte Folgen aus.

Was passiert bei diesen Protesten?

Der »Lügenpresse«-Ruf gehört ja mittlerweile zum Standardrepertoire. Zudem wird geschubst, gespuckt, man wird beschimpft, beleidigt und bedroht. Und zwar von Männern und Frauen, selbst welche, die Kinder auf ihren Schultern tragen. Selbst einer unserer Security-Leute wurde angegriffen. So etwas habe ich vor den Coronaprotesten nicht in dieser Schärfe erlebt. Es ist für mich unfassbar, dass wir Journalist*innen in Deutschland, in einem Land, wo Meinungsfreiheit, Meinungsvielfalt und Pressefreiheit herrschen, inzwischen mit Sicherheitspersonal zu Drehs bei Demonstrationen gehen müssen.

»Irrationalität bricht sich Bahn«, hat der thüringische Ministerpräsident Bodo Ramelow mit Blick auf die Coronademonstrationen gesagt. Wie erklären Sie sich, was da im Land passiert?

Wenn man Erklärungen sucht, muss man aufpassen, dass man die Menschen, die sich so verhalten, nicht entschuldigt. Denn sie sind immer noch für ihr eigenes Handeln selbst verantwortlich – egal wie unzufrieden, unglücklich oder frustriert sie sind. Davon abgesehen kann ich bestimmte Verhaltensweisen nachvollziehen, wenn sie nicht in Gewalt, auch nicht in verbaler Gewalt, enden. Schlagworte wie Globalisierung, Digitalisierung, Zuwanderung – und jetzt Corona – können einen, auch mich, überfordern. Können Unsicherheit und Angst auslösen. Das rechtfertigt aber ausdrücklich nichts von alledem, was wir an Gewalt auf sogenannten Hygienedemos und Protesten von »Querdenken« erleben, bei AfD und Pegida, aber auch am linken Rand oder bei religiösen Fanatikern.

Sie haben immer wieder versucht, mit Demonstranten, insbesondere rechtsradikalen, in Dialog zu treten. Lässt sich mit diesen Leuten überhaupt noch reden?

Wer all die Menschen, die dort mitgelaufen sind, in die Rechtsaußen-Ecke stellt, macht es sich zu einfach. Ich versuche jedenfalls, egal wie sehr ich beschimpft werde, zu differenzieren. Was diese Bewegung aber mit zum Beispiel Pegida und Co. eint: Eine sehr kleine, aber laute Gruppe beansprucht für sich Mehrheit und Wahrheit.

Wann sind für Sie die Grenzen des Redens erreicht?

Zum Beispiel, wenn jemand den Holocaust leugnet. Oder auch wenn ich zum hundertsten Mal sagen muss:»Corona gibt es. Können wir bitte über die Maßnahmen und Auswirkungen sprechen?« Neulich kam ich mit einem Mädchen ins Gespräch, das meinte, das Tragen einer Maske sei ein Ausdruck von Faschismus. Soll man lachen oder weinen? Und wie oder worüber soll man da noch in den Dialog gehen?

Trotzdem versuchen Sie es immer wieder. Warum?

Als Journalistin will ich verstehen, ohne Verständnis zu haben. Zum anderen: Solche Gespräche sind ja auch sehr faszinierend. Für mich gilt grundsätzlich: Wer sendet, muss auch empfangen. Die einen reden mit mir, weil sie sagen:»Okay, die Hayali bemüht sich wenigstens noch.« Andere wollen mit ihrem Hassobjekt Hayali mal reden und mir die Meinung sagen. Und manche brauchen einfach einen Kummerkasten. Und dann gibt es wiederum auch Leute, die ein echtes Interesse am Austausch haben. Die Tendenz in der ganzen Gesellschaft, nicht nur bei Demonstrationen, ist allerdings nach meiner Beobachtung schon problematisch: Immer mehr Menschen wollen eigentlich nur ihre eigene Meinung bestätigt sehen. Ich bin aber nicht dazu da, irgendjemanden in seiner oder ihrer Meinung beziehungsweise Sicht zu bestätigen, insbesondere dann nicht, wenn sie gespickt ist von Lügen, Fake und anderem Schwachsinn. Und wenn Sie dann im Interview mit Argumenten oder Fakten kommen, sind Sie der Buhmann, blind, naiv oder noch nicht aufgewacht. Widerspruch oder Ambiguität zu ertragen, fällt halt vielen schwer. Mir manchmal auch. Aber ich sehe, dass es verschiedene Lebenswelten gibt, die wiederum zu unterschiedlichen Ansprüchen führen. In diese einzudringen, sie zu durchdringen ist mein Job. Demo hin oder her.

2017 haben Sie der Jungen Freiheit, *einem Sprachrohr der Neuen Rechten, ein Interview gegeben, was Ihnen damals viel Kritik eingetragen hat. Würden Sie das heute noch einmal machen?*

Man muss das im »geschichtlichen« Kontext betrachten. Vom Zeitpunkt, als die Anfrage kam, an habe ich die *Junge Freiheit* ein Jahr gelesen. Sie war nach meiner Einschätzung damals nicht so völkisch, so nationalistisch, so rechtsaußen wie heute. Könnte ich die Uhr zurückdrehen, würde ich das Interview noch einmal geben. Die Zeitung hat sich allerdings mehrfach in ihrer Aggressivität und Ausrichtung gewandelt. Aktuell würde ich mit diesem Blatt nicht reden.

Am 7. November 2020 – beim großen »Querdenken«-Protest in Leipzig – marschierten auch Hunderte Neonazis und Hooligans mit, trafen auf eine überforderte Polizei. Fehlten da bei vielen Demonstranten Anstand und Abstand?

Ich habe das schon im August nach einer der Demonstrationen in Berlin gesagt: Wer bei solchen Protesten mitläuft, macht sich mitschuldig. Der Zweck heiligt nicht die Mittel. Egal, ob ich gegen das Impfen bin oder gegen die Maßnahmen zur Bekämpfung des Coronavirus: Wer mit Rechtsradikalen, Neonazis, Faschisten, Antisemiten mitläuft, der hat keine Ausrede mehr. Und dass die Bewegung gekapert wurde, war und ist kein Geheimnis.

In Leipzig zeigten viele Demonstrantinnen und Demonstranten einen ausgeprägten Hass auf Journalistinnen und Journalisten, es gab Dutzende Übergriffe und Bedrohungen. Wie erklären Sie sich diesen Hass?

Ich sehe immer wieder bei dieser Szene eine Täter-Opfer-Umkehr, nach dem Motto »Ihr habt das doch verdient«. Deswegen zögere ich auch, jetzt Ursachenforschung zu betreiben. Wir wollen berichten, wollen zeigen was ist. Auf der einen Seite wird bemängelt, wenn wir zu solchen Protesten nicht kommen, als ob wir etwas unter den Teppich kehren wollten. Und wenn wir dann kommen, kriegen wir »auf die Fresse«. Ich bin ja auch »schuldig«, obwohl ich als Journalistin gar nicht die (Corona-)Politik mache, sondern sie hinterfrage und einordne. Wie absurd das alles ist, sieht man dann an der Einordnung: Mal bin ich »regierungstreu«, mal »links-grün-versifft«. Immer, wie es gerade passt.

Über Pegida, die »Nein zum Heim«-Bewegung, generell Proteste gegen Geflüchtete wurde und wird sehr viel berichtet. Macht das solche Gruppen – jetzt auch die Coronaleugner – größer, als sie sind?

Eine Stöckchen-Frage: Was nimmt man auf, was nimmt man wahr? Mich bekümmert, dass die Lauten und die Schreihälse so viel Aufmerksamkeit bekommen. Ich habe das in meinem Buch »Haymatland« thematisiert: Wie dringt man heute zu Menschen und Medien durch? Eben oft durch Verkürzung, Zuspitzung, Radikalität. Diese echauffierte Beschleunigungsspirale, die Donald Trump bis zum Exzess betrieben hat, ist in der Bevölkerung ein zu kritisierender Zustand, aber mehr noch in den Medien. Warum bilden wir nicht viel mehr auch die versöhnlichen, die sachlichen, die konstruktiven Stimmen ab?

Bezogen auf die Diskussion um das Coronavirus muss das heißen?

Zwischen Zweifel und Ignoranz liegen Welten. Die Mehrheit der Bürger*innen steht doch mehr oder weniger hinter den Coronamaßnahmen. Eine Minderheit geht dagegen auf die Straße. Wer hat aber mehr Aufmerksamkeit bekommen? Auch wenn es in unserer journalistischen DNA liegt, auf das Groteske, Laute, Schlechte und Erschütternde zu schauen, dürfen wir auch die andere Seite, die leise Mehrheit, in der medialen Berichterstattung nicht vergessen. Schauen Sie sich unser Interview an: »Lügenpresse«, »links-grün-versifft« – all das hat Einzug in unseren Sprachgebrauch genommen. Der Diskurs ist also schon nach rechts bzw. nach rechtsaußen abgedriftet. Wir als Gesellschaft sollten nicht folgen, sondern wachsam bleiben.

Werden Journalistinnen und Journalisten, die von Demonstrationen berichten, zu wenig von der Polizei geschützt, immer öfter sogar von der Polizei bei der Arbeit behindert?

Wissen Sie: Wäre ich nicht Journalistin geworden, wäre ich Polizistin geworden. Ich habe einen sehr hohen Respekt vor Menschen, die diesen Dienst ausüben. Pauschales Bashing von Polizist*innen ist mir zu blöd, zu simpel, zu verkürzt. Wer soll das auch sein – die Polizei? Die Ostdeutschen? Die Migranten? Die Politiker? Die Journalisten? Was wir aber in Leipzig gesehen haben oder auch das, was ich in Berlin erlebt habe, lässt mich etwas ratlos zurück. Als ich bei einer Coronademonstration Anfang August 2020 zwischen dem Brandenburger Tor und der Siegessäule mit einem Team unterwegs war, bevor wir angegriffen worden sind, haben wir am Anfang und am Ende Polizisten gesehen. Mittendrin war niemand.

Sie haben dann den Dreh abgebrochen.

Mein Security-Mann hat zu mir gesagt: »Dunja, ich kann nicht mehr garantieren, dass ich dich hier heil rausbringe. Innerhalb der nächsten Minute kippt das.« Wir waren auf uns allein gestellt. Was in Leipzig passiert ist, also der Umgang von Polizist*innen mit Journalist*innen, da fehlen mir tatsächlich die Worte. Ich verstehe weder die »Strategie« der Polizei noch dass diese Demonstration im November 2020 zugelassen wurde. Ja, das Demonstrationsrecht ist ein hohes Gut, aber diese Demos waren ein Schlag ins Gesicht all derjenigen, die diese Pandemie ernst nehmen, Abstand halten, den MNS tragen, die wirtschaftliche Einbußen haben. Übrigens auch für das medizinische Personal, das diese Menschen, wenn sie denn erkrankt sind, versorgen muss. Tja, wenn schon kein Mindestabstand, dann doch zumindest Mindestanstand.

Von »Medienkritik« zu Hass und Einschüchterung

Pressefreiheit in aufgeheizten Zeiten

Von Patrick Gensing

Leipzig, Anfang November 2020: Rund um eine große »Querdenken«-Demonstration üben Rechtsextreme eine direkte und sehr handfeste Art der »Medienkritik« aus: Sie beleidigen Reporterinnen und Reporter, werfen mit Gegenständen, durchbrechen Polizeiketten, schlagen auf Medienvertreter ein. Es sind regelrechte Jagdszenen.

Mitarbeitende des Jüdischen Forums für Demokratie und gegen Antisemitismus (JFDA), die bereits von vielen Demonstrationen berichtet haben und so wertvolle Dokumentationsarbeit für die demokratische Öffentlichkeit leisten, warnen angesichts dieser Erfahrungen vor einer massiven Gewaltzunahme und Bedrohungslage – insbesondere bei den »Querdenken«-Protesten, die sich in einem atemberaubenden Tempo radikalisiert haben: »Während uns bei den ersten Demonstrationen vereinzelte Personen gefragt haben, warum wir denn einen Mund-Nasen-Schutz trügen, reicht mittlerweile der Anblick desselben für viele Demonstrierende, um in wüste Beschimpfungen und Bedrohungen uns gegenüber zu verfallen. Das Unsicherheitsgefühl hat derart zugenommen, dass wir nunmehr strikt darauf achten, nur noch in Gruppen unterwegs zu sein und einen Helm bei uns zu tragen. Die Würfe mit Böllern, Flaschen und Steinen, die wir in Leipzig und Berlin hautnah miterleben mussten, legen uns diese Sicherheitsvorkehrung nahe.«

Das JFDA berichtet von Pöbeleien, die sich generell gegen Medien richten: »Wir wie die meisten anderen Medienvertreterinnen und Reporter werden entweder als ›linke Bazillen‹ und ›Antifa‹ angepöbelt oder als ›Lügenpresse‹ diffamiert.« Der inflationäre Gebrauch solcher Begriffe weise darauf hin, »dass viele Demonstrierende überhaupt keine anderen Kategorisierungen und Differenzierungen mehr vor-

nehmen als die von vermeintlich Gut und Böse und Lüge und Wahrheit. Diese Zuspitzung von Polen und die Manifestierung von klaren
Feindbildern wiederum lässt auch im Zusammenhang der Coronademos auf die Wirkung und Verbreitung von Verschwörungsideologien
schließen.«

Dabei sind es nicht allein die Demonstrierenden, die die Pressefreiheit einschränken wollen. Die Deutsche Journalistinnen- und Journa-
listen-Union (dju), journalistische Interessenorganisation innerhalb
des DGB, berichtet von mindestens 38 Medienvertreterinnen und Reportern, die bei der Leipziger Demonstration im November 2020 an der
Arbeit gehindert worden seien – neun davon durch die Polizei. Die Gewerkschaft spricht von einer »völlig neuen Dimension, was das Ausmaß der Gewalt betrifft«. Die dju-Vorsitzende Tina Groll erklärt, mehrere Journalistinnen und Journalisten seien zum Teil massiv körperlich
attackiert worden. Sie kritisiert das Verhalten der Polizei, deren Strategie in Passivität bestanden habe. »Die Polizistinnen und Polizisten
sind ihrer Aufgabe, die Pressefreiheit durchzusetzen und Journalistinnen und Journalisten zu schützen, nicht nur nicht nachgekommen. Sie
haben diese zum Teil selbst an ihrer Arbeit gehindert«, sagt Groll. Der
dju-Vorsitzenden sind mehrere Pressevertreter bekannt, die aufgrund
von Sicherheitsbedenken entschieden hätten, nicht vor Ort über die
Demonstration in Leipzig zu berichten. »Das ist eine gefährliche Entwicklung für die Demokratie und ein Alarmsignal auch für die politisch
Verantwortlichen. Es muss sichergestellt werden, dass Journalistinnen
und Journalisten ohne Angst und ungehindert von Demonstrationen
wie der in Leipzig berichten können.«

Auch wenn die »Querdenken«-Demonstration in Leipzig ein besonders krasses Beispiel von Gewalt gegen Medienschaffende ist,
handelt es sich längst nicht um einen Einzelfall, sondern fast um ein
alltägliches Phänomen – im negativen Sinne. Und um den bisherigen
Höhepunkt einer langen Entwicklung, in der die in Artikel 5 des Grundgesetzes verankerte Pressefreiheit zunehmend unter Druck gerät.

Bei Journalistinnen und Journalisten ist eine zunehmende Ratlosigkeit festzustellen angesichts der brisanten Mischung aus höchst
aggressiver Stimmung, pauschalen Attacken und oft auch noch feh-
lendem Schutz. Diese ohnehin bereits gefährliche Arbeit wird von der

Polizei sogar noch weiter behindert. Für Schlagzeilen sorgte im Sommer 2018 ein daraufhin als »Hutbürger« bekannt gewordener Demonstrant, der am Rand einer Pegida-Demonstration in Dresden einen ZDF-Reporter bedrängte und Polizisten aufforderte, gegen den Journalisten vorzugehen – was dann auch noch geschah. Der Reporter wurde eine Dreiviertelstunde festgehalten. Später stellte sich heraus, dass es sich bei dem Pöbler um einen Angestellten des Landeskriminalamts Sachsen handelte.

Zahlreiche weitere Beispiele lassen sich aufführen, aus allen Teilen der Republik. Die Vermessung des Phänomens ist nicht einfach, da Befragungen immer nur einen Teil der Erfahrungen aus der großen und vielfältigen Medienlandschaft abbilden. Die Ergebnisse diverser Studien und Umfragen legen aber nahe, dass es sich um ein virulentes Problem handelt und die Aggressivität tatsächlich gewachsen ist – beziehungsweise gezielt angefacht wurde.

Eine im Mai 2020 veröffentlichte Studie zur Wahrnehmung von und Erfahrungen mit Angriffen auf Journalistinnen und Journalisten des Instituts für interdisziplinäre Konflikt- und Gewaltforschung an der Universität Bielefeld zeigt das Ausmaß von Hass und Anfeindungen: Für die Untersuchung wurden 322 Medienschaffende anonym zu ihren Erfahrungen mit diesen Phänomenen befragt. Knapp 60 Prozent geben an, in den vergangenen zwölf Monaten mindestens einmal angegriffen worden zu sein. 68,6 Prozent sind der Ansicht, dass Angriffe auf journalistische Beiträge in Deutschland in diesem Zeitraum insgesamt zugenommen hätten. Unter Angriffen versteht die Studie alle Arten von hasserfüllten Reaktionen, die Medienschaffende in ihrem Berufsalltag erleben – von Beleidigungen über Anfeindungen bis hin zu Aufrufen zu Gewalt und/oder Straftaten. Erfasst wurden darüber hinaus auch erlebte körperliche Gewalt und Morddrohungen. Mehr als 16 Prozent aller Befragten berichten, in ihrem Berufsleben schon körperlich angegriffen worden zu sein. Fast 16 Prozent geben an, dass sie bereits eine Morddrohung erhalten hätten. Damit gehören Journalistinnen und Journalisten zu den immer zahlreicher werdenden Berufsgruppen, die im Arbeitsalltag mit massiven Anfeindungen konfrontiert sind.

Deutlich wird auch, welche Themen besonders häufig Angriffe zur Folge hatten – nämlich die Komplexe »Migration«, »AfD« und »Flüchtlinge«. Dazu ist seit dem Frühjahr 2020 die alles dominierende Coronapandemie gekommen, mit einer monatelangen Ausnahmesituation und einer neuen Dimension der Verbreitung von Gerüchten, Falschmeldungen und Verschwörungslegenden.

Mehr als 80 Prozent der von Hass Betroffenen ordnen in der oben zitierten Studie die Anfeindungen dem rechten politischen Spektrum zu. Knapp zwei Drittel aller Befragten sind der Ansicht, dass Angriffe auf Medienschaffende durch politische Akteure in Deutschland insgesamt zunehmen. Sie benennen dabei als Aggressor explizit die AfD, die auch die sogenannten »Querdenken«-Proteste unterstützt hat. Die Folgen von Hass und Angriffen zeigen sich vor allem auf der persönlichen Ebene: Viele Befragte berichten von psychischen Belastungen und der Sorge vor einer weiteren Zunahme von Angriffen. Mehr als die Hälfte äußern Verständnis dafür, wenn Kolleginnen und Kollegen aus Sorge vor Angriffen nicht über bestimmte Themen berichten.

Vor besonderen Herausforderungen stehen freie Medienschaffende ohne redaktionelle Anbindung. Viele Befragte fordern daher eine schärfere Sanktionierung durch Polizei und Strafverfolgung. Zudem sprechen sie sich für mehr öffentliche Solidarität und Unterstützung von politischer Seite aus, damit die Freiheit und Unabhängigkeit journalistischer Arbeit in Deutschland gewahrt werden könne.

Auch das Europäische Zentrum für Presse und Medienfreiheit (ECPMF) hat 2020 in Deutschland eine deutliche Zunahme von Aggressionen durch Demonstrierende gegen Journalistinnen und Medienschaffende beobachtet. Dazu komme häufig ein Versagen der Polizei, Medienschaffende vor physischen und verbalen Angriffen zu schützen. Die Lage habe sich im Zusammenhang mit der Covid-19-Pandemie verschlechtert, die Zahl der Übergriffe sei »sprunghaft angestiegen«, so dass Veränderungen notwendig seien, um diese Situation zu verbessern. Das ECPMF stellt fest, das Verhältnis zwischen Medienschaffenden und der Polizei sei von Konflikten und Unsicherheiten geprägt. Deshalb veröffentlichte das Zentrum Handlungsempfehlungen für Polizei, Behörden und politische Entscheidungsträger.

Offenkundig wird die journalistische Arbeit oft als potenzielle Störung angesehen – und möglicherweise fehlt auch das Bewusstsein, welche Rechte Reporterinnen und Reporter haben sowie welche Bedeutung die freie Berichterstattung generell für einen demokratischen Rechtsstaat haben sollte. Genauso haben sich die Attacken auf Medienschaffende normalisiert, durch ständige Wiederholungen haben sich abwertende Begriffe wie »Lügenpresse« oder »Staatsfunk« etabliert und werden in einigen politischen Milieus kaum noch als problematisch wahrgenommen, geschweige denn, dass ihnen widersprochen wird. Dazu passt, dass mittlerweile neben Politikerinnen und Politikern auch prominentere Journalistinnen in Häftlingskleidung gezeigt werden – in Social-Media-Memes ebenso wie auf den Straßen. So tauchten auf »Querdenken«-Demonstrationen mehrfach Plakate mit dem Konterfei von Dunja Hayali, Georg Restle und Anja Reschke auf, allesamt Prominente von *ARD* und *ZDF*, die mit dem Schriftzug »Schuldig« in Häftlingskleidung dargestellt wurden.

Die Forderung, Journalistinnen und Journalisten vor Gericht zu stellen, spiegelt die Doppelzüngigkeit und den autoritären Charakter der höchst aggressiven populistischen Medienkritik wider: Einerseits wolle man keinen »Staatsfunk«, heißt es, andererseits werden staatliche Interventionen als Reaktion auf Berichterstattung in Form von Anklagen und Gefängnisstrafen gefordert. Einerseits verlangt man lautstark einen »objektiven« Journalismus, der lediglich abbilde und nicht einordne, andererseits sollen Medien kritisch sein. Einerseits werden insbesondere die öffentlich-rechtlichen Medien, aber auch viele Zeitungen und Magazine als generell unglaubwürdig diskreditiert, andererseits werden Berichte aus solchen Medien gern zitiert, wenn sie der eigenen Meinung oder dem eigenen Weltbild entsprechen.

Dies alles ist kein deutsches Phänomen, sondern ein internationales. Reporter ohne Grenzen (ROG) stellt fest, in diversen europäischen Staaten seien Reporterinnen und Reporter 2019 Gewalt durch Polizei und Demonstrierende ausgesetzt, etwa bei den Gelbwesten-Protesten in Frankreich oder in Spanien bei Protesten für eine Unabhängigkeit Kataloniens. Hinzu kamen in Spanien wie auch in Österreich, Italien und Griechenland rechtsextrem oder rechtspopulistisch motivierte

Angriffe. Im Jahresbericht 2020 von ROG heißt es, dass aktuell weltweit mindestens 387 Medienschaffende im Gefängnis sitzen oder saßen – 130 von ihnen, weil sie über die Coronakrise berichtet hatten. Regierungen in allen Teilen der Welt hätten demnach versucht, »eine unabhängige Berichterstattung über die Coronakrise und ihre Folgen zu unterdrücken«.

In Ungarn kontrolliert die Regierung über loyale Unternehmer und Holdings den weitaus größten Teil der Nachrichtenmedien. Auch über ihre Werbeetats und den Rundfunkrat marginalisiert sie unabhängige Stimmen und hat anlässlich der Coronakrise die Verbreitung falscher oder »irreführender« Nachrichten unter Strafe gestellt. In Polen setzt die Regierung unabhängige Medien durch Verleumdungsklagen, Werbeboykotte und Strafermittlungen zunehmend unter Druck. Hassäußerungen im Internet gegen Medienschaffende sind ein zunehmendes Problem selbst in Ländern auf den vordersten Plätzen der Rangliste von Reporter ohne Grenzen – wie in Norwegen, Finnland, Schweden und den Niederlanden.

Hinter all diesen unterschiedlichen Interventionen, den Drohungen und Attacken, den Verleumdungen und Beleidigungen steht letztendlich ein Motiv: Es geht nicht darum, Medien generell abzuschaffen, sondern sie im eigenen Sinne zu beeinflussen, auf Linie zu bringen, Widerspruch auszuschalten, kritische Berichterstattung zu verhindern, kurz: Medien zu kontrollieren. Um dieses Ziel zu erreichen, sind verschiedene Strategien zu beobachten. Es werden handfeste Drohungen sowie Attacken bei Demonstrationen eingesetzt, um Macht zu zeigen, Reporterinnen und Journalisten einzuschüchtern, bestimmte Videoaufnahmen zu verhindern, die Hoheit über die Bilder und Inszenierung zu erlangen. So behauptet beispielsweise ein rechter Medienaktivist am Rande der eingangs erwähnten Demonstration in Leipzig, bei einem Mob von Rechtsextremisten handele es sich in Wirklichkeit um verkleidete Antifa-Demonstranten. Diese würden für die Kameraleute der großen Medien nun Gewalt provozieren, die dann den »Querdenkern« zugeschrieben werden sollte. Eine bizarre Verschwörungslegende. Doch die Strategie dahinter ist bemerkenswert: Bevor es überhaupt die entsprechenden Aufnahmen von rechter Gewalt gibt, wird bereits die Legende gestrickt, wonach diese Bilder nur inszeniert würden. Bilder, deren Verbreitung sich nicht verhindern lässt, als Inszenierung zu diskreditieren, ist ein bewährtes Mittel zur Desinformation, das beispielsweise von der russischen Regierung angewendet wird, um Giftgasangriffe des verbündeten Assad-Regimes in Syrien als Inszenierungen abzuwehren.

Neben solchen handfesten und oft gezielten Attacken gibt es auch eine fortlaufende Zermürbungsstrategie gegen Journalistinnen und Journalisten, die permanent und kontinuierlich über soziale Medien attackiert und beleidigt werden. Auch hier ist das Ziel, einzuschüchtern und von Recherchen abzuschrecken und die Attackierten von der eigentlichen Arbeit abzuhalten. Die Umfrage unter Medienschaffenden dazu zeigt, dass solche Strategien durchaus Wirkung zeigen und Journalistinnen und Journalisten »heiße« Themen meiden, weil sie Anfeindungen befürchten. Genauso könnten Redaktionen bestimmte Berichte lieber nicht veröffentlichen, weil sie durch ständige Attacken verunsichert oder sogar zermürbt werden. Dazu kommen oft Drohungen, rechtlich gegen kritische Berichterstattung vorzugehen, auch wenn es dazu gar keinen Anlass gibt. Zu diesen Einschüchterungsstrategien gehört es auch, Kommentarspalten und Social-Media-Kanäle von Medien gezielt mit Kommentaren zu fluten, durch gezielte Aufrufe in den eigenen Netzwerken die Ergebnisse von Online-Umfragen im eigenen Sinne zu manipulieren oder durch zahlreiche Zuschriften, die oft aus vorgegebenen Textbausteinen bestehen, die Programmgestaltung oder Nachrichtenauswahl zu beeinflussen. Auch die Entlassung von bestimmten Mitarbeitenden wird regelmäßig eingefordert.

Weiter gibt es Versuche, über Petitionen Einfluss zu gewinnen. So starteten Aktivisten eine Online-Unterschriftensammlung, um sich gegen die ihrer Meinung nach einseitige Berichterstattung in den Öffentlich-Rechtlichen zu wehren. Schließlich erreichten sie im November 2020 eine Videokonferenz mit Vertretern des öffentlich-rechtlichen Rundfunks, in der sie unter anderem der ARD vorschlugen, sie solle die in verschiedenen Städten stattfindenden Coronademonstrationen »als Gelegenheit zur Programmgestaltung sehen«. Im Anschluss an die Proteste solle es »live ausgestrahlte Vor-Ort-Diskussionssendungen von den Marktplätzen« geben. Zwar ging die ARD auf die Forderungen nicht ein, doch zeigt das Beispiel, wie versucht wird, Sendeplätze und -zeit zu erobern oder zumindest sich Gehör zu verschaffen bei ebenjenen Medien, die man sonst pauschal kritisiert oder diskreditiert.

Die sächsische Vorsitzende des Deutschen Journalisten-Verbandes (DJV) Ine Dippmann meint, mit dem Aufkommen der »Querdenken«-Demonstrationen setze sich »das fort, was wir in den vergangenen Jahren am Rand von *Pegida*-Kundgebungen erlebt haben: Pressefeindlichkeit, die von Beleidigungen über Bedrohungen bis hin zu tätlichen Angriffen geht«. Das »unrühmliche Beispiel« der »Querdenken«-Demonstration im November 2020 in Leipzig habe aber viele Menschen »aufgerüttelt, nicht zuletzt bei der Polizei«, sagt Dippmann. DJV Sachsen und DJV Thüringen begleiten seitdem »Querdenken«-Demos, um Pressevertretern als Ansprechpartnerinnen zur Verfügung zu stehen. Vor allem gehe es um Vermittlung zwischen Polizei und Journalistinnen sowie Reportern. Zudem hätte es diverse Gespräche gegeben, berichtet Dippmann: »Zuletzt haben sowohl die Polizei in Leipzig als auch die Polizei in Dresden den Schutz von Medienschaffenden in ihre Demo-Einsatzkonzepte aufgenommen und extra Personal dafür abgestellt. Das hat das Sicherheitsgefühl der Kolleginnen und Kollegen verbessert.«

Angesichts der fortdauernden Coronapandemie und deren gesellschaftlicher Auswirkungen warnt das Jüdische Forum für Demokratie und gegen Antisemitismus vor der weiteren »Zunahme und Verstetigung von Antisemitismen, wie sie in den diversen Verschwörungserzählungen, in den Parolen und auf den Transparenten der Demonstrierenden auftauchen«. Besonders gravierend seien »die unzähligen schamlosen und völlig unverhältnismäßigen Vergleiche mit den Opfern der Schoa und der NS-Diktatur«. Dabei werden Medien als Teil eines Establishments dargestellt, das sich gegen das einfache Volk verschworen habe. Medien und Politik werden als ein Machtblock dargestellt, der von dunklen Mächten zentral gesteuert wird. Solche Vorstellungen und Phantasmen befeuern die Pressefeindlichkeit und gefährden die journalistische Arbeit. Daher braucht es nicht weniger Aufklärung über solche Phänomene, sondern mehr. Trotz aller Einschüchterungsversuche und Attacken.

V. DER GROSSE GRABEN?
GRABEN?
RECHT, STAAT UND
GESELLSCHAFT
IN DER PANDEMIE

Generalmisstrauen in die demokratischen Institutionen

Corona-Protestbewegung: Die neue Querfront?

Von Ralf Fücks

Wer geht hier mit wem auf die Straße? Diese Frage beschäftigt spätestens seit den Coronaprotesten im August 2020 viele. Dahinter steckt auch das Befremden über die augenscheinliche Mischung scheinbar unvereinbarer Gruppen – von friedensbewegt bis rechtsradikal. Die Ende 2020 veröffentlichte Studie einer Forschungsgruppe des soziologischen Instituts der Universität Basel zu Motiven und politischen Einstellungen der »Coronaskeptiker«/«Querdenker« liefert interessante Einblicke in die Denkweise dieses Milieus.[I] Sie basiert auf einer Online-Umfrage, die in Telegram-Gruppen gepostet wurde, qualitativen Interviews und einer Auswertung einschlägiger Dokumente der Bewegung. Die Mehrheit der 1150 Coronaaktivistinnen und -aktivisten, die sich an der Online-Befragung beteiligten, war weiblich.

Auch wenn die Studie keine Repräsentativität beansprucht, decken sich ihre Ergebnisse mit dem Erscheinungsbild der Massenproteste im August und November 2020 in Berlin und andernorts. Reichsbürger, Putin-Fans mit Russlandfahnen, AfD-Anhängerinnen und Anhänger waren ebenso unübersehbar wie Neonazis – die vielen Regenbogenfahnen und Friedenszeichen, die Reggaemusik (»Stand Up For Your Rights«), Sprechchöre »Liebe, Frieden«, Parolen für Kinderrechte, Transparente »Sommer der Demokratie« und der Habitus vieler Demonstranten erinnerten aber eher an die Friedens- und Anti-AKW-Bewegung der 1980er Jahre als an einen militant-rechten Aufmarsch.

Auch wenn es schmerzt: Die Coronaproteste, die bundesweit Hunderttausende auf die Straße brachten, gehörten zu den größten Protestbewegungen des vergangenen Jahres. Als Beobachter irritiert mich am stärksten das umstandslose Neben- und Ineinander einer alternativen Protestkultur und rechtspopulistischer bis rechtsextremer Kräfte. Sind »rechts« und »alternativ« doch nicht so messerscharf getrennte Welten, gibt es Übergänge und Überschneidungen, von denen die Freunde klarer Weltbilder lieber nichts wissen wollen?

Schauen wir uns die Ergebnisse der Baseler Studie etwas genauer an: Auffällig ist der hohe Anteil von Selbständigen (mit 25 Prozent mehr als doppelt so hoch wie im gesellschaftlichen Durchschnitt) sowie von Akademikern und Personen mit Fachhochschulabschluss an den Coronaprotestanten. Offensichtlich schützt ein gehobener formaler Bildungsgrad nicht vor Obskurantismus. Die große Mehrheit ordnet sich der *Mittelschicht* zu. 60 Prozent geben an, dass die »Coronamaßnahmen« ihre wirtschaftliche Existenz stark oder teilweise bedrohen – ein nicht zu unterschätzendes Protestmotiv.

Aufschlussreich auch die *Parteipräferenz* bei der letzten Bundestagswahl: 23 Prozent Grüne, 18 Prozent Linke, lediglich 15 Prozent AfD – bei der kommenden Bundestagswahl wollen indessen 27 Prozent AfD wählen, nur noch 1 Prozent die Grünen. Es gibt einen ausgeprägten Hang zu »alternativen« Splitterparteien (»Wir 2020«, Die Partei, ÖDP etc.) – ein Großteil der Coronaprotestanten hat mit den etablierten Parteien – zu denen sie auch die Grünen zählen – nichts mehr im Sinn.

Auch mit den etablierten *Medien* liegt die Protestbewegung über Kreuz: 95 Prozent sehen die Coronaopposition verzerrt wiedergegeben und abgewertet. Mehr als drei Viertel sind überzeugt, dass »Politik und Medien unter einer Decke stecken.« 80 Prozent stimmen der Aussage zu, dass man »in Deutschland nicht mehr seine Meinung frei äußern kann, ohne Ärger zu bekommen«. Auffällig ist auch ein starker *libertärer* Grundzug: Beinahe 95 Prozent stimmen darin überein, dass »uns der Staat immer mehr bevormundet«. Das klingt nicht nach dem altrechten Ruf nach dem starken Staat.

Das Grundmisstrauen in die Institutionen trifft auch die Wissenschaft: Nach Meinung der Corona-Protestszene hören Medien und Politik auf »die falschen Experten«. Die Regierung überdramatisiere die Coronagefahren und schüre unnötige Ängste als Rechtfertigung für die Einschränkung von Bürgerrechten. Fast 80 Prozent der Respondenten teilten die Behauptung, eine Coronainfektion sei nicht gefährlicher als eine schwere Grippe. Dagegen sind nur gut 10 Prozent überzeugt, dass wissenschaftliche Studien zum *Klimawandel* gefälscht seien – allerdings ist hier die Dunkelziffer derjenigen, die keine Aussagen treffen, mit fast 25 Prozent der Teilnehmenden hoch. Die Umfrage bestätigt aber den Augenschein, dass relevante Teile der Demonstrierenden der Umweltbewegung nicht fernstehen. »*Coronaleugner*« sind mehrheitlich nicht zugleich »*Klimaleugner*«.

Insbesondere Kinder werden als Opfer der Corona-Restriktionen wahrgenommen. Sage und schreibe 70 Prozent der Teilnehmenden an der Baseler Umfrage stimmen dem Diktum »Maskenpflicht ist Kindesmissbrauch« zu. Auch der innerfamiliäre Stress infolge des Lockdowns spielt eine Rolle: Die überwiegende Mehrheit kann der These nichts abgewinnen, dass die Coronabeschränkungen die familiären Bindungen verbessert hätten.

Interessant – und in der öffentlichen Wahrnehmung zumeist ignoriert – ist der *antikapitalistische Grundzug* der »Querdenker«: 78 Prozent sind der Auffassung, dass »Banken und Konzerne die großen Profiteure der Coronakrise sein werden«. Weitere 18 Prozent stimmen dem zumindest partiell zu. 55 Prozent stimmen der Aussage zu, Politiker und andere Führungspersönlichkeiten seien nur Marionetten der »dahinterstehenden Mächte«, fast ebenso viele glauben an »geheime Organisationen«, die großen Einfluss auf politische Entscheidungen ausüben. Satte 80 Prozent stimmen der Aussage zu, dass »die regierenden Parteien das Volk hintergehen«.

Dieses dunkle Raunen ist ebenso anschlussfähig an die antisemitische Mär einer *jüdischen Weltverschwörung* wie an pseudolinke Vorstellungen von einem allmächtigen Finanzkapital, das die Politik steuert. Verschwörungstheorien dieser Machart haben seit dem Flugzeugattentat auf das World Trade Center im September 2001 Hochkonjunktur. So hat der in der linken Szene beliebte 2001-Verlag kein Problem damit, die sensationsheischenden »Geheimnisse des 11. September« des ehemaligen *taz*-Redakteurs und Cannabisaktivisten Mathias Bröckers in hohen Auflagen zu verbreiten. Für Bröckers führen die Spuren des 11. September 2001 zu George W. Bush und Ariel Scharon.

Wer mit den Anfängen der deutschen Alternativbewegung vertraut ist, wird vom Weltbild der Coronaprotestler nicht überrascht sein. Zur

Ökopax-Bewegung gehörte auch eine krude Mischung aus Wissenschaftskepsis, Antikapitalismus, Esoterik, Antiamerikanismus und Naturschwärmerei – mit dem Unterschied, dass sie damals als fortschrittlich galt. Dass man den »herrschenden Eliten« kein Wort glauben darf und das große Geld die Strippen hinter der demokratischen Fassade zieht, ist bis heute ein fester Bestandteil der Weltanschauung gegenkultureller Milieus. Auch die Selbstinszenierung als wahre Verteidiger der Demokratie hat eine lange Tradition. Sagenhafte 95 Prozent derjenigen, die sich an der Umfrage beteiligten, sind überzeugt, dass »die Corona-Maßnahmen Freiheit und Demokratie bedrohen«. Sie sehen sich im Widerstand gegen eine heraufziehende »Corona-Diktatur«. Der übersteigerte Alarmismus erinnert an die Proteste gegen die Notstandsgesetze, gegen den »Atomstaat« und gegen die Volkszählung, allesamt Meilensteine der linksalternativen Bewegungsgeschichte. Wer hätte gedacht, dass das gute alte »Wehrt euch, leistet Widerstand« jetzt mit dem Refrain »Gegen die Corona-Diktatur im Land« wiederkehrt?

Der Generalvorbehalt gegen die »volksferne« und »abgehobene« parlamentarische Demokratie ist keine Spezialität der Neuen Rechten. Deshalb schwimmen in der trüben Suppe der Coronaproteste auch Friedenstauben, Anhänger direkter Demokratie, Gesundheitsapostel und Esoterikerinnen Seite an Seite mit Neonazis, Putin-Fans und AfD-Kadern. Daraus folgt aber noch keine *ideologische Übereinstimmung*.

Es ist allzu bequem, die Mehrheit der Corona-Protestbewegung in die rechtsextrem-autoritäre Ecke zu schieben. So stimmen nur rund 15 Prozent der Respondenten mit der Aussage »Durch die vielen Muslime hier fühle ich mich manchmal wie ein Fremder im eigenen Land« überein. Nicht mehr Zustimmung erhält die These »Es wird zu viel Rücksicht auf Minderheiten genommen.« Dass man Ausländer in Zeiten hoher Arbeitslosigkeit in ihre Herkunftsländer zurückschicken soll, befürworten uneingeschränkt nur rund 8 Prozent – deutlich weniger als im Bevölkerungsdurchschnitt. Neun von zehn Befragten lehnen die Unterscheidung zwischen »lebenswertem« und »lebensunwertem« Leben ab. In den Ruf nach einem »starken Führer wie Putin, der zum Wohl aller regiert« stimmen lediglich 4 Prozent ein; knapp 10 Prozent stimmen dem teils, teils zu. Die Aussage »Auch heute ist der Einfluss von Juden auf die Politik noch zu groß« befürworten 6 Prozent (teils, teils 10 Prozent) – wiederum weniger als bei Umfragen in der Gesamtbevölkerung. Einfallstor für antisemitisches Denken ist vor allem die Anfälligkeit für antikapitalistische Verschwörungstheorien.

Dass 40 Prozent der Teilnehmerinnen an der Befragung die AfD für »eine Partei wie jede andere« halten und weitere 25 Prozent zumindest teilweise zustimmen, muss nicht bedeuten, dass sie auch ein rechtsextremes Weltbild teilen. Gleichzeitig hat eine Mehrheit der Coronaprotestler offenbar keine Berührungsängste gegenüber der AfD. Nicht zu unterschätzen ist der esoterische Einschlag der Bewegung. Zwei Drittel der Befragten sind der Auffassung, dass »mehr spirituelles und ganzheitliches Denken unserer Gesellschaft guttun würde«, weitere 20 Prozent teilen diese Meinung zumindest teilweise. Ähnlich stark ist die Überzeugung, dass die »Alternativmedizin« der Schulmedizin gleichgestellt werden sollte. Dazu passt die ausgeprägte Impfskepsis unter den Coronaaktivisten. Auch die Überzeugung, dass die Coronapandemie eine Art Rache der Natur für die ökologischen Sünden der Moderne darstellt, ist weit verbreitet: Für mehr als 70 Prozent ist das Überspringen von Covid-19 auf den Menschen ein Beleg dafür, dass »wir uns zu weit von der Natur entfernt« haben.

Der Baseler Soziologe Oliver Nachtwey fasst die Ergebnisse der Studie so zusammen: »Viele (Teilnehmer an den Protesten) sind eher *antiautoritär und staatskritisch* eingestellt, hängen alternativen Formen der Medizin an und stehen der industriellen Moderne kritisch gegenüber.« »Auch wenn ich die Einschätzungen dieser Leute nicht teile: Im Grunde üben sie eine Art Sozial- und Herrschaftskritik«, so Nachtwey. Die Bewegung sei »nach rechts offen«, die Protestierenden seien indes »keine typischen Rechten«, würden kaum rassistisch oder sozialchauvinistisch argumentieren.[2]

Es sind vor allem das Generalmisstrauen in die demokratischen Institutionen, die Offenheit für Verschwörungstheorien und das antimoderne Ressentiment, die die Corona-Protestbewegung anfällig für politische Radikalisierung machen. Hier verbinden sich ideologische Versatzstücke der deutschen Alternativbewegung mit der Offenheit für Bündnisse mit Rechtspopulisten und Rechtsextremen. Insofern ist diese

Bewegung die aktuelle Erscheinungsform einer systemoppositionellen Querfront, die scheinbare Gegensätze vereinigt. Offen und drängend bleibt die Frage, wie mit der zunehmenden Entfremdung von Teilen der Bevölkerung von der repräsentativen Demokratie und ihren Institutionen umzugehen ist.

Anmerkungen

1   Oliver Nachtwey/Robert Schäfer/Nadine Frei, Politische Soziologie der Corona-Proteste, Universität Basel, Dezember 2020, https://osf.io/preprints/socarxiv/zyp3f/. Zusammenfassung für eilige Leserinnen und Leser: https://www.unibas.ch/de/Aktuell/News/Uni-Research/Corona-Protestbewegung-steht-dem-etablierten-politischen-System-fern.html, zuletzt abgerufen am 06.01.2021

2   Zitiert nach Anna Jikhareva, Kritik als Generalverdacht, WOZ – Die Wochenzeitung, 52/2020

Gegen den »Mainstream«

Ost und West im Protest vereint

Von Matthias Quent und Christoph Richter

Viele der verschwörungsideologisch beeinflussten Proteste, die im Kontext der Coronapandemie in Deutschland sichtbar geworden sind, vereinen nicht nur diverse Milieus und Subkulturen. Mit ihnen wuchs erstmals seit den milieuübergreifenden Protesten und Demonstrationen Mitte der 1990er Jahre gegen die Ausstellung »Verbrechen der Wehrmacht: 1941 bis 1945« des Hamburger Instituts für Sozialforschung eine bundesweit mobilisierungsstarke und in ihrer Ausrichtung regressive Protestbewegung mit Mobilisierungsschwerpunkten in Westdeutschland. Die Milieus vermischten sich vielerorts, und die frühen Appelle von zivilgesellschaftlichen Akteuren, bei aller legitimen Kritik an den staatlichen Maßnahmen und Entscheidungen der Politik im Kontext der Pandemiebekämpfung den Abstand zu Antisemiten und Neonazis zu wahren, verhallten bei Protestierenden in Ost- wie Westdeutschland. Verschiedene Beobachtungen deuten darauf hin, dass die Proteste in Westdeutschland stärker von esoterischen, diffusen und verschwörungsgläubigen Akteuren getragen werden und in Ostdeutschland häufiger radikale und extreme Rechte das Bild der Proteste prägen. Umso wichtiger ist daher die Frage: Was verbindet die unterschiedlichen Spektren?

Wir schlagen sechs charakteristische Dimensionen vor, um den Widerstand von »Querdenken« und anderen gegen die staatlichen Coronamaßnahmen zu beschreiben: Heterodoxie, Entsolidarisierung, Mythen, Populismus, Antisemitismus und Sozialdarwinismus und verwenden dafür den Begriff *HEMPAS*-Proteste.

Heterodoxie meint, dass die Bewegung sich durch die Ablehnung der orthodoxen wissenschaftlichen und politischen Lehrmeinung im Umgang mit der Pandemie definiert und die Ablehnung des Mainstreams ein identitätsstiftender, kleinster gemeinsamer Nenner ist. Die

Protestierenden fordern »Freiheit« und *entsolidarisieren* sich zugleich mit einem gesellschaftlichen Zusammenhalt, der das Gesundheitssystem und Menschenleben schützt.

So divers das Protestspektrum erscheint, so verbindend sind verschiedene *mythisch*-verklärende Narrative, die dem wissenschaftlichen Erkenntnisprozess widersprechen: unter anderem anthroposophische, esoterische, evangelikale oder New-Age-Glaubenssätze und Verschwörungsmythen stehen ebenso wie rassistische Abstammungslehren im Widerspruch zu Aufklärung, Moderne, Wissenschaft und Vernunft.[1] Auch die *populistische* Ablehnung von Eliten in Politik, Medien, Wirtschaft und Forschung ist ein zentrales verbindendes Element, das überall dort in Verschwörungsideologien und *Antisemitismus* gesteigert wird, wo vermeintlich verdeckten machtvollen Eliten nicht nur Volksferne und Korruption, sondern auch Fremdsteuerung oder geheime Zusammenarbeit mit bösartigen Absichten zum Schaden von Gesellschaft oder Menschheit vorgeworfen wird. Dies ist in der digitalen Vernetzung von HEMPAS-Protestgruppen insbesondere im Messengerdienst Telegram häufig anzutreffen. Aus unterschiedlichen Motiven – etwa aus egoistischen, ökonomischen, libertären oder eugenischen Gründen – gefährden diese Proteste Menschenleben – insbesondere von Risikogruppen. Dieser *Sozialdarwinismus* erklärt dagegen den Schutz von Menschenleben und die damit einhergehenden Einschränkungen zu »Coronasozialismus«. Trotz aller Unterschiede in lebensweltlicher, alltagskultureller Orientierung und politischer Selbstverortung – etwa zwischen anthroposophischen Impfgegnerinnen aus der Stuttgarter Mittelschicht und organisierten Neonazis aus Sachsen – vereinen die sechs HEMPAS-Dimensionen die Proteste im Widerspruch gegen gesellschaftliche Leitvorstellungen, Werte und Normen. Offenheit gegenüber rechtsextremen Akteuren, gemeinsame Narrative und Ideologiefragmente (insbesondere des Antisemitismus und Sozialdarwinismus) sowie der Umstand, dass fast ausschließlich rechtsextreme politische Organisationen versuchen, den Protest zu vereinnahmen, während Verbände und zivilgesellschaftliche Initiativen vor diesen warnen: All das macht plausibel, diese Proteste als Bewegungen strukturell der antimodernen Rechten zuzuordnen, auch wenn viele Teilnehmende aus lebensweltlich-alternativen Milieus stammen und bisher vermutlich nie eine Rechtsaußenpartei gewählt haben.

Zur Einordung ist es zudem hilfreich, diese HEMPAS-Proteste in der Pandemiekrise mit den politischen Forderungen anderer Proteste zu kontrastieren: Viele Berufs- und Interessengruppen etwa aus den Bereichen der Pflege, Kultur und des Tourismus haben eigene Protestveranstaltungen durchgeführt und organisiert, um Abstand zu halten zu Antisemiten, Neonazis und sogenannten Reichsbürgern, um ihre Anliegen nicht durch HEMPAS zu beschädigen, und weil sie grundlegend miteinander unvereinbar sind. Da gerade in der Pandemie soziale Ungleichheit sowie struktureller Antisemitismus, Rassismus und patriarchale Strukturen besonders sichtbar werden, hätte sich in der Pandemie auch eine neue emanzipatorische Protestbewegung bilden können. Doch ihre Offenheit nach rechts außen hat die Bewegung auf antidemokratische Wege geführt, auf denen sich beispielsweise QAnon-Verschwörungserzählungen ausbreiten können und zentrale Institutionen einer liberalen Demokratie wie die Qualitätsmedien, die Wissenschaft und die Parlamente als korrumpiert dargestellt werden.

Mit Beginn der Proteste von »Coronarebellen« und »Hygienedemonstrationen« im April 2020 waren Berlin, Stuttgart und München Hotspots der Kundgebungen, zu denen in kurzer Zeit Tausende Menschen mobilisiert wurden. Neben Berlin als Ort vielfältiger Protestbewegungen blicken auch München und Stuttgart auf eine bewegte neuere Protestgeschichte zurück: In München demonstrierten 2018 über 30 000 Menschen gegen ein neues Polizeiaufgabengesetz, anlässlich der Massenproteste in Stuttgart gegen die Großbaustelle »Stuttgart 21« prägte der Spiegel-Journalist Dirk Kurbjuweit 2010 den Begriff der »Wutbürger«. Schon 2014 sammelten sich bei »Montagsmahnwachen für den Frieden« bundesweit diffuse Milieus mit antisemitischen, verschwörungsideologischen und autoritären Forderungen anlässlich der Krimkrise. Aktivistinnen aus der eher linken Friedensbewegung und Akteure der äußersten Rechten trafen sich dabei in Narrativen, die von Antiamerikanismus und Antisemitismus dominiert werden. Stichwortgeber wie der ehemalige Radiomoderator Ken Jebsen wurden mit diesen Protesten bekannt und haben die Protestbewegung in der Coronapandemie entscheidend mitgeprägt.[2] Schon in der Frühphase der

Pandemie, kurz nach dem ersten Lockdown im Frühjahr 2020, zeigte sich, dass die schnelle Ausbreitung der Protestbewegung auch an vielen kleineren Orten in West- und Ostdeutschland durch die klassischen Merkmale von Franchise-Protesten möglich wurde: Materialien wie die Zeitung des Demokratischen Widerstands aus Berlin, Parolen, Symbole, Quellen und Argumente wurden von unterschiedlichen Akteuren adaptiert und angepasst, um damit vor Ort teils auf bundesweite, teils auf lokale Anlässe – wie etwa das Infektionsgeschehen oder Äußerungen von Kommunalpolitikerinnen – zu reagieren und zu mobilisieren.

Die HEMPAS-Proteste vernetzen sich vor allem über soziale Netzwerke, wobei insbesondere der Messengerdienst Telegram wichtig ist. Dort werden ideologische Schwerpunkte sichtbar und prägend, finden die Beteiligten eine soziale und politische Bestätigung und Selbstwirksamkeit, dort entstehen und festigen sich Beziehungen, Bindungen und Strukturen. Über die Monate der Pandemie entstanden dort zahllose Gruppen, mit und von denen die virtuellen Protestgemeinschaften regional gegliedert und organisiert wurden, um zu lokalen Protestaktionen aufzurufen: Dabei reichen die geplanten Aktivitäten von »Spaziergängen« oder Einkaufstouren unter bewussten Verstößen gegen die pandemiebedingten Schutzmaßnahmen wie etwa das Tragen von Mund-Nasen-Schutz, Kundgebungen vor Landratsämtern, Protestbriefen an Politikerinnen bis hin zu Gewaltaufrufen und Morddrohungen gegen missliebige Kritikerinnen und Feindbilder wie beispielsweise Politikerinnen, Journalisten, Wissenschaftlerinnen und Zivilgesellschaft. Wiederholt kursierten sogenannte Feindeslisten in Telegram-Kanälen, die »Gegnerinnen« der Bewegung exponierten, die daraufhin mit Bedrohungen und Anfeindungen überzogen wurden.[3]

Mit einer systematischen Auswertung dieser Gruppen ist es nicht nur möglich, die wichtigsten Influencer und Inhalte zu identifizieren, sondern auch die regionalen Schwerpunkte der Protestbewegung und ihre Verteilung. Eine wichtige Fragestellung bei der Auswertung der 700 Telegram-Gruppen im Zeitraum seit der jeweiligen Kanalgründung bis zum Erhebungsdatum (27. November bis 1. Dezember 2020) ist, ob sich aus den Daten Hinweise auf regionale Schwerpunkte ergeben.

In einem ersten Schritt wurden zunächst mögliche Regionalstrukturen im Telegram-Netzwerk coronakritischer Gruppen identifiziert. Folgende Gruppen wurden mit ihren Untergruppen erfasst:»Querdenken«,»Freiheitsboten«,»Corona Rebellen«,»Eltern stehen auf«,»Eltern für Aufklärung und Freiheit«,»Pädagogen für Aufklärung«,»WIR2020-Partei«,»Samstag 4 Uhr« und»Die Basis«. Für die Studie genutzt wurde eine selbst programmierte Linkanalyseroutine, wobei ausgehend von einem zentralen Kanal der Bewegung die Links zu weiteren Gruppen und Chats und deren ausgehende Links erfasst wurden. Aufgenommen wurden dabei diejenigen Gruppen, die sich inhaltlich als Teil des maßnahmenkritischen Protestspektrums beschreiben lassen und nach ihren offiziellen Angaben (Telegram- oder Webseiteninhalte) auf eine möglichst breite und flächendeckende räumliche Repräsentanz verwiesen, die auch der offiziellen Selbstdarstellung der Gruppen entsprach. Insgesamt neun Hauptgruppen, die sich auf 699 Untergruppen verteilen, wurden Ende November 2020 nach diesen Kriterien mit ihren Followerzahlen erhoben.[4] Da Telegram keine geeigneten Metainformationen zur tatsächlichen Raumverortung der Gruppen bereitstellt, musste sich auf die regionale Selbstzuschreibung der Gruppen (Nennung der Region im Gruppennamen oder in der Gruppenbeschreibung) verlassen werden, Doppelmitgliedschaften und Mitgliedschaften in Kanälen anderer regionaler Zusammenhänge als dem eigentlichen Wohnort können ebenfalls nicht ausgeschlossen werden. Da sich die strategischen Ziele hinter der regionalen Organisation im digitalen Raum meist aber auf konkrete Aktivitäten in der nichtdigitalen Sphäre beziehen – etwa bei der regionalen Verteilung von Informationsmaterial, dem Organisieren und Durchführen lokaler Demonstrationen und anderer Veranstaltungen –, kann davon ausgegangen werden, dass die virtuelle Organisation auf Telegram zumindest in größerem Umfang auch tatsächliche regionale Strukturen abzubilden vermag. Dort, wo zusätzlich zu einer Untergruppe mehrere Gruppentypen existierten – wie etwa ein Infokanal, ein Chat- und ein Video-Bilderkanal pro Orts- oder Regionalgruppe –, haben wir den nach dem Mittelwert größten Gruppentyp als Hauptgruppe bestimmt und in die Analyse aufgenommen. Die anderen Gruppentypen wurden dagegen wegen wahrscheinlicher Doppelmitgliedschaften nicht in die Gesamtrechnung einbezogen.

Insgesamt bestätigen diese Daten: Es handelt sich bei den HEMPAS-Protesten um ein bundesweites Phänomen mit tendenziell stärkerer westdeutscher Prägung. Im Ergebnis gehörten am I. Dezember 2020 bundesweit insgesamt 107 236 angemeldete Accounts zu Telegram-Gruppen der HEMPAS-Proteste, die durch den Gruppennamen regional mindestens auf Ebene der Bundesländer zuzuordnen waren. Die Mitgliederzahlen der Gruppe »Querdenken-711 Stuttgart« lagen mit knapp 20 000 Followerinnen aufgrund der bundesweiten Bedeutung und internationaler Mobilisierungen dieser Gruppe in verschiedenen Städten ein Vielfaches über dem Durchschnitt der Mitgliederzahlen von Landeshauptstädten. Legt man diesen Wert zugrunde, sind in Relation zur Bevölkerungszahl in Baden-Württemberg 3,2 von 1000 Einwohnern Mitglied in einer HEMPAS-Telegram-Gruppe. Die bundesweite Bedeutung der Stuttgarter Gruppe führt zu einer massiven Überrepräsentation. Um diese Verzerrung auszugleichen, haben wir einen Mittelwert aus den Mitgliederzahlen der Protestgruppen aller Landeshauptstädte zugrunde gelegt, die tatsächlichen Followerzahlen aller anderen Ländergruppen summiert und dies in Relation zur jeweiligen Einwohnerinnenzahl pro 1000 Einwohner berechnet, um ein realistisches Bild über die regionale Verteilung der Gruppen zu erlangen (siehe Tabelle). Im Durchschnitt waren 1,1 von 1000 Einwohnerinnen Mitglied in den Regional-Telegram-Gruppen der HEMPAS-Proteste. In allen ostdeutschen Bundesländern, außer in Sachsen (1,4), liegt der Durchschnittswert unter dem Bundesschnitt. Die sächsische Stadt Leipzig war ebenso wie Berlin mehrfach Aufmarschort bundesweiter HEMPAS-Mobilisierungen. Die meisten Mitglieder in diesen Telegram-Gruppen gibt es im Saarland (2,0), gefolgt von Baden-Württemberg (1,6) und die wenigsten in Brandenburg und Sachsen-Anhalt. Insgesamt zeigen die Daten, dass diese neuen HEMPAS-Proteste auf Telegram bundesweit verankert und dabei in Westdeutschland etwas weiter als in Ostdeutschland verbreitet sind. Erklärende Faktoren könnten, neben dem Aktivitätsgrad und den jeweiligen Angebotsstrukturen, auch Unterschiede in der Bevölkerungsstruktur sein, beispielsweise bei der Altersverteilung und der jeweiligen Affinität zu sozialen Medien. Denkbar ist auch, dass in Brandenburg und Sachsen-Anhalt die dort sehr starke AfD den Widerstand gegen die Coronamaßnahmen mit ihren politischen und digitalen Angeboten kanalisieren und repräsentieren kann, während dies der Rechtsaußenpartei in Westdeutschland auch wegen der schwächeren Verankerung weniger erfolgreich gelingt.

Bundesland	Bereinigte Accounts in lokalen Telegram-Protestgruppen	Accounts pro 1000 Einwohnerinnen
Baden-Württemberg	18180	1,6
Saarland	2019	2,0
Bremen	957	1,4
Hamburg	2628	1,4
Sachsen	5653	1,4
Bayern	17937	1,4
Berlin	3879	1,1
Hessen	6035	1,0
Rheinland-Pfalz	3802	0,9
Mecklenburg-Vorpommern	1398	0,9
Thüringen	1876	0,9
Nordrhein-Westfalen	14254	0,8
Niedersachsen	6246	0,8
Schleswig-Holstein	2095	0,7
Sachsen-Anhalt	1236	0,6
Brandenburg	1325	0,5

Während auf der Nachfrageseite, also auf der Seite der Abonnentinnen und Konsumenten solcher Kanäle die regionale Zuordnung vieler Coronaprotestkanäle aufgrund der regionalen Untergliederung möglich ist, erweist sich dies in Hinblick auf die Angebotsseite der wichtigsten Influencer dieser Gemeinschaften als schwierig. Ausgangspunkt für diese Analyse ist das gesamte Telegram-Netzwerk der HEMPAS-Proteste, also nicht nur jener Gruppen, die regional zuordbar sind, sondern aller themenbezogenen Telegram-Gruppen, die sich untereinander verlinken. Davon ausgehend können jene Kanäle identifiziert werden, deren Beiträge innerhalb des Netzwerkes am häufigsten geteilt werden. Auch diese Auswertung zeigt Überraschendes: Nur vier der zehn wichtigsten Accounts können eindeutig natürlichen oder juristischen Personen und Regionen zugeordnet werden: Dabei handelt es sich um Attila Hildmann aus Berlin, den langjährigen Neonaziaktivisten Sven Liebich aus Halle (Saale), die *Expresszeitung* aus der Schweiz und um das rechtsextreme Portal *Jouwatch*, das von westdeutschen Herausgebern betrieben wird, jedoch zwischenzeitlich offizielle Adressen in Meißen (Sachsen) und Jena (Thüringen) hatte. Mittlerweile führt das Impressum der Website nach Bayern. Die Rechtsaußen-Influencerinnen Oliver Janich und Eva Herman stammen ursprünglich aus Westdeutschland, geben aber an, inzwischen auf den Philippinen beziehungsweise in Kanada zu leben. Wer die Macher und/oder Macherinnen hinter dem wichtigsten Kanal *QlobalChange* sind, ist hingegen unklar. Im Impressum des mit dem Kanal assoziierten Blogs wird auf die Schweizer Gesetzgebung zur Anonymität privater Blogbetreibender verwiesen.[5]

Insgesamt zeigt sich, dass die sozialen Netzwerke Protestmobilisierungen entgrenzt haben und heterodoxe Akteure und Personen international verbinden. Dies führt nicht nur zu Bestätigungseffekten und zur Beschleunigung von Mobilisierungs- und Radikalisierungsprozessen, sondern auch zu ideologischen Adaptionen und Neukonfigurationen. Als sehr reichweitenstark erweisen sich die besonders radikalen, antisemitischen, rechtsextremen und teils gewaltbefürwortenden Kanäle von Verschwörungsideologen.

Im HEMPAS-Netzwerk auf Telegram werden häufig populistische, nationalistische und antisemitische Postings verbreitet, in denen Globalisierung, offene Grenzen, fehlende Verwurzelung sowie als übergeordnetes Thema eine geheime, unsichtbare Steuerung der Pandemie behauptet werden. Es ist bemerkenswert, dass viele der Accounts, deren Inhalte im Coronaproteste-Netzwerk am stärksten geteilt werden, gegenüber ihren Nutzerinnen und der Öffentlichkeit anonym bleiben oder die globale Bewegungsfreiheit der Demokratie nutzen, um ebendiese liberale Demokratie aus der Anonymität oder aus der Ferne zu destabilisieren. Der amerikanische Historiker Richard Hofstadter[6] beschrieb schon in den 1960er Jahren das fundamentale Paradox des paranoiden politischen Stils rechtsextremer Verschwörungsideologen, welches darin liegt, dass diese ihre Feinde – beziehungsweise die Art und Weise, wie sie ihre Feindbilder konstruieren – selbst imitieren. In den sozialen Netzwerken kopieren die Verschwörungsideologen bei der Globalisierung und Verschworenheit ihrer Netzwerke die populistisch-vereinfachten, personalisierten und häufig antisemitischen Vorstellungen davon, wie sie glauben, dass Machtverhältnisse funktionieren würden. Ihre Motive sind neben politischer auch ökonomischer Natur. Das Aufputschen und Anstacheln, die Ideologisierung und Vernetzung der lebensweltlich vielfältigen Protestierenden, die bundesweit in Erscheinung treten, wird im Internet durch teils anonyme, aus der Distanz operierende Akteure vorangetrieben, die persönlich, politisch und ökonomisch von Desinformation, Verunsicherung und Aufhetzung profitieren und somit in ihren Netzwerken das Geschäft betreiben, welches sie auf Bill Gates, die »Rothschilds«, »die Zionisten« und andere projizieren. Auch darin sind die Solidaritätsverweigerer in Ost- und Westdeutschland vereint.

Anmerkungen

1   Vgl. den Beitrag von Katharina Noctun und Pia Lamberty, S. 117
2   Vgl. den Beitrag von Sebastian Leber, S. 167
3   https://www.businessinsider.de/politik/deutschland/merkel-baerbock-drosten-reichsbuerger-ruft-zu-mord-von-mehr-als-200-prominenten-auf-sicherheitsbehoerden-sind-alarmiert-b/, zuletzt abgerufen am 22.02.2021, und https://www.mdr.de/nachrichten/politik/gesellschaft/telegram-querdenken-anti-corona-gegner-100.html, zuletzt abgerufen am 22.02.2021
4   Die erhobenen Followerzahlen spiegeln den Stand vom 27.11. bis 1.12.2020.
5   https://qlobal-change.blogspot.com/p/blog-page.html, zuletzt abgerufen am 22.02.2021
6   Richard Hofstadter, The Paranoid Style in American Politics, New York 1964/2012, S. 833

Sollten Journalistinnen »Querdenkern« zuhören?

Fünf Lehren aus der Infodemie

Von Julius Betschka

Die haben doch recht, sagte ein Kollege, das sind niemals nur 17 000 Menschen auf der Straße des 17. Juni. Es ist der 1. August 2020. Zehntausende »Querdenker« demonstrieren im Berliner Regierungsviertel, ohne Abstand, ohne Maske, gemeinsam mit Rechtsextremisten. An diesem Tag beginnt eine der vielen intensiven Informationsschlachten im ersten Jahr der Pandemie. Wie unter einem Brennglas zeigen sich darin die Auswirkungen der »Infodemie«: Durch irreführende und falsche Informationen (Fake News) wird massiver Zweifel an der wirklichkeitsgetreuen Darstellung gesät und eine wahrheitsgemäße Berichterstattung und der evidenzbasierte Wissenschaftsdiskurs beschädigt.

Wer heute nach Artikeln zur Demonstration von Anfang August 2020 sucht, findet Überschriften wie »17 000 – oder 1,3 Millionen?« (*Süddeutsche Zeitung*) oder »20 000 oder 1,3 Millionen: Warum die Angaben über die Coronademonstranten in Berlin abweichen« (*Berliner Zeitung*). Die Zahlen stehen nebeneinander, als seien sie gleichwertig zu betrachten. Als sei die von den Organisatoren erfundene Anzahl von 1,3 Millionen Besuchern genauso möglich wie die geschätzte Zahl der Polizei.

Minderheitenmeinung und Konsensmeinung, Fakten und Falschnachrichten können Leserinnen und Lesern ebenso wie Journalistinnen und Journalisten als gleichwertig vorkommen. Das Konzept dahinter heißt »False balance« oder »falsche Ausgewogenheit«: hier die 97 Prozent der Forscherinnen und Forscher, die den Klimawandel für menschengemacht halten, dort die anderen 3 Prozent.[1] Hier 1,3 Millionen, dort die Schätzungen der Polizei. Es ist ein Problem, das sich 2020 bis in die Lokalredaktionen verlagert hat. Eine übergroße Mehrheit der

Journalistinnen versucht, die Wirklichkeit abzubilden, so gut es ihnen möglich ist. Aber die Wirklichkeit ist flüchtig. Journalisten und Journalistinnen versuchen deshalb, sie mit Hilfskonstruktionen greifbar und für das Publikum erfahrbar zu machen: Als Hilfsmittel werden verschiedene Meinungen oder vermeintliche Fakten gegenübergestellt. Die Überschrift der *Süddeutschen Zeitung* illustriert dieses Problem: »17 000 – oder 1,3 Millionen?«

Bis weit in bürgerliche Kreise hinein entwickelten sich so Zweifel an der Darstellung von Behörden und Journalisten. Einer der stellvertretenden Vorsitzenden der Unionsfraktion im Bundestag, Arnold Vaatz aus Dresden, schrieb auf dem rechtskonservativen Portal *Tichys Einblick*: »Die dreiste Kleinrechnung der Demo vom 1. August entspricht in etwa dem Geschwätz von der ›Zusammenrottung einiger weniger Rowdys‹, mit der die DDR-Medien die Demonstrationen im Herbst 1989 kleinrechneten.« Ein unglaublicher Satz – der die freien bundesrepublikanischen Medien mit der gelenkten Propaganda in der DDR gleichsetzte.

Dutzende Medienschaffende hatten in den Tagen nach dem Protest versucht, die Zahlen zu rekonstruieren: Im *Tagesspiegel* schrieb ich damals auf, warum die Polizei die Anzahl der Demonstrationsteilnehmer überhaupt erhebt und wie sie das tut. Meine Redaktion errechnete mit einem Online-Tool anhand von Luftkamera-Aufnahmen, wie viele Menschen maximal auf der Straße des 17. Juni gewesen sein konnten. Das Ergebnis: Es waren viel weniger als von den Veranstaltern behauptet und womöglich einige tausend mehr als von der Polizei vermeldet.[2] Einige Wochen später korrigierte sich die Polizei selbst auf 30 000 Teilnehmende – immerhin fast doppelt so viele wie ursprünglich geschätzt.[3] Für die »Querdenker« war das der Beweis: Die Polizei lügt – und Journalisten stecken mit ihr unter einer Decke.

Das ist Unsinn. Redaktionen hatten selbst nachgerechnet, berichteten über die Korrektur der Polizei – »aufgrund des hohen öffentlichen Interesses wurden die Berechnungsgrundlagen nochmal geprüft«, hieß es. Sie schrieben: »Laut Polizei« waren so und so viele Menschen auf dem Protest. Manchmal fiel weg, dass es sich um Schätzungen handelte, manchmal fehlte die Information, dass es sich nicht um einen überprüften Fakt handelte, sondern eine Angabe der Polizei. Die Polizei gilt wie andere Behördenauskünfte oder Gerichtsurteile als sogenannte privilegierte Quelle, der man als Journalist vertrauen kann. Ist das richtig so? Und viel wichtiger: Verstehen Leser und Leserinnen das?

Um ihre Beweggründe besser nachzuvollziehen, habe ich als *Tagesspiegel*-Autor mit Leserinnen und Lesern geredet, sie zu Protesten begleitet, Dutzende E-Mails in den Tagen nach der Demonstration beantwortet. Ich wollte der »Infodemie« entgegentreten. Es hatte sich in der Pandemie eine Art selbstverwaltete Gegenkultur der Desinformation in Telegram-Kanälen, WhatsApp-Gruppen und Facebook-Foren entwickelt – Journalistinnen und Journalisten mussten darauf eine Antwort finden.

Der Ton der E-Mails war oft freundlich. Viele hatten beim Schreiben nicht die Sorgfalt walten lassen, die sie von Journalistinnen und Journalisten einfordern: Ihre Nachrichten waren schwer verständlich, kamen vom Hundertsten ins Tausendste, man musste sie genau lesen – und das kostete Zeit. Zwischen Verschwörungserzählungen verbarg sich hin und wieder ein berechtigter Hinweis auf eine neue medizinische Studie zu Covid-19. Die Leser und Leserinnen, so schrieben sie, hatten stundenlange Videos geschaut – von Wolfgang Wodarg, Ken Jebsen oder Sucharit Bhakdi. Es waren immer die selben Namen. Sie entdeckten selbst kleinste – und völlig unbedeutende – Ungenauigkeiten in Texten, bauten daraus aber eine Verschwörungserzählung.

Endeten die Nachrichten nicht in Beschimpfungen, versuchte ich eine Zeit lang zu antworten. Mit einigen entwickelte sich ein Austausch. Eine Leserin hat mir Anfang Dezember 2020 eine herzliche Mail mit Wünschen zum Weihnachtsfest geschickt und dem Satz: »Ich weiß, dass ich Sie dieses Jahr genervt habe.« Was sie eint: So kritisch sie jede Zeile der »Mainstream«-Presse betrachten, so unkritisch nehmen sie jeden Satz von Ken Jebsen & Co. als Erlösung aus einer in ihren Augen verzerrten Realität wahr.

Mitte August 2020. In der Redaktion klingelt das Telefon, eine Beschwerde. Eine Unternehmerin aus Berlin, so stellt sie sich vor. Sie sei *Tagesspiegel*-Abonnentin seit Jahrzehnten, aber sie würde unsere

»Lügen und Auslassungen« über die Coronaproteste nicht mehr ertragen. Wir telefonieren etwa eine halbe Stunde. Die Frau ist freundlich, diskutieren will sie aber nicht, sondern: etwas loswerden. Sie wirft uns vor, nur Zahlen der Polizei zu übernehmen. Ich antworte: »Ich bitte Sie, 1,3 Millionen Menschen sind an diesem Ort rein physikalisch unmöglich.« Sie will ihr Abo kündigen. Ich lege auf. So muss es sein, mit einer Taube Schach zu spielen: Sie schmeißt die Spielfiguren um, gurrt dich böse an und stolziert dann umher, als hätte sie gewonnen.

Viele Redaktionen wurden im Jahr 2020 überrollt von Nachrichten in den Kommentarspalten – auf Facebook, auf der Homepage –, und auch die E-Mail-Accounts der Redaktionen explodierten förmlich unter den Zuschriften. Vieles davon wurde über die Telegram-Gruppen der »Querdenker« gesteuert. Eine kleine Minderheit versuchte recht erfolgreich, den Diskurs zu kapern. Gleichzeitig wurden Journalisten und Journalistinnen auf Demonstrationen selbst Opfer von Gewalt, bei einer Demonstration im November 2020 in Leipzig wurden 43 Übergriffe auf Pressevertreterinnen gezählt.[4]

Tatsächlich aber ist das Vertrauen in die Medien in der Pandemie gestiegen. Laut einer repräsentativen Umfrage von Infratest Dimap im Auftrag des *WDR* halten mehr als zwei Drittel der Deutschen die Berichterstattung der Medien für glaubwürdig. Das ist ein Anstieg von 6 Prozentpunkten seit 2019. In der Umfrage beurteilen 82 Prozent der Befragten die Corona-Berichterstattung der öffentlich-rechtlichen Fernsehsender als gut oder sehr gut. Mit 68 Prozent war auch das Vertrauen in die Berichterstattung von Tageszeitungen wie dem *Tagesspiegel* hoch.

Was können Journalisten und Leserinnen also aus den Erfahrungen dieses Jahres lernen? Welchen Impfstoff gibt es gegen die »Infodemie«? Eines scheint klar: Es gibt nicht das eine Gegenmittel. Und die Presse ist durch ihren Auftrag einer der natürlichen Hauptfeinde von Verschwörungsmythen. Fünf Lehren aus der Coronakrise:

I.   Unsicherheit kann zu einer Haltung werden. Anstatt so zu tun, als hätten Journalistinnen und Journalisten auf jede Frage eine Antwort, sollten sie häufiger kommunizieren: Das ist in diesem Moment unser Wissensstand, deshalb sehen wir das so, die

Lage kann sich aber morgen wieder ändern. Das soll keine pauschale Medienschelte sein: Oft genug findet das schon statt – oft aber auch nicht. »Sagen, was ist« ist ein Trugbild. Letztlich kommunizieren wir, was wir bislang wissen.

2. Wer Fakten überprüft, darf nicht den Fehler machen, sie als gleichwertig gegenüberzustellen. Eine Lüge ist eine Lüge und nicht vielleicht doch wahr. Journalisten und Journalistinnen sollten auch deshalb häufiger die Quellen ihrer Recherche offenlegen. Gerade YouTuber wie Rezo oder die Wissenschaftsjournalistin Mai Thi Ngyuen-Kim haben das längst verstanden – und sind damit zu Recht erfolgreich.

3. Gezielte Hass- und Desinformationskampagnen bleiben nicht wirkungslos. Bei Lesern und Leserinnen bleiben Falschnachrichten hängen, bei Journalisten und Journalistinnen verfestigt sich das Bild einer feindlich gesinnten Leserschaft. Auch das führt zu »False balance«: dem ständigen Versuch, die Kritiker zu verstehen, statt sich mit den Fragen und Sorgen der großen Mehrheit der Gesellschaft zu beschäftigen.

4. Das Aufdecken von Falschnachrichten kostet enorm viel Zeit. Nebenher ist das für Journalisten und Journalistinnen nicht über einen langen Zeitraum leistbar. Redaktionen wie der »ARD-Faktenfinder« sollten deshalb beispielhaft für andere Medien sein. Die Auseinandersetzung mit und Korrektur von Falschnachrichten ist ein immer wichtigerer Bestandteil des Journalismus.

5. Es gibt für Journalistinnen wenig Wichtigeres als das Feedback der Leserinnen bzw. Zuhörer und Zuschauerinnen. Dieses Feedback kann Korrektiv und Quelle zugleich sein, größter Antrieb und schärfste Kritik. Wer mit Unbekannten redet, verlässt seine Filterblase. Wer freundlich schreibt, erhält eine freundliche Antwort. Im Meinungsfeld »Coronaleugnung« muss das meiste nicht diskutiert werden, schreibt die Philoso-

phin Romy Jaster[5], andere Thesen – zur Abwägung zwischen Freiheit und Sicherheit – können es schon.

Ende August 2020 liegt ein Stapel Zeitungen vor dem *Tagesspiegel*-Redaktionsgebäude, darauf festgetackert ist ein beidseitig bedrucktes Blatt Papier. Kinder würden »mit Masken in der Schule misshandelt«, Menschen in »Angst vor ein angebliches Killervirus versetzt«. Abokündigung, von »einer Unternehmerin aus Berlin«. Wir können nicht alle vor der Lüge retten. Das ist auch eine bittere Erkenntnis des Jahres 2020.

Anmerkungen

1 Kelly R. Garrett, Strategies for Countering False Information and Beliefs about Climate Change, 4/2017, http://www.friemel.com/eth/literatur/Garrett_2017_Strategies%20 countering%20false%2 0beliefs%20about%20climate%20change.pdf, zuletzt abgerufen am 16.12.2020

2 Julius Betschka, Warum die Veranstalter der Demonstration Falschmeldungen verbreiten, Tagesspiegel, 04.08.2020, https://www.tagesspiegel.de/berlin/wie-viele-menschen-waren-beim-corona-protest-war um-die-veranstalter-der-demonstration-falschmeldungen-verbreiten/26061120.html, zuletzt abgerufen am 16.12.2020

3 Julius Betschka, Auf der ersten Corona-Demo in Berlin waren doch 30 000 Menschen, Tagesspiegel, 28.08.2020, https://www.tagesspiegel.de/berlin/polizei-korrigiert-zahlen-nach-oben-auf-der-ersten-co rona-demo-in-berlin-waren-doch-30-000-menschen/26136252.html, zuletzt abgerufen am 16.12.2020

4 Vgl. den Beitrag von Patrick Gensing, S. 277

5 Romy Jaster, Reden mit »Coronaleugnern«, Der Freitag, 14.08.2020, https://www.freitag.de/ autoren/romyjaster/reden-mit-coronaleugnern, zuletzt abgerufen am 1.12.2020

Verharmlosung, Hilflosigkeit, Verständnis

Wenn Staatsfeinde keine Feinde haben

Von Stephan Anpalagan

Ein Virus hat die Gesundheitssysteme der wohlhabendsten Länder dieser Erde zusammenbrechen lassen. Das soziale Leben ist zum Stillstand gekommen. In den Nachrichten waren Bilder aus Italien zu sehen, wo das Militär die Coronatoten aus Bergamo abtransportierte, weil die örtlichen Friedhöfe überfüllt waren. In New York starben die Menschen derart schnell, dass Strafgefangene Massengräber ausheben mussten. In deutschen Krematorien stapelten sich die Särge. Standesamtmitarbeiterinnen mussten an Weihnachten arbeiten, um im Akkord Sterbeurkunden auszustellen. Es ist ernst. Verdammt ernst.

Inmitten all dieser Geschehnisse marschieren Menschen durch die Innenstädte Deutschlands und protestieren gegen Maßnahmen, die diese Pandemie eindämmen könnten. Sie marschieren in grober Missachtung des Infektionsschutzgesetzes. Ohne Abstand. Ohne Maske. Es gibt Bilder, in denen man Menschen sieht, die eine Polonaise bilden. Dazu singen sie »Ein bisschen Sars muss sein«. Attila Hildmann, der vegane Kochbuchautor, ist einer ihrer Gewährsmänner. Zudem der Sänger Xavier Naidoo und der Schlagerstar Michael Wendler.

Fragt man die Menschen, was es mit diesen Demonstrationen auf sich habe, was sie fordern, wen sie für was verantwortlich machen, sagen sie unter anderem: »Herr Gates propagiert einen Impfstoff, der in das ... ähm ... Genom, in das genetische ... wie nennt man das ... in das RNS .... in das RNA. Also er greift in das genetische Material ein von uns. Höchst bedenklich.« Ein anderer Demonstrationsteilnehmer wird deutlicher: »Wenn ihr Bill Gates beschützt, seid ihr Mittäter. Eure Eltern werden sich schämen, eure Kinder werden sich schämen.«

Die Rede ist von dem Gründer und ehemaligen Vorsitzenden des Microsoft-Konzerns, der sich seit mittlerweile zwölf Jahren dem Kampf gegen Malaria und Polio verschrieben und bereits vor fünf Jahren vor der Gefahr einer Virusepidemie gewarnt hat.

Fragt man weiter, erzählen die Demonstrierenden, dass eine weltumspannende gesellschaftliche Elite Kinder entführen, missbrauchen, deren Blut trinken und deren Fleisch essen würde. Diese Elite würde dem Satan huldigen und arbeite daran, den Rest der Menschheit zu versklaven. Und Bill Gates sei einer von ihnen. Einige Schritte weiter ruft ein Demonstrant:»Weg mit diesem System. Weg mit dieser BRD. Weg mit diesem Verbrecherpack. Wir wollen unseren Kaiser zurück. Wir wollen zurück auf Ehrlichkeit, auf Menschlichkeit. Nicht mehr.« Auf die Frage, wer dieser Kaiser denn sei, antwortet der Mann:»Friedrich von Preußen«.

Neben diesen Menschen marschieren Neonazis, Rechtsextreme, Reichsbürger. Zuweilen sieht man Politiker der AfD, die Flyer verteilen. Jemand hat auf einem Plakat den Virologen Christian Drosten neben dem nationalsozialistischen Massenmörder Josef Mengele abgebildet. Immer wieder tauchen Bilder von Anne Frank auf, mit der sich die Demonstrierenden identifizieren, daneben gelbe Judensterne mit der Aufschrift»ungeimpft«.

Es bleibt nicht bei diesen wirren Worten und den absurden Verschwörungstheorien. Vor den Räumlichkeiten des Leibniz-Instituts in Berlin-Mitte explodiert im Oktober 2020 eine Bombe, Unbekannte werfen einen Brandsatz auf ein Gebäude des Robert-Koch-Instituts in Berlin-Tempelhof. An einer Weserbrücke im nordrhein-westfälischen Minden wird, ebenfalls im Oktober 2020, eine Schaufensterpuppe mit der Aufschrift»Presse« an einem Galgen aufgehängt. Hunderte Demonstranten stürmen im August 2020 mit Reichsflaggen die Treppe des Reichstagsgebäudes.

Es ist verdammt ernst.

Der eklatante Verstoß gegen Infektionsschutzmaßnahmen, die Verharmlosung des Holocaust, die Unterwanderung der Anti-Corona-Demonstrationen durch Rechtsextreme, die Explosion von Bomben, der Sturm auf die Treppe des Reichstagsgebäudes – man könnte meinen, nun endlich würden Polizei, Politik und Justiz in einer gemeinsamen Kraftanstrengung all diese Grenzüberschreitungen mit der vielbeschworenen »Härte des Gesetzes« kompromisslos in die Schranken weisen. Gerade diejenigen, die bei jeder Gelegenheit die Durchsetzung von Recht und Gesetz fordern, würde man an vorderster Front vermuten. Immerhin gilt es einen Rechtsstaat zu verteidigen. Nun, die Sache ist ein wenig kompliziert.

Als im Mai 2020 etwa 3000 Menschen in München gegen die Corona-Schutzverordnungen demonstrieren, kann die Polizei nicht verhindern, dass die Versammlungsteilnehmer die Maskenpflicht und den vorgeschriebenen Mindestabstand ignorieren. Sie ist zu weiten Teilen überfordert und möchte eine Eskalation vermeiden.

Als Anfang August 2020 rund 20 000 Menschen in Berlin gegen die Corona-Schutzverordnungen demonstrieren, kann die Polizei nicht verhindern, dass die Versammlungsteilnehmer die Maskenpflicht und den vorgeschriebenen Mindestabstand ignorieren. Sie lässt verlauten, dass die Zahl der Einsatzkräfte nicht ausreicht, um die Demonstration zu räumen.

Als Ende August 2020 fast 40 000 Menschen in Berlin gegen die Corona-Schutzverordnungen demonstrieren, kann die Polizei nicht verhindern, dass die Versammlungsteilnehmer den vorgeschriebenen Mindestabstand ignorieren. Die Polizei wirkt insgesamt überfordert und teilweise unkoordiniert. Am Ende durchbricht ein Tross von mehreren hundert Demonstranten die Polizeiabsperrung und rennt auf den Reichstag zu. Erst an der Treppe zum Gebäude können drei Polizisten die wütende Menge aufhalten.

Als im Oktober 2020 etwa 200 Menschen in Duisburg gegen die Corona-Schutzverordnungen demonstrieren, kann die Polizei nicht verhindern, dass die Versammlungsteilnehmer die Maskenpflicht und den vorgeschriebenen Mindestabstand ignorieren. Im Anschluss an die Demonstration kritisiert die Stadtsprecherin das Nichteinschreiten der Polizei.

Als im Oktober 2020 rund 2000 Menschen in Berlin gegen die Corona-Schutzverordnungen demonstrieren, kann die Polizei nicht verhindern, dass die Versammlungsteilnehmer die Maskenpflicht und den vorgeschriebenen Mindestabstand ignorieren. Sie setzt die gültigen Vorschriften kaum durch und will die Bilder einer Eskalation vermeiden. Innensenator Andreas Geisel (SPD) lässt verlautbaren:»Ich kann nicht mit Wasserwerfern gegen Leute vorgehen, die keine Maske aufsetzen.« Der Journalist Olaf Sundermeyer stellt fest, dass die Berliner Polizei »mit diesen Protestformen überfordert ist und kein Mittel findet«.

Als im November 2020 etwa 45 000 Menschen in Leipzig gegen die Corona-Schutzverordnungen demonstrieren, kann die Polizei nicht verhindern, dass die Versammlungsteilnehmer die Maskenpflicht und den vorgeschriebenen Mindestabstand ignorieren. Die Polizei ist hoffnungslos unterbesetzt, überfordert und scheint machtlos. Einzig die linken Gegendemonstranten können zunächst stoppen, dass die ursprüngliche Versammlung, die unter anderem aus Neonazis, Hooligans, NPD-Parteikadern und Verschwörungstheoretikern besteht, auf dem symbolträchtigen Ring marschiert. Letztlich verhindern können sie es auch nicht. Ein Polizeisprecher verteidigt den Einsatz damit, dass die Anwendung von Gewalt »nicht angezeigt« gewesen sei. »Man bekämpfe eine Pandemie nicht mit polizeilichen Mitteln, sondern nur mit der Vernunft der Menschen«.

Als im November 2020 etwa 800 Menschen in Ludwigsburg gegen die Corona-Schutzverordnungen demonstrieren, kann die Polizei nicht verhindern, dass die Versammlungsteilnehmer die Maskenpflicht und den vorgeschriebenen Mindestabstand ignorieren. Weil sie »Krawalle« befürchtet, schreitet sie nicht ein und bleibt untätig.

Als im Januar 2021 rund 300 Menschen in Nürnberg gegen die Corona-Schutzverordnungen demonstrieren, kann die Polizei nicht verhindern, dass die Versammlungsteilnehmer die Maskenpflicht und den vorgeschriebenen Mindestabstand ignorieren. Die Polizei greift nicht ein und lässt die Menschen feiern und tanzen.

Wenn man sich Mühe gibt, erkennt man ein Muster.

Nun ist die Polizei in diesen Zeiten nicht zu beneiden. Polizistinnen und Polizisten setzen sich bei diesen Demonstrationen einer hohen Infektionsgefahr aus – zusätzlich zu der Gefahr durch eine Eskalation des Demonstrationsgeschehens und dem schwelenden Gewaltpotenzial, das solchen Versammlungen innewohnt. Darüber hinaus agieren die Beamten häufig auf rechtlich unsicherem Terrain. Mal werden die Demonstrationen von den Versammlungsbehörden verboten, dann wieder von den Verwaltungsgerichten erlaubt. Manches Mal werden Abschnitte der Demonstrationsroute in letzter Minute gesperrt, mal geöffnet. Die Zahl der angemeldeten Demonstrationsteilnehmer gibt keinerlei Aufschluss darüber, wie viele Menschen tatsächlich auf der Versammlung erscheinen. Häufig führen Teilnehmerinnen Atteste mit sich, die eine medizinisch begründete Entbindung von der Maskenpflicht bescheinigen. Manche dieser Atteste sind gefälscht, andere wiederum werden massenhaft von Corona verharmlosenden Ärzten ausgegeben. Für die Beamten vor Ort ist es in vielen Fällen unmöglich, die Echtheit solcher Dokumente zu überprüfen. Und dann ist da noch die Sache mit der »Querdenker«-Demonstration auf der Münchener Theresienwiese. Um einer Beschränkung der Teilnehmerzahlen zu entgehen, erklärten die Veranstalter ihre Demonstration kurzerhand zu einem Gottesdienst. Die Polizei blieb ratlos zurück.

Neuerdings besuchen Coronaleugner die Anti-Corona-Demonstrationen immer häufiger in Begleitung ihrer minderjährigen Kinder. Chatprotokolle belegen, dass diese explizit als menschliche Schutzschilde vorgesehen sind, um polizeilichen Maßnahmen zu entgehen. Den Einsatzleitern der Polizei bleibt angesichts dieser Gemengelage kaum etwas anderes übrig, als ihre Einsatzkräfte zurückzuhalten.

Es ist eine gefährliche Mischung aus kalkuliertem Rechtsbruch, unübersichtlichem Versammlungsgeschehen und polizeilicher Überforderung, die sich in solchen Demonstrationen wiederholt Bahn bricht. Die Coronapandemie ist für eine komplexe Organisation wie die Polizei noch immer neu, und auch nach vielen Monaten und Dutzenden Demonstrationen scheint es keine belastbare Einsatztaktik zu geben, um diesen Herausforderungen zu begegnen.

Zumindest machen sich langsam reifende Erkenntnisgewinne innerhalb der Polizeibehörden und ihrer Funktionäre bemerkbar. So hieß es noch im Mai 2020 in einem Tweet der »Gewerkschaft der Polizei« (GdP): »#Corona – Teilnehmende an sogenannten Hygienedemos dürfen nicht pauschal kriminalisiert werden. Es gelte zwischen Agitatoren, Mitläufern und Beobachtern zu differenzieren. #GdP-Vize Jörg Radek: ›Dazu braucht die #Polizei klare Lagebilder.‹«

Diese Form der Verharmlosung schien sich im Früher 2020 mit den Einschätzungen der Verfassungsschutzämter zu decken. Lange nachdem klar wurde, dass Rechtsextreme, Neonazis und freie Kameradschaften genauso an den Anti-Corona-Demonstrationen teilnehmen wie Impfgegner und Menschen aus der Heilpraktikerszene, wiegelte das Bundesamt für Verfassungsschutz bei Nachfragen ab: Von den Rechtsextremen gehe keine Gefahr aus, sie hätten keinerlei Hoheit über das Demonstrationsgeschehen, Anwerbeversuche für die Teilnahme an der Demonstration wären nicht besonders effektiv, und alles in allem würden sich diese Demonstrationen auf dem Boden des Grundgesetzes bewegen.

Seit dem Dezember 2020 wird »Querdenken« allerdings in Baden-Württemberg, der Heimat des »Querdenken«-Gründers Michael Ballweg, vom Landesamt für Verfassungsschutz beobachtet, da sich die Bewegung zunehmend radikalisiert habe und nun von Extremisten und Verfassungsfeinden unterwandert sei. Auch andere Verfassungsschutzämter, wie beispielsweise in NRW, haben nun »Querdenken« auf dem Schirm und vermuten, dass 10 Prozent der Mitglieder extremistisch seien.

Von Seiten der GdP heißt es nun:»Mit ›Querdenken‹ tritt ein Veranstalter auf, der die Versammlungsfreiheit dazu missbraucht, die staatlichen Regeln zu unterlaufen. ›Querdenken‹ lädt zwar Gruppen wie Reichsbürger und Hooligans ein, dabei zu sein, entzieht sich aber der Verantwortung, wenn die dann provozieren.«

Zudem setzen Polizeibehörden immer häufiger Demonstrationsverbote durch und fangen Reisebusse ab, die Demonstranten zum Versammlungsort befördern wollen. Mittlerweile werden sogar Regelverstöße zur Anzeige gebracht und, in Einzelfällen, Rechtsextreme und Neonazis festgenommen.

Das ist gewissermaßen neu.

Über Jahrzehnte hinweg hatten Rechtsextreme und Neonazis nur wenig zu befürchten, wenn sie vor den Augen der Polizei aufmarschierten. Der Umgang der Sicherheitsbehörden mit Neonazis war geprägt von Unfähigkeit und sonderbarem Desinteresse.

Im Jahr 1993 berichtet der *Spiegel*, wie die Polizei Neonazis ungehindert in der Innenstadt von Fulda in Hessen aufmarschieren lässt und auch dann nicht eingreift, als diese Spruchbänder entrollen, um Rudolf Heß zu verehren. Oder als diese ausländerfeindliche Sprüche von sich geben oder anfangen Passanten zu bedrohen und eine Gruppe junger

Türken anzugreifen. Der Titel des Artikels lautet »Mental stramm – Empörung über den ungehinderten Aufmarsch von Neonazis: Bleiben Polizisten bei Rechten lieber untätig?«

Im Jahr 1996 beschreibt die *taz*, wie Neonazis in Worms aufmarschieren und rechtsextreme Parolen skandieren, wie beispielsweise »Rudolf Heß – das war Mord!«. Die Polizei greift bei alledem nicht ein, sondern begibt sich erst gegen Ende der Demonstration in die Menge.

Zahlreiche weitere Beispiele belegen die historische Untätigkeit der Polizei, wann immer sie mit Versammlungen von Rechtsextremisten und Neonazis befasst war. Dass sie auch anders kann, bewies sie ausgerechnet in ihrem Vorgehen gegen die linken Gegendemonstranten, bei denen sie häufig eine unverhältnismäßige Härte zeigte, die nicht selten in Polizeigewalt mündete. Diese historische Kontinuität der »Überforderung« im Umgang mit Neonazis zieht sich durch Jahre und Jahrzehnte bundesdeutscher Geschichte bis hinein in die 2010er Jahre.

Am »Tag der Deutschen Zukunft« im Jahr 2016 marschieren 1000 Neonazis durch Dortmund und entrollen ein Adolf-Hitler-Transparent. Der Neonazi Thorsten Heise kann in aller Ruhe davon schwadronieren, dass im KZ Buchenwald nach 1945 mehr Menschen umgekommen seien als in den Jahren davor. Die Polizei greift während des Aufmarsches nicht ein. Auch als im Jahr 2018 Neonazis durch Dortmund marschieren und dabei antisemitische Parolen skandieren, bleibt die Polizei zurückhaltend und lässt die Demonstration weiterlaufen.

In einem anderen Fall begleitete die Polizei ein Rechtsrock-Konzert im thüringischen Themar, wo nachweislich mehrere Male »Sieg Heil« gerufen und die Arme der Anwesenden zum Hitlergruß gereckt wurden, was die Polizei in keinem der Fälle dazu veranlasste, tätig zu werden. Der Titel des »Panorama«-Fernsehbeitrags lautet »›Abhitlern‹: Polizei guckt zu«.

Dies alles ist besonders vor dem Hintergrund beunruhigend, dass immer häufiger Vernetzungen von Polizeibediensteten mit der rechtsextremen Szene und mit Neonazi-Terrororganisationen öffentlich werden. Selbst konservative Innenminister müssen nun anerkennen, dass das rechtsextreme Potenzial innerhalb der Polizei »wider Erwarten« strukturell ist. Zudem ist davon auszugehen, dass manche Polizeibeamte den Anti-Corona-Demonstrierenden ideologisch nahestehen und mit ihnen sympathisieren. In mindestens zwei Fällen wurden Polizisten vom Dienst suspendiert, nachdem sie auf einer Anti-Corona-Demonstration Verschwörungstheorien von sich gegeben haben. Dass diese Beamten keine Einzelfälle sind, zeigt der offiziell eingetragene Verein Polizisten für Aufklärung, in dem aktive und pensionierte Polizisten die Verbreitung ihrer Verschwörungsmythen erproben und unter Polizeibediensteten bekannt zu machen versuchen.[1]

Die Vorzugsbehandlung von rechten Demonstrationen und die Verharmlosung derjenigen, die dem rechten Rand mindestens nahestehen, ist keineswegs eine besondere Eigenart der Polizei. Auch Politiker und Politikerinnen haben sich in den vergangenen Jahren mit ihrer besonderen Nähe zu rechten Gruppierungen hervorgetan. Vielfach begegneten sie all jenen, die rassistische, rechtsextreme oder schlicht verfassungsfeindliche Thesen vertraten, mit besonderem Wohlwollen und offenem Verständnis. Erwähnenswert sind in diesem Zusammenhang beispielsweise die Pegida-Aufmärsche, die sogenannten Anti-Merkel-Demonstrationen oder die Protestformen an der Bundesstraße 96 bei Bautzen.[2]

Ausnahmslos warnten Politiker konservativer Parteien vor einer Kriminalisierung dieser Kundgebungen, mahnten an, dass man die »Sorgen« und »Ängste« dieser Menschen ernst nehmen müsse, dass man sich davor hüten solle, diese Menschen in die »rechte Ecke« abzustellen oder gar als »Nazis« abzustempeln. Entsprechend stark prägte sich innerhalb dieser Bewegungen das Gefühl aus, dass »die Politik« und »die da oben« mit den eigenen Zielen, den eigenen Forderungen und den eigenen zum Teil staats- und verfassungsfeindlichen Ressentiments sympathisieren würden. Die Ambivalenz, die sich daraus ergibt, dass dieselben Politiker, die auf diesen Demonstrationen wüst beschimpft oder gar mit dem Tode bedroht werden, nun auf einen Dialog mit denselben Personengruppen setzten, wurde als Erfolg der eigenen politischen Wirkmacht gedeutet.

Als besonderes Beispiel dient der sächsische Ministerpräsident Michael Kretschmer (CDU), der sich im Mai 2020 inmitten der Coronapandemie ohne Maske und ohne die Einhaltung von Mindestabständen in ein Gespräch mit Coronaleugnern begab und seinen Umgang mit diesen Menschen folgendermaßen erklärte:»Wenn jeder, der eine kritische Frage stellt, sofort als Aluhutträger beschimpft und in eine politische Ecke gestellt wird, dann nimmt das kein gutes Ende.«

Den Verstoß gegen Infektionsschutzgesetze erklärte er mit seinem Respekt vor den Gesprächspartnerinnen, die ihn im Laufe dieser Begegnung fortwährend als »blödesten Hammel, den Sachsen je gesehen hat!« und mit »Verpiss dich!« beschimpften. Kretschmer ließ sich davon nicht beirren. Auch als ihm später im Januar 2021 Coronaleugnerinnen und Reichsbürger vor seinem Privatgrundstück in Großschönau im Zittauer Gebirge auflauerten und ihn beschimpften, ging Kretschmer auf Gesprächs- und Diskussionswünsche ein. Kretschmer war darüber hinaus derjenige Ministerpräsident, der sich im Juni 2020 in offizieller Runde mit prominenten Coronarelativierern traf und diese dadurch aufwertete.

All dies ist bedauerlich und gefährlich. Wer bei Verschwörungstheoretikern auf Verständnis hofft oder Rechtsextreme vorrangig anhand ihres Wählerpotenzials bewertet, verharmlost und normalisiert das extremistische Gedankengut von »Querdenkern«, Rechtsextremen, Antisemiten und Neonazis. Es bleibt zu hoffen, dass Politiker und Polizisten anerkennen, dass diese Menschen keine Verbündeten in der politischen Auseinandersetzung sind, sondern Feinde der Freiheit.

Und als solche sollten sie auch behandelt werden.

Anmerkungen

1   Vgl. den Beitrag von Aiko Kempen, S. 228
2   Vgl. den Beitrag von Sebastian Leber, S. 48

Stephan Anpalagan   **315**

Radikale Rechte

Wenn Rechtsradikale das Grundgesetz für sich entdecken

Von Jost Müller-Neuhof

Am 23. Mai 1949 wurde mit der feierlichen Unterzeichnung des Grundgesetzes in Bonn die Bundesrepublik Deutschland gegründet. 70 Jahre später, im Frühjahr 2019, unternahm man allerhand, um das politische Vermögen der Verfassung und ihre Bedeutung über die Generationen hinweg zu würdigen. So ließ etwa das Bundesarchiv in Koblenz mit einer Ausstellung »Unsere Verfassung im Alltag« das Grundgesetz hochleben. Ein findiger Kleinverleger kam sogar auf die Idee, das Werk in lesbarer Magazinform herauszugeben; ein Bestseller, der Verlag lässt es bereits in der fünften Auflage drucken. Den Impuls dafür hatte er als Zuschauer einer TV-Talkshow erhalten, in welcher der Wissenschaftsjournalist Ranga Yogeshwar sich wie folgt einließ: »Das Grundgesetz ist sensationell. Das ist die Nation [...]. Wer es nicht gelesen hat, sollte es durchlesen. Es ist toll«.

Ein Jahr nach den Feierstunden ist das Grundgesetz tatsächlich mit Wucht im Alltag der Bürgerinnen und Bürger angekommen, indes in einer Weise, die zuvor noch niemand geahnt hätte. Im Coronajahr 2020 fand es sich auf den Plakaten von Demonstranten, in ihren Sprechchören, bei Bühnenreden und natürlich vielfach auf allen möglichen Plattformen im Internet. Es wurde zitiert und beschworen, erschien in Bildern und Texten. Mit Fortlaufen der Pandemie wurde das Grundgesetz zum Inbegriff des Widerstands gegen die staatliche Strategie zur Bekämpfung des Virus in Bund und Ländern. Nicht nur des Widerstands von erklärten »Querdenkern«. Mit einem Mal wurde es sogar von einer Klientel belobigt, die auch nach eigenem Bekunden mit der Verfassung sonst wenig anfangen kann: Neonazis, Rechtsextreme, Hitler-Verehrer. Plötzlich entdeckten sie ihre verfassungsmäßigen Rechte. Vor allem ihre Grundrechte.

Das war, gelinde gesagt, eine Herausforderung. Hier wuchs zusammen, was noch nie zusammengehörte. Gerade der Katalog der Grundrechte, angeführt von Artikel eins, der Würde des Menschen, die »unantastbar« sei, sollte für alle Zeiten die Abkehr von nationalsozialistischen Unrechtsprinzipien besiegeln. Nie wieder darf ein Mensch seiner Würde beraubt werden. Die Achtung, der Respekt vor dem Einzelnen steht über allem und in der Reihenfolge der Grundrechtsartikel sogar noch vor dem Leben und der körperlichen Unversehrtheit. Verständlich daher, dass auf solche Anwandlungen teils mit Empörung reagiert wurde. Rechtsextreme als Usurpatoren der Verfassung, das hatte noch gefehlt. Damit war die eigene Position klargestellt, eine weitere Debatte darum jedoch auch vermieden. Denn dass die Grundrechte einen zentralen Bezugspunkt politischen Handelns in der Pandemie bilden müssen, war allen klar. Aber wie dieses Rechtsextremismus kennzeichnet und wie ihm zu begegnen ist, wenn er sich plötzlich auf Grundrechte beruft, blieb weitgehend unerörtert.

Betrachtet man den Wandel in der rechten Protestkultur, waren solche Entwicklungen wohl absehbar. Die extreme Rechte hat in den vergangenen Jahren neue Formen gefunden, um ihre Anliegen zu verbreiten. Durchaus auch eine neue Sprache. Die Aufnahme Hunderttausender Geflüchteter ab 2015 wurde als »Bevölkerungsaustausch« oder »Großer Austausch« bezeichnet, ein Begriff, der die Asylgesetzgebung mit Konzepten ethnischer Säuberungen verband.

Ähnliche Bedeutungsverschiebungen wurden bei altrechten Konzepten von »Rasse« und Nation vorgenommen, die dann als »Ethnopluralismus« firmierten. Den radikalen Überzeugungen von der Reinheit und Überlegenheit der eigenen Abstammungsgesellschaft wurde damit als Manifest der Toleranz Ausdruck verliehen: Jeder Ethnie ihren »Lebensraum« und eigene Grenzen, um sie »zu schützen«, heißt es. Vielfalt ist großartig, aber bitte als eine Vielfalt kulturell und ethnisch homogener Gemeinschaften. Man verzichtet vordergründig auf die Zuschreibungen der Ideologien der Ungleichwertigkeit und pauschale Deklassierungen, wie sie für den Nationalsozialismus und Neonazis dazugehören. Rechtsextremismus wird damit zu einer vordergründig unschuldigen Frage der Identität: Wir wollen doch einfach nur die bleiben, die wir sind. Was soll daran so schlimm sein?

Irgendwann mussten die Rechten auf das Recht kommen. Und das war nicht nur ihre eigene Leistung. Das Verdienst, sie dort hingeführt zu haben, kommt auch Politikern wie Horst Seehofer (CSU) zu. Er hatte angesichts der Entscheidung im Sommer 2015, die deutschen Außengrenzen nicht abzuriegeln, als bayerischer Ministerpräsident von einer »Herrschaft des Unrechts« gesprochen. Ein mehr als fahrlässiges, ein leichtfertiges Diktum, das fortan leitmotivisch das gesamte Spektrum der Auflehnung gegen die Politik der Regierung unter Kanzlerin Angela Merkel (CDU) kennzeichnen sollte.

Leichtfertig war es, weil Politikerinnen und Politikern mit Verantwortung klar sein sollte: Mit Recht spielt man nicht. Der sprachliche Bezug auf das Recht, zumal auf das Verfassungsrecht, hat eine andere rhetorische Qualität als jedes andere politische Argument. Wer Recht für sich reklamiert, aktiviert sprachlich-autoritäre Kräfte. Schon in der Kommunikation darüber, so schrieb der Soziologe und Jurist Niklas Luhmann, überschreite man einen »point of no return« und lege sich fest, einen Streit nicht mehr nur führen zu wollen, sondern gültig entscheiden zu können. Recht ist damit in gewisser Weise radikal. Es duldet keinen Widerspruch.

Es sollte nicht verwundern, wenn politische Kräfte aller Couleur eine solche Qualität in der politischen Debatte schätzen und für sich zu nutzen trachten. Auch und gerade Rechtsextremisten. Wie es ihnen gelingt, dafür steht die Ingebrauchnahme der Grundrechte in der Pandemiepolitik in geradezu beispielhafter Weise. Die Grundrechte werden hier in ihrer klassischen Anwendung zur Sprache gebracht, als Abwehrrechte des Einzelnen gegen Eingriffe des Staates wie etwa bei den Lockdown-Maßnahmen. Dagegen lässt sich auf den ersten Blick schlecht etwas sagen.

Was hier nicht zur Sprache kommt: in welchem Zusammenhang die Grundrechte stehen. Sie sind niemals die Rechte nur des Einzelnen; es sind die vielfältigen Rechte vieler Einzelner. Es sind Rechte mit Grenzen, Schranken und zulässigen, weil gerechtfertigten Eingriffen. Grundrechte können zueinander in Konflikten stehen, sich gegenseitig bedrängen. Aber sie werden nie füreinander bedeutungslos. Der »point of nor return«, den Luhmann beschrieb, existiert hier nur rhetorisch. Tatsächlich ist nahezu jede streitige Grundrechtsfindung dialektischen

Prinzipien unterworfen. Das juristische Verfahren, das dafür bereitgestellt wird, nennt sich Abwägung. Deren Ergebnisse lassen sich in gewissen Maßen berechnen, sicher voraussagen lassen sie sich jedoch selten. »Wer es nicht gelesen hat, sollte es durchlesen. Es ist toll«, sagt der Journalist Yogeshwar über das Grundgesetz«. Nein, durchlesen muss man es nicht. Nach dem Grundrechtskatalog und den Artikeln über die Staatsorganisation wird es ziemlich spröde, wie eigentlich jedes Gesetz. Und wie jedes Gesetz ist es deutungsoffen. Seine im Jahr 2020 offensive Ingebrauchnahme durch rechte Extremisten und Populisten belegt die historische Schwäche auch des bestehenden freiheitlichen Verfassungsstaates, dass er allein mit Mitteln von Text und Vorschriften nicht die Bedingungen garantieren kann, unter denen er existiert. Getragen wird er von Menschen und den Institutionen, die sie für ihn schaffen. Toll sind Grundrechte daher nicht von selbst. Sie müssen in den Zusammenhängen ausgelegt und verstanden werden, in denen sie stehen. Mit Empathie, Rücksichtnahme und Menschlichkeit. Die notorisch gewordene Anrufung der Grundrechte von rechts, gerade in der Pandemiezeit, löst diese aus ihrem Kontext und verwendet sie für egoistische Motive. Wer sich hierüber auf Dialog einlässt, hat den Prozess verloren.

Jost Müller-Neuhof

(Versammlungs-)Freiheit im Corona-Stresstest

Zur Sorge um den Bestand des liberalen Rechtsstaats besteht kein Anlass

Von Ulf Buermeyer

Als nach einigen Monaten Coronakrise in Deutschland im Spätsommer 2020 immer größere Demonstrationen gegen die Maßnahmen zur Eindämmung der Pandemie stattfanden, die gar in einem vermeintlichen »Sturm« auf das Reichstagsgebäude gipfelten, rieben sich viele Beobachterinnen und Beobachter die Augen. Allzu bizarre Allianzen gingen in Berlin, Leipzig und anderswo gemeinsam auf die Straße, reichten von Impfgegnerinnen über »Coronaskeptiker« bis hin zu rassistischen Hetzerinnen und harten Neonazis. So unterschiedlich die ideologischen Ausgangspunkte derjenigen auch waren, die zu diesen Veranstaltungen aufriefen – eines schien sie zu einen: eine tiefe Skepsis, ja offene Ablehnung gegenüber Einschränkungen persönlicher Freiheiten zur Bekämpfung der Covid-19-Pandemie. Die Pflicht etwa, in der Öffentlichkeit eine Maske zu tragen, sei eine grobe Verletzung von Grundrechten, ganz zu schweigen von Kontaktverboten oder gar dem vielbeschworenen, wenngleich bisher überhaupt nicht gesetzlich vorgesehenen »Impfzwang«.

Es liegt nahe, die pauschale Ablehnung staatlicher Maßnahmen gegen die Coronapandemie schon angesichts der organisatorischen und ideologischen Hintergründe der Kritikerinnen und Kritiker als unsinnig abzutun. Doch gibt es für die Zurückweisung dieser Proteste auch überzeugende *rechtliche* Argumente: Vor allem die Länder, mitunter auch Kommunen, erließen auf der Grundlage von Paragraf 28 Absatz 1 des Infektionsschutzgesetzes umfangreiche Beschränkungen von Freiheitsrechten.

Doch hielten sich diese Maßnahmen im Großen und Ganzen in einem verhältnismäßigen Rahmen, so dass für grundsätzliche Skepsis oder gar Sorge um den Bestand des liberalen Rechtsstaats kein Anlass besteht.

Gleichwohl lohnt ein Blick auf die Graubereiche der Anti-Corona-Maßnahmen, in denen sie im Detail doch rechtsstaatlichen Bedenken begegnen. Denn gerade die Skepsis gegenüber der Verfassungsmäßigkeit von Grundrechte-Beschränkungen bietet auch Rechtsextremisten und Verschwörungstheoretikerinnen eine willkommene Gelegenheit, den Schulterschluss mit eher »bürgerlichen« Milieus zu suchen. Schließlich sollte es allen, denen Rechtsstaatlichkeit am Herzen liegt, ein Anliegen sein, bei der zweifellos sehr grundrechtsinvasiven Bekämpfung einer Pandemie möglichst wenig verfassungsrechtliche Angriffsfläche zu bieten – auch wenn es vermutlich kaum gelingen wird, auch diejenigen von der Sinnhaftigkeit und Legalität der Maßnahmen zu überzeugen, die Kritik an staatlichen Entscheidungen letztlich als Selbstzweck üben.

Beispiel Infektionsschutzgesetz: Lange Zeit warf bereits die allzu vage gesetzliche Grundlage der Coronaverordnungen erhebliche Fragen auf. Schwerwiegende Einschränkungen von Grundrechten wurden in den ersten Monaten der Pandemie auf einen allzu dürren Satz gestützt: Paragraf 28 des Infektionsschutzgesetzes enthielt lediglich eine denkbar pauschale Generalklausel, die im Kern regelte, dass »notwendige Schutzmaßnahmen« getroffen werden können. Hier wurde zu Recht kritisiert, dass so weitreichende Maßnahmen, wie sie die Bekämpfung der Pandemie notwendig machte und macht, eine detailliertere Entscheidung des demokratisch legitimierten Gesetzgebers erfordern. Diese Bedenken hat der Deutsche Bundestag aufgegriffen: Wenn auch recht spät, so wurde doch im November 2020 ein neuer Paragraf 28a in das Infektionsschutzgesetz eingefügt, der einen Katalog von beispielhaften Maßnahmen enthält, die zur Bekämpfung der Pandemie grundsätzlich möglich sind. Dieser Katalog deckt das bunte Potpourri der Beschränkungen im Wesentlichen ab, die seit März 2020 in Coronaverordnungen enthalten waren. Damit sind Verordnungen, die Maßnahmen aus diesem »Werkzeugkasten« anordnen, durch eine wesentlich fundiertere demokratische Legitimation gestützt. Spätestens damit wird dem Grundsatz wieder Geltung verschafft, dass alle für die

Ausübung von Grundrechten wesentlichen Entscheidungen durch ein Gesetz des Parlaments zu treffen sind. Ungeachtet dieser verbesserten gesetzlichen Grundlage bleibt natürlich die Verhältnismäßigkeit von Maßnahmen auf der Basis des Infektionsschutzgesetzes im Einzelfall zu prüfen – notfalls auch vor Gericht.

Nachdem diese verfassungsrechtliche »Baustelle« der heiklen gesetzlichen Grundlage abgeräumt wurde, soll hier insbesondere der Umgang mit der Versammlungsfreiheit in der Coronapandemie diskutiert werden.

Beispiel Versammlungsfreiheit: Die ersten Wochen der Coronakrise waren keine gute Zeit für Menschen, die für ein Anliegen gemeinsam auf die Straße gehen wollten, wie es Artikel 8 des Grundgesetzes vorsieht. Viele Bundesländer hatten Demonstrationen jedenfalls in der ersten Zeit der Coronakrise im Frühjahr 2020 vollständig verboten. Erst nach einigen Wochen setzte sich langsam eine grundrechtssensiblere Sicht durch. Daraufhin wurde die öffentliche und kollektive Kundgabe von Meinungen unter zunächst sehr strengen, dann immer weiter gelockerten Auflagen wieder zugelassen. Bis heute fallen die Entscheidungen der Versammlungsbehörden und der Gerichte bis hin zum Bundesverfassungsgericht indes sehr unterschiedlich aus. So wurde etwa eine Demonstration zum Gedenken an den rassistischen Anschlag in Hanau am 20. August 2019 von der Stadt Hanau verboten, während zehn Tage später mehr als 15 000 Menschen ohne Mund-Nasen-Schutz in Berlin demonstrieren konnten.

Aus einer grundrechtlichen Perspektive ist jedenfalls ein Totalverbot von Versammlungen nicht haltbar: »In keinem Falle«, so will es Artikel 19 Absatz 2 des Grundgesetzes, »darf ein Grundrecht in seinem Wesensgehalt angetastet werden«. Wenn man gar nicht mehr demonstrieren darf, nicht einmal im Freien, in kleinen Gruppen, mit Masken und hinreichendem Abstand, dann bleibt vom Grundrecht der Versammlungsfreiheit schlicht *gar nichts* mehr übrig. Das ist ein Paradebeispiel für einen Eingriff in den Wesensgehalt eines Grundrechts, den das Grundgesetz gerade verhindern will. Die Verordnungsgeber in den Ländern hätten hier erkennen müssen, dass es in einem freiheitlichen Rechtsstaat schlicht nicht vorstellbar ist, sichtbaren öffentlichen Protest im Keim zu ersticken.

In den folgenden Monaten lockerten die Verordnungsgeber ebenso wie die Versammlungsbehörden ihre Handhabung, so dass Versammlungen bundesweit im Grundsatz wieder möglich waren. Anlass zur Diskussion gaben in der Folge insbesondere Großdemonstrationen von »coronaskeptischen« Gruppen wie beispielsweise den »Querdenkern«. Sowohl in Berlin als auch in Leipzig wurden Versammlungen, die die Behörden mit strengen Auflagen versehen hatten – neben Abstandsregeln und Maskenpflicht etwa auch eine Verlegung aus der Leipziger Innenstadt auf ein Veranstaltungsgelände am Stadtrand –, von Verwaltungsgerichten mit mitunter fragwürdiger Begründung wieder zugelassen. Beispielsweise erscheint die Annahme mancher Verwaltungsgerichte doch allzu naiv, dass sich Teilnehmende einer Veranstaltung aus diesen Milieus an Abstandsregeln und Maskenpflicht halten würden.

Die so letztlich gerichtlich zugelassenen Versammlungen führten in mehreren Fällen zu Situationen, in deren Folge sich die vor Ort eingesetzten Polizeikräfte sehr kritische Fragen stellen lassen mussten. Beispielsweise gelangte eine größere Gruppe von Menschen, die der Reichsbürger- bzw. der Neonaziszene nahestehen, Ende August 2020 bis unmittelbar vor die Türen des Reichstagsgebäudes, ohne dass sich die Polizei ihnen rechtzeitig in den Weg gestellt hätte. Am Rande und nach dem Ende einer Großkundgebung Anfang November 2020 in Leipzig machten Menschen, die offenbar der rechtsextremen Szene zuzuordnen waren, weitgehend ungehindert Jagd auf politische Gegnerinnen und Gegner – insbesondere Journalistinnen und Journalisten. Die gerichtlichen Entscheidungen führten so nicht nur zu einer gefährlichen Verkürzung des Infektionsschutzes, sondern auch zu Gelegenheiten für ein irritierendes Auftrumpfen bis hin zu beängstigenden Machtdemonstrationen der rechten Szene.

In starkem Kontrast zu diesem bemerkenswert laxen Umgang mit Menschen, die jedenfalls nicht zweifelsfrei auf dem Boden des Grundgesetzes agieren, standen polizeiliche Aktionen, aus denen ein allzu autoritärer Impuls zu sprechen schien. Interessanterweise trafen diese besonders harten Maßnahmen durchweg Gegendemonstrationen gegen Versammlungen der »coronakritischen« und der rechtsextremen Szene. Die wohl bedenklichste Entscheidung in diesem

Zusammenhang wurde im November 2020 aus Frankfurt am Main bekannt, wo die Polizei einer »Querdenken«-Demonstration unter Einsatz von Wasserwerfern den Weg durch eine Gegendemonstration bahnte. Demgegenüber wurde eine aufgelöste »Querdenken«-Versammlung im selben Monat in Berlin lediglich mit einem Wasserwerfer-Nieselregen eingedeckt, um die Menschen vergleichsweise sanft zum Verlassen des Kundgebungsortes vor dem Brandenburger Tor zu motivieren.

Wohlgemerkt: Nichts läge dem Verfasser ferner als die Forderung, mehr polizeiliche Gewalt gegen Teilnehmende von Versammlungen einzusetzen. Indes irritiert der Eindruck, dass – jedenfalls gelegentlich – zwischen Polizeikräften einerseits und »Querdenkenden« oder gar Reichsbürgerinnen oder Rechtsextremisten andererseits eine Art Kumpanei herrsche. Eine bessere Ausbildung von Polizistinnen und Polizisten könnte hier helfen, die Rechtsordnung ohne Ansehen der politischen Haltung der Demonstrierenden stets mit gleichermaßen maßvollen Mitteln und möglichst gewaltfrei durchzusetzen. So könnten Verwaltungsbehörden und Polizei zu einer Anwendung des geltenden Rechts gelangen, die den Bedeutungsgehalt der Versammlungsfreiheit zur Geltung bringt und zugleich stets erkennen lässt, dass die handelnden Kräfte der Polizei ihrerseits fest auf dem Boden des Grundgesetzes stehen.

Ungeachtet der zunächst durchaus berechtigten Bedenken sowohl gegen die Rechtsgrundlage der landesrechtlichen Pandemie-Verordnungen als auch gegen einzelne Details der staatlichen Reaktion auf die Pandemie fällt die Gesamtbilanz aus dem Jahr 2020 im Grundsatz positiv aus. Zwar waren die Einschränkungen massiv, doch machen die Negativbeispiele Italien, Spanien und zuletzt vor allem die USA deutlich, dass bei ungehindertem Fortschreiten der Pandemie mit größter Wahrscheinlichkeit eine dramatische Krise des Gesundheitssystems eingetreten wäre, die jedenfalls eine große Zahl von vermeidbaren Todesfällen hätte zur Folge haben können. Im Winter 2020 spitzte sich die Lage auch in Deutschland trotz eines »Lockdown light« nochmals deutlich zu. Vor diesem Hintergrund erscheinen die getroffenen Maßnahmen rechtsstaatlich vertretbar.

Diese positive Gesamtbilanz gilt im Grundsatz auch für die Handhabung des Versammlungsrechts. Doch sollte gerade in diesem Bereich vermehrt darauf geachtet werden, dass die Entscheidungen der vor Ort verantwortlichen Polizeikräfte nicht den Eindruck einer politischen Schlagseite zugunsten von Gegnern des Rechtsstaats jedweder Couleur erwecken.

Vom linken Unbehagen in der Coronakrise

Die nötige Distanz zum staatlichen und »querdenkenden« Autoritarismus

Von Andreas Wulf

In der Coronakrise wird der Staat mächtiger denn je. Aus der Perspektive langjähriger Arbeit bei einer Hilfs- und Menschenrechtsorganisation mit Partnerorganisationen im Globalen Süden ist es verblüffend zu sehen, dass die scheinbar ehernen neoliberalen Grundfesten (nicht nur bundesdeutscher, sondern auch europäischer Politik) nicht nur ins Wanken gerieten, sondern geradezu über Bord geworfen wurden. Die Schuldenbremse ist ad ultimo ausgesetzt, milliardenschwere Stützungsprogramme werden aufgestellt für die schwächelnden Wirtschaftssektoren bis hin zum strategischen Einkauf des Bundes in »systemrelevanten« Unternehmen – nicht nur bei der Lufthansa, sondern auch beim Pharmaunternehmen Curevac. Die globalisierten Produktions- und Lieferketten werden in ihrer Dysfunktionalität enttarnt durch eine (schon lange vorhergesagte) Pandemie eines respiratorisch übertragbaren und gefährlichen Erregers.

Eine neue Normalität scheint zu entstehen: Ob sich dabei schon lange gestellte progressive Forderungen durchsetzen lassen? Beispielsweise die Stärkung der »systemrelevanten Berufe« in Gesundheit und Pflege und eine Begrenzung der Privatisierungstendenzen in öffentlichen Schlüsselsektoren der Daseinsvorsorge sowie Forschung und Entwicklung von lebenswichtigen Gütern wie Impfstoffen und Medikamenten. Oder geht der Trend vor allem zur Vertiefung von Überwachungs- und Kontrollfunktionen über gesundheitlich definierte Risikobereiche und Risikoverhalten hinaus? Ein Trend, der sich mit der Corona-Warnapp und Maskenpflicht auch nach dem Ende des unmittelbaren Pandemiegeschehens möglicherweise verstetigt.

Dass dieses Unbehagen in der Pandemie sich vor allem in »Querdenker«-Demos mit ihren unerwartet erfolgreichen sogenannten Querfront-Mobilisierungen äußert, ist ein echtes Dilemma für eine emanzipatorische Linke, für die die Kritik staatlichen Überwachungs- und Kontrollhandelns konstitutiv war und ist. Wie lässt sich also die Kritik an überbordender staatlicher Kontrolle in Pandemiezeiten anführen, ohne im Gefolge des Obskurantismus der Hobbyvirologinnen, Verschwörungstheoretiker und Impfgegner zu landen?

Ein Blick zurück hilft manchmal mehr als eine detaillierte Gegenwartsanalyse: Überraschende Ähnlichkeiten zu den heutigen Debatten lassen sich nämlich in den Reaktionen auf die Aidsepidemie in den 1980er Jahren finden. Auch hier wurde besonders in den Anfangsjahren der Epidemie der Streit um Fragen rings um das HI-Virus und die wirksamsten Maßnahmen seiner Eindämmung nicht weniger heftig ausgetragen.

Die Fragen nach dem Ursprung des HI-Virus, nach seiner Übertragbarkeit und auch nach seiner tatsächlichen Gefährlichkeit waren längst nicht unumstritten, sondern führten ganz genau wie bei Covid-19 zu heftigen Kontroversen. Neben dem schließlich geklärten Ursprung des HI-Virus im tropischen Afrika (eine klassische »Zoonose« mit Ursprung in Affen, die sich über die globale Mobilität der Menschen verbreitete) waren lange auch Vermutungen im Umlauf, HIV sei in einem geheimen Forschungslabor der US-Armee entstanden und von dort wissentlich oder versehentlich in Umlauf gekommen. Eine klassische Verschwörungsthese, die – wie man heute weiß – auch vom sowjetischen Geheimdienst mit in Umlauf gebracht wurde. Und die jetzt für das SARS-CoV-2-Virus eine chinesische Parallele bekommen hat, indem der Ausbruch des Coronavirus mit einem virologischen Labor in Wuhan assoziiert wurde, das angeblich im Besitz von US-amerikanischen Pharmafirmen sei.[1]

Auch die ursächliche Wirkung des HI-Virus auf die Immunschwäche der an Aids Erkrankten wurde noch viele Jahre infrage gestellt – wahlweise waren Narrative im Umlauf von den vermeintlich vielen Drogen und dem vielen Sex der homosexuellen Aidskranken, von Nebenwirkungen der antiviralen Medikamente, von der Unterernährung der an Aids Erkrankten in Afrika oder gar von einer psychodynamischen Ursache durch die Furcht vor der Infektion, die das Immunsystem zusammenbrechen ließe. Auch hier gab es »mundtot gemachte Wissenschaftler«, die die Forschungsergebnisse der Mainstreamwissenschaft anzweifelten.[2] Aidsrebellen folgten unbeirrt dem Verdacht, dass in erster Linie (Pharma-)Profitinteressen hinter den Tests und den Medikamenten stünden.

Das extremste Beispiel der fatalen Wirkungen solcher obskuren und bisweilen auch von eigenen Profitinteressen geleiteten »Aidsmythen« spielte sich Anfang der 2000er Jahre in Südafrika ab: Der deutsche Arzt und Vitaminverkäufer Matthias Rath wurde zum faktischen Chefberater des damaligen südafrikanischen Präsidenten Thabo Mbeki und seiner Gesundheitsministerin Manto Tshabalala-Msimang. Ihre gemeinsame Skepsis gegenüber der Wirksamkeit der damals schon gut wirksamen HIV-Medikamente verhinderte in Südafrika für mehrere Jahre den Start eines breiten Behandlungsprogramms. Im Ergebnis kostete dies nach Schätzungen der Aidsaktivistinnen und -aktivisten der Treatment Action Campaign und Section 27 mehrere hunderttausend Südafrikaner und Südafrikanerinnen das Leben.[3]

Auch zur »Maskendebatte« und dem Kampf gegen illegale »Coronapartys« gibt es eine erstaunliche Parallele in den schwulen Debatten der 1980er und 1990er Jahre um die »Kondomisierung des Sexes« und die Versuche, die Schließung von Orten schwuler Promiskuität wie Saunen, Darkrooms und Sexpartys mit Argumenten des Infektionsschutzes behördlich durchzusetzen. Diese staatlichen Maßnahmen wurden von wichtigen Aidsaktivisten als Versuch des medizinisch-gesellschaftlichen Establishments zur Wiedereinhegung der gerade erst gewonnenen sexuellen und moralischen Freiheit verstanden.

Eine wichtige Erkenntnis dieser gesellschaftlichen Kämpfe der Aidspandemie aus emanzipatorischer Perspektive war, dass es absolut notwendig ist, neben der klassischen aufklärerischen Haltung des »richtigen Wissens und Handelns« einen konsequent subjektiven Blick nicht aufzugeben. Eine Haltung muss angestrebt werden, die die Menschen nicht als Objekt einer (autoritär-strafenden oder verantwortlich-fürsorglichen) Top-down-Belehrung sieht, sondern sie in ihren oft auch widersprüchlichen Bedürfnissen und Praktiken ernst nimmt und sie partizipativ in die Bewältigung der Krise einbezieht.

Dies gilt aktuell nicht nur in der Frage, wie sich Schulen, Kitas, Altersheime und Arbeitsstätten so organisieren können, dass sie den bestmöglichen Infektionsschutz realisieren – und sie dabei konsequent unterstützt werden.

Die Erkenntnis wächst, dass dafür einheitliche Regeln aus dem Kultusministerium oder der Ministerpräsidentenrunde weniger hilfreich sind als eine konsequente lokale Verankerung der Entscheidungen – und gegebenenfalls auch deren Durchsetzung durch behördliche Überprüfungen, wie bei den Ausbrüchen in Altersheimen, Schlachthöfen und bei Erntehelfern und -helferinnen zu sehen ist.

Eine zweite entscheidende »Haltung« ist die der konsequenten Solidarität mit allen Betroffenen – diese solidarische Haltung muss als ein klarer »Lackmustest« dienen bei der Frage, mit wem man seinen Protest gegen staatliche Maßnahmen und überbordende Kontrolle teilt und mit wem nicht.

Für die Aidsbewegung war dies der gemeinsame Kampf der »Koalition der Schmuddelkinder«, die nicht nur prominente, selbstbewusste Schwule und Lesben in Paarbeziehungen, sondern auch die Bedürfnisse und Lebensweisen der Teilhaber einer promisken Subkultur und Drogenkonsumentinnen und -konsumenten einschloss. Die Verfügbarkeit von sauberen Spritzen und Substitutionstherapie in den Gefängnissen wurde so ein wichtiges Kampffeld, um HIV-Ansteckungsraten zu minimieren und zugleich das repressive Gefängnissystem zu kritisieren.

Es waren die globale Solidarität und internationale Kampagnen für den Zugang zur dann ab Mitte der 1990er Jahre verfügbaren Therapie, die das globale Patentregime der Pharmaproduktion in den Fokus der Kritik brachten. Die daraus resultierenden Erfolge bei der Durchsetzung und Verfügbarmachung kostengünstiger Medikamentenkopien (Generika) für inzwischen über 25 Millionen Menschen in aller Welt können als die (bislang) erfolgreichste globale Gesundheitsbewegung des 21. Jahrhunderts gelten.

Hier wird der Unterschied zu den »Querdenkern« besonders deutlich: Diese Solidarität ist ein wesentlicher Punkt, an dem sich die Kritik an Coronamaßnahmen scheidet. Ein »Corona-Schweigemarsch«

gegen vermeintliche Denk- und Redeverbote, der darüber schweigt, dass die Pandemie gerade die sozial Marginalisierten ohne Homeoffice- und Homeschooling-Option besonders trifft, der nicht vom Skandal der fortgesetzten Massenunterbringung – und damit Massengefährdung – von Geflüchteten und Leiharbeitern spricht, obwohl die Hotels leer stehen und in Europa auch Platz für die Geflüchteten auf den griechischen Inseln ist, kann kein Ort einer emanzipatorischen Politik sein. Selbst wenn er sich von seinen rechtsradikalen Mitläuferinnen und Mitorganisatoren distanzieren würde.

Und an dieser grundsätzlichen und bedingungslosen solidarischen Haltung trennt sich auch klar eine progressive Kritik an der nationalen und globalen Gesundheitspolitik von einer Kritik an den Profitinteressen der Pharmaindustrie, die einseitig aus der eigenen Skepsis gegen Impfstoffe oder Medikamente gespeist ist, wie sie aktuell von den Corona-»Querdenkerinnen und -denkern« – befeuert durch die »Infodemie« aus den Kanälen antisemitischer und rechtsextremer Influencer und Influencerinnen – geäußert wird.

Zu den globalen Feindbildern der Corona-»Querdenker« gehört unter anderem die Gates-Stiftung. Die Bedeutung, die ein Philantrop wie Bill Gates in der aktuellen Situation hat, liegt allerdings nicht darin, dass er der geheime Strippenzieher hinter den Kulissen oder Gewinner der Covidkrise ist, wie die Corona-»Rebellen« suggerieren. Vielmehr muss die Kritik an dem von Gates und seiner Stiftung verteidigten, kapitalistisch organisierten Forschungs- und Entwicklungsmodell ansetzen, das das notwendige Wissen und die Produktionskapazitäten für global wichtige Güter wie die aktuellen Covid-19-Impfstoffe mit geistigen Eigentumsrechten (Patenten, Geschäftsgeheimnisse, Lizenzen, Markenzeichen, Datenschutz usw.) privatisiert, monopolisiert und in eine möglichst profitable Ware verwandelt. Durch dieses Modell werden die Covid-19-Impfstoffe nicht zum »globalen öffentlichen Gut«, das allen gemeinsam zur Verfügung steht und schnellstmöglich verteilt werden muss. Sondern sie werden für die ausgebeuteten und armgehaltenen Länder und Menschen der Welt nur als karitative Geschenke zur Verfügung stehen, nachdem sich die »Selbstzahler« zuerst bedient haben, wie es in den ersten Monaten von 2021 zu sehen ist.

Dies ist de facto die Realität bei der COVAX-Initiative der Weltgesundheitsorganisation (WHO), der globalen Impfallianz GAVI und dem globalen Netzwerk zur Pandemiebekämpfung und -prävention (CEPI)[4], die aktuell Milliarden bei den üblichen Spendernationen und Wohltätigkeitsorganisationen einsammelt. Nachdem sich die reichen Länder bereits mit bilateralen Vorabdeals bei den Produzenten den größten Teil der Impfstoffproduktion gesichert haben, bleibt COVAX nur noch, mit den großen Herstellern über Restbestände der zu produzierenden Impfdosen zu verhandeln. War ursprünglich das Ziel von COVAX, schrittweise die verfügbaren Impfstoffe gemäß den Bevölkerungszahlen an alle Länder zu verteilen, damit zuerst die wichtigen und gefährdeten Gesundheitsarbeiterinnen und -arbeiter und Menschen mit chronischen Vorerkrankungen und in hohem Alter versorgt werden können, so haben sich die wohlhabenden Länder aus dieser »Schicksalsgemeinschaft« längst verabschiedet. Sie sehen sich nur noch als »Geber« von Geld und gegebenenfalls übrigbleibender Impfdosen aus ihren vorab gesicherten Kontingenten, die dann unter den 92 »Habenichtsnationen« verteilt werden können. Zwar beschwört der Generaldirektor der WHO bei jeder Gelegenheit die Wichtigkeit einer solidarischen Überwindung der Krise[5], gegen diesen »Impfstoffnationalismus«[6] ist er aber auch machtlos.

Die Bill-und-Melinda-Gates-Stiftung ist ein wesentlicher Akteur in diesem System, verhandelt mit Pharmaunternehmen über Konditionen und Förderungen für Impfstoffproduktion und garantiert zugleich das Patentsystem, mit dem Microsoft so erfolgreich war und die Grundlage für das Vermögen der Gates-Stifung geschaffen hat. Sie ist somit nicht die Ursache, sondern das Symptom einer globalen Gesundheitsarchitektur, die sich dem neoliberalen Modell verschrieben hat. Das »Marktversagen« bei den Gesundheitsbedürfnissen der armen »irrelevanten Konsumentinnen« ohne Kaufkraft beantwortet dieses Modell nur mit Wohltätigkeit. Nötig jedoch wären strukturelle Veränderungen durch einen Technologietransfer und die Veröffentlichung des essenziellen Gesundheitswissens.

Und schließlich geht es darum, das legitime Anliegen im Blick zu behalten, die Freiheitsrechte gegenüber dem immer tiefer in unsere privaten und gemeinschaftlichen Freiräume eindringenden Staat zu verteidigen: Es gilt diese vor allem nicht als Abstraktion zu verteidigen, wie es die »Querdenker« gern tun, und sich mit pseudoradikaler Verweigerungsgeste gegen die vermeintliche Zumutung des Maskentragens, der Kontaktverbote und der Abstandsregeln zur Wehr zu setzen. Sondern im konkreten Moment die Zumutungen des Denunziantentums zurückzuweisen, das beispielsweise die Nachbarn anzeigt, weil dort vermeintlich illegales Treiben stattfindet.

Es gilt eine solidarische Praxis zu entwickeln, die die besonders von der Pandemie Betroffenen nicht alleinlässt: eine Praxis, die soziale Nähe zu den alten Verwandten hält und diese auch der Vereinsamung in den Heimen entgegensetzt; die auch die Wahlverwandtschaften der Familienlosen anerkennt, für die nicht das Weihnachtsfest im Familienkreis, sondern das Essen im Freundeskreis zur sozialen Existenzbedingung zählt. Eine solidarische Praxis, die die Kosten für die Einschränkungen nicht auf die Ärmsten ablädt, die sich nicht bequem ins Homeoffice zurückziehen können und statt Nahverkehr mit dem Privatwagen infektionsgeschützt fahren können. Staatliche Unterstützung und Transferleistungen für Empfänger von ALG II, Asylbewerberleistungen und Kurzarbeitergeld müssen hoch genug sein, damit sich auch alle FFP2-Masken leisten können und der Schutz vor einer Covid-19-Infektion nicht eine Klassenfrage ist.

Dazu gehört unbedingt auch eine konsequente Unterstützung der Arbeitskämpfe im Gesundheitswesen, die vor allem Pflegekräfte nicht erst seit der Pandemie führen. Diese sind durch die zunehmenden Privatisierungstendenzen und »Effizienzsteigerung« eines immer stärker die Pflegepersonalkosten einsparenden Fallpauschalen-Finanzierungssystems auch in den öffentlichen und gemeinnützigen Krankenhäusern massiv unter Druck. Die Gesundheitsarbeiterinnen fordern keine Einmalgeschenke, sondern gute Lohn- und Arbeitsbedingungen und eine gesetzlich festgelegte Mindestpersonalausstattung, die ihnen gute Arbeitsbedingungen im Sinn ihrer Patientinnen und Patienten ermöglicht.[7]

Wichtig bleiben natürlich auch der wachsame Blick und der Protest gegen die uns aktuell als unvermeidlich angepriesene Digitalisierung und Datennutzung in intransparenten und weitgehend kommerzialisierten Strukturen großer IT-Konzerne. Auch hier geht es nicht um paranoide Ängste vor einem von Gates implantierten Mikrochip, der mit den Coronaimpfstoffen angeblich in Planung ist. Sondern es geht um die ganz konkreten alltäglichen und zunehmenden Überwachungsmöglichkeiten dank Smartphone und unkontrollierter Datensammelwut, die am Schnittpunkt von kommerziellen Interessen des Onlinehandels und staatlicher Überwachungspraxis eine unheilvolle Allianz eingehen. Im Gesundheitsbereich sind es nicht nur die elektronische Patientenakte und die Telematik-Infrastruktur, deren Datensammlungen hoch problematisch sind, sondern auch die freiwillige Übertragung von Fitness- und medizinischen Selbstüberwachungsdaten auf Konzerne, die daraus »angepasste Angebote« stricken und Individualisierungs- und Vereinzelungstrends immer weiter vorantreiben.

Es gilt aus diesen Elementen eine neue Praxis der aktiven Kritik von links an der herrschenden Coronapolitik zu entwickeln. Lassen wir uns nicht nur von der sehr konkreten, aber eben auch individualisierenden Angst vor einer neuen, gefährlichen Viruserkrankung treiben, die uns nahelegt, allzu schnell die »notwendigen Zumutungen« der Einschränkungen zu akzeptieren. Dieses Dilemma ist auch dem »Zero Covid«-Appell[8] anzumerken, der im Januar 2021 für eine Einheit von Gesundheitsschutz und Pandemiebekämpfung einerseits und der Verteidigung demokratischer Rechte und des Rechtsstaats andererseits eintreten will. Dafür fokussiert er vor allem auf die – eminent wichtigen – Fragen der sozialen Folgen des Lockdowns und seiner ökonomischen Bewältigung und die Perspektive einer Entprivatisierung sozialer Infrastruktur und existenzieller (globaler) Güter wie Impfstoffe und Medikamente in der Pandemie

Dies ist ohne Zweifel notwendig, beantwortet aber die Frage nach der Verteidigung einer »offenen Gesellschaft« nicht – und starrt stattdessen auf die Zahlen des Infektionsbarometers, von denen die Wiedereröffnung des gesellschaftlichen Lebens abhängig werden soll. Dabei bleibt uns weitaus mehr übrig, als auf einen maximalen Shutdown zu setzen und auf immer mehr Impfstoff zu warten, der uns aus der permanenten Schockstarre befreien kann. Es gilt eine Praxis der lokalen Partizipation am Infektionsschutz und der konkreten, praktischen Solidarität zu entwickeln – um das Leben der Gefährdeten zu schützen. Deren Interessen müssen im Mittelpunkt stehen, ihnen gilt unsere Sorge.

Eine solche Solidarität noch einen Schritt weiter global zu buchstabieren, würde dann auch den engen nationalen (oder europäischen) Rahmen sprengen, der in den Konzepten vom »großen Lockdown« immer auch angelegt ist – durch Migrationskontrolle und Ressourcennationalismus. Das wird an den Impfstoffdebatten wie in einem Brennglas deutlich. Wenn in der *Foreign Affairs* zur Überwindung des herrschenden Patentsystems aufgerufen wird, weil dieses der raschen Bewältigung der Covid-19-Pandemie entgegensteht, dann haben die radikalen Konzepte der Aidsaktivisten den politischen Mainstream erreicht und geben dem Begriff der globalen Solidarität eine konkrete Gestalt.[9] Dieser Begriff von Solidarität unterscheidet sich substanziell von den aktuell herrschenden Appellen, die allein die fraglose Hinnahme staatlicher Maßnahmen mit allen ihren Folgen verlangen.

Genauso wichtig ist es, an linke Konzepte für die Rekommunalisierung und Demokratisierung des Gesundheitssystems zu erinnern, jetzt, da die Notwendigkeit dieser Konzepte mehr denn je sichtbar wird. Die Regierung zeigt in der Krise ihre Handlungsfähigkeit, wir müssen sie dazu zwingen, sie im Sinne emanzipatorischer Politik einzusetzen.

Mit solchen schon alltäglich geschehenden Konkretionen solidarischen Handelns in der Krise können linke Antworten auf die Pandemie deutlich werden, zusätzlich zu der notwendigen Kritik an den »Querdenkerinnen« in ihren bürgerlichen, »alternativen« und rechten Gestalten.

Anmerkungen

1   https://eu.usatoday.com/story/news/factcheck/2020/12/30/fact-check-wuhan-lab-vaccine-research-affiliates-not-linked/4086363001/, zuletzt abgerufen am 16.02.2021
2   https://en.wikipedia.org/wiki/Peter_Duesberg, zuletzt abgerufen am 16.02.2021
3   https://www.hsph.harvard.edu/news/magazine/spr09aids/, zuletzt abgerufen am 20.02.2021
4   https://www.gavi.org/covax-facility, zuletzt abgerufen am 16.02.2021
5   https://www.who.int/director-general/speeches/detail/who-director-general-s-opening-remarks-at-the-media-briefing-on-covid-19-8-january-2021, zuletzt abgerufen am 16.02.2021
6   Zur Kritik an COVAX https://www.medico.de/blog/teilen-wuerde-helfen-17887, zuletzt abgerufen am 16.02.2021
7   https://vdaeae.de/images/Corona-Resolution-KH_statt_Fabrik_28-09-2020.pdf, zuletzt abgerufen am 16.02.2021
8   https://zero-covid.org/, zuletzt abgerufen am 16.02.2021
9   https://foreignpolicy.com/2021/01/28/vaccine-rollout-covid-19-economic-unrest/, zuletzt abgerufen am 16.02.2021

ANHANG

Literatur zum Thema

#Der Rechte Rand (Hg.), Das IfS. Faschist*innen des 21. Jahrhunderts. VSA, Hamburg 2020.

Mohamed Amjahid, Der weiße Fleck. Eine Anleitung zu antirassistischem Denken. Piper, München 2021.

Thomas Assheuer/Hans Sarkowicz, Rechtsradikale in Deutschland. Die alte und die neue Rechte. C. H. Beck Verlag, München 1992.

Nele Austermann/Andreas Fischer-Lescano/Wolfgang Kaleck/Heike Kleffner/Kati Lang/Maximilian Pichl/Ronen Steinke/Tore Vetter (Hg.), Recht gegen rechts. Report 2020. Fischer Taschenbuch, Frankfurt am Main 2020.

Jean-Philipp Baeck/Andreas Speit (Hg.), Rechte Egoshooter. Von der virtuellen Hetze zum Livestream-Attentat. Ch. Links, Berlin 2020.

Katja Bauer/Maria Fiedler, Die Methode AfD. Der Kampf der Rechten: Im Parlament, auf der Straße – und gegen sich selbst. Klett Cotta, Stuttgart 2021.

Michael Blume, Verschwörungsmythen. Woher sie kommen, was sie anrichten, wie wir ihnen begegnen können. Patmos, Ostfildern 2020.

Gideon Botsch, Die extreme Rechte in der Bundesrepublik Deutschland 1949 bis heute. VS Verlag für Sozialwissenschaften, Darmstadt 2012, S. 60–81.

Stephan Braun/Daniel Hörsch (Hg.), Rechte Netzwerke – eine Gefahr. VS Verlag für Sozialwissenschaften, Wiesbaden 2004.

Ingrid Brodnig, Übermacht im Netz. Warum wir für ein gerechtes Internet kämpfen müssen. Brandstätter, Wien 2019.

Timo Büchner, Alle sind die Weiße Rose, in: Der rechte Rand – das antifaschistische Magazin 187 (2020), S. 22 f.

Oliver Decker/Elmar Brähler (Hg.), Autoritäre Dynamiken. Leipziger Autoritarismus-Studie 2020. Psychosozial, Gießen 2020.

Oliver Decker/Johannes Kiess/Clara Schliessler/Marius Dilling/ Nele Hellweg/Elmar Brähler, Verschwörungsmentalität. COVID-19 und Parteipräferenz: Ergebnisse einer repräsentativen Befragung. Universität Leipzig, Else-Frenkel-Brunswik-Institut für Demokratieforschung, Leipzig 2021.

Wolfgang Engler, Die offene Gesellschaft und ihre Grenzen. Matthes & Seitz, Berlin 2021.

Europäisches Zentrum für Presse und Medienfreiheit (ECPMF): Handreichung für Behörden und Polizei, https://www.ecpmf. eu/briefing-fur-politische-entscheidungstrager-zu-der-sich-verschlechternden-situation-der-pressefreiheit-bei-demonstrationen-in-deutschland/.

Heiner Fangerau/Alfons Labisch, Pest und Corona. Pandemien in Geschichte, Gegenwart und Zukunft. Herder, Freiburg 2020.

Christian Fuchs/Paul Middelhoff, Das Netzwerk der neuen Rechten. Wer sie lenkt, wer sie finanziert und wie sie die Gesellschaft verändern. Rowohlt, Hamburg 2019.

Hajo Funke, Die Höcke-AfD. Vom gärigen Haufen zur rechtsextremen »Flügel«-Partei. VSA, Hamburg 2020.

Patrick Gensing, Fakten gegen Fake News oder Der Kampf um die Demokratie. Duden, Berlin 2019.

Nicola Gess, Halbwahrheiten. Zur Manipulation von Wirklichkeit. Matthes & Seitz, Berlin 2021.

Judith Goetz,»… in die mediale Debatte eindringen« – ›Identitäre‹ Selbstinszenierungen und ihre Rezeption durch österreichische Medien, in: Judith Goetz/Joseph Maria Sedlacek/Alexander Winkler (Hg.), Untergangster des Abendlandes – Ideologie und Rezeption der rechtsextremen ›Identitären‹. Marta Press, Hamburg 2017, S. 91–112.

Judith Goetz/Markus Sulzbacher (Hg.), Rechtsextremismus Bd. 4: Herausforderungen für den Journalismus. Mandelbaum Verlag, Wien/Berlin 2021.

Jakob Guhl/Lea Gerster, Krise und Kontrollverlust: Digitaler Extremismus im Kontext der Coronapandemie, https://osf.io/preprints/socarxiv/zyp3f/, ISD, London 2020.

Alexander Häusler/Fabian Virchow, Pandemie-Leugnung und extreme Rechte in Nordrhein-Westfalen. Eine Untersuchung im Auftrag von CoRE NRW, dem Netzwerk für Extremismusforschung in Nordrhein-Westfalen. Düsseldorf/Bonn 2020.

Institut für interdisziplinäre Konflikt- und Gewaltforschung an der Universität Bielefeld, https://ekvv.uni-bielefeld.de/blog/ikgblog/resource/PDF/Studie_Hass_und_Angriffe_auf_Medienschaffende_2020.pdf, zuletzt abgerufen am 28.2.2021.

Annika Joeres/Susanne Götze, Die Klimaschmutzlobby. Wie Politiker und Wirtschaftslenker die Zukunft unseres Planeten verkaufen. Piper, München 2020.

Matthias Kamann/Annelie Naumann, Corona-Krieger. Verschwörungsmythen und die Neuen Rechten. Das Neue Berlin, Berlin 2021.

Helmut Kellershohn/Wolfgang Kastrup (Hg.), Kulturkampf von rechts. AfD, Pegida und die Neue Rechte. Unrast Verlag, Münster 2016.

Ralf König, Vervirte Zeiten, Rowohlt, Hamburg 2021.

Michael Kraske, Der Riss. Wie die Radikalisierung im Osten unser Zusammenleben zerstört. Ullstein, Berlin 2020.

Michael Kraske, Tatworte. Denn AfD & Co. meinen, was sie sagen. Ullstein, Berlin 2021.

Pia Lamberty/Katharina Nocun, Fake Facts. Wie Verschwörungstheorien unser Denken bestimmen. Quadriga, Köln 2020.

Martin Lange/Uwe Monscheuer, Spreading the Disease. Protest in Times of Pandemic. Leibnitz-Zentrum für Europäische Wirtschaftsforschung Mannheim. Humboldt-Universität zu Berlin, Berlin 2021.

Martin Langebach/Jan Raabe, Die ›Neue Rechte‹ in der Bundesrepublik Deutschland, in: Handbuch Rechtsextremismus, hg. von Fabian Virchow/Martin Langebach/Alexander Häusler. Springer VS, Wiesbaden 2016, S. 561–592.

Matthias Lemke, Deutschland im Notstand? Politik und Recht während der Corona-Krise. Campus, Frankfurt am Main 2021.

Igor Levit/Florian Zinnecker, Hauskonzert. Hanser, München 2021.

Leo Löwenthal, Falsche Propheten. Studien zur faschistischen Agitation. Übersetzte Neuauflage. Suhrkamp Verlag, Berlin. 2021.

Oliver Nachtwey/Robert Schäfer/Nadine Frei, Politische Soziologie der Corona-Proteste, https://osf.io/preprints/socarxiv/zyp3f/, Universität Basel, Basel 2021.

Mai Thi Nguyen-Kim, Die kleinste gemeinsame Wirklichkeit. Wahr, falsch, plausibel? Die größten Streitfragen wissenschaftlich geprüft. Droemer, München 2021.

Elisabeth Niejahr/Grzegorz Nocko (Hg.), Demokratieverstärker. 12 Monate, 21 Ideen. Eine Politikagenda für hier und jetzt. Campus, Frankfurt am Main 2021.

Thomas Pfeiffer, »Unsere Waffe ist das Wort!« Die Neue Rechte als Avantgarde und Ideologieschmiede des Rechtsextremismus, in: Braun/Hörsch 2004, S. 27–34.

Thomas Piketty, Pandemie und Ungleichheit. Ein Gespräch über die Ideologie des Kapitals. J. H. W. Dietz, Berlin 2021.

Matthias Quent, Deutschland rechts außen: Wie die Rechten nach der Macht greifen und wie wir sie stoppen können. Piper, München 2019.

Matthias Quent/Jan Rathje, Ein populistisches Strohfeuer. Zum Aufstieg und Fall der Internetbewegung Widerstand2020 – Eine Kurzanalyse, http://library.fes.de/pdf-files/dialog/16415.pdf, zuletzt abgerufen am 12.12.2020.

Reporter ohne Grenzen – Nahaufnahme Deutschland, https://www.
reporter-ohne-grenzen.de/nahaufnahme/2020, zuletzt abgerufen
am 28.2.2021.

Axel Salheiser/Christoph Richter, Zahlen und Fakten zu Protesten
in der Corona-Pandemie, https://www.idz-jena.de/newsdet/
zahlen-und-fakten-zu-protesten-in-der-corona-pandemie/, zuletzt
abgerufen am 12.12.2020.

Samuel Salzborn, Angriff der Antidemokraten. Die völkische Rebellion
der Neuen Rechten. Beltz Juventa, Weinheim 2017.

Gesine Schwan, Pandemie und Solidarität. Ein Gespräch über gesellschaftlichen Zusammenhalt. J. H. W. Dietz, Berlin 2021.

Karolin Schwarz, Hasskrieger. Der neue globale Rechtsextremismus.
Herder, Freiburg 2020.

Andreas Speit, Verqueres Denken. Gefährliche Weltbilder in alternativen Milieus. Ch. Links, Berlin 2021.

Ronen Steinke, Terror gegen Juden. Wie antisemitische Gewalt
erstarkt und der Staat versagt. Eine Anklage. Berlin Verlag, Berlin/
München 2020.

Michael Sturm, Geschichtspolitik als Kulturkampf – der Gebrauch von
»Geschichte« im aktuellen Rechtspopulismus, in: Michael Parak/
Ruth Wunnicke (Hg.), Vereinnahmung von Demokratiegeschichte
durch Rechtspopulismus. Berlin 2019, S. 18–45.

Steven Taylor, Die Pandemie als psychologische Herausforderung.
Ansätze für ein modernes Krisenmanagement. Psychosozial, Gießen
2020.

Zentralrat der Juden in Deutschland, »Du Jude«. Antisemitismus-
Studien und ihre pädagogischen Konsequenzen.
Hentrich & Hentrich, Berlin 2020.

Die Beiträgerinnen und Beiträger

Robert Andreasch studierte Humanmedizin, Soziologie und Sozialpsychologie und arbeitet als freier Foto- und Hörfunkjournalist über die extreme Rechte in Süddeutschland. Er engagiert sich bei der Antifaschistischen Informations-, Dokumentations- und Archivstelle München e. V. (a.i.d.a.) sowie im Netzwerk NSU Watch (Grimme Online Award 2020). Die Stadt München zeichnete ihn 2019 mit dem Publizistikpreis aus.

Stephan Anpalagan ist Geschäftsführer der Beratungsorganisation Demokratie in Arbeit. Er schreibt und berät zu den Themen Innenpolitik und Gesellschaft mit dem Schwerpunkt »Politischer Extremismus« und »Extremismus in Sicherheitsbehörden«. Seine Texte erschienen bisher u. a. in der *Süddeutschen Zeitung*, in der *Frankfurter Rundschau* und im *Neuen Deutschland*.

Felix Balandat hat European Studies in Passau und Iwanowo studiert, ist Redakteur und arbeitet bei der Recherche- und Informationsstelle Antisemitismus (RIAS Bayern) in München.

Dr. Heidi Beirich war 2020 Mitbegründerin des Global Project Against Hate and Extremism (GPAHE). Beirich ist Autorin zahlreicher akademischer Publikationen zum Thema Hass- und Extremismusbewegungen. Vor der Gründung von GPAHE leitete sie das Intelligence Project des Southern Poverty Law Center, eine der wichtigsten US-amerikanischen Bürgerrechtsorganisationen, die über Rassismus und White Supremacy Bewegungen in den USA aufklären.

Julius Betschka arbeitet als Verantwortlicher Redakteur für Landespolitik beim *Tagesspiegel*. Zuvor studierte er Politikwissenschaften und Volkswirtschaftslehre in Potsdam und Madrid und volontierte ab 2017 bei der *Berliner Morgenpost*. 2019 wurde er mit dem Reporterpreis ausgezeichnet und vom *Medium Magazin* unter die Top-30-Nachwuchsjournalisten des Landes gewählt. Für den *Tagesspiegel* schreibt er über Berliner Landespolitik und Themen der inneren Sicherheit.

Dr. phil. Michael Blume publiziert und bloggt als Religionswissenschaftler regelmäßig zu unterschiedlichen Themen in den Bereichen von Religion und Politik. Seit 2003 arbeitet er im Staatsministerium Baden-Württemberg und wurde 2018 zum Beauftragten des Landes gegen Antisemitismus berufen. In seinem Podcast »Verschwörungsfragen« klärt er über antisemitische Mythen auf.

Ulf Buermeyer ist Vorsitzender und Legal Director der Gesellschaft für Freiheitsrechte e. V. (GFF), die mithilfe von strategischen Gerichtsverfahren Grund- und Menschenrechte verteidigt. Der Jurist moderiert mit dem Journalisten Philip Banse den wöchentlichen Politik-Podcast »Lage der Nation«. Die Schwerpunkte seiner wissenschaftlichen Arbeit liegen im Verfassungsrecht sowie im Straf(prozess)recht.

Andrea Dernbach war nach ihrer Ausbildung an der Henri-Nannen-Schule Korrespondentin der *Hamburger Morgenpost* in Bonn, später Politikchefin des *Express* in Halle, Nachrichtenchefin der *Badischen Zeitung* und der *Stuttgarter Zeitung*. Für den *Tagesspiegel* schreibt sie über Migration, Diversität und Bürgerrechte.

Ralf Fücks ist geschäftsführender Gesellschafter des Zentrums Liberale Moderne. Zuvor leitete er 21 Jahre lang die Heinrich-Böll-Stiftung und war Bundesvorsitzender der Grünen sowie Senator für Umwelt und Stadtentwicklung in Bremen. Seine Leidenschaft für Ökologie und Freiheit spiegelt sich auch in den Büchern »Intelligent Wachsen. Die grüne Revolution« (2013) und »Freiheit verteidigen. Wie wir den Kampf um die offene Gesellschaft gewinnen« (2017, beide im Hanser-Verlag) wider.

Julius Geiler ist in Berlin geboren und arbeitet als freier Autor und Reporter vor allem für den *Tagesspiegel*. Seine Themenschwerpunkte sind Rechtsextremismus und Antisemitismus. 2019 hat er als Korrespondent aus Beirut über die libanesischen Massenproteste berichtet.

Patrick Gensing ist Journalist. Er arbeitet als Redakteur für *tagesschau.de*, veröffentlichte zahlreiche Analysen in verschiedenen Medien und mehrere Bücher, zuletzt »Fakten gegen Fake News« in 2019 im Duden-Verlag. Gensing beschäftigt sich seit 20 Jahren insbesondere mit Themen wie extreme Rechte, soziale Medien und politische Radikalisierung.

Dr. phil. Susanne Götze ist Journalistin und Autorin. Sie recherchiert in Afrika, den USA, Südamerika und Europa die gesellschaftlichen Veränderungen einer Welt, die an ihre ökologischen Grenzen geraten ist. Sie ist Wissenschaftsredakteurin beim *Spiegel*, arbeitet als Radiojournalistin u.a. für den *Deutschlandfunk* und schreibt auch für die *Süddeutsche Zeitung, Die Zeit* und *Der Freitag* über Klimakrise, Klimadiplomatie, Energiewende. Ihr erstes Buch »Land unter im Paradies« wurde im März 2019 mit dem ITB-Award ausgezeichnet. Im Juni 2020 veröffentlichte sie zusammen mit Annika Joeres »Die Klimaschmutzlobby« bei Piper.

Annett Gröschner ist Schriftstellerin, Journalistin, Dozentin und Performerin und lebt seit 1983 in Berlin. Zuletzt erschien 2020 »Berliner Bürger*stuben. Palimpseste und Geschichten« in der Edition Nautilus, Hamburg. Seit 2019 ist sie Kolumnistin an der Volksbühne Berlin. Für ihre schriftstellerische Arbeit wurde sie 2021 mit dem Großen Kunstpreis Berlin ausgezeichnet.

Nicolas Hénin war fast 20 Jahre lang Kriegsreporter und berichtete über einige der größten Krisen im Nahen Osten und dem afrikanischen Kontinent. Heute ist er als Berater und Ausbilder in den Bereichen Desinformation, Terrorismusbekämpfung und Prävention von Radikalisierung für verschiedene Regierungs- und internationale Organisationen tätig. Er ist Autor mehrerer Bücher, darunter auf Deutsch verfügbar »Der IS und die Fehler des Westens. Warum wir den Terror militärisch nicht besiegen können« (Orell Füssli, 2016).

Arnd Henze ist innenpolitischer Redakteur und Reporter beim *WDR* mit Schwerpunkt investigative Recherche, Co-Autor der *ARD*-Doku »Ich weiß nicht mal, wie er starb – Wie ein Pflegeheim zur Coronafalle wurde« und war bis 2019 Fernsehkorrespondent im *ARD*-Hauptstadtstudio. Im Verlag Herder erschien 2019 sein Buch »Kann Kirche Demokratie?«.

Felix Huesmann ist Reporter im Hauptstadtbüro des *RedaktionsNetzwerk Deutschland*. Er beschäftigt sich seit mehreren Jahren schwerpunktmäßig mit der extremen Rechten und Verschwörungsideologien.

Annika Joeres lebt und arbeitet in Frankreich als Klimareporterin für die gemeinnützige Investigativredaktion *correctiv.org* und als Autorin für *Die Zeit*. Für ihre Recherchen, etwa über den weltweiten Meeresspiegelanstieg, wurde sie mit zahlreichen Preisen geehrt. Annika Joeres ist Autorin von vier Büchern zur Klimakrise, im Juni 2020 veröffentlichte sie zusammen mit Susanne Götze »Die Klimaschmutzlobby« bei Piper.

Aiko Kempen ist Investigativjournalist. Er arbeitet u. a. für das *ARD*-Magazin »Monitor«, veröffentlichte Beiträge in *SZ-Magazin, Zeit Online, taz, Vice, Tagesspiegel* und leitete die Online-Redaktion des Leipziger Stadtmagazins *kreuzer*. An der Akademie für Publizistik lehrt er investigative Recherche. Im Frühjahr 2021 erscheint sein Buch »Auf dem rechten Weg? Rassisten und Neonazis in der deutschen Polizei« im Europa Verlag.

Dr. phil. Dietrich Krauss lebt in Stuttgart. Er studierte in München Diplom-Journalistik, promovierte 2001 zur politischen Philosophie Derridas, arbeitete seit 1994 für *SWR* und *ARD* als Redakteur und Autor von Dokumentationen sowie für Politik- und Wirtschaftsmagazine. Seit 2014 ist er Redakteur und Autor der *ZDF*-Satiresendung »Die Anstalt«. Für seine journalistische Arbeit wurde er mit dem Grimmepreis und dem Deutschen Fernsehpreis ausgezeichnet.

Pia Lamberty ist Psychologin und Expertin im Bereich Verschwörungsideologien. Ihre Forschung führte sie an die Universitäten in Köln, Mainz und Beer Sheva (Israel). Darüber hinaus ist sie Mitglied im internationalen Fachnetzwerk »Comparative Analysis of Conspiracy Theories«. Gemeinsam mit Katharina Nocun veröffentlichte sie im Mai 2020 das Sachbuch »Fake Facts. Wie Verschwörungstheorien unser Denken bestimmen« bei Quadriga.

Daniel Laufer ist Redakteur bei *netzpolitik.org* in Berlin. Er hat in Freiburg beim Regionalfernsehen volontiert, später war er fünf Jahre lang Redakteur beim Jugendportal *fudder.de* und der *Badischen Zeitung*. Zuletzt hat er für öffentlich-rechtliche Politmagazine über die Aktivitäten von Rechtsextremistinnen und Rechtsextremen im Netz berichtet. Für seine Recherchen hat ihn das *Medium Magazin* 2019 zu einem der »Top 30 bis 30« im Journalismus gekürt.

Nhi Le arbeitet in Leipzig als Journalistin, Speakerin und Moderatorin. Sie moderiert den Instagram-Kanal von *MDR investigativ* und schreibt auf *jetzt.de* die Medienkolumne »The Female Gaze«. Ihre Schwerpunkte sind Feminismus und Medienkultur. *Die Zeit* zählt Nhi Le zu den 100 wichtigsten jungen Ostdeutschen. Nhi Le hat im Bachelor Kommunikations- und Medienwissenschaft in Leipzig und im Master Journalismus in Ohio (USA) studiert.

Sebastian Leber ist Reporter beim *Tagesspiegel* und Sachbuchautor. Er berichtet seit Jahren über Verschwörungsideologen, braune Esoteriker, Rechtsextreme und Reichsbürger. Leber ist Betreiber des Blogs *tieresindfreaks.de*.

Konrad Litschko studierte Publizistik und Soziologie in Berlin und ist seit 2010 Redakteur der *taz*. Aktuell arbeitet er im Ressort Inland und ist verantwortlich für den Themenbereich Innere Sicherheit mit Schwerpunkt Rechtsextremismus.

Dr. jur. Jost Müller-Neuhof ist rechtspolitischer Korrespondent beim *Tagesspiegel* und Syndikusrechtsanwalt. Er studierte Jura in Berlin und absolvierte auch sein Referendariat in der Hauptstadt. Er ist Lehrbeauftragter an der Freien Universität für Rechtskommunikation und Mitglied im Deutschen Presserat.

Katharina Nocun ist Wirtschafts- und Politikwissenschaftlerin und lebt in Berlin. Ihr erstes Buch »Die Daten, die ich rief« wurde in zahlreichen namhaften Medien aufgegriffen. Das zweite Buch von Katharina Nocun »Fake Facts. Wie Verschwörungstheorien unser Denken bestimmen« (gemeinsam mit Pia Lamberty) erschien 2020 bei Quadriga und wurde ein Bestseller.

Dr. phil. Matthias Quent ist Soziologe, Direktor des Instituts für Demokratie und Zivilgesellschaft (Jena) und Mitglied im Rat des Forschungsinstituts Gesellschaftlicher Zusammenhalt (FGZ). Sein Sachbuch »Deutschland rechts außen« (Piper 2019) wurde mit dem Preis Das politische Buch 2020 der Friedrich-Ebert-Stiftung ausgezeichnet. Seine Forschungsschwerpunkte sind Rechtsextremismus und Hasskriminalität.

Markus Reuter ist Redakteur bei *netzpolitik.org* und beschäftigt sich dort unter anderem mit den Themen Überwachung, Rechtsradikale im Netz, Grund- und Bürgerrechte sowie soziale Bewegungen.

Christoph Richter ist wissenschaftlicher Mitarbeiter am Institut für Demokratie und Zivilgesellschaft in Jena und hat Soziologie, Journalistik und Ethnologie studiert. Im Rahmen des Instituts für gesellschaftlichen Zusammenhalt (FGZ) arbeitet er u. a. zu internationalem Rechtspopulismus und globaler ökologischer Krise.

Jaroslav Rudiš ist Schriftsteller, Drehbuchautor und Dramatiker. Er studierte Deutsch und Geschichte in Liberec, Zürich und Berlin und arbeitete u. a. als Lehrer und Journalist. Im Luchterhand Literaturverlag erschienen seine aus dem Tschechischen übersetzten Romane »Grand Hotel«, »Die Stille in Prag«, »Vom Ende des Punks in Helsinki« und »Nationalstraße«, bei btb außerdem »Der Himmel unter Berlin«. »Winterbergs letzte Reise«. Der erste Roman, den Jaroslav Rudiš auf Deutsch geschrieben hat, wurde 2019 für den Preis der Leipziger Buchmesse nominiert. Für sein Werk wurde er außerdem mit dem Usedomer Literaturpreis, dem Preis der Literaturhäuser sowie dem Chamisso-Preis/Hellerau ausgezeichnet.

Nikolai Schreiter hat in Wien und Jerusalem Politikwissenschaft und Internationale Entwicklung studiert und arbeitet bei der Recherche- und Informationsstelle Antisemitismus (RIAS Bayern) in München.

Dr. med. Josef Schuster ist ein deutscher Internist und seit 2014 Präsident des Zentralrats der Juden in Deutschland. Zugleich ist er Vizepräsident des World Jewish Congress und des European Jewish Congress. Er ist in Haifa geboren, 1956 kehrten seine Eltern in die väterliche Heimat Unterfranken zurück. Er lebt in Würzburg.

Karolin Schwarz arbeitet als Autorin in Berlin. Sie beschäftigt sich vor allem mit digitalen Ausprägungen des Rechtsextremismus, Desinformation und der Schnittstelle zwischen Internet und Gesellschaft. Ihr Projekt »Hoaxmap«, das Fakes über Geflüchtete und Black People of Color sichtbar macht, wurde für verschiedene journalistische Preise nominiert. Im Februar 2020 erschien ihr Buch »Hasskrieger. Der neue globale Rechtsextremismus« im Verlag Herder.

Dr. Annette Seidel-Arpacı hat in Großbritannien Modern Jewish Studies/Cultural Studies studiert, wurde an der University of Leeds promoviert und leitet die Recherche- und Informationsstelle Antisemitismus (RIAS Bayern) in München.

Andreas Speit ist Diplom-Sozialökonom und freier Journalist, Autor der *taz Nord*-Kolumne »Der Rechte Rand« und veröffentlicht regelmäßig Beiträge für die *taz, Deutschlandfunk Kultur* und *WDR*. Er erhielt für seine Arbeiten über Rechtsextremismus mehrere Auszeichnungen u. a. durch das *Medium Magazin* und den Deutschen Journalisten-Verband. Er ist Autor und Herausgeber diverser Bücher zum Thema Rechtsextremismus und Rechtspopulismus, u. a. »Rechte Egoshooter. Von der virtuellen Hetze zum Livestream-Attentat« (mit Jean-Philipp Baeck, 2020), »Völkische Landnahme. Alte Sippen, junge Siedler, rechte Ökos« (mit Andrea Röpke, 2019), »Die Entkultivierung des Bürgertums« (2019).

Tilman Steffen arbeitet als Journalist und Redakteur bei *Zeit Online*, dabei ist die Berichterstattung über die AfD einer seiner Schwerpunkte. Er wurde geboren, als Willy Brandt die deutsche Teilung anerkannte, hat drei Berufe gelernt, zwei Kinder gezeugt, ein Kulturzentrum gegründet – und ist dabei zum Journalisten geworden.

Markus Sulzbacher lebt in Wien und arbeitet seit 1997 bei der Tageszeitung *Der Standard*. Zu seinen Arbeitsschwerpunkten zählen Technologie, Rechtsextremismus und Geheimdienste.

Katharina Warda ist Soziologin und Autorin mit den Schwerpunktthemen Ostdeutschland, Rassismus, Klassismus und Punk und schreibt ihre Dissertation zu Tagebuchblogs und marginalisierten Identitäten. Gerade arbeitet sie an einem kritischen Podcast zu Ostdeutschland mit ihrem Projekt »Dunkeldeutschland«, das über biografische Geschichten ihrer ehemaligen Punkclique die Wendezeit ihrer Heimatstadt von den sozialen Rändern her erzählt.

Dr. phil. Volker Weiß arbeitet als Historiker, Hochschuldozent und Autor in Hamburg. Er ist Mitglied im Villigster Forschungsforum zu Nationalsozialismus, Rassismus und Antisemitismus e. V. und Fellow am Zentrum für Antisemitismusforschung der TU Berlin. Zu seinen wichtigsten Publikationen gehören u. a. das Nachwort zu Theodor W. Adorno: »Aspekte des neuen Rechtsradikalismus. Ein Vortrag« (Berlin 2019) sowie »Die autoritäre Revolte. Die Neue Rechte und der Untergang des Abendlandes« (Stuttgart 2017).

Dr. phil. Carolin Wiedemann ist Journalistin und Soziologin. Sie schreibt u. a. für die *Frankfurter Allgemeine Zeitung, Missy Magazine* und *Analyse & Kritik* über Sexismus, Rassismus und das Internet. Sie ist Teil der Redaktion von *Spheres. Journal for Digital Cultures* und Autorin der Studie »Kritische Kollektivität im Netz« (transcript). Ihr neues Buch »Zart und frei. Vom Sturz des Patriarchats« erschien 2021 bei Matthes & Seitz.

Dr. med. Andreas Wulf studierte Humanmedizin an der Freien Universität Berlin, gehört zu den Mitgründern des Berliner Büros für medizinische Flüchtlingshilfe (heute Medibüro Berlin – Netzwerk für das Recht auf Gesundheitsversorgung für alle Migrant*innen) und arbeitet seit 1998 bei medico international e. V. in Frankfurt als Projektkoordinator Medizin und Referent für globale Gesundheit. Er ist seit 2019 Berlin-Repräsentant von medico international und seit 2007 im Vorstand des Vereins demokratischer Ärztinnen und Ärzte.

Personenregister